太原市迎泽区年鉴

2018

太原市迎泽区史志办公室　编

方志出版社
Publishing House of Local Records

图书在版编目（CIP）数据

太原市迎泽区年鉴.2018 / 太原市迎泽区史志办公室编. -- 北京：方志出版社，2018.12
ISBN 978—7—5144—3549—8

Ⅰ.①太… Ⅱ.①太… Ⅲ.①区（城市）— 太原 — 2018 — 年鉴 Ⅳ.①Z522.54

中国版本图书馆 CIP 数据核字(2019)第 073943 号

太原市迎泽区年鉴（2018）

编　　者：太原市迎泽区史志办公室
责任编辑：冯　松

出 版 人：冀祥德
出 版 者：方志出版社
地址　北京市朝阳区潘家园东里 9 号（国家方志馆 4 层）
邮编　100021
网址　http://www.fzph.org
发　　行：方志出版社图书经销中心
电话　（010）67110500
经　　销：各地新华书店
印　　刷：山西省史志印刷厂

开　　本：889×1194　1/16
印　　张：26.5
字　　数：488 千字
版　　次：2019 年 5 月第 1 版　　2019 年 5 月第 1 次印刷
印　　数：0001~1000 册

ISBN　978-7-5144-3549-8　　定价：298.00 元

太原市迎泽区政区图

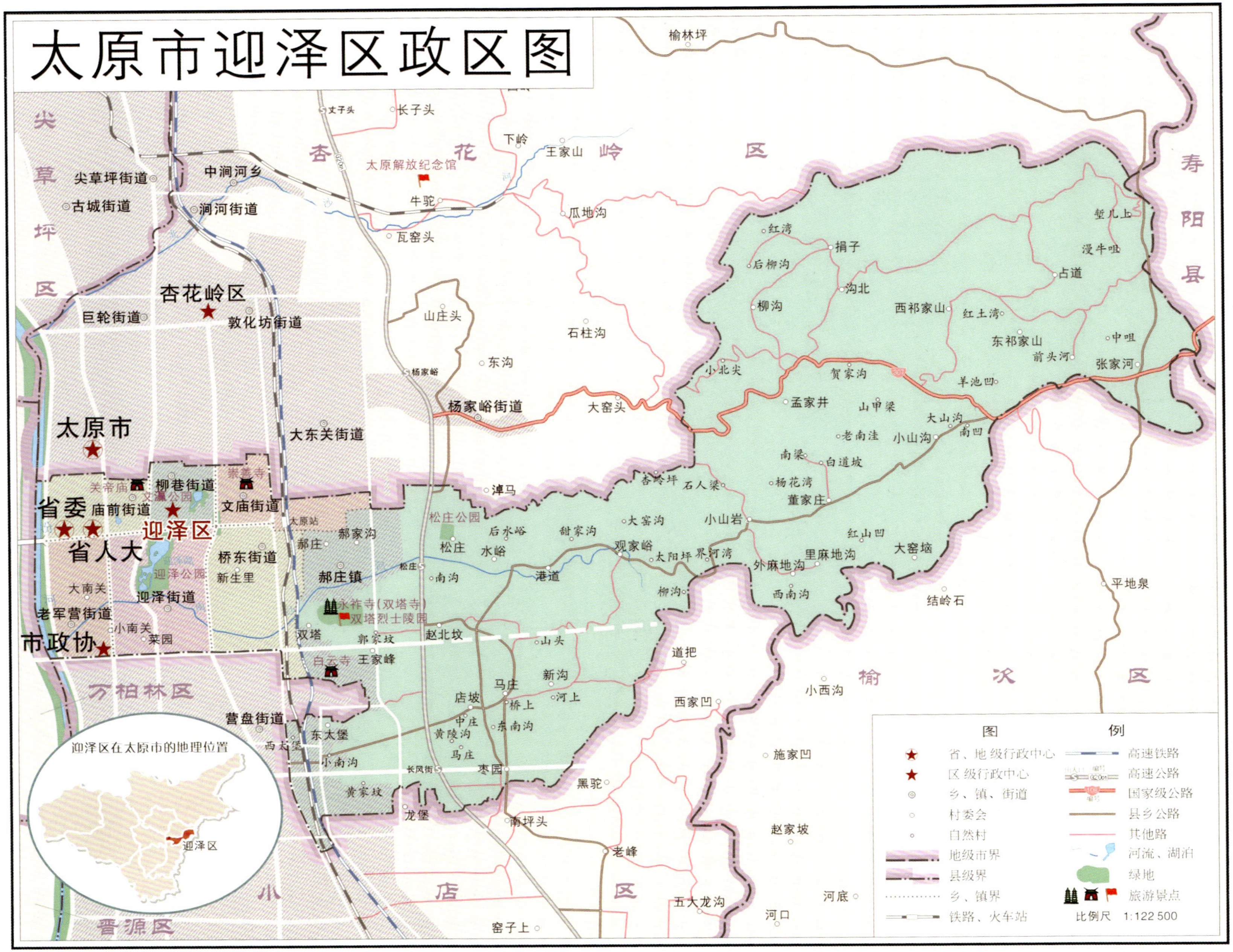

审图号：晋S（2017）037号

万柏林区
杏花岭
迎泽区
小店
省政府
市委
市政府
省委
省人大
市人大
市政协
柳巷街道办事处
庙前街道办事处
老军营街道办事处
迎泽街道办事处
柳巷街道
庙前街道
老军营街道
迎泽街道
市环保局、市发改委
金融大厦
国贸大厦
市中级人民法院
省电力公司
少年科技城
太原日报社
市房地局
外文书店
省眼科医院
五一路小学
天地坛
山西戏剧职业学校
市劳务市场
市劳动局
省气象局
田和商厦
山西剧院
铜锣湾购物中心
市人民医院
省农业厅
省水利厅
天美名店
关帝庙
汾酒大厦
六味斋
文瀛公园
纯阳宫
山西经济报社
省地税局
市水力资源勘测分局
纺织大厦
南海西街
南海东街
富百家
迎泽宾馆
省机关事务管理局
五一广场
省财政厅
铁三局
金广快捷酒店
联通营业厅
省测绘地理信息局
并州饭店
湖滨国际大酒店
景峰国际
南工人文化宫
墨艺园
迎泽大桥
省科技厅
省广播电视厅
山西大酒店
金港大酒店
邮政大厦
省歌舞剧院
少年宫
三友电器
省图书馆
省交通厅
省审计厅
山西水文水资源勘查局
迎泽公园
迎泽区公安分局
省艺术职业学校
中科院山西煤炭化学研究所
山大一院
晋商博物馆
热力公司
化工部第二设计院
山西医科大学
省纤维检验局
省中医院
五中
游乐园
省邮政储汇局
大南关
省煤矿安监局
公交二公司
省公安厅交警大队
市疾病预防控制中心
市传染病医院
市公交公司
省人民医院
山西日报社
市供电公司
新华印刷厂
省造林局
省第二人民医院
双西小学
小南关
市第八人民医院
省招生考试管理中心
市质监局
市地矿局
菜园
山西财经大学(北校区)
省电影学校
省引黄工程局
市文化艺术学校
市妇幼保健院
管道桥
南内环桥
太原卫校
赛格数码广场
青龙电脑城
阳光数码城
航天科工山西通信
晋武宾馆
市委党校
太原市林业局
黄河京都大酒店
太原大学外语师范学院
宽庄
大健康生活广场
省轻工建设公司
迎泽区人民法院
古玩市场
合成帝景
美特好超市
省体育局省体彩中心
紫竹苑
泽丰苑
慧泽苑
市公路局
山西投资大厦
太原旅游职
王村南街
营盘街

太原市迎泽区城区图

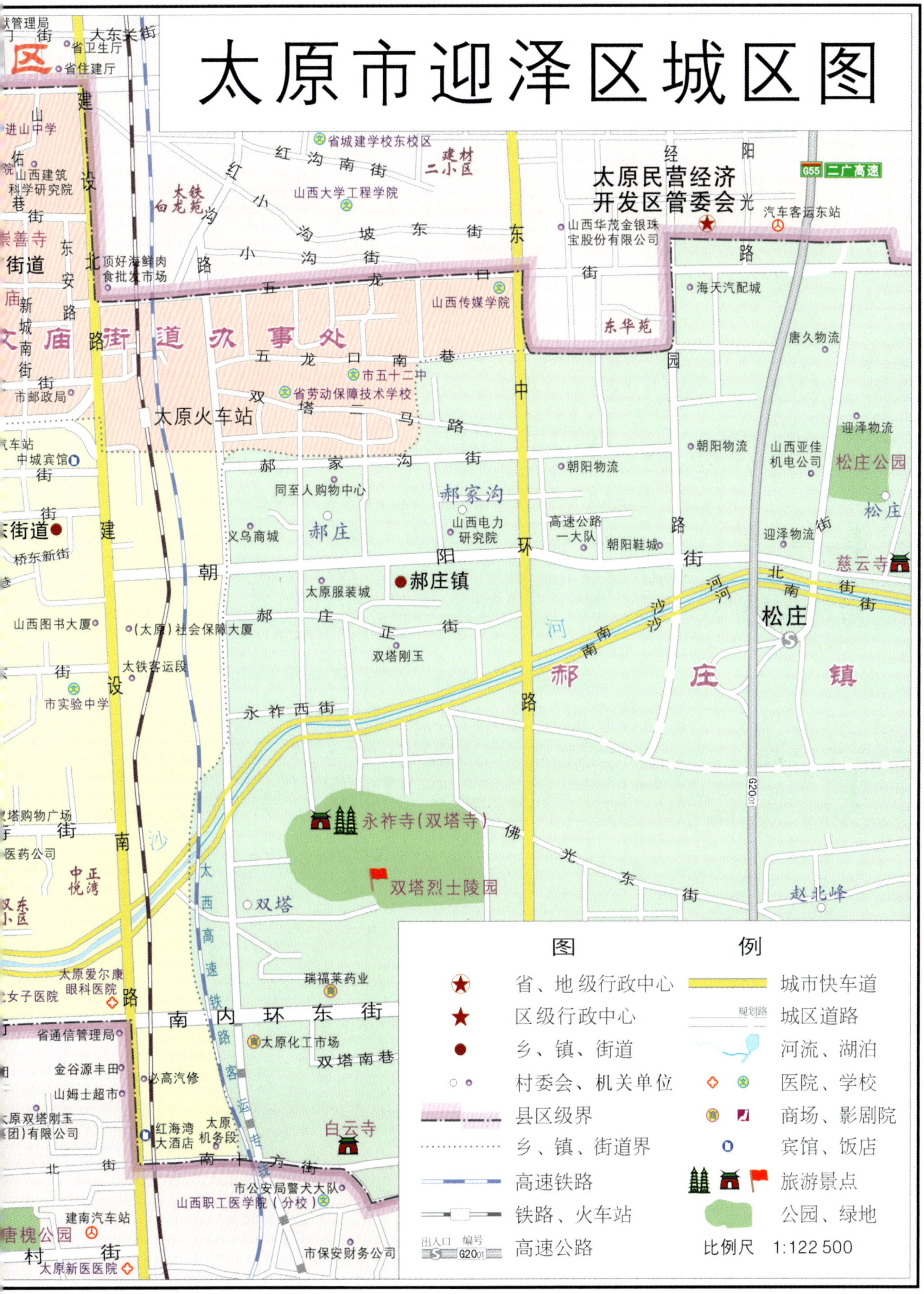

审图号：晋S（2017）037号

全国妇联党组书记、副主席宋秀岩（右一）在迎泽区调研区域化建设

省委常委、太原市委书记罗清宇（前排右二）在迎泽区调研义务教育优质均衡状况

2017 年 8 月 30 日，迎泽区召开首次政党协商会议

中共迎泽区第五届纪律检查委员会第二次全体会议

迎泽区第五届人民代表大会第二次会议

2017 年 2 月 25 日，迎泽区监察委员会挂牌成立

2017 年 8 月 30 日，迎泽区委统战部召开专题会议安排部署统战宣传月活动

2017 年 10 月 26 日，老军营新南二社区“党建微帮站”启动仪式

迎泽区经信系统开展“两学一做”学习教育活动

迎泽区监察委员会第一次干部大会

迎泽区 2017 年社区（村）“两委”换届工作动员会暨培训会

迎泽区国土局土地日宣传进村入户

研究商讨水务防汛事宜

2017 迎泽区防汛能力建设项目工作会

迎泽区春季"特险期"森林防火工作会议

迎泽区森林火灾扑救业务知识培训

2017 年 6 月 30 日，迎泽区举办服务业统计法规及业务全覆盖培训

工商迎泽分局纪念 3.15 国际消费者权益日活动

2017 年 2 月 22 日，迎泽区地税局举办纳税人学堂。图为省地税局所得税处姜伟为纳税人讲解房地产税内容

2017 年 11 月 28 日，迎泽区地税局局长温秋生（中）与辖区内多家重点税源户举行座谈

2017 年 11 月 21 日，迎泽区举办预算绩效工作培训会

2017 年 11 月 24 日，迎泽区第二批公务用车制度改革取消车辆拍卖会

电建棚户区清零工程

城管执法

清运车辆

迎泽区领导检查指导公安工作

公安迎泽分局举行"迎接十九大 全警保平安"誓师大会

国家安全宣传活动

台骀山防空防灾疏散基地配置图

国防宣传

2017 年 9 月 27 日，迎泽区教育系统三基建设汇报展示活动

2017 年 9 月 27 日，迎泽区领导出席教育系统三基建设汇报展示活动

2017 年 11 月 21 日，迎泽区区长李慧（左二）在小五台小学了解学校二期工程规划情况

迎泽区举办档案业务知识培训班

迎泽区举办喜迎党的十九大胜利召开书画展

文庙街道元宵节文艺汇演

2017 年 10 月 31 日，迎泽区老龄委组织开展老年人健步行活动

双塔寺一社区第四届邻里节活动

文庙街道举办职工运动会

南内环街三社区联合山西孝文化研究会开展重阳节爱心活动

湖滨国际会堂

百年老字号六味斋

《太原市迎泽区年鉴》编纂委员会

《太原市迎泽区年鉴》编审人员

主　　编　范　勇
副 主 编　罗汝玲

编　　辑　杨水云　张国文　董剑云　张　洁
监　　制　丰　胜
统筹策划　山西省方志发展中心
审　　稿　太原市地方志办公室

编纂说明

一、《太原市迎泽区年鉴（2018）》以马克思列宁主义、毛泽东思想、邓小平理论、“三个代表”重要思想、科学发展观、习近平新时代中国特色社会主义思想为指导，坚持辩证唯物主义、历史唯物主义的立场、观点和方法，系统记述迎泽区自然、政治、经济、文化、社会等方面情况，为认识迎泽、研究迎泽、建设迎泽提供翔实资料，为科学决策、指导工作提供最新信息。

二、《太原市迎泽区年鉴（2018）》记述时限为2017年1月1日至12月31日。

三、《太原市迎泽区年鉴（2018）》采用分类编辑法，以类目为单位，类目由分目和条目组成。条目为收录资料信息的基本单元。共设21个类目：(1)特载；(2)大事记；(3)区情概览；(4)中国共产党太原市迎泽区委员会；(5)太原市迎泽区人民代表大会常务委员会；(6)太原市迎泽区人民政府；(7)政协太原市迎泽区委员会；(8)群众团体；(9)军事；(10)法治；(11)经济管理与监督；(12)农林水务；(13)城乡建设与管理、环境保护；(14)财政税务；(15)商业；(16)教育科技；(17)卫生和计划生育；(18)文化体育；(19)社会生活；(20)街道(镇)；(21)附录。全书设索引，以备查阅。

四、《太原市迎泽区年鉴（2018）》所有内容，均由区直各单位、各街道（镇）及驻区省属、市属有关单位负责撰写，并经撰稿单位领导审核。撰稿人姓名署于各条目之后。

五、《太原市迎泽区年鉴（2018）》中的综合性资料、数据，一般截至2017年底。“区情概览”类目中的“国民经济和社会发展”，由迎泽区统计局供稿。因统计口径等原因，数据不尽一致，凡涉及迎泽区国民经济和社会发展的全局性数据，以区统计局提供的资料为准。

总目

ZONGMU

目　录

MULU

特　载

大事记

区情概览

中国共产党太原市迎泽区委员会

太原市迎泽区人民代表大会

太原市迎泽区人民政府

中国人民政治协商会议太原市迎泽区委员会

群众团体

军　事

法　治

经济管理与监督

城乡建设与管理　环境保护

财政　税务

商 业

教育 科技

卫生和计划生育

文化 体育

社会生活

街道（镇）

附　录

中共太原市迎泽区委常委会工作报告

——在中共太原市迎泽区第五届代表大会第三次会议暨全区经济工作会议上

中共太原市迎泽区委书记　冯原平

（2018 年 2 月 12 日）

一、2017 年工作回顾

2017 年以来，区委在市委、市政府的坚强领导下，深入学习领会党的十九大精神和习近平新时代中国特色社会主义思想，积极贯彻落实习近平总书记视察山西重要讲话精神，紧紧围绕“建设省城首善之区”目标，攻坚克难，真抓实干，全区经济持续保持中高速增长，政治、文化、社会、生态文明和党的建设不断取得新成效，各项事业呈现新气象。

认真学习宣传贯彻党的十九大精神，坚决把牢正确方向。以创建全省“两学一做”学习教育常态化制度化示范点为契机，认真制订实施方案，系统开展理论学习，深刻领会习总书记对山西提出的总体要求和五项重大任务，认真落实省市委要求，不断把学习贯彻引向深入。高标准开展“维护核心、见诸行动”主题教育，一月一主题，月月有活动，引导广大党员干部自觉把维护核心落实到行动上、融入到工作中，为迎接十九大胜利召开、学习宣传贯彻十九大精神筑牢思想政治基础。党的十九大召开后，明确把深入学习贯彻党的十九大精神和习近平新时代中国特色社会主义思想作为当前和今后一段时期的重要政治任务，在全区迅速掀起学习热潮。区委专门召开全会深入学习研讨习近平新时代中国特色社会主义思想和党的十九大精神，区委中心组 6 次进行专题学习交流，聘请专家为全区各级领导干部和社区（村）两委干部进行专题辅导，组织宣讲团下基层开展宣讲活动 390 场次，举办“学习贯彻党的十九大精神科级干部主体班”，结合区情开展“八学”活动，推进理论宣讲进企业、进农村、进机关、进校园、进社区、进军营、进网站，实现全覆盖，在全区形成学习贯彻党的十九大精神浓厚氛围，切实把全区党员干部的思想统一到党的十九大精神上来，并不断转化为推动迎泽发展的思想自觉和生动实践。

经济发展速度加快，发展后劲明显增强。积极推进民营经济和小微企业创业创新，新创省级众创空间7家、省级科技企业孵化器1家。推进楼宇总部经济服务中心试点工作，在10家楼宇挂牌建立“楼宇（总部）经济示范基地”。加快智慧产业园、中鲁物流园扩园和生物医药产业园、新东峰汽车贸易园建设，新兴产业在集聚融合中培育成长。完善项目建设和招商引资机制，华润城市综合体等重点项目建设顺利推进，新引进微谷中国山西公司、月星家居等一批区域总部企业，签约招商项目7个，引进资金183.8亿元，省市重点项目累计完成投资9.68亿元，推动区域经济由“量”大向“质”优转变。2017年，全年地区生产总值实现690.83亿元，同比增长8.1%；服务业增加值完成602.05亿元，同比增长8.5%；社会消费品零售总额完成466.81亿元，同比增长6.1%；固定资产投资完成97.67亿元；一般公共预算收入完成15.3亿元，同比增长9.7%。整体经济稳定的格局进一步巩固。

重点工程房屋征收稳步推进，城乡宜居水平明显提升。配合全市重点工程，实施地铁轨道交通迎泽段、迎泽大街下穿火车站房屋征收工作，完成双塔南路（迎泽段）、松小线2条道路改造房屋征收，征收167户。集中推进双塔景区征迁，累计征收2700余户，占征收总户数的98.5%。大力推进片区改造和棚户区改造，完成电建155户、3.1万平方米的房屋征收。加速棚户区回迁安置房建设，累计建设14956套。在抓好已拆城中村扫尾清零的同时，继续推进水峪、松庄、新沟3个村整村拆除，完成拆除1979户，拆除率为98%，实现建成区面积翻番，为迎泽发展拓展了空间。以城市管理提升行动为抓手，扎实开展铁路沿线、占道经营等十项综合整治。提升环卫作业精细化管理，做好城乡生活垃圾全收集和垃圾收运体系建设。完成城市管理执法体制改革，建立城市执法全过程记录工作机制，实现执法中队人、财、物统一管理。加快美丽乡村建设，申报董家庄村为市级美丽乡村示范村。扎实开展身边绿化工程，完成10个绿地游园建设，城乡环境及城市品质得到有效提升。

积极构筑“精神高地”，文化自信全面提振。进一步加强党对意识形态工作的领导，严格落实工作责任制，开展意识形态领域形势分析研判，加强网络意识形态工作。深入开展“担复兴大任，做时代新人”主题活动，举办座谈会、研讨会、演讲比赛近百场。注重舆论引导，各类媒体宣传报道6126次，《迎泽之窗》发行覆盖全区党支部。采取多种形式组织开展弘扬社会主义核心价值观的宣传教育，持续开展

“我们的节日”“道德讲堂”“讲文明树新风”等群众性精神文明创建活动，举办文化惠民演出72场，激发了全区人民团结奋进的强大正能量。

深入推进绿色发展，生态环境持续优化。坚持“绿水青山就是金山银山”的发展理念，全面贯彻中央、省、市关于生态文明建设和生态环境保护的重大决策部署，强力推进环境质量改善和大气污染防治，认真抓好中央环保督察交办的186件问题和环保部强化督查涉及的32个问题、省环保督察组转办群众反映的137件问题整改工作。全面完成散煤治理、重点片区整治、农村环境整治、“铁腕治污”百日攻坚等各项重点任务，“煤改气”工程在全市率先完成并被评价为“放心工程”。

着力保障人民安居乐业，民生福祉不断改善。从人民最关心最直接最现实的利益问题做起，扎实办好年初确定的各项惠民实事。持续提升社会保险、保障救助水平，各类社会保险超额完成，低保金、医疗救助金、高龄保健津贴、残疾人生活补贴等按时足额发放。推进义务教育优质均衡发展，36中、37中、39中校舍改造和并东小学改扩建工程有序推进，普及推广教育信息化，中小学校责任督学挂牌督导工作经验被作为“迎泽模式”在全省推广。开展县乡医疗卫生机构一体化改革，挂牌成立迎泽区医疗集团，推进家庭医生签约服务，重点人群签约率达70.46%，计划生育特殊家庭管理服务、流动人口动态监测等多项工作在全省名列前茅。积极培育发展“易照护”“福寿和”等养老服务模式，建成14个社区养老服务中心和17个老年日间照料中心。扎实开展对口精准扶贫，实现4475人脱贫，超额完成脱贫3000人目标任务。

切实维护社会和谐稳定，努力营造良好社会环境。高度重视信访维稳工作，组织大接访44次。深化源头化解专项行动，圆满完成党的十九大、全国“两会”和“一带一路”峰会期间等重要节点的信访维稳工作。狠抓安全生产不放松，扎实开展安全生产“知责履责失职追责”“反三违”等活动，消除了一批安全隐患。创新消防管理模式，建立“互联网+消防”烟、气、电远程火情预警系统，被国家安监总局调研组肯定为“迎泽模式”并加以推广。筑牢食品药品安全监管“两条底线”，构建了基层食药安全防控网格。强化社会面管控，加快综治中心标准化建设和“雪亮工程”建设，健全矛盾纠纷联调体系，开展“社会治安风险隐患大排查大整治”，平安迎泽建设取得新成效。深化“放管服”改革，建立权责统一、权威高效的依法行政体制。实施“七五”普法，推进多层次多领域依法治理，全区各部门和114个社区（村）实现法律顾问全覆盖，人民群众安全感和满意度进一步提升。

民主政治建设深入推进，安定团结的政治局面进一步巩固。支持区人大、区政协依法依章程履行职责。区人大及其常委会围绕重点项目建设、城市管理、民生社会保障、安全生产等重点工作开展了一系列视察调研活动，严格程序任免了一批国家机关工作人员，依法履职水平进一步提高。区政协积极围绕双塔景区建设、城乡一体化发展、民生实事开展协商活动，民主监督、参政议政水平进一步提高。完善政党协商机制，充分发挥民主党派、无党派人才聚集优势，科学民主决策水平进一步提升。国防教育、国防动员工作不断加强，拥军优属氛围逐步浓厚。积极推进工会、团委、妇联群团改革工作，搭建特色服务平台，凝聚起了建设“省城首善之区”强大合力。

认真履行主体责任，全面从严治党向纵深发展。一是着力加强“三基建设”。细化122项具体任务和责任，形成上下联动工作格局。投资约1800万元，建成“互联网+党建”服务群众工作信息系统，受理问题39666件，办结完成39649件，办结率99.97%，群众满意率99.8%。采取新改扩建、置换、租赁、共驻共建等方式推进社区建设，社区服务场所平均面积达到600平方米以上，16个社区超过1000平方米。完成社区（村）“两委”换届，23个软弱涣散基层党组织全部晋位升级。建成122个区域性党组织，发展党员130名，组织5835名党员补缴党费326万余元。二是着力建设高素质干部队伍。坚持“好干部”标准，按照“统筹安排、分步实施”的干部调整总思路，选拔任用了一批德才兼备的优秀干部；出台《激励干部担当作为干事创业实施办法（试行）》和《执行〈太原市支持干部改革创新合理容错实施办法（试行）〉细则》，激发了干部干事创业积极性。三是全面履行主体责任。及时研究部署和落实全面从严治党的各项任务要求，区委常委会议研究党风廉政建设和反腐败工作35次，听取区人大、政府、政协、法院、检察院党组管党治党工作情况汇报，支持区纪委监委聚焦主责主业履责，以创新精神推动纪检监察体制改革，实现街道（镇）和区直部门派驻监督全覆盖。充分发挥巡察监督震慑作用，发现问题线索471条，组织处理72人，党政纪处分29人。认真组织开展以“四个对照”为重点的巡视整改自行“回头看”，针对查摆出的三个方面20个问题，明确67项具体整改措施，认真整改，取得明显成效。四是驰而不息正风肃纪。制定出台《关于进一步贯彻落实中央八项规定精神的实施细则》，坚决整治形式主义、官僚主义新表现。今年以来，查处违反中央八项规定精神问题13件，党纪政务处分11人，组织处理25人。有效运用监督执纪“四种形态”，不断加大问责力度，立案69件，结案65件，党纪政务处分68人，组织处理64人，共挽回经济损失60.7万元。持续保持了反腐败的高压态势。

回顾一年来的工作，成绩的取得是市委、市政府的正确领导、大力支持的结果，是全区各单位各部门团结协作、奋力拼搏的结果，是广大党员干部群众同心同德、真抓实干的结果。在此，我以大会的名义，向所有关心支持迎泽建设发展的同志们、朋友们，表示衷心的感谢，致以崇高的敬意！

同时我们也清醒地认识到，对照中央和省、市委的要求，对照人民对美好生活的需要，还存在一些问题和不足：全区经济总量虽然在全市保持前列，但发展不平衡不充分问题还比较突出；中心城区面临产业空心化的困境还没有有效解决，推进全区转型发展的大项目好项目还不多；民生社会事业发展水平与中心城区居民多样化需求还有差距，基层党组织建设还有薄弱点。这些问题都需要我们在今后的工作中下大力气解决好。

二、2018 年工作的总体要求和主要任务

2018 年是贯彻党的十九大精神的开局之年，是改革开放 40 周年，是决胜全面建成小康社会、实施“十三五”规划承前启后的关键一年。中国特色社会主义进入新时代，迎泽发展迈入新征程。我们必须正确把握新的历史方位，以新思想引领新实践，科学谋划新开局，稳健推进新发展。

党的十九大把习近平新时代中国特色社会主义思想确立为我们党必须长期坚持的指导思想，中央经济工作会议明确了以新发展理念为主要内容的习近平新时代中国特色社会主义经济思想，为新时代开拓新征程、推动新实践、实现新发展，提供了强大思想武器和科学行动指南。

省委围绕贯彻习近平新时代中国特色社会主义思想和党的十九大精神、中央经济工作会议精神，明确提出“七个方面的目标任务”，并聚焦建设“示范区”、打造“排头兵”、构建“新高地”，对今年工作的重大原则和关键工作做出部署，确立了山西发展的时代坐标、前进方向和战略重点；市委明确建设文明开放富裕美丽太原的奋斗目标和分阶段战略安排，并围绕实现“两个走在前列”，就今年破题转型发展、增进民生福祉、加强和改进党对经济工作的领导等，做出部署要求，为我们当前和今后一个时期工作指明了方向。区委主动把中央精神和省、市委决策部署融入建设省城首善之区的具体实践，提出“在八个方面走在省市前列”的目标要求，吹响了迎泽区开启新征程、谱写新篇章的行动号角。

新时代蕴含新机遇，新征程开创新未来。做好今年工作，我们面临许多重大机遇和有利条件。党的十九大标定了新时代的历史方位，做出了我国经济已由高速增长阶段转向高质量发展阶段的重大判断，并对构建现代化经济体系做出战略部署，为我们观大势、谋全局、把握工作主动权，提供了根本遵循。习近平总书记亲自“把脉”山西发展，为我省指明转变经济发展方式的四条路径；国务院专门出台政策意见，全面指导、全力支持我省资源型经济转型；省委以空前力度支持太原发展，对太原提出“两个走在前列”的重要要求，确定以太原都市区为主战场建设转型综改示范区，为中心城区加快创新转型，提供了重要方向指引、重大政策利好和难得的历史性机遇。近年来，我们坚持打基础、蓄后劲，破除思维定势，创新思路举措，在破解发展制约，推进产城融合，促进产业提质升级，推动经济发展、生态环保、民生改善和社会和谐稳定协同共进等方面，取得一系列突破性进展，特别是随着全面从严治党的深入推进，良好政治生态得到持续巩固和提升，党员干部人心思齐、人心思进，坚定不移走创新转型之路已成为全区共识，这些都为我区发展奠定了坚实基础，积蓄了强劲势能，提供了有利条件和强大支撑。只要我们把握新机遇、用好新机遇，坚定信心、乘势而上，就一定能够在新的起点彰显新作为、创造新业绩。

今年全区工作的总体要求是：全面贯彻党的十九大精神，以习近平新时代中国特色社会主义思想为指导，认真落实中央和省委、市委经济工作会议精神，按照区委五届五次全会部署，坚持和加强党的全面领导，坚持稳中求进工作总基调，坚持新发展理念，紧扣社会主要矛盾变化，按照高质量发展要求，统筹推进“五位一体”总体布局，协调推进“四个全面”战略布局，把“在八个方面走在省市前列”的目标要求融入建设文明开放富裕美丽太原和深化转型综改试验区建设大局，以深化供给侧结构性改革为主线，以开展转型项目建设年、社会矛盾化解年、作风建设提升年和深化城市管理全面提升行动为抓手，统筹推进稳增长、促改革、调结构、惠民生、防风险各项工作，推动质量变革、效率变革、动力变革，聚力打好防范化解重大风险、污染防治攻坚战，着力推进精准扶贫攻坚取得扎实进展，全力促进经济社会持续健康发展和党的建设质量不断提升，以高质量建设省城首善之区的生动实践，奋力谱写新时代迎泽发展新篇章。

综合各方面因素，今年全区经济发展的主要预期目标是8%左右。区委做出这一预期，既贯彻中央和省委、市委工作要求，又充分考虑我区发展实际，兼顾质量与速度、需要与可能，是积极稳妥、经过努力可以实现的。

落实上述总体要求和预期目标，工作中必须做到：

牢牢把握新思想引领。坚持真学真信真用、学懂弄通做实，真正把习近平新时代中国特色社会主义思想植根心中、融入实践，转化为推进工作的强大动力，推动这一思想在迎泽区落地生根、开花结果。

牢牢把握高质量发展要求。把高质量发展作为时代需要、发展必须，作为理思路、做决策、抓落实的根本要求，着力完善高质量发展的体制机制，着力推动质量变革、效率变革、动力变革，使高质量发展成为新时代迎泽工作的主旋律。

牢牢把握稳中求进原则。抓住“稳”的关键点，稳住经济运行，确保增长、就业等主要指标保持在合理区间，确保有效防范化解重大风险，确保政治社会大局稳定；找准“进”的切入点，推进服务业提质升级和深化改革开放，推动创新转型不断取得新成效。

牢牢把握工作主动权。以系统思维谋划全局，统筹各项事业协调发展；以创新思维破解难题，推动重点难点实现突破；以底线思维推进工作，守牢稳定底线、安全底线、廉政底线、生态底线，保障经济社会持续健康发展。

牢牢把握初心和使命。坚持以人民为中心的发展思想，落实人民主体地位，把人民对美好生活的需要作为一切工作的出发点和落脚点，着力解决不平衡不充分发展的问题，努力保障改善民生、促进公平正义，让人民群众在改革发展中普遍受惠、更多获益、更加幸福。

牢牢把握党对一切工作的领导。毫不动摇地坚持和加强党的全面领导，全面提高党的建设质量，坚定不移推动全面从严治党向纵深发展，让各级党组织和党员干部在革命性锻造中更加坚强、更加纯洁、更加先进，为加快建设省城首善之区提供坚强政治保证。

今年的主要工作任务是：

（一）以新时代新思想指导新实践，推动新发展

按照新时代发展新要求和省委“七个方面的目标任务”、市委建设文明开放富裕美丽太原的任务目标，立足省市资源型经济转型发展大局，把中央和省、市委各项决策部署融入建设“省城首善之区”实践，通过开展转型项目建设年行动，把主攻“一个方向”、提升“两个商圈”、统筹“三个板块”、打造“四个园区”、发展“五项产业”的总体思路，落实到引领性项目和具体推进措施中，着力打造“六最”营商环境，加快经济发展质效提升，努力在创新转型上走在省市前列，走出迎泽区特色发展新路。

1. 主攻一个方向

作为省、市传统商贸大区，服务业是我区的绝对主导产业和特色优势产业，根据供给侧结构性改革的需要，把服务业提质升级作为区域经济发展的主攻方向，是经济发展质量和效益同步提升的根本和关键，也是省会中心城区功能定位对迎泽区创新转型的重要要求。

要坚持传统服务业和现代服务业并重。鼓励支持商贸、住宿、餐饮、仓储、运输等传统服务业改造和优化升级，加快规模型拓展和质效型提升，扩大区域产业特色优势；培育扶持金融保险、信息科技、文化娱乐、社区服务和教育、健康、养老等现代服务业发展，引进高端业态、现代管理和新型商业模式、服务方式，强化科学技术特别是信息网络技术支撑，提高现代服务业的比重和贡献率，巩固商贸服务业中心区地位。

要坚持生产性服务业和生活性服务业并举。围绕服务省、市资源型经济转型发展，深化供给侧结构性改革，整合提升楼宇、楼群、园区等平台，有效利用区域金融、信息、科研、交通、物流、商务、会展、人才人力、政务服务、法律服务以及各类评估认证、检验检测等资源相对集中的优势，着眼服务业向工业的前期研发、设计，中期管理、融资和后期物流、销售、售后服务、信息反馈等全过程渗透，进一步完善生产性服务供应链，提高生产性服务业的科技化、信息化、现代化、专业化水平，主动承接好新型工业化进程中的各类服务环节专业化分离和外包工作，加快推动区域服务业发展与新型工业化的深度对接融合；围绕人民群众对美好生活的新需求，加强城乡各类生活性服务设施的建设和改造，大力发展社区服务业和面向农村的服务业，优先发展养老、看护、家政、教育、医卫、文化、旅游、中介等便民利民服务业，进一步完善生活性服务业体系，丰富服务供给，提高优质便捷服务的承载力和覆盖面，加快推动区域服务业发展与全市城镇化进程的深度对接融合。

要坚持服务业与新兴产业发展并进。在推进服务业扩容提质的同时，创新发展都市型工业和新兴产业，积极培育新兴产业实体，发展高端装备、新型材料、节能环保、医疗器材、加工制造、现代医药、生态旅游等新兴产业项目，同时，鼓励创业创新，支持现代科技和信息技术在新兴产业中的应用推广，打造一批新兴产业集群和龙头企业、品牌实体，增创产业发展新动力，形成以现代服务业为主体，各类产业融合互促，与区位功能和发展定位相适应，与生态环境相协调的中心城区型特色产业体系。

2\. 提升两个商圈

柳巷商圈、朝阳商圈是全区商贸服务业发展的火车头，我们必须立足当下、面向未来，紧扣时代脉搏，走商文旅融合发展之路，使两大商圈焕发出新的生机。

柳巷商圈，在当前激烈的市场竞争中，要打好历史文化牌，传承核心商圈的繁华兴盛。从全国经验来看，老商圈只有走创建文化街区之路才能永不“落幕”，文化街区是城市的会客厅，是城市文化的集中体现，能够唤起市民的历史记忆和文化认同，增加市民和城市的亲和度，吸引海内外游客光顾，从根本上提升柳巷商圈的竞争力。柳巷商圈内历史遗存众多，百年来集聚的商业人气、积淀的商业文化，在全省独树一帜，为文化街区建设改造提供了条件。要按照打造“大柳巷文化街区”的理念，通过棚户区改造，对和文化历史无关的建筑能拆尽拆，重点古建筑周边尽可能留出空间，为大规模改造创造条件；要引导现有商户认同大发展理念，克服短期思想，树立长远的战略思维，为改造献计出力；要按照文化旅游需求，发展多种文化商业形态，通过改善市场环境和基础设施，发展智慧型服务业和新零售模式，丰富和完善消费及休闲功能，满足不同人群的文化、旅游、休闲、购物需求，推动柳巷商圈沿着文化街区的理念和功能不断升级。

朝阳商圈，要进一步丰富路网建设，加大街区和市场整治力度，打造环境整洁、功能完备、经营规范、多业态融合的现代商贸物流城。要加强车辆通行、停放管理，按照共享理念，最大限度地发挥停车位的停放频次；针对人员流动性强的特点，改进管理模式，实施环卫、治安精细化管理，创造舒适的购物环境。要拉长营销链条，引导服装加工业发展，鼓励周边物流配送业整合提档，加快形成产销一体化格局；建设完善高标准的装修市场，满足不同消费人群需求，弥补东部地区无家装市场的短板；运用互联网思维，建好网上商店，线上浏览线下体验，实现线上线下一体化市场运营，拓展同城快递业务，丰富销售模式；提升餐饮、休闲、娱乐等服务，加快提升业态集聚力和消费吸引力，满足消费者多种消费需求。要全面融入双塔大景区的建设和发展，结合双塔景区规划，着眼双塔大景区文化旅游产业需求，引导各类商城走集约经营、集群发展之路，实现整体提档升级，努力建设集旅游、休闲、购物、度假、娱乐为一体的综合商圈。

3. 统筹三个板块

按照“优势互补、错位发展、协同并进”的原则，统筹推进建成区、城乡结合部和东山地区三大板块建设。

在建成区，实施老城更新计划，提高公共服务水平，提升市民生活品质。继续推进棚户区改造，通过腾挪和置换，盘活有限的城区土地资源，为传统商贸、现代商务、便民服务等产业发展释放新空间。聚焦项目建设，抓好华润·昆仑域、太原国海广场、山西万豪广场、晋台两岸文化创意园区、都市广场等项目；科学规划、合理布局教育、医疗、社区服务、养老中心、小游园、公厕等，让市民生活更加便利、宜居、幸福。依托区位功能优势，大力发展楼宇总部经济，打造一批品质高、上规模的高端精品楼宇，吸引更多的总部企业和关联产业集中入驻，提升我区传统商贸中心区优势，巩固省城中心商务区地位。

在城乡结合部，用好土地资源，完善公共设施及配套，建设高标准现代化宜居小区，促进人口集聚，布局新的经济增长点，形成东部新城。结合双塔大景区建设，配套太古里城市客厅，打造最具标志性、代表性、观赏性的太原城市名片。充分利用城中村改造释放出的新空间，以世界眼光，谋篇布局，积极引进占地空间小、产业附加值高、辐射带动力强的大数据、创意、会展、金融等现代服务业，打造区域经济发展新引擎，为迎泽未来发展蓄力。

在东山地区，立足生态旅游，实现绿色发展。依托植被好、生态优、雾霾少、气候清凉宜人的先天优势，重点布局发展面向市民的生态旅游、休闲度假等产业。通过推进生态修复、造林绿化和引水济山等生态建设重点工程，实现生态提质，进一步改善东山发展基础；通过加快基础设施建设，实现东山道路成环成网，进一步提高通行能力；认真贯彻中央省市关于推进乡村振兴战略的安排部署，布局实施一批有市场前景和发展活力的现代都市农业项目，以张家河、董家庄特色小镇建设为牵引，打造一批特色小镇，根据地形地貌、山水形态科学布局，形成山、水、林、景、村相得益彰，人与自然、传统与现代、产业与生态协调融合的发展新格局。

4. 打造四个园区

经济园区是现代经济发展的引擎，要结合区情产业发展基础优势和条件，加快推进电子商务、智慧物流、汽车服务和功能性特色小镇等四个特色园区建设。加快太原互联网+智慧产业园建设，结合新一轮规划调整，推动扩容提质，引进一批高新技术企业和项目，打造融高端商务、现代商贸、生物科技、机械制造、智慧创新于一体的特色园区；加快中鲁物流园扩园步伐和智慧化建设进程，打造省内规模最大的快递中转基地和现代物流产业核心园区；加快新东峰汽车贸易园建设，拓展区域服务业发展新领域；加快东山农业生态公园建设，按照一村一品、特色小镇、集中连片的思路，高标准规划建设旅游风景区，布局发展森林公园、林果基地、现代农业、休闲度假等项目，打造市民放松心情、亲近自然、体验生态的观光旅游产业园区。

5. 发展五项产业

实现我区经济高质量发展，必须在产业项目上做好谋划，处理好“老饭碗”和“新饭碗”的关系，培育壮大新兴产业，推动产业向高端迈进，振兴实体经济。着力培育发展服装加工贸易、物流信息、文化创意、休闲旅游、汽车后市场服务等“五项产业”。以延展产业链、开辟新领域、占据新市场、引领新消费、促进新增长为目标，以发展实体、促进集聚、拓展规模、提升能级为思路，积极推动区域相关资源的整合利用，鼓励现有产业实施改造和转型升级，积极引进国际国内一线品牌、龙头企业、先进管理模式、成熟经营业态、现代科学技术和高端专业人才，加快推动具有核心吸引力和引领带动性的实体项目建设，努力在多领域、多产业、多业态形成区域经济新的竞争力和影响力，进一步巩固商贸、服务、信息中心区和文化核心区地位，打造省城现代物流、城市休闲旅游新高地，提升区域经济发展新境界。

（二）提升城乡建设和管理水平，建设全域生态宜居美丽迎泽

我区是省城中心城区和“窗口”形象区，必须高水平、高标准、高品质、高站位抓好城乡建设管理和生态环境保护，努力在我市实施城市修补、生态修复“双修”战略，建设美丽太原中走在前列，在推进太原都市区建设中体现中心城区应有的担当。

要高水平推进城乡规划。主动与省、市对接协调，努力把我区产业、生态、环境、乡村振兴、全域旅游、特色小镇、交通路网、民生设施等建设发展的思路和布局，融入太原都市区整体规划，在土地转征收储、城市规划设计、基础设施建设和项目落地等方面争取更多主动权，为加快创新转型、提升城市功能留足空间。

要高标准推进城乡建设。全面完成城中村整村拆除清零，抓紧城改项目及配套建设，加快建成区东扩进程。稳妥做好已拆棚户区回迁安置，稳步推进现有棚户区改造，积极有序推动老城更新。全力配合轨道交通等重点建设，积极推动东环高速路南内环互通、迎泽大街东延等重点工程，力争在东部地区和老城区交通拥堵区域规划实施一批道路建设及街巷改造工程，进一步完善交通网络，改善出行环境。加快双塔景区建设，尽快启动钟楼街改造房屋征收，促进产城融合、商文旅融合。着力

抓好老旧管网改造和停车场、市场、游园绿地以及环卫、安全等便民设施建设，不断提高城市综合承载力。

要高品质推进城乡管理。巩固深化城市管理全面提升行动，持续推进示范区创建、片区及小街巷综合整治和农村环境治理，集中攻坚难点乱点，提升环境品质。加强城市精细化管理，加快智慧城市建设，深化文明城市创建，彰显城市品位。积极探索城管执法综合改革新举措，健全规范化常态化长效化管理机制，完善监督、考核、奖罚等制度，确保责任全覆盖、管理无漏洞、环境无死角，全面提高城乡管理水平。

要高站位推进生态环境保护。牢固树立绿水青山就是金山银山的理念，全力打好污染防治攻坚战。继续加大散煤燃烧、扬尘污染、企业排污等治理力度，坚决打赢蓝天保卫战。坚持国策“刚度”与民生“温度”相统一，在严格环境执法、保护生态环境的同时，高度关切群众现实利益和长远发展问题，切实保障好群众的生产生活。加强基本农田保护，保持查控“两违”高压态势。严格落实河长制，加强河道治理，彻底消除黑臭水体。加快美丽乡村建设和农村人居环境改善，推动农村地区美丽升级。积极创建国家森林城市和生态园林城市，继续抓好东山提档造林、通道绿化、生态修复和城区绿化美化，高标准打造生态环境景观，高水平编织城市生态绿网，以环境质量的持续改善，为人民群众提供最普惠的民生福祉。

（三）提高保障和改善民生水平，持续提升群众的获得感和幸福感

认真践行以人民为中心的发展思想，发展为了人民，发展依靠人民，发展成果由人民共享。一切工作都要以人民利益为根本出发点，以更深的感情、更重的责任、更大的力度、更实的举措，多谋民生之利、多解民生之忧，扎实做好各项民生实事，在幼有所育、学有所教、劳有所得、病有所医、老有所养、住有所居、弱有所扶上不断取得新进展。要继续开展就业服务系列活动，积极搭建供需平台，着力提升就业水平。认真落实各项社会保障和救助政策，不断扩大社会保险参保人群和险种覆盖面，完善城乡一体化的社会救助体系平台和救助制度。继续推进义务教育优质均衡发展，加快新改扩建学校进度，狠抓教师队伍，提高教学质量，促进教育内涵发展。深化医疗卫生体制和计划生育管理服务体制改革，建立完善符合迎泽实际的医疗卫生和计划生育服务体系。加快推进区中心医院新院建设，发挥社区卫生服务中心枢纽作用，以棉花巷社区卫生服务中心为试点，探索医养结合模式。新建6个社区养老服务中心和8个社区老年人日间照料中心，不断提高社区养老医疗服务水平。全力抓好对娄烦县静游镇的对口扶贫工作，年内实现娄烦县静游镇15个贫困村11585人全部脱贫的总目标任务。

（四）努力营造安全稳定环境，持续提升群众安全感

针对我区当前的信访稳定形势，将今

年确定为社会矛盾化解年，就是要运用法治思维和法治方式，采用项目化管理考核模式，一案一律师，干部包协调，全面控制信访增量，减少积案存量。要认真践行“发展是硬道理，稳定也是硬道理，抓发展、抓稳定两手都要硬”的理念，坚决落实维护社会和谐稳定的重大政治责任，以改革的精神，以更敏锐的政治眼光、更强烈的忧患意识，着力提高社会治理社会化、法治化、智能化、专业化水平，做到守土有责、守土负责、守土尽责。学好用好“枫桥经验”，认真落实领导包片包案、部门联动化解等机制，扎实开展大接访、大走访和“走访慰问排查疏导”活动，强化依法化解，加大对非法上访的打击力度，妥善做好信访稳定工作。狠抓安全生产，严格落实“党政同责、一岗双责、企业（单位）主责、失职追责”，持续开展拉网式、地毯式安全隐患大排查大检查，持续开展消防、燃气、危化、道路交通、建筑施工、特种设备、食品药品等重点行业领域专项治理，大力提升安全监管水平。扎实推进“平安迎泽”建设，搭建区综治视频信息资源交换共享平台，全面完成综治中心向街镇、社区延伸，构建全民共建共治共享的社会治理格局。依法严厉打击各类违法犯罪，加强重点部位反恐能力建设，确保社会大局和谐稳定。

（五）扎实推进民主法治建设，凝心聚力共促发展

充分发挥区委总揽全局、协调各方的领导核心作用，进一步巩固和发展迎泽转型创新干事创业的良好局面。区人大及其常委会要围绕区委中心工作及改革发展稳定的重大问题、人民群众普遍关注的热点难点问题，开展视察调研和执法检查，依法履行职责。区政协要重点围绕重大项目建设、现代服务业提质升级、城中村和棚户区改造、城乡生态建设、城市管理全面提升等事关迎泽发展大局的重点难点工作，充分发挥民主监督作用，积极建言献策。发挥统一战线重要法宝作用，支持民主党派以及各统战团体开展工作，促进非公有制经济健康发展和非公有制经济人士健康成长。深化群团改革，把工青妇等群团组织建设成党的群众工作坚强阵地。加快法治迎泽建设，推进依法行政，严格规范公正文明执法，开展扫黑除恶专项斗争，严厉打击以各种名义在政府重点工程、新农村建设、拆迁征地租地过程中煽动群众闹事、堵门堵路、组织策划群体上访的黑恶势力，深入推进“七五”普法，建设社会主义法治文化，深化司法体制改革，让人民群众在每一个司法案件中感受到公平正义。切实履行党管武装的政治责任，搞好国防后备力量建设，大抓民兵军事训练，提升应急支援保障能力。抓好双拥工作，支持驻区部队建设，助力太原市军民融合。

三、坚定不移全面从严治党为全区高质量发展提供坚强保证

实现今年的各项目标任务，关键是要坚持和加强党的全面领导，坚持党要管党、全面从严治党，认真贯彻新时代党的建设总要求和重点任务，全面开展作风建

设提升年行动，扎实推进党的建设新的伟大工程。

一是坚持党管一切，加强和改进党对经济工作的领导，牢牢把握经济工作主动权。坚持和加强党的全面领导，区委既要总揽全局，把方向，定目标，加强对重点工作的组织实施，及时研判形势，精准跟进施策，又要善于协调各方，支持人大、政府、政协、法院、检察院和人民团体充分履行职责，调动各方面的积极性。发展是第一要务，全区各级党组织要把抓好经济工作作为重大政治责任，正确处理好确保中央和省、市委政令畅通与立足迎泽实际创造性开展工作的关系，不折不扣地把上级的各项要求落到实处。全区各级党组织，各单位各部门要协同配合，全区上下一盘棋，对区委的各项决策部署做到步调统一，令行禁止。全区各级领导干部要不断提高学习本领、政治领导本领、改革创新本领、科学发展本领、依法执政本领、群众工作本领、狠抓落实本领、驾驭风险本领，努力成为工作的行家里手。

二是增强政治定力，坚持以习近平新时代中国特色社会主义思想武装头脑。习近平新时代中国特色社会主义思想是我们做好各项工作的行动指南。要牢固树立“四个意识”，自觉维护以习近平同志为核心的党中央权威和集中统一领导。要进一步巩固和拓展“两学一做”学习教育常态化制度化和维护核心、见诸行动主题教育成果，扎实开展“不忘初心、牢记使命”主题教育，坚持学深悟透，读原著、学原文、悟原理，组织全区各级领导干部认真学习领会习近平新时代中国特色社会主义思想和新党章，增强贯彻落实的自觉性和坚定性。坚持融会贯通，弘扬理论联系实际的作风，强化问题导向，自觉运用习近平新时代中国特色社会主义思想解决制约迎泽发展的重大问题，使我们的各项工作更加符合中央和省、市委的要求，更加符合人民的期盼。

三是坚持正确选人用人导向，建设高素质专业化干部队伍。干部是我们事业的中坚力量。要坚持“德才兼备、以德为先、以廉为基”用人导向，突出政治标准，提拔重用坚决维护党中央权威、全面贯彻区委决策部署、忠诚干净担当的干部，选优配强各级领导班子。加强后备干部队伍建设，注重在基层一线、急难险重的工作环境中培养锻炼年轻干部。坚持严管与厚爱相结合，加大对干部的教育管理，细化干部日常考核管理办法，完善领导干部能上能下、容错纠错和激励干事创业机制，为敢于担当、踏实做事、不谋私利的干部撑腰鼓劲。

四是坚持强基固本，进一步夯实基层基础。基层组织是确保各项决策部署落实的基础。要以提升组织力为重点，突出政治功能，坚持分类推进，把企业、农村、机关、学校、街道社区、社会组织等各领域基层党组织建设成为宣传党的主张、贯彻党的决定、领导基层治理、团结动员群众、推动改革发展的坚强战斗堡垒。建立市管领导“三基建设”联系点制度，大力推行重点工作项目化管理，用好“互联网+党建”服务群众工作信息系统，力争创出一批基层党建工作特色亮点。

五是持之以恒正风肃纪，进一步营造风清气正的良好政治生态。紧紧围绕保持党同人民群众的血肉联系，加强作风建设，巩固拓展落实中央八项规定精神成果，严格执行区委实施细则，继续整治“四风”问题，密切关注新动向新表现，一个节点一个节点坚守，一个问题一个问题突破，把作风建设的螺丝拧得更紧，工作做得更实；保持反腐败斗争的高压态势，保持永远在路上的清醒冷静和坚韧执着，坚持无禁区、全覆盖、零容忍，紧盯重点领域和关键环节，更加有效地遏增量、减存量，不断增强震慑遏制作用；深化和巩固监察体制改革成果，进一步推进街镇监察和派驻全覆盖工作，发挥好“探头”和“前哨”作用；结合扫黑除恶专项斗争，对涉黑涉恶违法犯罪案件及时深挖其背后的腐败问题，发现一起，查处一起，绝不姑息；着力解决群众身边的腐败问题，集中开展专项整治，重点查处发生在民生资金、“三资”管理、征地拆迁、教育医疗、最低生活保障、住房保障、生态文明建设等领域的“微腐败”，维护群众切身利益。

同志们，完成今年的目标任务需要一番艰辛努力，是对我们境界、能力、作风的大考验。区委将今年确定为“作风建设提升年”，就是要提高政治站位，上下一盘棋，令行禁止，团结协作，集中力量，攻坚克难；要发扬钉钉子精神，盯紧重点目标重点任务，抓住关键，锲而不舍，一个时间节点一个时间节点稳步推进；要敢于担当，敢抓敢管敢于碰硬，以“人一之我十之、人十之我百之”的拼劲，努力创造新业绩。

同志们，再过两天，就要迎来中国最重要的传统节日——春节，我们要认真落实中央精神和省委、市委要求，精心部署，统筹安排，做好节日期间的各项工作。

一要坚决抓好政治安全，严格落实意识形态工作责任制，营造团结稳定的社会氛围。二要抓好矛盾排查化解，做好涉众群体走访慰问和帮扶工作，体现人文关怀，抓好信访稳定工作，依法化解矛盾。三要坚决抓好公共安全，落实好安全生产责任制，持续开展消防、交通、燃气、森防、食药、商场、公园、宗教活动场所等行业领域安全检查，坚决遏制重特大安全事故。开展扫黑除恶专项斗争，营造群众满意的平安环境。四要统筹做好春节元宵节亮化工作，结合街景，在色彩、格调、形态上高标准规划设计，布置好主要街道、重点地区景观，体现省会城市水平，同时要高度重视用电安全，防风防雪防踩踏。要清除卫生死角，确保干净整洁迎佳节。五要用心用情做好送温暖工作，广泛开展走访慰问、帮扶救助等活动，做好关心老党员、老干部和困难群众生活工作，解决他们的实际问题，保证温暖过冬过节。六要丰富群众节日文化生活，组织开展好文化惠民活动，加大公共文化设施服务力度，营造喜庆祥和的节日氛围。七要认真落实值班工作制度，严格落实岗位责任制和应急机制，确保信息畅通。八要廉洁过节，弘扬中华民族优良传统，倡导勤俭文明过节新风尚，紧盯“四风”新动向，坚决杜绝“节日腐败”，确保全区人民群众高高兴兴过大年。

同志们，新时代需要新作为，做好今年的各项工作，需要我们振奋精神，加倍努力。让我们紧密地团结在以习近平同志为核心的党中央周围，在市委的坚强领导下，不忘初心，牢记使命，抢抓机遇，奋力拼搏，尽心尽责做好每一项工作，不断开创建设省城首善之区新局面，为建设文明开放富裕美丽太原做出新贡献！

太原市迎泽区人民代表大会常务委员会工作报告

——在太原市迎泽区第五届人民代表大会第三次会议上

太原市迎泽区人大常委会主任　侯富田

（2018年2月23日）

一、2017年的工作回顾

过去的一年，在区委的坚强领导下，区人大常委会以马列主义、毛泽东思想、邓小平理论、“三个代表”重要思想、科学发展观和习近平新时代中国特色社会主义思想为指导，深入学习贯彻党的十九大精神，自觉在思想上政治上行动上同以习近平同志为核心的党中央保持高度一致，坚持和完善人民代表大会制度，始终坚持党的领导、人民当家作主、依法治国有机统一，围绕中心，服务大局，认真履职，扎实工作。一年来，区人大常委会共举行9次常委会会议，11次主任会议，审议通过“一府两院”23项议题，作出7项决定、决议，圆满完成了区五届人大二次会议确定的各项任务。

（一）坚持党的领导，为依法履职提供根本政治保证

常委会把坚决维护习近平总书记核心地位、坚决维护党中央权威和集中统一领导作为依法履职、开展工作的根本政治保证。组织党组专题学习6次，举办专题培训3次，深入学习习近平总书记视察山西重要讲话精神、党的十八届七中全会和党的十九大精神，认真贯彻落实区五届二次党代会精神。同时，印发了《中共太原市迎泽区人大常委会党组关于深入学习宣传贯彻党的十九大精神的安排》，明确学习贯彻的重点，细化落实举措，坚持用习近平新时代中国特色社会主义思想武装头脑、引领方向、指导人大实践，为推进区民主法治建设，建设省城首善之区提供坚实的思想政治保证。

（二）坚持服务大局，精准发力进行有效监督

常委会围绕全区发展大局，抓住全区重点工作，坚持监督与支持并重，寓支持于监督之中，不断改进监督工作方式方法，精准发力，进行有效监督，推动全区各项工作扎实开展。

加强对经济的监督。常委会把服务经济发展、促进转型升级、提升区域综合实力作为首要任务，依法开展监督。听取和审议了区政府关于计划、预算执行情况的报告、预算（草案）主要内容的报告和财政决算报告、审计工作报告，作出预算执行情况及预算（草案）主要内容审查结果的报告，审查批准2016年财政决算。督促政府在复杂的宏观经济形势下，加强分析研判，进行精准定位，全面振兴实体经济，

优化提升传统服务业，加快发展新兴产业，以园区经济为抓手，着力培育新的动力源和增长极，持续提升区域综合实力。加强对审计查出问题整改落实的监督，听取和审议区政府审计查出问题落实情况的报告，督促区政府进一步加大审计力度，确保资金使用效益。

加强对重点工作和民生工作的监督。聚焦重点工作和民生问题，采取多种形式，强化监督，促进民生改善。组织人大代表深入到娄烦县静游镇，视察我区精准帮扶工作完成情况，督促政府把精准帮扶工作做实、做细，助力脱贫攻坚向纵深推进。视察区政府双塔历史文化景区改造项目房屋征收工作，实地察看了郝庄集体土地、化工市场、化工小区，以及水峪村、松庄村等项目改造情况，就房屋征收工作舆论引导和政策法规宣传力度不够、拆迁难等问题，提出意见建议，督促政府要做到棚户区改造与历史文物保护、建设历史文化名城相结合，与打造精品亮点、提升城市品位相结合，与完善公共服务、改善人居环境相结合，全力推进片区改造和棚户区改造。视察我区城市管理全面提升工作，围绕道路交通秩序、占道经营、户外广告、违法建设、市容卫生等十项综合整治和美丽宜居示范村建设，实地察看了满洲坟小区、火车站广场整治、环境空气自动监测点、垃圾分类、餐厨垃圾收集、散乱污治理等进展情况，同时，开展了城市管理专题询问，区城管局、住建局、园林绿化局、环保分局、交警迎泽一大队等部门接受了人大代表的询问，推动了政府城市管理水平不断提升，提高了城市形象和品位。督导视察了我区文明城市创建工作，强化了对发现问题的整改与落实。加大信访案件的督办，推动一批信访问题的依法妥善处理，维护了人民群众的合法权益和社会的和谐稳定。坚持以人民为中心的发展思想，围绕人民群众关注的热点难点问题，视察了学前教育、医养护一体化等工作，推动了区政府一批惠民实事的落实，人民群众幸福感和获得感持续提升。

加强对法律法规实施情况的监督。对法律法规贯彻实施情况进行执法检查，成为人大常委会重要监督方式，并形成了较为完善的程序。每次执法检查都要成立由人大常委会副主任担任组长，人大机关相关委室负责人、部分常委会组成人员和人大代表为成员的检查组。认真制定检查方案，对检查工作进行严谨、细致的安排部署，组织检查组成员学习相关法律法规，听取相关单位法律法规执行情况报告，开展实地检查，形成执法检查报告，提交常委会会议审议，开展整改督查，推动相关法律法规在我区落地生根。2017 年 6 月，常委会对区政府贯彻实施《中华人民共和国安全生产法》和《山西省安全生产条例》（简称“一法一条例”）的情况进行了执法检查。检查组采用“听、查、看、议”的方法，深入到长城加油站、区消防管理中心等单位，对全区宣传贯彻“一法一条例”、生产经营单位安全生产保障、监督管理和生产安全事故的应急救援与调查处理情况进行执法检查，督促政府监管部门和生产经营单位强化安全生产意识，严格落实安全生产责任，规范安全生产监管执法行为，确保全区安全生产形势持续稳定向好。8月，配合市人大常委会就我区贯彻实施《中华人民共和国文物保护法》和《太原市文物保护和管理办法》情况开展了执法检查。执法检查活动的开展，推进了我区依法行政，加快了政府法治建设进程。

加强对司法工作的监督。围绕推进司法体制改革，增进改革成效开展监督。常委会听取和审议了区人民法院关于多元化纠纷解决机制工作情况的报告，实地察看了诉讼服务中心、执行指挥中心、综合保障中心，督促法院积极推进多元化纠纷解决机制建设，加强调解队伍建设；听取和审议了区人民检察院关于司法体制改革工作情况报告，督促检察院统筹推进司法体制改革配套措施的落实，进一步增强改革的成效，加强检察队伍建设，推进司法公正，提高司法公信力。

（三）坚持依法履职，做好重大事项决定和人事任免工作

依法作出重大事项决定。决定重大事项，是宪法和法律赋予人大常委会的一项重要职权。常委会把审议决定重大事项与促进全区经济社会发展紧密结合，与推进绿色发展优化生态环境紧密结合，与改善民生促进社会和谐紧密结合，抓住事关全局的重大问题，认真审议。依法对预算、决算、2017年预算调整等作出决议、决定7项，为加快我区经济社会发展发挥了重要作用。

坚持党管干部与人大依法任免有机统一，不断改进人事任免工作。常委会对拟任国家机关工作人员，严格执行任前调查、任前集中培训、法律考试、表态发言、审议表决、颁发任命书、向宪法宣誓等程序，切实增强拟任人员自觉接受人大及其常委会监督的意识和依法行政、公正司法意识。一年来，常委会依法任命国家机关工作人员18人，免职15人。

（四）坚持代表主体地位，更好地支持和保障代表依法履职

提高代表履职能力。代表工作是人大工作的基础，提高代表履职能力，不断提升代表工作水平就显得尤为重要。常委会把加强学习培训、组织视察、参加会议作为提高代表整体素质的重要途径。11月，组织部分常委会组成人员和区人大代表，赴太行干部学院学习党的十九大精神和人大代表履职知识，提高代表履职能力。坚持为代表订送《人民代表报》和《中国人大》，为代表学习提供便利。同时，积极组织代表参与视察、调研、执法检查等活动，让人大代表了解区情，掌握情况，为全区经济社会发展提出建设性意见建议。

组织好代表活动。常委会始终把组织好代表活动作为代表工作的基础和代表履职的重要途径，不断提高代表活动的质量和效果。组织市区人大代表，深入老军营新南二社区、区政务服务中心和中正天街等地，就贯彻落实《国务院关于支持山西

省进一步深化改革，促进资源型经济转型发展的意见》和全省进一步深化改革促进资源型经济转型发展大会精神落实情况，以及区重点领域项目建设及资金安排使用情况等内容开展视察，调研座谈，促进区域经济转型升级。组织市区两级人大代表，深入郝庄镇，就全市法治建设、法规实施等情况，开展专题座谈调研，与时俱进完善中国特色社会主义法律法规体系，积极适应全面依法治国新形势新要求；指导各街镇人大走访代表，开展代表小组活动，举办代表向选民述职活动，组织国家宪法日宣传活动，向社区群众讲解宪法，并发放宣传资料，大力宣传宪法，增强人民群众宪法意识，努力在全社会形成尊崇宪法、用宪法维护人民权益的良好社会氛围。

加强意见建议督办。常委会进一步完善代表建议办理机制，突出跟踪督办和重点督办。区五届人大二次会议期间共收到代表建议、批评和意见 129 件，内容涉及经济、城建城管、教育、文化、卫生等方面。经分类整理，其中，属市权限范围办理的 9 件，属我区职权范围的 120 件。属我区职权范围办理的建议，经济发展方面 11 件，占总数的 9.2%；城乡建设和管理方面 42 件，占总数的 35%；文教卫生方面 19 件，占总数的 15.8%；公安、民政及社区建设方面 20 件，占总数的 16.7%；农林水交通方面 7 件，占总数的 5.8%；其他方面 21 件，占总数的 17.5%。截至 2017 年 10 月，所有建议均在规定期限内办理完毕，并全部向代表做出了书面答复，办结率 93.3%，满意率 100%。常委会会议专门听取区政府办理情况报告，进一步丰富了监督手段。

（五）加强自身建设，切实提高履职能力和服务水平

注重理论学习，提高政治素养。常委会机关把加强自身建设作为依法履职的重要基础，努力建设学习型常委会。认真组织学习贯彻党的十九大精神和习近平新时代中国特色社会主义思想，切实把人大机关干部的思想统一到十九大精神上来。通过党组学习、“三会一课”、讲座等形式，组织人大机关干部原原本本学，深刻领会、准确把握党的十九大提出的一系列新的重要思想、重要观点、重大判断和重大举措，牢固树立“四个意识”，坚定“四个自信”，坚持和完善人民代表大会制度，坚决贯彻落实区委决策部署，及时将区委主张和决策通过法定程序转化为全区人民的共同意志和自觉行动，努力推动区人大工作取得新进展、开创新局面。

强化“三基建设”，提升履职能力。“三基建设”是推进“两学一做”学习教育常态化制度化的特色载体，是强基固本、保障区委决策部署落到实处，提升人大机关履职能力的重大举措。区人大机关组织机关干部认真学习习近平总书记视察山西重要讲话精神、习近平新时代中国特色社会主义思想、《党章》《关于新形势下党内政治生活的若干准则》《中国共产党党内监督条例》以及《宪法》《监督法》《代表法》等法律法规与人大业务知识，开展“学党

章党规”知识竞答活动，开展以“弘扬太行精神、缅怀革命先烈”等为主题的党日活动，开展了“担复兴大任、做时代新人”等系列活动，进一步提升了机关干部政治素质和履职能力。完成了机关党支部改选，进一步强化了党组织建设。建立健全各项规章制度，不断完善党组会议、主任会议、常委会会议、代表大会议事规则，进一步夯实了基本工作建设。

狠抓廉政建设，强化使命担当。区人大机关始终坚持把党风廉政建设纳入到日常工作中，认真落实“一岗双责”，坚持业务工作和廉政工作两手抓、两不误，坚持问题导向，精准发力，认真抓好巡视整改自行“回头看”问题的整改落实；严格落实中央八项规定精神和廉洁自律有关规定，坚决反对“四风”，认真开展谈心谈话，组织观看警示教育片，进一步明确了党的政治纪律和政治规矩，强化了机关干部的政治意识、纪律意识和廉洁意识，筑牢拒腐防变的思想道德防线；出台了《区人大常委会机关三基建设》等规章制度，规范了自身监督措施，在行使宪法法律赋予职权的同时，确保做到自身过硬。

各位代表，一年来，常委会取得的工作成绩，主要得益于区委的正确领导，得益于区政府、区政协、区监委、区法院、区检察院和广大人民群众的大力支持，得益于全体人大代表和人大工作者的共同努力。在此，我谨代表区人大常委会，向所有关心、支持、帮助人大工作的同志们、朋友们，表示崇高的敬意和衷心的感谢！

同时，我们也清醒地认识到，对照中央和省、市、区委的要求，对照人民群众对美好生活的需要，还存在一些问题和不足：人大监督工作的广度和深度还有待拓展，人民群众关注的热点难点问题的解决，跟踪监督落实力度还不够，代表培训工作亟待加强，这些问题都需要我们在今后的工作中下大力气解决好。

二、2018 年工作的总体要求和主要任务

2018 年是深入学习贯彻党的十九大精神的开局之年，是改革开放 40 周年，是决胜全面建成小康社会、实施“十三五”规划承前启后的关键一年，做好今年的人大工作意义重大。进入新时代，面对新任务，展望新征程，区人大常委会的总体工作要求是：以习近平新时代中国特色社会主义思想为指导，深入学习贯彻党的十九大精神，认真贯彻区五届三次党代会精神，坚持以人民为中心的发展思想，坚持党的领导、人民当家作主、依法治国有机统一，围绕区委中心工作及改革发展稳定的重大问题、人民群众普遍关注的热点难点问题，开展视察调研和执法检查，依法履行职权，努力增强人大工作实效，奋力谱写新时代迎泽发展新篇章。

根据这一总体要求，要着力做好以下工作：

（一）监督工作要在精准聚焦、增强实效上有新突破

要坚持正确、有效监督，促进“一府一委两院”依法行政、依法监察、公正司法。紧紧围绕全区工作大局，加强对法律

法规实施情况的监督，加强对带有全局性和倾向性问题的监督，不断改进执法检查、专题询问、听取审议专项报告和满意度测评等监督方式。

今年，常委会要围绕转型项目建设年、社会矛盾化解年、作风建设提升年，围绕打好“防范化解重大风险”“污染防治”攻坚战，着力推进“精准扶贫”攻坚，以及民生改善、生态建设等重大目标任务，深入调研论证，发挥人大监督优势，突出监督重点，改进监督方式，拓展监督内容，增强监督实效，推动区委决策部署的贯彻落实。

（二）重大事项决定要在科学精准、广集民智上有新探索

重大事项决定要坚持向区委报告制度，实现党的领导权与人大重大事项决定权的统一。区人大要紧紧围绕改革发展稳定重大问题和人民群众普遍关心的突出问题，依法作出决议决定。推进实施区人大及其常委会讨论、决定重大事项的规定，探索形成汇集民意、调查研究、专题论证、沟通协调等工作环节和方法。

（三）代表工作要在强化培训、增强活力上有新成效

不断扩大代表参与常委会工作的途径，做好邀请代表列席人大常委会会议，参加执法检查、调研等活动的组织保障工作，落实代表活动经费。加强人大代表的培训工作，注重培训的系统性、针对性，年内将举办新修改《宪法》、中共中央办公厅印发的《关于人大预算审查监督重点向支出预算和政策拓展的指导意见》等内容的学习培训。完善代表意见建议办理机制，进一步提高办理实效。

（四）自身建设要在提升素质、增强本领上有新举措

进一步抓好十九大精神的学习宣传贯彻，坚决维护以习近平同志为核心的党中央权威和集中统一领导，切实抓好全国两会精神的学习落实，不断开创新时代人大工作的新局面。以“三基建设”为抓手，打造忠诚干净担当的人大干部队伍。认真落实加强县乡人大工作机构建设的若干规定，进一步加强区人大工作机构建设，加强对街镇人大的指导、联系，充分发挥全区人大整体效能，把人大工作提高到一个新水平。

新时代的使命艰巨而光荣，人民的期待殷切而厚重。让我们高举习近平新时代中国特色社会主义思想伟大旗帜，更加紧密地团结在以习近平同志为核心的党中央周围，在区委的坚强领导下，以永不懈怠的精神状态和一往无前的奋斗姿态，不忘初心、牢记使命，同心同德，奋力拼搏，为建设省城首善之区，为谱写文明开放富裕美丽太原新篇章作出新的更大的贡献。

政府工作报告

——在太原市迎泽区第五届人民代表大会第三次会议上

太原市迎泽区区长　李　慧

（2018 年 3 月 21 日）

一、2017 年工作回顾

一年来，面对严峻复杂的宏观经济形势和艰巨繁重的改革发展任务，在市委、市政府和区委的坚强领导下，在区人大、区政协的监督支持下，我们紧紧围绕建设省城首善之区发展定位，以习近平新时代中国特色社会主义思想为指引，坚持稳中求进工作总基调，牢固树立和践行新发展理念，统筹推进稳增长、促改革、调结构、惠民生、防风险各项工作，较好地完成了区五届人大二次会议确定的目标任务，全区呈现出经济较快发展、社会安定和谐、人民安居乐业、环境持续改善、干部干事创业的良好局面。

扎实推进“12345”战略，综合实力明显提升。紧紧围绕“一个主攻方向、两个商圈、三个板块、四个园区、五项产业”的战略布局，扎实推进传统产业振兴和新兴产业谋划，经济发展稳中有进、稳中向好、好中提质，主要经济指标增幅达到了近年来最好水平。全区地区生产总值完成 690.83 亿元，增长 8.1%，增速分别高于同期全国、全省、全市平均水平，绝对值继续保持全市十县区第一。服务业增加值完成 602.05 亿元，增长 8.5%；社会消费品零售总额完成 466.81 亿元，增长 6.1%；固定资产投资完成 97.67 亿元，增长 0.4%；规模以上工业增加值完成 37.67 亿元，增长 5.2%；一般公共预算收入完成 15.3 亿元，增长 9.7%。

致力科技创新和新兴产业发展，新旧动能转换明显加快。突出科技引领，强化招商引资，加快功能布局复合、区域资源整合和产业业态融合，推动转型发展向高质量转变。全年认定国家高新企业 7 家，打造省级众创空间 7 家、科技企业孵化器 1 家，创建市级科技型小微企业 6 家，全区发明专利申请量 396 件，有效发明专利拥有量达到 1010 件，创新对发展的支撑作用稳步提升。传统产业转型升级、商文旅一体化步伐加快，全市首家 24 小时敞开式“互联网+商业街区”——中正天街被评为山西省特色商业街。月星家居投入运营，朝阳商圈多元化经营步伐加快。启动了双塔景区建设，完成了食品街、台骀山等景区体制机制改革，全区旅游总收入达到 137.6 亿元。招商引资项目聚焦新兴产业，引进微谷中国互联网电子双创园等 7 个重大项目，总投资 183.8 亿元，积蓄了发展新动能。

加大建设管理力度，城乡面貌明显改善。把基础设施建设作为重中之重，城乡更加靓丽宜居，布局更加科学合理。配合全市重点工程，完成了迎泽大街下穿火车站、双塔南路、松小线等道路及周边棚户区房屋征收工作。加快推进回迁安置房建设，基本建成2万余套，在建3000余套，同步建成37中分校、青年路小学分校和社区卫生服务场所等公共配套设施。完成了松庄等最后3个村的整村拆除，建成区面积实现翻番，拓展了发展空间。加快美丽乡村建设，培育示范村3个。完成小山岩凿井配套工程，提升了农村人畜饮水保障能力。深入实施城市管理全面提升行动，铁路沿线、交通秩序等十项综合整治成效明显。创新推进城市管理执法体制改革，建立了街镇执法队伍统一管理、24小时巡查等工作机制，主次干道的占道经营、乱摆摊点现象基本消除。加大环卫作业市场化进程，清扫保洁规范化程度稳步提高，道路冲洗率达到90%以上。

着力保障和改善民生，群众获得感明显增强。认真践行以人民为中心的发展思想，扎扎实实为人民群众办实事、解难事，区财政投入17.9亿元用于改善和发展民生事业，占财政支出的83.3%。持续提升社会保障救助水平，低保金、医疗救助金、高龄保健津贴、残疾人生活补贴等按时足额发放。扎实推进义务教育优质均衡发展，36中、37中、39中校舍改造和并东小学改扩建稳步推进，中小学校责任督学挂牌督导工作被作为“迎泽模式”在全国推广。开展县乡医疗卫生机构一体化改革，成立迎泽区医疗集团，推进家庭医生签约服务，重点人群签约率达70.5%，计划生育特殊家庭管理服务、流动人口动态监测等多项工作名列全省前茅，郝庄镇卫生院被评为“全国百佳乡镇卫生院”。在全市率先推行“嵌入式”居家养老新模式，引入易照护等18家第三方专业机构，成立社区养老服务中心29家、日间照料中心33家，为60周岁以上的老人提供各类服务。在全市率先完成土地确权，夯实农村发展基础。扎实开展对口精准扶贫，实现4475人脱贫，超额完成年度目标任务。

持续强化保护治理，生态环境明显优化。牢固树立“绿水青山就是金山银山”的理念，倾力实施环境治理，打造美丽家园。强力推进散煤治理，15个村的“煤改电”“煤改气”全部完成，累计拆除改造燃煤棚户区近50万平方米；全面开展工业企业和工地扬尘污染治理，取缔“散乱污”企业44家，辖区工地基本达到“六个百分百”标准。全区空气良好以上天数达到211天，重污染天数同比减少2天，优良率58.3%。高度重视生态绿化，全年提档升级造林6000余亩；扎实开展身边绿化，新建10个街头绿地游园，为市民提供了更多的休憩空间。建立了大气环境质量三级监管网络，在全省率先聘用第三方专业公司担任“环保管家”，环境空气质量监管实现全覆盖、无盲点。

全力维护安全稳定，社会大局和谐有序。高度重视信访维稳工作，组织大接访

46次。深化源头治理，创新实施信访疑难案件项目化管理，化解积案20件。狠抓安全生产不放松，实行安全生产挂牌责任制，组织系列宣传教育活动和专项治理行动，全面提升了整体预控能力，事故总量持续下降。创新消防管理模式，“互联网+消防”烟、气、电远程火情预警系统作为“迎泽模式”在全市推广。筑牢食品药品安全监管底线，构建了基层食药安全防控网格。强化社会面管控，实施标准化综治中心和“雪亮工程”建设，健全矛盾纠纷联调体系，开展社会治安风险隐患排查整治，人民群众安全感和满意度进一步提升。

切实加强政府自身建设，行政效能明显提高。加强作风建设，强督查、求实效，落实“13710”督办制度，构建了横向到边、纵向到底的工作落实体系。对事关群众切身利益的问题，深入一线，现场解决；对环保督察反馈的问题，逐项核实、对账销号；进一步深化“放管服效”改革，响亮提出“最多跑一次”的口号，全力打造“六最”营商环境。坚持依法行政，深入开展“七五”普法，全面推行“双随机、一公开”，建立健全法律顾问制度，扎实推进法治政府建设。严格执行人大及其常委会的决议决定，主动接受人大、政协监督，全年办理人大代表建议120件、政协提案124件，办结率100%。严格落实政府系统全面从严治党主体责任，深入推进反腐败斗争。认真落实中央八项规定及其实施细则，严肃查处了一批违法违纪案件。民族宗教、外事侨务、统计、科普、档案、地方志、防震减灾等工作取得新进展，妇女、儿童、老龄、残疾人、慈善、国防动员、双拥共建、人民防空等工作取得新进步，各项事业呈现新气象。

一年来，在全区上下的共同努力下，我区经济社会发展各个方面都发生了明显变化，解决了一批难事，办好了一批实事，干成了一批大事，变化有目共睹，成绩令人鼓舞。一年来的实践证明：区委、区政府贯彻落实中央、省、市决策部署是坚决的，推动经济社会发展思路是正确的，推进转型发展措施是得力的，更为重要的是积累了在困难中前进、在竞争中发展的宝贵经验。一年来的实践证明：广大人民群众始终以强烈的主人翁意识为我区发展建言献策，用辛勤的汗水为我区建设增砖添瓦，永远是我们砥砺奋进、干事创业的不竭动力！

成绩来之不易，这是市委、市政府和区委坚强领导的结果，是区人大、区政协监督支持的结果，是全区广大干部群众在习近平新时代中国特色社会主义思想科学指引下，团结实干、奋力拼搏的结果。在此，我代表区人民政府，向全区人民，向各位人大代表、政协委员，向各民主党派、工商联、无党派人士和离退休老同志，向驻区部队和所有关心支持迎泽改革发展的各界朋友，致以崇高的敬意和衷心的感谢！

在看到成绩的同时，我们也清醒地认识到，发展不平衡、不充分的问题依然突出，与人民群众日益增长的美好生活需求仍有差距。第三产业内部结构性、体制性、素质性矛盾依然存在，传统服务业转型不快，现代服务业块头不大、占比不高、竞争力不强等问题还没有从根本上解决。城乡建设管理精细化水平有待提升，东部地区基础设施建设相对不足。社会民生事业还存在不少短板，优质教育资源配置还不平衡，社区综合服务能力还不高，社会治理还有不少薄弱环节、风险隐患。生态环境建设仍面临较大压力。政府职能转变不够到位，营商环境还需进一步优化等等。对此，我们必须高度重视，勇于担当，全力加以解决。

二、2018年工作安排

2018年是贯彻落实党的十九大精神的开局之年，是改革开放40周年，是决胜全面小康、实施“十三五”规划承上启下的关键一年。新时代蕴含新机遇，新征程开创新未来，做好新一年的工作意义重大。

今年政府工作的总体要求是，在以习近平同志为核心的党中央坚强领导下，以马克思列宁主义、毛泽东思想、邓小平理论、“三个代表”重要思想、科学发展观、习近平新时代中国特色社会主义思想为指导，全面贯彻党的十九大和十九届二中、三中全会精神，认真落实中央和省委、市委经济工作会议精神，按照区五届三次党代会部署，坚持和加强党的全面领导，坚持稳中求进工作总基调，坚持新发展理念，紧扣社会主要矛盾变化，按照高质量发展要求，以开展转型项目建设年、社会矛盾化解年、作风建设提升年和深化城市管理全面提升行动为抓手，统筹推进稳增长、促改革、调结构、惠民生、防风险各项工作，推动质量变革、效率变革、动力变革，聚力打好防范化解重大风险、污染防治、精准扶贫攻坚战，全力促进经济社会持续健康发展，以高质量建设省城首善之区的生动实践，奋力谱写新时代迎泽发展新篇章。

根据上述指导思想，主要预期目标是：全区地区生产总值增长8%左右，服务业增加值增长7%左右，社会消费品零售总额增长6%左右，一般公共预算收入增长8%左右，规模以上工业增加值增长2.5%左右，固定资产投资增长10%左右。约束性指标全面完成省、市下达任务。

今年经济社会发展任务十分艰巨，要紧紧抓住大有可为的历史机遇期，把更多精力投入到经济发展和社会稳定上，把更多财力投入到“三基”建设、乡村振兴和教育、医疗等民生事业上，统筹兼顾、突出重点，扎实做好七个方面的工作：

（一）坚定不移做大做强实体经济，全面提高发展质量和效益

习近平总书记在党的十九大报告中指出：必须把发展经济的着力点放在实体经济上。我们要毫不动摇地发展实体经济，弘扬改革创新精神，坚持“质量第一、效益优先”，着力增强迎泽经济发展优势。

加快传统服务业提质升级。拓展和丰富“智慧柳巷”功能，鼓励发展“互联网+传统服务业”经营模式，引导企业树立“商圈综合体”理念，推动企业抱团发展、错位经营、共享共赢。搭建公共服务平台，

组建柳巷商会，定期开展企业文化宣传、产品展示等活动，赋予柳巷商圈更多发展新动能。加快朝阳商圈基础设施建设步伐，打通断头路、畅通微循环，试点启动“智慧交通”建设，缓解道路拥堵和停车难问题。引导各大商城走集约多元化发展路子，不断丰富经营业态，提升经营水平。加快推进占地2600亩的双塔景区建设，植入远洋太古里，努力打造太原的城市地标、文化灵魂、活力绿肺、休闲客厅。

大力发展新兴服务业。深入开展“双创”活动，围绕知识型、技能型、创新型目标，发展高新技术企业6家、科技型小微企业7家、科技企业孵化器1家、众创空间3家。大力发展楼宇总部经济，打造中铁三局科技中心、火车站城市综合体、盛科金融中心等一批影响力强、集约化高的楼宇发展基地，创建一批“特色楼宇”和“亿元税收楼宇”，促进高端业态集聚发展。大力发展特色商业街区，引导产业聚集，规划、培育一批具有特色文化、特定受众、特别创意的品质化、规模化新兴商业街。发挥辖区各大金融机构云集的优势，深化产融结合，建设辐射全市、影响全省的金融小镇，为企业转型升级提供有效的金融支持。

全面深化区属企业改革。坚持分类实施原则，优化国资布局，化解历史包袱，蹄疾步稳推进区属企业混合所有制改革，年内力争完成5—10家区属企业改制。支持老字号企业做优做强，对拥有自主品牌、上升空间、市场认知度高和业绩突出的老字号企业，深挖品牌价值，扩大产销规模，打造有影响力的区域企业集团。按照市场化、法治化方向，整合区属企业资源，优化资产管理体制，推动区属企业稳步发展。

（二）坚定不移推动项目建设，为经济社会发展提供不竭动力

项目建设是实现高质量发展的内在动力，要牢牢抓住“转型项目建设年”实施契机，以招商引资为抓手，以园区建设为主战场，以强化服务为保障，全方位、大力度推进项目落地生根。

全力抓好招商引资。围绕高端产业、重点领域和军民融合项目，紧盯国内外知名企业，推动招商引资向链式化、高端化方向发展。突出招商引资和招才引智两端发力，激活政府、企业、商会积极性，形成全区上下全员招商的良好氛围。创新工作思路，实施精准招商、专业招商、以商招商，打好“文化认同、乡情故土”牌，吸引晋商晋才回乡创新创业。坚持走出去，主动与京津冀、珠三角、长三角地区对接，承接产业转移，落地一批发展前景好、带动作用强、环保标准高、符合区情实际的大项目、好项目。加强政策保障，出台一批招商引资、项目落地激励制度，形成引资引智的良性循环。

积极推进园区建设。加快迎泽省级经济技术开发区建设，启动智慧产业园二期、汽车产业园、大健康产业园、文化创意产业园等园区建设。谋划布局一批信息技术、新能源汽车、节能环保、生物医药、装备

制造等项目，实施城市会客厅、非遗文化产业园等项目建设，启动迪爱生（太原）油墨有限公司搬迁。推进仓储物流、电子信息、跨境贸易和跨境结算等配套产业，努力打造产业聚集、功能齐备、特色明显的现代化园区，形成有一定影响力的东山产业集群。

提高服务保障水平。围绕服务业提质、基础设施建设、社会民生等方面，谋划一批全局性、基础性、战略性、牵引性强的龙头项目，建立区级项目储备库和年度建设项目库。深入开展重点项目“前期手续集中办理月”“集中开工月”、领导干部“进工地、到一线、解难题”等专项活动，实施全过程代办服务机制，推行“互联网+项目审批”模式，积极帮助企业解决难题。强化要素保障，加大项目用地、用电、用水、用气协调力度，通过申请上级资金、运用产业基金、举办银企对接活动，解决项目资金瓶颈，对政府部门开展的竣工验收事项，建立并联办理、平行作业、一站式完成，推动项目早日投产达效。

（三）坚定不移贯彻落实乡村振兴战略，扎实做好“三农”工作

把乡村振兴作为“三农”工作的总抓手，统筹推进城乡规划、基础设施、公共服务一体发展，加快推动农业全面升级、农村全面进步、农民全面发展。

坚持规划先行。按照“产业兴旺、生态宜居、乡风文明、治理有效、生活富裕”的总要求，坚持党管农村工作、农业农村优先发展、农民主体地位、乡村全面振兴、城乡融合发展、人与自然和谐共生、因地制宜循序渐进的基本原则，依托各村生态环境、自然风貌和人文历史等特色，完善郝庄镇镇域规划和新农村建设规划，一村一策，建立发展条件清单，科学布局主导产业、村容村貌、文化特色、基础设施、基本公共服务等，以规划引领乡村振兴。

大力发展农村经济。加快美丽宜居示范乡村和特色小镇建设，深入挖掘张家河、孟家井、小山沟等村的自然资源和民俗资源，全力打造具有独特产业生态、传统风貌、民俗风情、自然禀赋的特色乡村聚落。大力发展观光农业和休闲农业，新建林果基地600亩。依托台骀山滑世界等城郊森林公园，发展面向市民短线游、一日游的采摘、农家乐等项目，打造“一小时车程”都市休闲农业旅游圈。加快完成农村产权流转交易市场配套建设，培育壮大一批新型农业经营主体。

全面优化农村人居环境。以垃圾治理、污水治理、改厕、改水、改气为重点，持续开展农村环境集中整治。按照建设“四好农村路”要求，完成307国道—沟北—捐子等4条农村公路改造，建立和完善区、镇、村三级养护机制，提升东山地区路网通达能力。继续推进农村饮水安全，完成东祁家山凿井工程；综合治理南沙河上游董家庄至小山岩段河道，提升防汛能力和生态建设水平。建立农村生活垃圾收运处置体系，建设农村污水处理设施，开展农村厕所改造，推进城镇基础设施和公共服务向农村延伸。

（四）坚定不移加大城市建设与管理力度，不断提升中心城区承载力和宜居度

围绕太原都市区规划，完善城市功能，提升城市品位，推动区域综合承载力持续增强，努力让人民群众生活更便捷、更舒心、更幸福。

加快基础设施建设。按照省市要求，大力推进创新城市、智慧城市、绿色城市、海绵城市和人文城市建设。力争启动迎泽大街、南十方街、西太堡街3条道路东延和南内环街改造，打通东部地区发展“脉络”。实施青年路片区、南海街、康乐街等20条小街巷改造。配合做好轨道交通、太原火车站东广场建设和迎泽公园提质改造。全面完成城中村拆除清零，加快推进各城中村和青年东街、桥东街等棚户区回迁安置房建设，同步规划布局教育、医疗、水电气暖等配套设施，确保人民群众回迁的同时拥有宜居宜业的生活环境。

加强城市精细化管理。深化城市管理执法体制改革，加强队伍建设。持续推进城市管理全面提升行动，加快皇庙修复和文庙、纯阳宫周边环境提升，高标准整治一批小街小巷和群众呼声强烈、反映集中的老旧区域，打造桃园、劲松、源中心、建设路沿线4个综合整治示范区；坚持疏堵结合、便民为民、属地管理的原则，在每个街镇设立1–2个便民市场，引摊入市，规范经营。稳妥推进垃圾分类，选择一批基础条件好的小区先试先行，逐步在各党政机关、校园、车站等公共场所全面推开。进一步提升机械化清扫作业覆盖面，道路机扫率达到90%以上。推进“厕所革命”，新建一批公厕，努力补齐影响群众生活质量的短板。

坚决打赢生态环境保护攻坚战。深入践行“绿水青山就是金山银山”的理念，坚持污染防治和生态修复并举，以高度的责任感和使命感，坚决打赢污染防治攻坚战，让绿色成为首善之区的“底色”。实施大气、水、土壤三大污染防治行动计划，夯实绿色发展基础。开展第二次全国污染源普查。强化源头防控，实施污染企业专项治理和全程管控；加大雾霾治理力度，深化“禁煤、治污、管车、降尘”重要举措，持续削减污染物排放量。加大面源污染防治，严控秸秆焚烧，严禁露天烧烤，综合整治渣土消纳场。按照建设国家生态园林城市总体要求，完成提档升级造林2200亩，深入实施森防通道绿化工程，高标准推进项目区裸露山体绿化全覆盖，推动生态环境质量持续改善。

（五）坚定不移保障和改善民生，让发展成果更多地惠及人民群众

永远把人民对美好生活的向往作为奋斗目标，加强和创新社会治理，努力办好民生实事，不断提高人民群众的获得感。

优先发展教育事业。优化学校布局，启动小五台小学二期、狄村小学改造，高标准完成东岗小学和并东小学改扩建，统筹规划王家峰、东太堡等城中村、棚户区学校建设。精心打造校尉营小学、回民小学2所百年老校。实施“互联网+教育”行动计划，完成7所新建学校的数字校园、

10所学校的创客基地和15所学校的智慧教室建设。着力解决中小学生课外负担重、择校热、大班额等突出问题，进一步推动义务教育优质均衡发展，巩固提升迎泽教育品牌。

促进高质量充分就业。坚持积极的就业政策，建立健全就业帮扶机制，扩大就业援助范围，统筹做好高校毕业生、农村转移劳动力、城镇失业人员、“4050”人员等重点群体的就业，托底帮扶就业困难人员，确保零就业家庭动态清零，城镇登记失业率控制在4%以内，全年新增就业1.66万人。加大对创业的扶持力度，把财政投入、小额贷款、免费培训和税收减免等政策落到实处，鼓励和引导高校毕业生自主创业，以创业带动就业。

切实提高全民健康水平。提升基层医疗服务能力，扩大基本医疗卫生服务覆盖面，控制医药价格和费用，缓解人民群众看病难、看病贵的问题。启动以康养为特色的区中心医院建设，完成区产科医院和棉花巷社区卫生服务中心改造。深化县乡医疗卫生机构改革，逐步完善区域一体、上下联动、信息互通的新型基层医疗卫生服务体系，实现居民就医“五升三降”。积极探索医养结合新模式，通过开展居家护理和家庭医生签约，为人民群众提供更加方便、贴心的医疗卫生服务。深入开展爱国卫生运动，倡导健康文明生活方式，预防控制重大疾病。推动中药研发基地和中药材交易中心等项目建设，传承和发展中医药事业。

筑牢社会救助保障网。完善城乡一体化的社会救助体系，扎实做好低保家庭、残疾人、精神障碍患者等弱势群体的社会救助。提高低收入群体、因病致贫家庭等重点救助对象的医疗救助比例。推进机关事业单位养老保险制度改革，不断扩大社会保险参保人群和险种覆盖面，做到应保尽保。积极发展残疾人事业，对符合条件的残疾人实行免费就业培训全覆盖，推动自谋职业、自主创业。落实经济困难高龄失能老人和困难重度残疾人两项补贴。继续做好娄烦县静游镇对口帮扶工作，坚决打赢脱贫攻坚战。

提升公共文化服务水平。培育和践行社会主义核心价值观，深入实施公民道德建设工程，全面开展“担复兴大任、做时代新人”活动。把艺术创作融入党和人民的事业之中，创作更多反映时代呼声、展现人民奋斗、陶冶高尚情操的优秀作品，讲好迎泽故事。深入实施文化惠民工程，开展农村公益电影放映、非遗进景区、送戏下乡、全民健身等活动。新建集文化馆、图书馆、美术馆、档案馆、全民健身中心为一体，功能齐全、设施完备、服务便捷的综合文化中心，满足人民群众日益增长的精神文化需求。

扎实推进社区建设。实施社区建设提档升级，力争活动场所面积500平方米以上的城市社区达到80%，1000平方米以上的达到50%。新建和提质升级25个日间照料中心，17个养老服务中心，打造“15分钟医疗养老服务圈”。选择1–2个老旧小区试点安装外挂电梯或手扶辅助设施，方便老年人出行。加快社会福利院和公办养老院建设，为低保老人、“三无”老人、“五保”老人提供基本生活服务。加快建立社区居委会信用代码制度，更好地为群众提供公共服务。

深化国防动员和双拥共建，促进军民融合发展，全面落实党的民族宗教政策，扎实做好第四次全国经济普查，继续做好对口援疆工作，支持工会、共青团、妇联等群团组织开展工作，发展妇女儿童、老龄、慈善和红十字等事业，认真做好防震减灾、档案、地方志等工作，推动各项社会事业再上新台阶。

（六）坚定不移加强社会治安综合治理，不断提升人民群众安全感、满意度

积极应对当前形势新变化，努力掌握维护国家安全和社会稳定工作主动权，坚决打好防范化解重大风险攻坚战。

全力维护社会稳定大局。健全完善安全生产、食药安全、治安防控、金融安全、网络安全、应急救援“六大体系”，推进社会治理社会化、法治化、智能化、专业化。提高预警、应急和依法处置能力，严防各类重特大公共安全事件发生，做好防灾、减灾和救灾工作。深化“七五”普法，完善社会治安综合防控体系，深入开展扫黑除恶专项斗争，严厉打击农村黑恶势力、宗族恶势力和黄赌毒盗拐骗等违法犯罪。运用法治思维和法治方式，有效调处化解过剩产能、企业改革、征地拆迁等重点领域的矛盾纠纷，维护和解决好人民群众合法诉求。

坚持不懈狠抓安全生产。全面夯实安全生产“三个责任”，实施问题隐患整改、重大隐患挂牌督办、追责问责、联合惩戒等“四个清单”制度。扎实开展遏制重特大事故试点工作，全面构建“三个体系”，努力实现“五个全覆盖”。围绕危化、消防、道路交通、建筑工地、燃气、人员密集场所、特种设备等重点行业领域，持续深入开展隐患大排查、大整治，始终保持高压态势。加快构建安全生产责任体系、法治体系、风险防控体系和监管保障体系，提升安全生产整体水平。高度重视粮食安全。创新食品监管模式，开展现场快检活动，保障群众“舌尖上的安全”。

（七）坚定不移强化政府职能转变，努力建设人民满意的服务型政府

以“三基建设”为抓手，持之以恒转作风、强自身、提效能，全面增强狠抓落实和改革创新本领，努力打造干实事、真干事、干成事的人民满意政府。

加强政治建设。牢固树立“四个意识”，增强“四个自信”，自觉维护以习近平同志为核心的党中央权威和集中统一领导，始终在政治立场、政治方向、政治原则、政治道路上，同以习近平同志为核心的党中央保持高度一致。深入学习贯彻党的十九大精神，扎实推进“两学一做”学习教育常态化、制度化，认真开展“不忘初心、牢记使命”主题教育，坚决把党中央大政方针不折不扣落到实处。

坚持依法行政。对宪法和法律始终保持敬畏之心，严格按照法定权限、规定、

程序行使权力，履行职责。依法接受人大及其常委会的监督，自觉接受人民政协民主监督，主动接受社会和舆论监督，认真听取民主党派、工商联、无党派人士和人民团体的意见。全面推行政务公开，保障人民群众的知情权、参与权、表达权、监督权。加强审计监督，全面推行内审制度。扎紧制度笼子，强化对工程建设招投标、公共资源配置、政府采购、财政补贴、行政审批、执法检查、行政处罚等行政行为的监督约束。认真落实中央、省、市关于机构改革的部署要求，努力建设职责明确、依法行政的政府治理体系。

强化作风建设。深入推进政府系统党风廉政建设和反腐败斗争，严格执行中央八项规定及其实施细则，严肃整治“四风”问题新表现。大兴求真务实之风，沉下身子察民情解民忧、顺民意办实事，不搞形式主义，不做表面文章，走好新时代群众路线。启动郝庄镇政府服务能力建设工作，提升服务水平。深入推进“放管服效”改革，深化“最多跑一次”服务理念，推行政务服务事项全程网上办理，真正做到让数据“多跑路”，让群众和企业“少跑腿”，有序推进“多证合一”，巩固和扩展干部入企服务成果，构建“亲”“清”新型政商关系。强化责任担当，认真落实干部激励引导和合理容错机制，旗帜鲜明地为敢于担当的干部担当，为敢于负责的干部负责。

三、2018年惠民实事

1. 优化教育资源配置：启动小五台小学二期、狄村小学改造，高标准完成东岗小学和并东小学改扩建，统筹规划王家峰、东太堡等城中村、棚户区学校建设。精心打造校尉营小学、回民小学2所百年老校。实施“互联网+教育”行动计划，完成7所新建学校的数字校园、10所学校的创客基地和15所学校的智慧教室建设。

2. 提升公共文化服务水平：新建集文化馆、图书馆、美术馆、档案馆、全民健身中心为一体，功能齐全、设施完备、服务便捷的综合文化中心。

3. 实施文化惠民工程：开展农村公益电影放映、非遗进景区、送戏下乡、全民健身等活动。

4. 深化居家养老服务：完成海东社区、新建南路三社区、柴市巷社区等一批养老服务场所建设，为低保老人、“三无”老人、“五保”老人等提供“助餐、助浴、助洁、助医、助急”服务。

5. 改造为老服务设施：加快老旧小区便民设施改造，选择1–2个老旧小区试点安装外挂电梯或手扶辅助设施，方便老年人出行。

6. 深入推进片区综合整治：加快皇庙修复和文庙、纯阳宫周边环境提升，高标准整治一批小街小巷和群众呼声强烈、反映集中的老旧区域，打造桃园、劲松、源中心、建设路沿线4个综合整治示范区。

7. 优化商业街区交通组织：在朝阳商圈试点启动“智慧交通”系统建设，有效缓解商业街区交通拥堵和停车难问题。

8. 加快美丽乡村建设：新改建“四好

农村路”24.5公里，打造1-2个美丽宜居示范村。

9. 提升残疾人服务水平：对符合条件的残疾人实行免费就业培训全覆盖，推动自谋职业、自主创业。

10. 创新食品监管模式：全年开展“你点我检”食品现场快检1500批次，保障群众“舌尖上的安全”。

《政府工作报告》相关注释

1. “嵌入式”居家养老模式:即在社区设立日间照料中心、养老服务中心，满足老年人在原居住环境中与家人和邻里朋友一起度过晚年愿望的养老模式。

2. 工地“六个百分百”标准：即施工工地周边100%围挡，物料堆放100%覆盖，出入车辆100%冲洗，施工现场地面100%硬化，拆迁工地100%湿法作业，渣土车辆100%密闭运输。

3. “雪亮工程”：即以综治中心为指挥平台、以综治信息化为支撑、以网格化管理为基础、以公共安全视频监控联网应用为重点的“群众性治安防控工程”。

4. “双随机、一公开”：即在监管过程中随机抽取检查对象，随机选派执法检查人员，抽查情况及查处结果及时向社会公开。

5. “智慧交通”：即运用停车诱导系统，通过对停车信息的采集和处理，利用LED显示标志牌等发布手段向驾驶员提供周边停车场名称、位置、使用状况、行驶路径等信息，引导其快速有效停车，减轻路面拥堵。

6. “多证合一”：即在实施企业工商营业执照、组织机构代码证、税务登记证、社会保险登记证、统计登记证“五证合一”和个体工商户营业执照、税务登记证“两证整合”的基础上，将涉企证照事项进一步整合到营业执照上，使企业在办理营业执照后即可生产经营。

7. “四好农村路”：即建设好、管理好、养护好、运营好农村公路。

8. 居民就医“五升三降”：即医保实际补偿比上升，区域患者下转率上升，群众健康素养提升，镇卫生院普通门诊人次上升，家庭医生服务能力提升；居民自付费用下降，患者外转率下降，急慢性疾病患病率下降。

9. “15分钟医疗养老服务圈”：即科学布局社区医疗养老基础设施，确保居民最多步行15分钟就能享受到基本的医疗卫生和日间照料等便民服务。

10. 安全生产“三个体系”“五个全覆盖”：即全面构建组织领导、风险辨识、技术支撑“三个体系”；风险辨识、综合监管、应急救援、事故报告查处和宣传教育“五个全覆盖”。

政协第五届太原市迎泽区委员会常务委员会工作报告

——在政协第五届迎泽区委员会第三次会议上

太原市迎泽区政协主席　张志勤

（2018 年 3 月 20 日）

一、2017 年工作回顾

政协五届二次全会以来，在中共迎泽区委的坚强领导下，区政协及其常委会深入学习领会中共十八大、十九大精神和习近平新时代中国特色社会主义思想，积极贯彻落实习近平总书记视察山西重要讲话精神，全面落实区委各项决策部署，坚持团结和民主两大主题，围绕中心，服务大局，团结社会各界力量，认真履行职能，推进工作创新，加强自身建设，为建设省城首善之区作出了新贡献。

（一）坚定方向，筑牢思想政治基础

坚决维护以习近平同志为核心的中共中央权威和集中统一领导，把坚持和发展中国特色社会主义作为巩固共同思想政治基础的主轴，加强政治引领，不断增进共识，确保人民政协事业始终沿着正确的政治方向前进。

中共迎泽区委高度重视政协工作，加强组织领导，定期听取政协党组工作汇报。区政协自觉坚持在中共迎泽区委领导下开展工作，把区委的领导落实到政协各项工作之中。充分发挥区政协党组领导核心作用，切实起到了把方向、管大局、保落实作用，为政协工作提供了强有力的政治保障。

中共十九大闭幕后，区政协及时向全体委员发出《关于认真学习中共十九大精神的通知》。召开常委会议，审议通过了《区政协关于学习贯彻中国共产党第十九次全国代表大会精神的决议》，在区政协迅速掀起学习宣传贯彻中共十九大精神热潮，引导广大委员准确理解和把握十九大报告的精髓要义，在学懂、弄通、做实上下功夫。通过多形式、多渠道、多层面的学习宣传活动，引导政协委员不断增进政治认同、思想认同、理论认同、情感认同，巩固了团结奋斗的共同思想政治基础。

（二）围绕大局，发挥政治协商作用

一年来，共召开全体会议 1 次，常委会议 5 次，主席会议 10 次。五届二次全会期间，与会人员列席了区五届人大二次会议，听取并讨论了《政府工作报告》、法检两院报告及其他有关报告。委员们通过小组讨论、大会发言、撰写提案等多种形式，紧紧围绕建设省城首善之区的发展目标协商讨论。区政协常委会贯彻学习《中共山西省委关于完善工作机制，加强人民政协协商民主建设的意见》，依意见中“健全政协知情明政制度”有关规定，五届十次常委会专题听取了区委、区政府、区法院和区检察院2017年度重点工作进展情况通报。通过对口协商、提案办理协商等形式，区政协就创新服务非公经济、城乡一体化发展等事关迎泽创新发展的重大问题，提出许多中肯的意见和建议，被区委、区政府采纳，体现出协商民主的生机和活力。

（三）抓住重点，民主监督扎实推进

区政协紧紧围绕中央、省市大政方针和区委重大决策部署的落实开展民主监督。

对公安工作进行监督性专题视察，通过实地察看、听取汇报，组织委员对公安迎泽分局如何进一步推进新时代公安工作展开协商讨论，提出加强民警执法权益保护、规范警务辅助人员管理等建议。十名政协委员受邀担任迎泽区人民法院廉政监督员，对区法院工作进行全面监督；五位政协委员受邀参加市委政法委对区人民法院执法巡查座谈会，对区法院工作提出多条意见建议。高度关注钟楼街和双塔景区改造建设工程，召开迎泽区政协钟楼街历史街区、双塔历史文化景区文化发展专题研讨会，多次组织政协委员就双塔景区建设情况进行实地调研，提出“通过持续提升文化的核心竞争力来不断增强旅游的吸引力和商业的吸金力”“加大宣传力度，让钟楼街历史街区的保护开发过程成为宣传、普及我市历史文化，提升全市人民文化自信的过程”等建议。建言服务业转型升级发展，组织委员深入红马甲集团，对迎泽区家政服务企业发展情况进行调研，充分肯定了企业在帮助吕梁山区加强劳动力技能培训、扩大社会就业、实现特困地区脱贫方面所取得的成绩，同时针对企业存在的不足和问题，提出了利用现代信息化手段，提升企业管理水平，实现可持续发展等建设性意见建议。

（四）紧扣中心，参政议政更富实效

牢牢把握全区经济社会发展的总体部署，积极主动地开展多层次、多视角的参政议政。

推动提案办理落到实处。全年共收到提案180件，其中，联名提案18件，立案135件，立案率75%，办结率100%。区政协积极落实主席班子成员督办提案机制，精心选择影响面大、关注度高、针对性强的《关于加快推进太原市迎泽区商文旅融合，在凸显历史文化特色的前提下，做强做大文化旅游产业》《简化行政审批程序，助力发展楼宇经济》《关于开展居家养老服务，为社区老年人解忧》等提案，采取实地查看、面商座谈、现场指导等形式，催办、督促、跟踪办理，协调推动承办单位办理落实。《山西政协报》和《太原政协》等多家媒体对区政协畅通“提”“办”工作渠道，保证提案办理高效的做法进行了重点报道。

反映社情民意信息成效显著。全年共收到政协委员和信息员的社情民意信息246篇，上报省政协56件，市政协74件。《关于实施精准扶贫中存在的问题和建议》《关于我省煤炭产业优化升级的几点建议》2篇信息被全国政协采用；《关于完善“营改增”进项税抵扣的建议》《应对“煤矿外委队伍”实行疏堵结合》《建议搬迁外部安全距离不足的军工企业》《建议在中西部地区大力推广菌草种植》《建议简化普通公务员出国出境审批流程》《关于减免我省高校引进人才安家费个人所得税的建议》和《建议对不同集体经济组织成员的房屋买卖合同给予法律保护》共7篇信息被省政协采用。通过政协委员的共同努力，政协五届二次全会以来的社情民意信息工作，在数量、质量和取得成效方面都较往年有了很大提升。

调研视察成果丰硕。组织委员对迎泽区宗教场所管理情况进行调研视察，实地察看大觉寺、三清观，进一步了解我区宗教场所的悠久历史和现实情况，就宗教场所管理、历史文物保护等情况开展座谈讨论，形成《区政协关于对我区宗教管理情况的视察报告》，报送区委、区政府和有关部门，得到区委主要领导的批示和肯定。积极关注教育均衡发展，组织委员就迎泽区教育均衡问题开展专题调研，深入孟家井中学、郝庄中学、青年路小学等多所区属学校，现场协商教育信息化建设情况，提出迎泽区教育要由基本均衡向优质均衡迈进，确保同城教育，共享阳光的发展建议。积极响应太原市委号召，根据《太原市文明交通综合治理实施方案》要求，区政协出台了《迎泽区政协推进文明交通综合治理工作方案》。发挥政协委员在文明交通综合治理工作中的示范带动作用，开展“文明交通综合治理”专项调研，征集信息44篇，助力文明交通综合治理。

（五）发挥优势，履职为民促进和谐

区政协积极发挥人民政协团结社会各界、联系群众的优势，全力协助区委、区政府做好解民困、化民忧、惠民生的工作。

开展“脱贫攻坚委员在行动”。按照习总书记提出的“精准扶贫”的要求，深入贯彻省政协《关于围绕省委省政府脱贫攻坚系列决策部署贯彻落实情况开展专项视察监督的通知》精神，结合迎泽区帮扶娄烦县静游镇脱贫工作，开展“脱贫攻坚委员在行动”，为娄烦县静游镇捐赠价值10万元的学习用品及图书，并组织医卫界农工党的部分委员在峰岭底村进行义诊。

联合社会力量奉献爱心。区政协联合区工商联、区慈善会向广大政协委员、工商联会员及社会各界爱心人士发出“关爱特需儿童，慈善爱心捐助”的倡议，定向为在太原市心予社区服务中心接受康复治疗的自闭症儿童捐款。活动得到广大政协委员、工商联会员和社会各界群众的积极响应和大力支持，不到一周，募集捐款就达近14万元，在全社会引起强烈反响，赢得群众“思民生、解民难，做实事、暖民心”的赞誉。

加强团结广泛联谊。以促进民族和谐、宗教和睦为目标，加强与民族宗教人士的沟通交流。在伊斯兰教重大节日“开斋节”期间，区政协领导带队前往太原清真寺看望走访少数民族委员清真寺阿訇，并与穆斯林群众互道吉祥、亲切交谈，致以节日的问候。在古尔邦节，组织委员与我市回族群众和外地务工少数民族同胞共度佳节。

组织开展教师节慰问活动，为政协委员中的教师送去节日的问候。在重阳节来临之际，充分发扬中华民族尊老敬老的传统美德，召开迎泽政协离退休老干部工作座谈会，听取了老干部对迎泽发展的意见建议。

（六）提高素质，不断加强自身建设

按照习近平总书记的指示，全力打造“懂政协、会协商、善议政”的委员队伍。

“双塔学堂”品牌日益响亮。通过邀请专家学者、政协委员授课及互联网+自主学习等多种形式，开展多角度、多渠道、多层次的学习，组织开展“围绕创新服务小微企业如何解决融资难问题”、“宗教中国化”、“大数据的发展和应用”、“迎泽传统历史文化”、“如何加强和改进反映社情民意信息工作”、“健康知识”等六场专题知识讲座，组织召开社情民意信息专题培训会，全面提升了委员的综合素质。编辑《双塔学堂》4期，开办“共同关注”“政协简讯”“委员普法”“文化园地”等栏目，开展“山西视纪云传媒”杯征文大赛，进一步宣传了政协工作，丰富了委员生活。

以制度建设促规范管理。出台《关于政协委员履行职能的考核办法》《迎泽区政协社情民意工作考核奖励办法》。严格按规定考核，评选出50名优秀政协委员，23名反映社情民意先进工作者，20名优秀提案撰写者，同时，对履职不力的8名委员予以诫勉谈话。

政协机关服务保障能力不断提高。政协机关始终坚持把纪律和规矩挺在前面，以严的精神和实的举措推进机关思想、组织、作风、反腐倡廉和制度建设。组织机关干部和政协委员积极参加主题党日活动，赴原平市红色革命影视基地和高君宇故居纪念馆，接受革命传统教育和爱国主义教育，不断加强政协干部队伍建设。

各位委员，过去一年我们取得的新成绩，是太原市政协正确指导的结果，是中共迎泽区委坚强领导的结果，是区人大、区政府和社会各界大力支持的结果，也是区政协各参加单位、全体政协委员和机关干部团结奋斗的结果。在此，我谨代表迎泽区政协常委会，向关心支持迎泽政协工作的同志们、朋友们，表示崇高的敬意和衷心的感谢！

同时，我们也清醒地认识到，工作中还存在一些问题和不足，主要是：协商民主工作还需进一步加强，民主监督力度不够大，视察调研有时流于形式，部分委员履职能力还需提高。习近平总书记强调“直面问题是勇气，解决问题是水平”，对于上述问题的解决办法及委员们认为还存在的其他问题及解决办法，请大家在本次全会中认真讨论、积极建言，我们将在今后的工作中高度重视、认真研究、切实改进。

二、2018年工作安排

习近平总书记在中共十九大报告中指出，“人民政协是具有中国特色的制度安排，是社会主义协商民主的重要渠道和专门协商机构”。中共中央和习近平总书记对政协工作的高度重视前所未有，政协事业实现新发展、开创新局面的历史机遇前所未有，打造有为政协、履职担当的责任前所未有。

今年是贯彻中共十九大精神的开局之年，是改革开放40周年，是决胜全面建成小康社会、实施“十三五”规划承前启后的关键一年。面对新时代、新任务，中共迎泽区委置身全局谋一域，正确把握新的历史方位，以新思想引领新实践，科学谋划新开局，主动把中央精神和省、市委决策部署融入建设省城首善之区的具体实践，提出“在八个方面走在省市前列”的目标要求。区政协常委会在中共迎泽区委的正确领导下，将积极打造新时代有为政协，努力做到服务大局有高度、建言献策有深度、贯彻落实有速度、推进工作有力度、关爱委员有温度。

今年区政协工作的指导思想是：全面贯彻中共十九大精神，以习近平新时代中国特色社会主义思想为指导，以新修订的《中国人民政治协商会议章程》为遵循，紧紧围绕区委五届三次党代会暨全区经济工作会议的总体思路和工作重点，坚持中国共产党的全面领导，坚持稳中求进的工作总基调，坚持新发展理念，紧扣社会主要矛盾变化，围绕转型项目建设年、社会矛盾化解年、作风建设提升年和深化城市管理全面提升行动，认真履行政治协商、民主监督、参政议政职能，充分发挥协调关系、汇聚力量、建言献策、服务大局的作用，为高质量地建设省城首善之区贡献新的力量。

今年的主要工作任务是：

（一）提升政治站位，着力凝聚思想共识

认真学习贯彻中共十九大精神，把习近平新时代中国特色社会主义思想作为统揽各项工作的总纲。认真学习中华人民共和国宪法修正案，人民政协要坚持一切活动以宪法为根本准则，在宪法和法律范围内履行职责、开展工作，切实增强尊崇宪法、学习宪法、遵守宪法、维护宪法、运用宪法的思想自觉和行动自觉。认真学习新修订的政协章程，这是我们做好今后一个时期工作的重要遵循。牢固树立“四个意识”、坚定“四个自信”，自觉维护习近平总书记的核心地位，自觉维护中共中央权威和集中统一领导，在事关道路、制度、旗帜、方向等根本问题上统一思想、统一意志、统一步调，确保人民政协事业正确的政治方向。

（二）发挥专门协商机构作用，不断丰富政协协商民主实践

中国人民政治协商会议是社会主义协商民主的重要渠道和专门协商机构。按照政协章程修正案的规定，高度重视年度协商计划的制订，将专题议政性常务委员会会议议题、专题协商会议题及其他协商形式的重要议题，列入年度协商计划，做到协商议题和协商形式相匹配。要综合运用各种形式，集协商、监督、参与、合作于一体，完善以全体会议为龙头，以专题议政性常务委员会会议和专题协商会为重点，以协商座谈会、对口协商会、提案办理协商会等为常态的协商议政格局。在协商议题的确定上，要聚焦防范化解重大风险、精准脱贫、污染防治三大攻坚战，聚焦区委、区政府中心任务，通过协商凝聚共识、

凝聚智慧、凝聚力量，积极推进协商民主在我区的生动实践。

（三）强化民主监督，助推各项工作落实

发挥政协协商式监督特色优势，重点监督区委、区政府重大改革举措、重要决策部署贯彻执行情况。重点监督性议题纳入年度协商计划，寓监督于会议、视察、提案、专题调研、大会发言、社情民意信息等工作之中，做到监督有计划、有题目、有载体、有成效。重点围绕转型项目建设年、社会矛盾化解年、作风建设提升年和深化城市管理全面提升行动，通过调研视察发现问题、围绕履责不力提出批评、针对存在不足督促改进。

（四）集聚各方智慧，服务全区改革发展稳定大局

发挥政协人才荟萃、智力密集的优势，推进迎泽政协“智库”建设，尽可能广泛吸纳政协委员所在界别联系群众中的领军人才，共同为迎泽发展提供更高水平的智力支持。紧紧围绕“在八个方面走在省市前列”的目标要求，着重在重大项目建设、现代服务业提质升级、城中村和棚户区改造、城乡生态建设、城市管理全面提升等事关迎泽发展大局的重点难点工作中建言献策，为更好满足人民日益增长的美好生活需要贡献智慧和力量。加强和改进调查研究方式，要深入实际，有针对性地组织专题视察，广泛听取各方面的意见，把更多的时间和功夫用在分析问题、研究对策建议上，努力提出务实管用的意见建议。数量体现履职热情，质量展现履职水平，在提案和社情民意工作中要做到既有数量更有质量，使政协参政议政的热忱与努力转化为实实在在的发展成果。

（五）凝心聚力，扎实做好团结联谊工作

牢牢把握大团结大联合的主题，切实发挥政协的团结统战功能，在坚持一致性中尊重多样性，在包容多样性中寻求一致性，扎扎实实做好协调关系、理顺情绪、增进共识、加强团结工作。切实发挥政协委员联系群众的桥梁纽带作用，自觉做党的政策宣传者、群众利益维护者、社会和谐促进者。广大政协委员要主动担当作为、自觉奉献社会，了解各界群众意愿诉求，深入开展政策宣讲、法律帮助、健康传播等志愿服务活动，让人民群众感到政协离自己很近、政协委员就在身边。

（六）开展双提升年行动，展现新时代政协委员和政协工作者的风采

为全面加强自身建设，区政协将今年确定为政协委员履职能力提升年和机关干部作风建设提升年。

中共十九大报告提出，要增强人民政协界别的代表性，加强委员队伍建设。新修订的政协章程新设立了“委员”一章，对委员履职尽责等提出了明确要求。按照“懂政协、会协商、善议政，守纪律、讲规矩、重品行”的要求，加强和改进服务管理委员工作，促进广大委员提高政治把握、调查研究、联系群众和合作共事四种能力。进一步完善委员考核办法，探索委员激励

机制和退出机制，决不允许政协委员队伍中出现“南郭先生”。尊重委员主体地位，保障委员民主权利，完善委员联络和履职保障制度，发挥政协专委会、界别、机关等联络服务委员的作用。功夫用在平时，联络贵在经常，服务贯穿始终，让每一位委员都有组织依托、有联络渠道、有平台发挥作用，把人民政协打造成团结之家、民主之家、和谐之家。

全面落实迎泽区作风建设提升年的各项要求，切实发挥政协党组的责任主体作用，扎实推进“两学一做”学习教育常态化制度化，开展“不忘初心，牢记使命”主题教育，不折不扣抓好专题学习研讨和问题整改。始终把纪律和规矩挺在前面，深入开展不作为不担当问题专项治理工作，驰而不息纠“四风”，锲而不舍树“新风”。全面修订政协机关各项规章制度，进一步完善以政协章程为核心，覆盖履职工作、自身建设等制度体系，实现政协机关工作有规可依、有制可循、有效开展。

“幸福都是奋斗出来的。”新时代是奋斗者的时代，让我们紧密团结在以习近平同志为核心的中共中央周围，在中共迎泽区委的坚强领导下，不忘初心，牢记使命，画好同心圆，建功新时代，为努力开创迎泽政协事业新局面，谱写迎泽首善之区新篇章而不懈奋斗！

关于太原市迎泽区2017年国民经济和社会发展计划执行情况与2018年国民经济和社会发展计划（草案）的报告

——在太原市迎泽区第五届人民代表大会第三次会议上

太原市迎泽区发展和改革局局长　张健康

（2018年3月21日）

一、2017年国民经济和社会发展计划执行情况

2017年是实施“十三五”规划的重要一年，是供给侧结构性改革的深化之年。一年来，在市委、市政府和区委的坚强领导下，在区人大、区政协的监督支持下，面对严峻复杂的经济形势和艰巨繁重的改革发展稳定任务，全区上下深入学习党的十九大精神，贯彻落实中央、省、市的各项决策部署，紧紧围绕“建设省城首善之区”的目标，认真执行区人大的决议和批准的发展计划，自觉践行新发展理念，主动适应经济发展新常态，千方百计稳增长，坚定不移促改革，凝心聚力调结构，顺势而为抓转型，一心一意惠民生，各项工作推进有力，全区经济呈现稳中有进、稳中向好、好中提质的良好态势，各项社会事业取得新成绩。

2017年全区实现地区生产总值6908329万元，同比增长8.1%。其中一产增加值完成3287万元，同比增长3.8%；二产增加值完成884530万元，同比增长5.7%；三产增加值完成6020512万元，同比增长8.5%。规模以上工业增加值完成376667万元，同比增长5.2%。固定资产投资完成976606元，同比增长0.4%；社会消费品零售总额完成4668070万元，同比增长6.1%；一般公共预算收入完成152730万元，同比增长9.7%。全区经济继续保持持续增长势头，经济运行处于合理区间，主要指标增速高于预期。

2017年全区国民经济和社会发展主要呈现以下特点：

（一）产业结构调整继续深入，创新发展能力不断增强

消费新业态加速成长。深入落实省“十大扩消费行动”，引导企业开展消费促进月等专题活动，培育壮大了一批重点商贸流通企业，打造具有本地特色的消费品牌。中正天街建成开业，成为全市首家24小时敞开式“互联网+”商业街区，被评为山西省特色商业街；柳巷商圈积极扶持老字号企业，加强品牌建设，发掘品牌价值，增加时尚购物、文化休闲、餐饮娱乐和“互联网+”等多元商业因素，努力打造体量强大、业态丰满、具有规模竞争力

的城市核心商圈；朝阳商圈多元化经营步伐稳步加快，月星家居投入运营，鼓励发展线上线下融合互动的智能消费模式，推动建设以箱包皮具、小商品等为主要运营模式的智能平台。利用互联网信息技术，整合国内知名品牌箱包皮具、经销商以及物流快递等行业，推出移动端网人人店销售平台。

楼宇（总部）经济持续推进。加大楼宇（总部）经济推进力度，继续实施楼宇（总部）经济三年行动计划，积极开展楼宇总部经济服务中心试点工作;对10家楼宇进行“楼宇总部经济示范基地”挂牌，兑现相关的奖励;全面摸排现有楼宇情况，制作投资指南、楼宇招商图册等，及时发布招租招商信息，进行统一宣传推介，不断提高重点商务楼宇的知名度和影响力，在全区形成部门联动、协调推进楼宇经济的发展氛围。

创业创新动能不断提升。创新经济发展新模式，推进传统产业转型提升，互联网+智慧产业园投入运行，建立了小微企业创业创新示范基地，新增小微企业3708户、实现营业收入437.50亿元、吸纳从业人员11124人、技术合同成交3.78亿元，小微企业拥有授权专利300项。继续推动科技创新驱动发展，加大自主创新工作力度，全年申报国家高新企业7家，创建市级科技型小微企业6家，打造省级众创空间7家，省级科技企业孵化器1家，全区发明专利申请396件，有效发明专利1010件，创新对发展的支撑作用进一步显现。

（二）重点项目推进力度持续加大，发展基础进一步夯实

重点项目不断强化。紧紧围绕全区经济发展目标，从项目谋划、筛选、储备、申报、开工建设等各个环节，主动对接，积极指导，强化服务，建立了以领导包项目制度和协调调度机制为主要内容的项目工作运行机制，有序推进重点工程建设。2017年，省级重点工程项目共3项，当年计划投资0.8亿元，全年完成投资0.8亿元，三项省级重点项目已基本完工。市级重点工程项目共7项，当年计划投资24亿元，全年共完成投资9亿元。

招商引资富有成效。把招商引资作为加快发展的驱动力，多渠道、全方位地开展招商工作。建立了区级领导招商引资项目包联责任制，实行招商引资重大项目代办制度，制定出台了扶持民营经济发展优惠政策，提升招商引资保障服务水平。开展了“晋商晋才”回乡创新创业等专题招商活动，参加了省、市政府在天津、北京、广州等地组织的专题招商引资活动，组织专业招商团队考察了上海红星美凯龙、无锡医疗器械产业园、杭州金融小镇等项目，为招商引资工作奠定了较好的基础。全年引进了微谷中国互联网电子双创园等7个重大项目，总投资183.8亿元。

转型升级步伐加快。围绕发展文化旅游、现代物流、信息服务等现代服务业，推动实施了中鲁现代物流园二期和生物医药产业园、新东峰汽车贸易园建设。启动了双塔大景区建设，规范了食品街、台骀

山城郊森林公园服务场所经营行为，提升了服务理念，优化了营商环境。依托美丽乡村建设，积极探索农业休闲旅游新业态，打造“森栖谷”文化产业园项目，完成投资 9000 万元。积极培育新型农业经营主体，合作社总量达 96 家，辐射带动 1000 余农户，实现了转型发展高速度向高质量转变。

（三）改革创新深入推进，发展活力不断提升

行政体制改革不断深入。深化“放管服”改革，承接下放事项 8 项，取消事项 22 项。积极开展联合审批办件，提升服务水平，在“三证合一”“两证整合”登记制度的基础上，再整合社会保险登记证和统计登记证，有效推进“五证合一”。强化行政审批监管，启动电子监察审批网络系统，对各行政审批事项的受理、承办、审核、批准、办结等环节进行红黄灯实时监控。推进征管体制改革，建立国地税合作联席会议，联合办理开业、注销、非正常户管理、代开发票、收缴相关税费等业务。

医药卫生体制改革稳妥推进。继续推进医疗联合体建立，成立了公立医院综合改革工作领导组和区级公立医院管理委员会，组建了由区中心医院、区产科医院等医疗机构组成的医疗集团。加快推进药品供应保障制度改革，基层医疗卫生机构均配备使用基本药物，实现了线上采购、线上配送，采购品种达 1300 种，采购额比去年同期增长 14.3%，全年区公立医院药品收入占医疗收入的比率降低到 26%。区属公立医疗机构全部实施医药购销“两票制”入库监管服务。

城管体制改革稳步推进。进一步推进环卫作业市场化，将全区的清扫保洁及部分垃圾清运工作，通过招标的形式，委托大型环卫作业公司承担，市容保洁水平有大幅提升。推进执法体制改革。一是各执法中队、管委会的人、财、物统一管理。二是建立了便民服务大厅（试运行）。三是配备执法设备，建立执法全过程记录。实现了高效、便民、公正、透明的工作模式和务实为民的执法效果。

信用体系建设取得进展。继续推进全区社会信用体系建设，全面落实党政机关、企业统一代码编报工作，开展了政府失信专题治理工作，积极推行“双随机、一公开”工作，建立了红黑名单制度，推进行政许可、行政处罚事项双公开工作。地税系统开展纳税信用评定工作，公平、科学、合理地进行纳税信用评定，全年信用评定 6529 户。

（四）城乡区域统筹发展，城市化进程顺利推进

城市管理全面提升。以高品质定位，高水平设计，全力开展示范片区、道路创建工作，划定桃园为市级精品标杆示范片区和劲松、源中心（站前北）等 2 个示范区。致力提升环卫作业精细化水平，做好垃圾收运体系的建设，加强扬尘污染治理等专项整治工作。全力开展铁路沿线整治，累计拆除建筑 80 处、11.8 万平方米。不断加大对违法建设的巡查、管控力度，

实现了违法建设“零”增长。

城市建设步入新阶段。配合全市重点工程，实施地铁轨道交通迎泽段、迎泽大街下穿火车站房屋征收工作，完成双塔南路（迎泽段）、松小线两条道路的房屋征收和迎泽公园南湖游乐设施拆除工作，完成双塔景区房屋征收59万平方米。抓好棚户区及老旧房改造工作，开工建设电建棚户区改造项目，实施了125个燃煤棚户区（危旧房）的改造工作，完成3805户居民、14.7万平方米燃煤房屋的征收任务。我区陆续启动的青年东街、新生里等9个棚户区改造项目，已开工建设回迁安置房14956套，实际建成交付7660套。其中山佑巷、龙城新苑、南江花园、东岗巷等首批4183余套回迁安置房已分配到户，其余项目协议审核工作也已全部结束，即将启动分房工作。

城中村改造实现新突破。2017年松庄、水峪和新沟3个村被列为城中村重点改造村，涉及1979户、5069人，应征收各类建筑总面积54.07万平方米，截至年底3个村已全面完成房屋征收工作，在全市率先实现城中村改造全覆盖。启动改造的12个城中村基本完成房屋征收工作，总建设用地3900余亩，建设总面积预计1496万平方米，其中马庄、店坡等8个村完成村转居，松庄、新沟等10个村签订了正式开发协议。目前，郝庄村和赵北峰村已顺利回迁入住，王家峰村已实现全部回迁。城中村改造为迎泽发展拓展了空间，实现了建成区面积翻番。

（五）绿色发展深入推进，生态文明建设力度加大

大气环境综合治理取得进展。制定出台《太原市迎泽区取缔“散乱污”企业实施方案》等4个环境治理实施方案。加快清洁能源替代工作，完成12个村、865户“煤改电”的改造任务；在全市率先完成城边村“煤改气”工作，气化改造3个村、1201户，完成任务的113%；完成棚户区清洁能源供热改造2589户。按照“两断三清”要求，取缔44家散乱污企业。实施农村清洁能源锅炉替代7台，清煤4081.5吨，拆除土小锅炉196台，拆除煤炉1416台。对施工场地、建筑工地进行围挡、苫盖，加大城中村改造存量建筑垃圾清运力度，清运建筑垃圾134万方，改造过程中新产生的建筑垃圾基本做到了即拆即运。

生态建设力度持续加大。生态建设稳步推进，在东祁家山、董家庄等5个村提档升级造林6000亩，完成矿区复垦植被治理30亩和50万立方米关井压采任务。加快美丽乡村建设，培育示范村3个。实施小山岩凿井配套工程，提高了农村人畜饮水和项目建设用水的保障能力。进一步加大地质灾害防治力度，发现地质灾害隐患点2个，确定了5个重点防治点，积极采取多种措施集中整治，并取得初步成效。新建10个街头绿地游园，新增绿地面积11.5万平方米；完成了五条道路的林荫化改造任务，新增林荫化道路15公里（新增行道树2500株）；培养省级园林化居住区

1个，市级园林化标兵居住区1个，市级园林化居住区2个。

（六）社会保障持续加强，民生事业全面发展

就业形势良好。我区积极开展了政策扶持就业、服务促进就业、技能培训提升就业、创业带动就业等政策体系。一是认真贯彻落实一系列就业创业优惠政策，以高校毕业生、农民工和就业困难人员为重点，强化就业服务。二是夯实创业载体平台。建立起区、街办（镇）、社区三级公共创业服务平台，配备专职工作人员113人，建立服务窗口104个。全年城镇新增就业18309人，创业就业4129人，失业人员再就业8280人，就业困难人员再就业1973人，转移农村劳动力330人，分别完成年目标的110.3%、109.8%、110.4%、110.2%、110%。城镇登记失业率为3.25%，控制在了4%以内。

社会保障水平不断提升。积极推进社会保障“全覆盖”，进一步统筹城乡发展，初步建成了覆盖城镇职工、城镇居民等重点人群的社会保障体系，城镇职工基本养老保险参保58817人，城乡居民医疗保险参保196371人，失业保险参保24926人，分别完成年目标的108.7%、113.1%、124.6%。养老保障服务体系进一步完善，成立29个社区养老服务中心、33个社区老年日间照料中心和1个农村老年日间照料中心。社区居家养老服务已登记注册老人1436人，发放助老服务卡1436张。城乡低保标准每人每月530元提标到560元。

社会事业协调发展。扎实推进义务教育均衡发展，实施了36中、37中、39中3所中学改扩建工程，新建15间智慧教室，28所小学成为太原市特色示范小学，占全区学校的76%。在全国中小学校责任督学挂牌督导工作中，将迎泽区工作经验确定为“迎泽模式”在全省推广。举办文化惠民演出72场，“国学经典”诵读80余场，公益讲座39场，补充更新农家书屋28个。推进非遗的传承和普及，“传统刻瓷”、“太原漆器传统手工技艺”等项目参加了在太原煤炭交易中心举办的第三届文博会，展示了非遗传统文化的精髓。扎实推进基本公共卫生服务提升工作，郝庄镇卫生院成功入选国家级“群众满意的乡镇卫生院”，文庙社区卫生服务中心成功创建“省中医药特色示范社区”。实施“社区卫生服务提升工程”，经省基层卫生协会验收，2所达到国家级申报标准，2所达到省级申报标准，8所达到市级申报标准，13所达到区级创建标准。狠抓隐患排查整治不放松，彻底消除了一批安全隐患。全年共出动检查组1654个，出动检查人员4213人（次），检查企业21168家，立案2023起，行政拘留19人，行政处罚160万元。开展社会治安风险隐患大排查大整治，完成了综治中心标准化和“雪亮工程建设”，提升了群众安全感。继续加强价格监督检查，开展了涉企收费、门票价格等专项检查，规范市场价格秩序。全年共受理各类咨询投诉624件，其中：“12358”价格举报案件198件，区政府“为您解忧

愁”热线转办246件，举报50件，咨询130件，投诉结案率100%，维护了市场价格秩序和消费者合法权益。

加强国防动员和民兵预备役建设，残联、人防、民族宗教、地震、档案等社会事业有了新的进步。

2017年我区国民经济和社会发展计划执行情况总体良好。在充分肯定成绩的同时，我们应清醒地看到，发展进程中还面临着诸多困难和挑战：一是经济平稳向好的基础并不扎实，引领经济未来发展的新动能尚未形成；二是项目支撑力度不强，规模大、竞争力强的产业项目仍然不多；三是民生改善与群众对美好生活的期盼仍存在一定差距，城市品质形象还存在很多短板。下一步，我们将以党的十九大精神和“建设省城首善之区”发展战略为指引，在区委的正确领导下，全面推进全区经济社会更高质量、更有效率、更加公平、更可持续发展，为我区高水平全面建成小康社会奠定坚实基础。

二、2018年经济社会发展的总体思路和主要预期目标

2018年是贯彻党的十九大精神的开局之年，是改革开放40周年，是决胜全面建成小康社会、实施“十三五”规划承上启下的关键一年，更是迎泽发展迈入新征程的落实之年。做好今年经济社会工作意义重大。

2018年全区经济工作的总体思路是：全面贯彻党的十九大和十九届二中、三中全会精神，以习近平新时代中国特色社会主义经济思想为指导，认真落实中央和省委、市委经济工作会议精神，按照区委五届三次全会部署，坚持和加强党的全面领导，坚持稳中求进工作总基调，坚持新发展理念，紧扣社会主要矛盾变化，按照高质量发展要求，以开展转型项目建设年、社会矛盾化解年、作风建设提升年和深化城市管理全面提升行动为抓手，统筹推进稳增长、促改革、调结构、惠民生、防风险各项工作，推动质量变革、效率变革、动力变革，聚力打好防范化解重大风险、污染防治、精准扶贫攻坚战，全力促进经济社会持续健康发展，以高质量建设省城首善之区的生动实践，为谱写文明开放富裕美丽太原新篇章作出新的更大的贡献。

根据区委五届三次全会暨全区经济工作会议精神，2018年经济社会发展的预期目标是：地区生产总值增长8%左右，服务业增加值增长7%左右，社会消费品零售总额增长6%左右，一般公共预算收入增长8%左右，规模以上工业增加值增长2.5%左右，固定资产投资增长10%左右，万元地区生产总值能耗等约束性指标全面完成省、市下达任务。

三、2018年国民经济和社会发展主要任务

2018年，全区上下要按照区委的统一部署，紧紧围绕“一个主攻方向、两个商圈、三个板块、四个园区、五项产业”的战略布局，改造提升传统服务业，加快发展现代服务业，全面实施乡村振兴战略，大力发展新兴产业，强化招商引资和项目建设，坚定信心、攻坚克难，敢于担当、主动作为，全力以赴做好各项工作，实现全年目标。

（一）着力转型升级，提质增效，加快构建产业发展新体系

改造提升传统服务业。鼓励支持商贸、住宿、餐饮等传统服务业改造和优化升级，扩大区域产业特色优势。柳巷商圈全力打造商文旅一体发展的特色商业街区，发展多种文化商业形态，丰富和完善消费及休闲功能，满足不同人群的文化、旅游、休闲、购物需求，不断升级文化街区的理念和功能。朝阳商圈打造全省最大的生活体验中心，引导各大商城围绕居家、生活等产业走集约多元经营路子，不断丰富经营业态，提升经营水平。抓住双塔景区建设的有利契机，引入远洋太古里城市会客厅项目，大力发展旅游、休闲、度假、娱乐等新型业态，形成区域互动、特色凸显、功能互补的整体发展格局，促使传统商圈焕发出新的活力。

加快发展现代服务业。提升打造一批影响力强、集约率高的总部楼宇发展基地，促进总部企业和高端业态发展提速；要强化企业入驻、注册登记、奖励扶持、员工生活等全方位的主动服务，吸引一批国内知名企业区域总部入驻。充分发挥各大金融机构云集我区的独特优势，建设辐射全市、影响全省的金融小镇。总结汲取中正天街成功经验，引导产业聚集，形成特色化、品质化、规模化发展，培育一批具有迎泽特色的新兴商业街区。鼓励现有产业实施改造和转型升级，发展服装加工贸易、物流信息、文化创意等新型产业。大力推进金融保险、信息科技、文化娱乐、社区服务和教育、健康、养老等现代服务业发展，积极引进高端业态、现代管理和新型商业模式，促进区域产业升级，巩固商贸中心区地位。

大力发展新兴产业。优化产业布局，大力发展高端化、智能化、绿色化、品牌化战略性新兴产业，以智能制造、电子信息、新能源、新材料、节能环保、生物医药为重点，着力引进一批投资规模大、带动能力强、科技含量和产业关联度高的大项目好项目，打造创新转型的主战场和经济发展的强大支撑。加快推进迎泽省级经济技术开发区建设，规划布局互联网+智慧产业园二期、汽车产业园、现代医药物流园、静脉产业园等园区建设，在东部地区逐步打造“一区多园”布局合理、齐头并进、互促互补发展的新格局。要同步推进仓储物流、电子信息、跨境贸易和跨境结算等开发区配套产业发展，努力打造产业聚集、功能齐备、特色明显的现代化园区，形成在全市有一定影响力的东山产业集群。

全面实施乡村振兴战略。以农业供给侧结构性改革为重点，建设一批特色种植园、健康养殖园、农副产品加工园，加快发展功能农业，着力提升农产品精深加工水平。完善和实施郝庄镇镇域规划和新农村建设规划，打造一批“田园风光美、乡土气息浓、体验趣味多”的农业亮点精品项目。加快特色小镇建设，深入挖掘自然

资源和民俗资源，全力打造具有传统风貌、民俗风情、自然禀赋的特色小镇。培育新型经营主体，发展“互联网+”农业，多渠道增加农民收入，促进农村一、二、三产融合发展。

（二）着力项目攻坚，改革创新，加快培育经济发展新动能

以深化供给侧结构性改革为核心，加快推进重点领域和关键环节改革，持续释放改革红利。

全力推进项目建设。牢牢抓住全省实施“转型项目建设年”的有利时机，抓好项目谋划。围绕政策导向、产业升级、市场需求、经济发展、群众期盼等方面，做好项目储备。重点抓好迎泽省级开发区、中鲁现代物流城二期、国海广场、华润昆仑域、腾讯众创空间等重点项目建设。积极推广PPP合作模式。在城市基础设施、教育卫生、文化旅游等领域推介一批适合民间资本进入的项目。

强力推进招商引资。真正把招商引资工作作为“一把手工程”抓实抓好，制定全面招商计划和目标，出台激励政策，采取多种招商方式，通过专业设计团队编制招商手册、迎泽形象宣传片等。打好“文化认同、乡情故土”牌，吸引晋商晋才回乡创新创业。积极参加“中博会”“能博会”等重大招商引资活动，进行展会招商。抓住“京津冀协同发展战略”重大机遇，承接环渤海产业梯度转移，落地一批发展前景好、带动作用强、环保标准高、符合区情实际的大项目、优项目。

大力实施创新驱动。围绕知识型、技能型、创新型目标，培育和扶持一批双创企业，激发创新创业活力，依靠创新驱动培育新动能，全年力争培育高新技术企业6家、科技型小微企业7家、科技孵化器1家、众创空间3家。

全面深化区属企业改革。立足区属企业生产经营实际和人员现状，以增强企业活力和效率为中心，挖掘企业既有优势，鼓励引入外部资源，实施区属企业分类改革，鼓励发展混合所有制经济，加快完善现代企业制度，培育一批具有创新能力和发展前景的骨干企业。

（三）着力完善功能，统筹协调，打造城乡建设新亮点

实施全域规划，做到“多规合一”，提升城乡建设的质量和水平。努力形成特色鲜明、功能完善、生态宜居的现代城区和美丽乡村体系。

加快农村基础设施建设。全面完成4条“四好农村路”改扩建工程，提升东山地区路网通达能力。推进农村饮水安全，完成东祁家山打井工程；综合治理南沙河上游董家庄至小山岩段河道，逐步恢复河道功能，优化周边环境，持续提升防汛能力和生态建设水平。科学规划农村污水处理设施，开展农村户用卫生厕所建设改造，推进基础服务和公共服务向农村延伸。

深入推进美丽乡村建设。依托各村生态环境、自然风貌、人文历史特色，邀请国内知名设计团队为东部山区制定高档次美丽乡村发展规划，推进董家庄、东祁家

山、外麻地沟、捐子等村美丽乡村建设；积极发展面向城市服务市民的特色种植、养殖业、休闲观光农业，拓宽农民增收渠道，增加农民获得感；加大改善农村人居环境力度，持续开展农村环境集中整治行动，逐步形成山、水、林、景、村相得益彰，人与自然、产业与生态协调融合的发展新格局。

打造人文宜居城区。实施南海街、康乐街等20条小街巷改造工程，力争启动迎泽大街、南十方街、西太堡街等3条道路东延和南内环街、松小线等2条道路改造。围绕改善宜居宜业环境，全面推进双塔景区建设。加快以环境改善为目的的片区综合整治，全面完成城中村整村拆除清零工作，积极协调推进棚户区和城中村回迁安置房建设，同步规划配套设施，确保人民群众按期回迁的同时拥有宜居宜业的生活环境。

（四）着力生态治理，环境保护，满足人民群众日益增长的优美生态环境需要

加强生态文明建设。以改善省城空气质量为重点，加大对辖区内违法排污企业整治和监管力度，继续加强对二氧化硫和烟尘、粉尘等颗粒物排放控制，防止大气污染，着力降低PM2.5浓度，确保空气质量优良。关停取缔“散乱污”企业，加强巡查整治，建立长效监管机制，坚决杜绝死灰复燃。强化生态红线管控，严格环境准入和污染物总量排放控制，推进资源全面节约和循环利用，倡导简约适度、绿色低碳的生活方式。

加大生态治理力度。认真践行“绿水青山就是金山银山”的理念，加强生态环境建设，切实推进林业增绿增效行动，按照太原市百万亩森林围城建设方案，完成提档升级造林2200亩。扎实开展身边绿化，新建10个街头绿地游园。加快绿色廊道建设，绿化道路13公里，形成一条兼顾森林防火、生态旅游、特色乡村通行等多功能绿色廊道。加强道路绿化管护，做好307国道、松小线、观枣线和小孟线等四条绿色走廊养护工作。

（五）着力改善民生，加大投入，推动各项社会事业全面发展

“增进民生福祉是发展的根本目的。”积极回应人民群众新期盼新要求，补齐民生短板，增强人民群众获得感和幸福感。

一是大力改善民生事业。进一步扩大就业援助范围，继续开展就业服务系列活动，着力解决高校毕业生、农村转移劳动力、城镇失业人员、“4050”人员等群体的就业问题，确保零就业家庭动态清零，城镇失业率控制在4%以内，全年新增就业16600人。加大社会保险金的征缴，做到应收尽收，应保尽保。努力推进机关事业单位养老保险改革工作，不断扩大社会保险参保人群和险种覆盖面。扎实做好低保家庭、残疾人、精神障碍患者等弱势群体的社会救助工作，提高重点贫困对象医疗救助比例，重点救助对象因非重大疾病住院救助比例由原来的70%提高到80%；低收入救助对象的医疗救助比例由原来的60%提高到70%；因病致贫救助对象的医

疗救助比例由原来的40%提高到50%。

二是统筹发展各项社会事业。大力发展教育事业，继续推进36中、37中和39中改扩建工程，完成东岗小学新建和并东小学改扩建工程，启动小五台小学二期、狄村小学2所小学改造工程。实施“互联网+教育”行动计划，完成7所新建学校的数字校园和15所智慧教室、10个创客基地建设。统筹规划王家峰、东太堡等城中村改造的中小学建设，推动城乡教育均衡发展。开展“社区卫生服务机构服务能力提升工程”创建工作，强化基层卫生人才队伍建设，探索“医养护三联动”医养结合发展模式，全面推进有效签约服务和特色专科建设，完成迎泽区产科医院和棉花巷社区卫生服务中心加固工程。紧紧抓住建设国家全域旅游示范区的大好机遇，促进文化业态与旅游业态深度融合，整合资源，推出精品，打造品牌，努力将我区打造成商文旅一体发展的新旅游目的地；完成文化馆图书馆总分馆制建设，搭建公共电子阅览室数字管理平台，提升图书馆总分馆数字化水平。启动迎泽区国家综合档案馆建设工程。切实加强土地生态、环境建设保护，有效治理各项生活污染，增强可持续发展能力，不断促进城乡社会事业协调健康发展。

（六）着力创新管理，完善服务，努力营造和谐发展新局面

打造“六最”营商环境。进一步完善窗口审批机制和规则流程，确保行政审批事项全部集中办理，依托互联网、大数据等技术手段，引领服务创新，着力降低制度性交易成本，激发市场活力和社会创造力。继续深化行政审批制度改革，不折不扣落实投资项目承诺制，加强和创新事中事后监督，打造“六最”投资营商环境。

加强基层组织建设。以和谐社区示范建设为抓手，大力提升社区建设水平，建立健全社会信用代码制度，为社区（村）委员会颁发社会信用代码证。高标准实施社区建设，完成19个社区的提档升级任务，新建25个社区日间照料中心，17个社区养老服务中心，打造15分钟社区养老服务圈，加快社会福利院和公办养老院建设，提升为老服务质量和水平。进一步规范村务公开、民主管理工作，强化监督、检查，保障村民民主权利，健全完善党领导下充满活力的村级民主自治机制，强化农村基层社会管理，推动新农村建设健康发展。

加强价格监督管理。认真落实国家价格宏观调控政策，做好稳定价格总水平，确保市场价格基本稳定。加强民生价格监督，落实医疗、教育、电价、水价等价格改革措施。加大监管力度，依法严厉查处恶意囤积、哄抬价格、串通涨价等价格违法行为。加强重要节日和重大活动期间的价格监管，打击乱涨价、乱收费行为，发挥“12358”价格举报电话作用和应急反映机制的作用，畅通群众诉求渠道，有力打击各种价格违法行为，维护市场价格秩序和消费者合法权益。

推进社会信用体系建设。强化信用信息公开，提升信用宣传效能，完善“红黑

名单”制度，扩大信用应用领域，加强信用信息双公开，推进信用纪录全覆盖，构建联合奖惩机制，探索联合奖惩办法，促进社会信用体系建设工作整体推进。

提升社会综治能力。扎实推进“平安迎泽”建设，建立健全和完善安全生产责任制，持续开展安全隐患大排查大整治专项行动，着力抓好危化、消防、交通、特种设备、人员密集场所等重点行业领域排查治理，坚决遏制重特大事故发生。进一步加强信访和调解仲裁工作，畅通信访诉求渠道，认真办理来信来访，继续加大案件化解工作力度，扎实开展企业军转干部解困工作，确保不发生影响较大的群体性事件。加强食品生产经营行业规范化管理，保障群众“舌尖上的安全”。进一步提高应急管理水平，严防各类突发事件的发生。

让我们在十九大精神的指引下，在市委、市政府和区委的正确领导下，在区人大、区政协的监督支持下，不忘初心，牢记使命，以新作为开启新征程，以新担当催生新发展，加快落实区委五届三次全会暨经济工作会议精神确定的各项任务目标，抢抓机遇，攻坚克难，坚定信心，开拓创新，毫不松懈做好全年经济社会发展各项工作，为贯彻党的十九大精神的重大部署，开好头，起好步；为打造省城首善之区作出新贡献，实现新跨越！

关于太原市迎泽区2017年预算执行情况和2018年预算草案的报告

——在太原市迎泽区第五届人民代表大会第三次会议上

太原市迎泽区财政局局长　何吉铮

(2018年3月21日)

一、2017年区级预算执行情况

2017年，在区委的正确领导和区人大的监督支持下，全区上下深入贯彻党的十九大精神和习近平总书记视察山西重要讲话精神，主动适应经济发展新常态，创新理财思路；加强收入组织管理，调整优化财政支出结构，有序推进财政改革，预算执行总体平稳，有效促进了全区经济社会各项事业的发展。

(一) 一般公共预算执行情况

2017年经区五届人大二次会议审查批准的区级一般公共预算收入为151000万元，增长8.5%，一般公共预算支出为211205万元，增长2.09%。

2017年区级一般公共预算收入完成152730万元，为预算的101.15%，增长9.7%，加上税收返还收入31174万元，转移支付收入36269万元，上年结转收入16611万元，调入预算稳定调节基金2000万元，收入总量为238784万元；一般公共预算支出执行215437万元，为预算的95.11%，增长11.08%，加上上解支出10278万元，援疆支出252万元，结转下年支出11087万元，超收补充预算稳定调节基金1730万元，支出总量为238784万元。收支相抵，实现当年收支平衡。

1. 收入预算执行情况：2017年我区财政收入实现平稳增长，收入质量明显提高。主要收入项目完成情况如下：

税收收入完成133874万元，占一般公共预算收入的87.65%，为预算的99.09%，增长9.21%。其中：国内增值税25560万元，为预算的86.69%，增长31.10%；改征增值税33168万元，为预算的113.13%，增长67.44%；营业税1174万元，为预算的146.75%，下降94.84%；企业所得税10668万元，为预算的122.69%，增长57.83%；个人所得税6267万元，为预算的108.05%，增长24%；房产税12146万元，为预算的93.43%，增长13.07%；土地增值税13593万元，为预算的135.93%，增长16%。

非税收入完成18856万元，占一般公共预算收入的12.35%，为预算的118.59%，增长13.39%。其中：专项收入9574万元，行政事业性收费收入5245万元，罚没收入2707万元，国有资产有偿使用收入1330万元。

2. 支出预算执行情况：2017年，经区五届人大常委会第十一次会议批准，调入预算稳定调节基金2000万元，保障我区“煤改气”等环保节能项目的有序推进。预算调整后，我区一般公共预算支出由年初的211205万元调整为213205万元，加上新增转移支付13319万元，支出预算调整为226524万元。主要支出项目执行情况及执行效果如下：

教育支出46053万元，为预算（调整预算，下同）的99.10%，增长7.92%。其中，学前教育支出1713万元，小学教育支出24659万元，初中教育支出9427万元。重点支持区属中学改扩建和薄弱学校建设，大力改善办学条件；巩固完善义务教育经费保障机制，实施基础教育标准化工程，扩大教育资源，促进义务教育均衡发展。

社会保障和就业支出61161万元，为预算的96.33%，增长29.85%。其中，就业补助支出5345万元，抚恤支出5345万元，退役安置支出3087万元，财政对基本养老保险基金的补助支出2993万元，基层政权和社区建设支出7761万元。落实城乡居民基本养老保险等社保基金的财政补助，推动社区养老服务中心建设，完善基层养老服务体系；落实拥军优属、退役安置、社会福利、残疾人事业等专项经费，加大特殊群体困难群体救助力度；落实促进就业等专项资金，支持创业带动就业行动计划；落实“三基建设”财政投入，提高社区运转经费保障标准，支持社区提档升级和服务创新等，我区各类社会保障体系不断完善。

医疗卫生支出18179万元，为预算的95.59%，增长15.37%。其中，基层医疗卫生机构支出2838万元，公共卫生服务支出6341万元，计划生育支出1329万元。推进公立医院综合改革，取消药品加成，支持医疗设备购置和信息化建设；提高城乡居民基本医疗保险筹资标准，落实基本公共卫生服务财政补助；加大疫苗采购和冷链管理投入力度，支持食品药品安全监管体系建设；加强传染病和慢性病防治投入，支持中医发展等，持续完善城乡基本公共卫生及医疗保障服务。

城乡社区支出39891万元，为预算的96.11%，下降6.56%。其中，城乡社区公共设施支出11776万元，城乡社区环境卫生支出18649万元，城管执法支出7844万元。全力支持城市管理提升行动，加强公共设施维护、城市信息化管理、综合行政执法和环境卫生治理；继续实施老旧片区、背街小巷综合整治和既有建筑节能改造工程；推进百万亩森林围城建设，支持林木养护工程，绿化美化城乡环境；继续对口帮扶娄烦县静游镇脱贫攻坚，保障棚户区、城中村改造等重点任务实施，中心城区综合服务功能得到全面提升。

节能环保支出4295万元，为预算的70.05%，下降40.52%。（同比降幅较高的原因是2017年上级未安排黄标车、老旧车淘汰报废等一次性补贴资金。）其中，污染防治支出3837万元，退耕还林支出118万元。重点实施燃煤锅炉供热改造和棚户区、城中村清洁能源替代工程，推进生态环境建设，空气质量得到有效改善。

3. 转移支付执行情况：2017 年上级对我区转移支付 36269 万元，下降 15.97%。其中：一般转移支付 10695 万元，下降 33.58%；专项转移支付 25574 万元，下降 5.4%。主要用于我区发展教育事业、提供社会保障、推进公共卫生服务以及节能环保等几方面的均衡保障。

（二）政府性基金预算执行情况

2017 年政府性基金上级转移支付收入 132057 万元，上年结转收入 4923 万元，收入总量为 136980 万元；政府性基金全年支出 123073 万元，为变动预算的 91.86%，主要用于赵北峰、东太堡等四村“城中村”改造拆迁安置，双塔景区、迎泽公园改造工程，太原木器厂等改制企业支付职工保险、生活补贴等。收支相抵，结转下年支出 13907 万元。

（三）社会保险基金预算执行情况

2017 年区级社会保险基金收入 111204 万元，为预算的 128.19%；社会保险基金支出 93020 万元，为预算的 102.71%，当年收支结余 18184 万元，年末滚存结余 60896 万元。

（四）债务情况

我区债务已于 2016 年末偿还完毕，截至 2017 年末，我区未产生新的地方政府性债务。

（五）落实区五届人大二次会议预算决议情况

2017 年，按照区五届人大二次会议有关决议，全面贯彻预算法，认真落实各项决议，深入推进财税体制改革，有效实施积极的财政政策，聚焦重点难点，抓推进、抓落实、抓突破，各项工作取得了新进展。

1. 加强财政调控，稳定预算运行

2017 年，面对财政收入持续低位运行的严峻形势，我们时刻把握财税运行情况，强化收入监测分析，及时调整征管重点，确保各项收入应收尽收，圆满完成了全年的收入任务。我们在狠抓收入的同时，也连续压减一般性支出，积极盘活存量资金，多措并举规范收支管理，稳定预算执行。

2. 完善投入机制，保障改善民生

坚持民生优先导向，统筹财力向民生领域倾斜，全年支出民生资金 179526 万元，占全区一般公共预算支出的 83.33%。小学生均经费由 1000 元提高到 1050 元，中学生均经费由 1200 元提高到 1250 元，特殊教育生均经费由 7000 元提高到 7050 元，城乡最低生活保障标准每人每月提高 30 元达到 560 元，城镇居民基本医疗保险和新农合财政补助标准每人每年提高 30 元达到 450 元，基本公共卫生服务费政府补助标准提高 5 元达到 50 元，一系列与人民群众生产生活密切相关的民生政策得到落实，进一步提升了全区人民的获得感、幸福感。

3. 深化财税改革，提升财政管理绩效

一是完善预算编制体系。制定科学合理的支出定额，细化编制内容，提高财政预算的精细化水平。二是加大财政资金统筹力度。盘活存量资金，加强结转结余资金管理。三是深入推进预决算公开工作。

及时在“迎泽之窗”等门户网站公开政府及部门预决算信息，公开内容细化到最低科目级，实现了公开内容和公开范围全覆盖。四是推进预算绩效管理改革，提高财政支出效益。

总的来看，2017年我区财政工作在克服困难中前行，取得了新进展。但在新标准新任务新要求面前，我们也清醒地认识到，财政运行中还存在一些突出矛盾和问题。主要是：我区主导行业支撑不足，税收增长亮点不多，财政增收困难仍然存在；收入不足与支出刚性增长矛盾不断加剧，财政平衡难度日益加大；预算编制的科学化仍需加强，预算支出的绩效考评和监督管理仍需加大推进力度等等。我们将高度重视这些问题，采取有力措施切实加以解决。

二、2018年区级预算草案

2018年是全面贯彻落实党的十九大精神的开局之年，是决胜全面小康、实施“十三五”规划承上启下的关键一年。编制好2018年预算，做好各项财政工作，关系全区改革发展稳定大局，意义十分重大。

根据省、市经济工作和财政工作会议精神，按照区委五届三次党代会和全区经济工作会议总体要求，2018年全区财政预算编制的指导思想是：全面贯彻党的十九大精神，以习近平新时代中国特色社会主义思想为指导，认真落实中央和省委、市委经济工作会议精神，坚持稳中求进，进一步深化财政改革，加强预算管理，依法科学理财，实施有效监督，努力构建全面规范、公开透明的预算制度，为实现创新发展、持续发展、领先发展，建设文明富裕美丽的省会中心城区提供有力保障。

2018年全区财政预算编制遵循以下原则：一是收入预算坚持实事求是，与经济社会发展水平相适应，与国家政策相衔接。二是支出预算坚持量入为出、有保有压，充分体现“紧日子、保基本、调结构、保战略”的要求，统筹兼顾，突出重点。既要安排好各项基本民生支出，又要集中财力保障区委、区政府的重点工程、中心工作。三是注重财政支出绩效，坚持效益优先，强化项目审核，全面提高财政资源配置效率。

按照上述指导思想和预算安排原则，在综合考虑我区经济财政形势和全区各项经济社会发展预期指标基础上，我区2018年区级收支预算草案编制如下：

（一）一般公共预算

2018年区级一般公共预算收入安排165000万元，增长8%。按现行财政体制匡算，全年可用财力约为210803万元，其中：区级收入165000万元，税收返还收入31174万元，一般转移支付收入8865万元，专项转移支付收入5235万元，上年结转收入11087万元，上解支出10278万元，援疆支出280万元。

按照收支平衡原则，一般公共预算支出相应安排210803万元，增长1.64%。具体支出项目安排如下：

1. 一般公共服务支出安排16074万元，同口径（与上年预算同口径比较，下同）

增长1.56%，主要用于行政事业单位提供基本公共服务与管理方面的支出。

2. 国防支出安排620万元，与上年持平，主要用于民兵及预备役部队建设等支出。

3. 公共安全支出安排9830万元，增长7.34%，主要用于公、检、法、司等部门维护社会公共安全方面的支出。

4. 教育支出安排42610万元，增长7.43%，主要用于中小学义务教育支出。重点安排三十六中等三所中学改扩建、义务教育优质均衡发展、学校设施设备购置等项目。

5. 科学技术支出安排2468万元，与上年持平。主要用于科学技术管理方面的支出。

6. 文化体育与传媒支出安排1165万元，增长7.87%，主要用于文化、文物、体育等方面的支出。重点安排文化馆改扩建、社区文体设施建设、文物保护等项目。

7. 社会保障和就业支出安排45229万元，增长8.83%，主要用于社会保障及就业管理方面的支出。重点安排各类困难及特殊群体财政补助、养老服务机构建设、机关事业单位养老保险改革补助以及“三基建设”等项目。

8. 医疗卫生与计划生育支出安排17363万元，增长7.59%，主要用于基本公共卫生服务、医疗保障等方面的支出。重点安排基层医疗卫生机构补助、产科医院加固改造、基本公共卫生服务等项目。

9. 节能环保支出安排3863万元，增长7.55%，主要用于环境保护和节能减排等方面的支出。重点安排城乡清洁采暖等环境治理项目。

10. 城乡社区支出安排56680万元，增长7.31%，主要用于城乡设施建设及维护、环境卫生管理、城管执法等方面支出。重点安排森林围城造林项目、城乡清洁工程、农村四好公路建设、街巷绿化美化、对口精准扶贫等项目。

11. 农林水支出安排2946万元，增长6.35%，主要用于支农方面的支出。重点安排农村饮水安全、河道清淤治理、特色小镇、美丽乡村建设等乡村振兴战略项目。

12. 交通运输支出安排705万元，增长5.38%，主要用于交通运输管理方面的支出。重点安排农村公路改扩建、公路安全维护等项目。

13. 资源勘探信息等支出安排3098万元，增长18.88%，主要用于安全生产监管和支持中小企业发展等方面支出。增幅较大的原因是上年转移支付资金结转较大。

14. 商业服务业等支出安排38万元，增长26.67%，主要用于商业服务业事务等方面的支出，增幅较大的原因是上年转移支付结转较大。

15. 国土海洋气象等支出安排100万元，与上年持平，主要用于国土资源管理方面的支出。

16. 住房保障支出安排11万元，全部为上年结转的转移支付资金。

17. 预备费安排3000万元，与上年持平。

18. 其他支出安排5003万元，下降

66.65%，主要用于2018年人员增资、城中村改造、上级转移支付需配套项目等。预算执行中，将根据实际情况，调整至相关支出科目执行。

经汇总，2018年区级行政事业单位使用财政资金安排的“三公”经费预算为805万元，同比下降1.83%，其中：因公出国（境）费15万元，公务接待费85万元，公务用车购置及运行维护费705万元（其中：公车运行维护费625万元，公车购置费80万元）。

（二）政府性基金预算

2018年政府性基金收入预算安排14017万元，其中：上年结转收入13907万元，转移支付收入110万元。政府性基金支出预算安排11017万元，其中：国有土地使用权出让金支出10618万元，彩票公益金297万元，其他政府性基金102万元。结转下年预算安排3000万元，主要是国有土地使用权出让金支出项目中改制企业职工安置经费需逐年支付。

（三）社会保险基金预算

2018年社会保险基金收入预算安排56927万元，社会保险基金支出预算安排65120万元，年末滚存结余52703万元。比上年下降的主要原因是机关养老保险2017年执行数为2014年10月至2017年底39个月结算期的数据。

（四）国有资本经营预算

2018年我区国有企业预计仍未有收益，暂不编报国有资本经营预算。

以上预算安排的具体情况详见《迎泽区2017年预算执行情况及2018年预算（草案）》。根据《预算法》规定，预算年度开始后，在本级人民代表大会批准预算草案前，可以安排的支出执行情况：2018年1–3月份一般公共预算支出33515万元。其中，区级当年预算支出32398万元，上年结转支出1117万元。

三、完成2018年预算任务的主要措施

2018年，我区财政工作将全面贯彻落实党的十九大精神，以习近平新时代中国特色社会主义思想为指导，坚持稳中求进的工作总基调，落实积极的财政政策，全力支持打好防范化解重大风险、精准脱贫、污染防治的三大攻坚战，保障基本公共服务、民生托底、科技创新和转型升级，服务全区重大决策部署，为我区经济社会发展提供有力支撑。今年要重点做好以下几方面工作：

（一）强化财源建设，确保收入增长

继续实施积极财政政策，推进供给侧结构性改革。落实减税降费政策，促进实体经济发展。支持传统服务业升级和新型服务业的培育，积极推进钟楼街改造、朝阳商圈基础设施建设，大力发展新兴服务业。加大园区建设投入力度，牢固树立招商意识，全力抓好招商引资。支持创新驱动培育发展新动能，推动大众创业万众创新，落实创业创新等政策扶持。创新财政资金投入机制，引导金融资金，社会资本投资我区重点发展领域。全面落实国家的减税降费政策，认真落实国家增值税并档、中小微企业税收优惠等政策，继续清理规范涉企收费，进一步降低我区实体经济负担。

（二）优化支出结构，加大保障力度

坚持过“紧日子”，严控行政事业运行经费等一般性支出，进一步调整优化财政支出结构，集中财力保基本保战略，继续坚持财力向重点领域和民生倾斜。发展教育事业，继续巩固迎泽教育品牌优势，扎实推进“城乡、区域、校际”义务教育优质均衡发展。加强就业和社会保障，坚持积极就业政策，推动实现更高质量和更充分就业，提高社会救助标准，促进社会和谐稳定。保障“健康山西”建设，支持实施兴医工程，加强和提升基层医疗服务水平，推动全区优质医疗资源发展壮大。全力打好污染防治攻坚战，把打造良好生态环境作为公共财政支持的重要方向，支持大气污染防治，大力实施“煤改电”“煤改气”。加强科技投入实效，支持科技创新，促进科技成果转化。积极支持乡村振兴战略，推动三农发展，支持美丽乡村和特色小镇建设，加快农村基础设施改善。

（三）深化财政改革，提高理财水平

按照“分配更科学、支出更高效、管理更严格、监督更有力、服务更规范”的要求，继续深化各项财政改革，提升财政管理效益。一是实化细化财政预算。提高年初预算到位率，将上级财政提前下达的转移支付全部列入预算，增加可统筹使用的财力。完善基本支出和项目支出定额标准体系建设。坚持过“紧日子”，严控一般性支出。二是规范预决算信息公开。逐步扩大信息公开范围、细化公开内容，不断提升财政预决算信息公开的规范化与透明度。三是加大盘活财政存量资金力度，并建立结余结转资金定期清理机制，彻底盘活存量资金，加大财政资金统筹使用力度。四是全力打好防范化解重大风险攻坚战。坚决不允许以新增隐形债务上新项目、铺新摊子，坚决控制隐形债务。五是推进预算绩效管理，将绩效管理融入预算编制、执行、监督全过程。扩大绩效评价范围，加强评价结果运用，加强绩效评价、政策评估和支出政策调整的有机结合。六是强化会计管理和财政监督。加大会计人员培训力度，构建完整的财政内控体系。

2018年是我区团结拼搏、攻坚克难、奋力谱写迎泽发展新篇章的一年，财政改革任务繁重艰巨，我们要在区委的正确领导下，在区人大及其常委会的监督支持下，更好地发挥财政职能作用，扎实做好各项财政工作，完成全年财政预算任务，不断开创建设省城首善之区新局面，为建设文明开放富裕美丽太原贡献力量。

太原市迎泽区人民检察院工作报告

——在太原市迎泽区第五届人民代表大会第三次会议上

迎泽区人民检察院检察长　陈加林

（2018年3月22日）

一、过去一年检察工作回顾

2017年，在区委和上级检察机关的正确领导下，在区人大及其常委会的有力监督下，我院深入学习贯彻党的十八大、十九大精神，以习近平新时代中国特色社会主义思想为指导，紧紧围绕“建设省城首善之区”目标，全面履行法律监督职责，积极主动服务全区经济建设，各项检察工作取得了新进展。

（一）积极发挥检察职能，为全区经济社会发展提供强有力的司法保障

我们坚持立足全局，找准检察工作服务大局的着力点和结合点，保障全区改革发展平稳快速。

为服务脱贫攻坚战略，积极开展“互联网+阳光百姓工程”，与相关职能部门成立领导小组，制定实施方案，对涉农等民生领域的财政资金运行情况进行全程监督。为守护碧水蓝天，加大行政公益诉讼办案力度，督促相关部门依法履职，有力保护社会公共利益不受侵害。目前，已办理公益诉讼案件6件。为保障“舌尖上”的安全，扎实开展“危害食品药品安全犯罪专项立案监督活动”等六个专项检察活动。在迎泽区食药监局设立了临时办公室，发现了4起达到刑事立案标准的案件线索。目前，已监督侦查机关全部立案。为建设“平安迎泽”、“法治迎泽”，主动参与社会综合治理。通过采取多种措施，积极参与立体化社会治安防控体系建设，保障公共安全，努力使人民群众安居乐业，感受到社会的安定祥和。

（二）依法打击各类刑事犯罪，坚决维护人民群众利益

我们积极回应社会关切，全力保障城市公共安全、人民群众生命财产安全，努力让人民群众带着满满的安全感迈入全面小康社会。

全力维护社会和谐稳定。加大对黑恶势力、严重暴力和“两抢一盗”等严重影响人民群众安全感犯罪的打击力度。全年共受理提请逮捕刑事案件814件1176人，批准逮捕670件921人；受理审查起诉案件997件1559人，提起公诉904件1412人。结合迎泽地区社会治安状况特点，严厉打击涉众型经济犯罪及损害群众切身利益犯罪。2017年以来，共批准逮捕非法吸收公众存款、集资诈骗等犯罪案件47件103人，提起公诉32件185人。针对涉众型犯罪涉及面广，容易引发群体事件等特

点，始终绷紧“保安全护稳定”这根弦，努力做到让当事人“胜败皆服”，把不稳定因素消除在萌芽状态。

扎实做好涉法涉诉信访工作，推动社会矛盾源头治理。全年共受理各类控告申诉线索269条，接待来访群众500余人次。在工作中探索总结出“真心接待、细心分析、精心办理、尽心履职”的“四心工作法”，引导群众依法信访，促进矛盾纠纷化解。同时，积极投入区委“深化源头化解专项行动”，参与化解矛盾20件次，均取得良好的社会效果。2017年，我院被最高人民检察院授予“全国文明接待室”荣誉称号。

（三）牢牢把握人民群众对公平正义的新期盼，加大法律监督力度

我们聚焦法律监督主责主业，强化法律监督，努力让人民群众在每一起司法案件中感受到公平正义。

继续强化“两个转变”的监督理念，加强对侦查权的及时、动态、全程监督。分别在迎泽公安分局、市公安局直属二分局派驻检察室，全年共监督公安机关立案23件24人，同比分别上升了9.5%和14.3%；纠正漏犯27人，纠正漏罪42人，与去年同期相比均有上升。加大刑事审判监督力度。共提出量刑建议1057人，被采纳953人，采纳率达到90%以上。提起抗诉22件，被二审法院改判或发还重审17件，抗诉成功率达到77%，同比上升了6%。加大刑罚和监管活动监督力度。受理羁押必要性审查65人，对符合立案条件的提出检察建议52人，被采纳50人。对监外执行提出纠正违法34人次，已纠正34人次。加强民事审判和行政诉讼监督。综合运用检察建议、纠正违法等方式，支持起诉11件，被采纳11件；对生效民事判决监督2件，提出再审检察建议2件，被法院裁定再审2件；对行政机关履职提出检察建议2件，被采纳2件。

（四）坚持体制改革与科技应用双轮驱动，努力创造新型检察工作模式

2017年是区检察院改革创新年，我们统筹推进以司法责任制为核心的多项改革任务，积极配合国家监察体制改革试点，大力推动现代科技在检察工作中的运用，发挥两项改革和科技创新的叠加聚合效应，确保各项改革任务落地生根。

积极配合国家监察体制试点改革。坚决站稳政治立场，配合完成了职务犯罪侦查等机构整体转隶，有序推进工作交接过渡。同时，严格落实省委政法委关于政法机关支持配合监察体制改革试点工作“1+4”制度，成立了领导小组，加强与监察委员会的工作衔接。目前，已办理监察委员会移送案件2件2人。

扎实推进司法体制改革。已初步完成人员分类管理、完善落实司法责任制、内设机构改革等多项任务。现产生员额检察官24名，成立了24个办案小组，设立了员额检察官办公室，出台了检察官权力清单，明确界定司法办案责任，真正实现“谁办案谁负责，谁决定谁负责”。坚持入额检察官必须办案的原则，目前，入额院领

导人均办案29件34人，部门负责人人均办案64件75人，均超额完成年度工作目标。对内设机构进行了整合改革，共设立刑事检察、民事行政、综合保障等七个部，构建起公正高效权威的检察权运行机制。

全面开展智慧检务建设。积极顺应新时代信息化发展潮流，紧紧围绕检察业务工作，引进、研发远程提讯、文书自动纠错、量刑建议等多项智慧检务系统，大幅提升工作效率，节约司法成本。在本院和本市第二看守所建成了远程提讯室，利用网络和提讯技术，实现远程网络音视频数据传输、录像刻录等应用功能，办案人员只需在本院办案工作区就能通过音视频对嫌疑人进行远程提讯。目前，已通过该系统讯问35人。

（五）坚持全面从严治党、从严治检不放松，建设高素质检察队伍

我们牢牢把握“五个过硬”总要求，坚持政治立检不动摇，持之以恒抓队伍建设，努力打造一支让党放心、让人民满意的过硬检察队伍。

坚持政治立检，不断强化党对检察工作的领导。以“两学一做”学习教育和“八学”党的十九大精神为契机，引导检察人员牢固树立“四个意识”，在思想上政治上行动上自觉与以习近平同志为核心的党中央保持高度一致。

加强从严治党、党风廉政和反腐败工作。严格落实“两个责任”，层层签订责任状，传导压力和责任。全面推进从严治检，严格贯彻中央“八项规定”精神，坚决整治“四风”问题。加强内部督察力度，开展了“一周一巡查”等活动。目前，未发现一起违纪违法事件。

加强基层党组织建设。进一步完善党组书记负总责、党组成员具体抓、职能部门组织协调的党建工作责任体系，推动党建与队建同部署、同落实、同考核。加强党员日常管理监督，健全“三会一课”制度，精心安排学习内容，拓展学习方式，提升党员干部参与度、活跃度，充分发挥“三会一课”制度功效。

坚持固本培元，切实抓好“三基建设”。编制《迎泽区人民检察院基础工作目录和工作运行流程图》，将繁琐笼统的工作步骤细化为“可控点”和“可考核点”，为日常基础工作提供了明确的标准，推动了基础工作全面进步。

（六）加强内外监督，提升检察机关公信力

我们牢固树立监督者更要接受监督的理念，加强内部管理和监督，自觉接受人大监督，不断强化外部监督制约，确保检察权始终在法治轨道上运行。

自觉接受人大监督和政协民主监督。认真贯彻落实区五届人大二次会议精神，实行定点联系人大代表制度，虚心接受代表的意见和建议。2017年，区人大对我院司法改革等工作进行了专项视察审议，我们诚恳听取意见，逐条梳理，积极落实，并及时报告。认真办理人大交办、批办、督办的案件，做到快受理、快查处、快反馈。主动向政协和民主党派、无党派人士

通报工作情况，邀请政协委员视察检察工作，认真听取意见和建议，不断改进检察工作。

主动接受社会监督。深入推进“阳光检察工程”，以公开促规范。举办检察开放日，诚邀社会各届人士来我院参观、座谈，深入了解检察工作。引进第三方监督，会同太原市司法局，成立专家咨询评议小组，对重点案件进行评议。运用多个信息公开平台，公开法律文书 1076 份，案件程序信息 1494 条，重要案件信息 36 条，保障了人民群众的知情权、监督权和参与权。

加强内部监督。深入开展“执法司法规范化建设年”活动，坚持以问题为导向，建立“一案一卡”制度，对 2014 年以来所办理案件采取逐案自查、各业务部门互查、检委办评查等方式查摆问题，形成了“迎泽区人民检察院专项整治相关问题情况分析报告”，制定了整改措施，明确了责任领导，落实了部门和整改期限，确保执法司法中人民群众反映突出的不规范顽症痼疾得到根治。在全省检察机关“执法司法规范化建设年”总结大会上，我院作为“示范院”在会议上作经验交流，受到上级检察机关的充分肯定。

各位代表，2017 年我院检察工作取得了一些成绩，我们被最高人民检察院评为“全国文明接待室”、“检察宣传先进单位”，被省委政法委评为“严格执法公正司法先进集体”，被省文明委评为“省级文明单位”，连续八年蝉联“太原市检察机关基层建设先进单位”和“迎泽区优秀领导班子”。这些成绩的取得，得益于区委和上级检察机关的正确领导，得益于区人大及其常委会的有力监督，得益于区政府、区政协和社会各界的大力支持。在此，我代表全院表示衷心的感谢，并致以崇高的敬意！

但是，我们也清醒地认识到，检察工作中仍然面临一些亟待解决的问题和困难：一是与人民群众的新期待、法治建设的新要求还有一定差距。二是对司法改革的适应性还有待进一步提高，与司法改革相配套的执法监督、职业保障等机制有待进一步健全完善。三是法律监督职能履行还不够充分，法律监督工作需进一步加大力度。四是检察人员专业素质能力还不能完全适应新时代的要求，队伍专业化职业化水平需进一步提高。对此，我们将高度重视，认真加以解决。

二、2018 年工作安排

2018 年是贯彻落实党的十九大精神的开局之年，也是改革开放和检察机关恢复重建 40 周年，做好今年的检察工作意义重大。我院将以习近平新时代中国特色社会主义思想为指导，深入学习贯彻党的十九大、十九届二中、三中全会精神以及中央、省、市政法工作会议和区五届三次党代会精神，在区委和上级检察机关的正确领导下，紧紧围绕“建设省城首善之区”目标，以“服务发展大局、深耕检察监督、深化司法改革”为主线，以司法办案为中心，以改革创新为动力，忠实履行法律监督职责，努力让人民群众有更强的获得感、幸福感、安全感，为全力推进我区“转型项目建设年、社会矛盾化解年、作风建设提升年”提供有力司法保障。

（一）以党的十九大精神为引领，在服务全区改革发展大局方面展现新作为。坚持用习近平新时代中国特色社会主义思想武装头脑、指导实践、推动工作。围绕区委决策部署，充分发挥检察监督职能，进一步落实优化营商环境各项规定。紧紧围绕区委“在八个方面走在省市前列”的目标要求，严厉打击项目建设中的各类犯罪活动，全力保障迎泽区转型创新发展。按照省检察院出台的《全省检察机关支持和服务企业家创新创业营造良好法治环境的意见》要求，严格区分罪与非罪的界限，把打击和保护有机结合，为我区“转型项目建设年”营造优质的法治环境。

（二）以开展扫黑除恶专项斗争为举措，在推进平安迎泽建设方面开创新局面。认真贯彻落实习近平总书记重要指示和中央、省、市、区委有关精神，深入开展扫黑除恶专项斗争，坚决按照上级安排部署，坚持依法严惩、打早打小、除恶务尽，把打击锋芒对准人民群众反映最强烈的黑恶势力犯罪，聚焦涉黑涉恶突出的重点地区、行业、领域，以“零容忍、出重拳、下狠手”的态度强力扫黑除恶，确保打得准，打得狠，真正取得实效，营造人民群众放心的平安环境。

（三）以强化法律监督为主业，在营造公平正义的法治环境方面作出新贡献。准确把握检察机关宪法定位，主动适应新时代新形势对检察机关提出的新要求新任务，下大力气加强法律监督工作，不断完善监督体系，健全监督机制，提升监督能力。做深做实刑事诉讼监督，加强民事行政诉讼监督，切实维护社会公平正义。加大检察机关提起公益诉讼工作力度，努力当好公共利益的代表者和守护者。充分发挥检察职能优势，积极参与城市管理和社会治理精细化工作。坚持不懈规范司法行为，不断提升司法公信力。

（四）以深化司法体制综合配套改革为抓手，在促进检察工作发展方面激发新动力。着力于改革的系统性、整体性、协同性，加快完善司法职业保障制度，强化司法绩效考核结果运用，重点推进司法责任制全面落实，积极探索新型司法办案监督机制和完善员额检察官管理制度。深入推进以审判为中心的刑事诉讼制度改革，发挥检察机关在审前程序中的主导作用、指控和证明犯罪的主体作用，在更高层次上实现公正和效率相统一。全力以赴配合做好监察体制改革工作，进一步细化衔接工作机制，提高办案质量和效率，确保衔接高效顺畅。

（五）以强化作风、能力建设为重点，在锻造政治过硬、本领高强的检察队伍方面取得新实效。深入开展“不忘初心、牢记使命”主题教育，教育引导党员干警牢固树立“四个意识”，坚定“四个自信”，确保检察工作正确的政治方向。落实全面从严治党“两个责任”，构建起明责、履责、督责、问责、考责“五责”链条体系，有力推动责任落地生根；用好监督执纪“四种形态”，坚持抓早抓小，防微杜渐。对标“省城首善之区”的司法需求，着力培养业务骨干和拔尖人才，建设新时代检察官队伍。

（六）以创建“智慧检察院”为契机，在提升检察办案质效方面实现新突破。主动迎接新一轮科技革命，发挥科技创新在检察工作创新发展中的引领作用，遵循司法规律，严格按照太原市人民检察院出台的《“智慧检察院”建设总体规划》，进一步加强信息技术与检察业务深度融合，开发和应用好司法办案智能辅助系统，解放办案力量，提升办案质效。

在新的一年里，迎泽区检察院将在区委和上级检察机关的坚强领导下，在区人大及其常委会的有力监督下，认真贯彻本次大会精神，扎实履职、锐意创新，努力创造无愧于新时代的检察业绩，为把迎泽区建设成为更具实力、更富活力、更有魅力、更加宜居、更加幸福的“省城首善之区”作出更大的贡献！

相关用语说明

1.“互联网+阳光百姓工程”：为预防涉农领域职务犯罪，有效推动涉农资金在阳光下安全运行，山西省各级检察机关依托互联网，通过检察机关、财政、农委等部门具体实施，涉农部门、基层乡镇、农村密切配合，运用“报备、公示、核查”工作模式，实现对涉农资金、项目全面监督。

2.“两个转变”监督理念：由山西省检察院提出检察机关在履行法律监督中要由被动监督向主动监督转变，由事后监督向事前、事中监督延伸。

3.“1+4”制度：为支持配合监察体制改革试点工作，由山西省委政法委统筹协调全省各级政法机关与监察委员会建立的相关工作协调衔接机制。

4.“八学”：为深入学习宣传贯彻党的十九大精神，切实在学懂、弄通、做实上下功夫，推动党的十九大精神深入人心、落地生根。迎泽区委要求全区开展促学、领学、讲学、送学、比学、自学、活学、深学“八学”活动。

5.“三基建设”：山西省第十一次党代会提出，夯实党的事业发展的坚实根基，必须把加强“基层组织、基础工作、基本能力”建设作为战略举措抓紧抓实抓好。

6.“一案一卡”：为加强检察机关内部监督，迎泽检察院对所办理案件的采信证据、适用法律、诉讼程序及文书质量等情形逐案建立档案卡，附入卷宗。

7.“在八个方面走在省市前列”：在中国共产党太原市迎泽区第五届代表大会第三次会议暨全区经济工作会议上区委提出在“加快转型创新发展”“加快开放发展”“城乡建设管理”“和谐文明建设”“生态环境保护治理”“保障和改善民生”“营造安全稳定环境”“民主政治建设”等八个方面走在省市前列。

8. 公益诉讼：根据法律的授权，任何组织和个人都可以针对侵犯公益的违法行为向法院提起的诉讼。2017 年 7 月 1 日，修改后的民事诉讼法、行政诉讼法明确了检察机关在公益诉讼中的任务、原则和诉讼身份等。

太原市迎泽区人民法院工作报告

——在太原市迎泽区第五届人民代表大会第三次会议上

太原市迎泽区人民法院代院长　田志勇

（2018年3月22日）

一、2017年工作回顾

2017年，我院在区委、区人大、上级法院的监督指导下，全面贯彻落实党的十八大和十八届三中、四中、五中、六中全会精神，深入学习十九大精神和习近平总书记系列重要讲话精神，紧紧围绕“努力让人民群众在每一个司法案件中都感受到公平正义”的目标，牢牢把握司法为民公正司法主线，狠抓执法办案，深入推进司法改革，深化司法公开，加强党建、队伍建设和信息化建设，不断提升司法公信力，为我区转型升级、社会稳定和法治建设提供了强有力的司法保障。

（一）充分发挥审判职能，保障平安法治迎泽

在收案连年大幅增长、人员编制没有增加、案多人少矛盾愈加突出的情况下，全院干警忘我工作、奋勇拼搏，圆满完成了各项审执任务。全年共受理各类案件12775件，审执结11127件，与去年同期相比各增长22.4%和36.8%，结案率为87.1%，员额法官人均结案数253件，收结案数均为全市第一。

宽严相济惩治刑事犯罪。共受理刑事案件1123件，审结1058件，结案率为94.2%。共对1214人作出生效判决，其中判处10年以上有期徒刑30人，3年以上10年以下有期徒刑154人，3年以下有期徒刑505人，判处缓刑、管制、拘役、免予刑事处罚525人。

刑事审判坚持“宽严相济”刑事政策和罪刑相适应原则，对危害人民群众日常安全的盗窃、抢劫、抢夺等多发性侵财犯罪，依法从快处理；对认罪认罚的轻刑案件，从宽处理；对黑恶势力犯罪、职务犯罪、涉众型经济犯罪依法严惩。审结职务犯罪45案45人，非法吸收公众存款罪案件23案64人，涉案金额9亿余元。积极推进以审判为中心的刑事诉讼制度改革，惩罚犯罪与保障人权并重，有效提高办案质量，切实防范冤假错案，维护司法公正。全力支持监察体制改革，审理了我市首起监察委调查的职务犯罪案件。创新简易程序刑事案件“6+2”审理模式，运用远程审判系统提速增效，走出了一条以当庭宣判为龙头，将繁简分流、远程审判、庭审直播、文书格式化、当庭宣判、当庭送达与院庭长监督管理、判后释明融为一体的简案快办新模式。

调判结合化解民事纠纷。共受理民商

事案件6871件，结案5712件，结案率83.1%。

民商事审判坚持平等保护各类市场主体合法权益和公平竞争原则，充分发挥司法裁判的教育、评价、指引功能。建立多元化纠纷解决机制，搭建诉调对接平台。在社区设立法官工作室，送法到群众身边；在交警队设立交通巡回法庭，“一站式”解决交通事故纠纷；与省医调委建立诉调对接，打开医患纠纷症结；调解中心增加专职调解员5名，特邀调解员184名，在派出法庭、法官工作室设立调解分中心，先行引导当事人选择诉前解决纠纷。共诉前调解民事纠纷684件，调解成功157件，调解率23.1%，节省了当事人的诉讼成本，缓减了办案压力。

加强协调妥处行政争议。共受理行政案件、国家赔偿案件70件，结案66件，结案率94.3%。

行政审判既注重保护行政相对人合法权益，又支持和监督行政机关依法行政，形成良性互动，优化执法环境。在加强合法性审查的基础上，开展行政协调和解工作，妥善化解行政争议。尤其对重点工程、城中村改造过程中出现的各种利益冲突，采取入户宣传、多元调解、巡回开庭等方式，在保护被拆迁人合法利益的同时，又保障了城改进程。推进行政机关负责人出庭应诉制度，妥善处理群体性行政案件，减少社会不安定因素。

多措并举破解“执行难”。共受理执行案件4106件，执结3686件，执结率89.8%。

深入推进执行工作创新，加强与金融、国土、车管等部门的执行联动机制，用足用好“全国执行网络查控系统”。执行指挥中心统一查控，因案施策，分类实施。重拳惩治“老赖”，将拒不履行的2514名被执行人纳入失信系统，限制乘坐飞机高铁等高消费，让其“一处失信，处处受制”。迫于压力，有386案的被执行人主动履行了义务；通过在交通要道广告大屏、公交车移动电视公开曝光21案24人，有7案得以执结。同时，严厉打击拒不执行判决、裁定的行为，采取拘留、罚款等强制措施，督促被执行人履行义务。共决定拘留45人，实际拘留10人，35人全部或部分履行未实施；以拒执罪移送公安机关6人。执行局被省高院荣记集体三等功。

全面优化诉讼服务。强化诉讼服务中心功能，构建导诉分流系统、自助立案系统、案件查询系统、短信通知系统为一体的全方位、零距离、无障碍的人性化服务体系。设置自助立案区，当事人可自行提交立案材料、点击立案，法官网上审核，大大减少了当事人等候时间；在立案大厅安装电子显示屏和触摸查询机，方便当事人查询案件进展情况。积极延伸司法调查权，发出我省首份律师调查令，全年为代理律师签发调查令95份，有效提高了诉讼效率。

完善诉访分离机制。开展涉法涉诉信访积案攻坚大会战活动，对涉诉信访案件和重大矛盾纠纷进行全面的排查和清理，从源头上消除隐患，解决问题，确保涉法涉诉信访在法治轨道内得以有效解决。坚持院领导值周制度和院长“逢五”、执行局长“逢六”接待制度，设立专门电话、邮箱，共接待信访98次100人。坚持推行法官带案下访和巡回接访制度，加强初信初访化解和上访老户息访工作，建立信访听证机制，实现信访工作法制化管理，社会化监督。

（二）落实司法责任制，全面推进司法改革

按照“统筹兼顾、积极稳妥、循序渐进、分步落实”的原则，做好司法责任制的全面落实。

法官员额制改革完成。按照既符合上级规定要求，又符合本院实际情况的思路，制定了员额法官遴选方案，严格入额标准和程序，2017年1月确定入额法官46名。出台《完善司法责任制的实施细则》、《院、庭长办案制度》，对院领导及庭长的办案数量、监督职责等做了明确规定，全年院庭长结案4080件，占全院结案数的36.7%。制定了科学的绩效考核办法，严格标准和程序，细化具体指标，提高了法官办理疑难复杂案件的积极性。

落实司法责任制。制定权责清单，就独任法官与合议庭运行机制、审判管理监督、审判辅助事务保障、错案责任追究等予以明确。按员额法官1：1的比例配备了书记员，并按照管理扁平化、资源节约化原则，将原来以庭为单元的审判组织改组为审判团队，将原有的12个审判业务庭及1个执行局，组建为5个审判团队和1个执行团队，实现了司法资源和审判力量的优化配置。

（三）大力提升法院管理，推进信息化建设

以“大数据、大格局、大服务”理念为指导，努力建设“智慧法院”，形成“审判流程网络化、庭审活动数字化、卷宗管理电子化、司法信息公开化”格局。

信息化助推审判质效和审判能力现代化。以创新为驱动力，向科技要生产力，用信息化技术探索提升案件质效的新思路、新方法。依托审判流程管理平台，加强对立案、分案、开庭、裁判、执行、文书公开等各个节点的监控，按月通报案件办理和裁判文书上网情况，促进办案效率的提高。以信息化助推司法辅助事务集约化，建设OA智能办公系统、电话录音送达系统、庭审语音识别系统，建立智能化诉讼服务，形成开放、动态、便捷的司法服务体系。

实现司法公开可视化。完善司法公开“四大平台”，建设自媒体“四微平台”，让司法权在阳光下运行。运用“互联网+自媒体”技术，以图文、音频、视频等方式将各类司法信息整合发布，群众足不出户即可观看庭审直播现场，达到以案普法的效果。全年共网络直播庭审422次，裁判文书上网11753篇，公开各类信息1318条，微博粉丝数量达34万余人。

（四）全面加强队伍建设，夯实法院工作基石

坚持“抓党建、带队建、促审判”的工作思路，以规范管理为重点，努力建设

一支政治坚定、业务精通、作风优良、执法公正的高素质队伍。

以党建带队建促审判。坚持党要管党、从严治党，将支部建在庭上，实行“一岗双责”。以“两学一做”学习教育活动为抓手，发挥党支部战斗堡垒和党员先锋模范作用，队伍凝聚力和向心力进一步增强。与山西大学、山西财经大学建立“院校合作”模式，强化政治学习和业务培训，更新司法理念，优化知识结构，提升审判技能。坚持从优待警，开展丰富多彩的法院文化活动，陶冶情操，强健身体，提升素养。

以监督树廉政促公正。主动接受人大、政协和社会各界的监督，重点工作、重大事项及时向区人大常委会报告、向区政协通报。在区人大、区政协的支持下，2017年4月，由区人大代表和政协委员组成的首批20位廉政监督员正式上岗，对我院各项工作进行全方位监督。同时，我院推进党风廉政建设和反腐败斗争不懈怠，认真履行全面从严治党“两个责任”，坚持经常性检查与重点督查相结合，加强干警纪律意识、为民意识、廉洁意识，着力建设长效机制，确保审判权力规范运行。

通过全院干警的共同努力，我院荣获“全国法院案件繁简分流机制改革示范法院”“全国法院司法宣传工作中做出突出成绩的人民法院”“全国法院信息化工作先进集体”等荣誉称号，各项工作迈入全国法院先进行列。回顾一年来的工作，我们深切体会到，成绩的取得，离不开区委的正确领导和区人大及其常委会的有力监督，离不开区政府、区政协及社会各界的大力支持与帮助。在此，我代表全院干警向所有关心、帮助、支持法院工作的人大代表、政协委员和社会各界人士表示衷心的感谢！

同时，我们也清醒地认识到，工作中还存在一些不足和困难：一是近年来案件量急剧增长，案多人少矛盾突出，法官助理严重短缺，制约了审判质效的提升；二是司法体制改革有待进一步深化，审判权运行和审判监督管理方式需进一步完善；三是司法改革带来的新压力、新变化，少数法官存在畏难情绪，存在人才流失的潜在因素，法官职业保障和司法环境还需要进一步改善；四是信息化建设明显滞后，科技化法庭严重不足，与智慧法院要求仍然存在较大差距；五是诉讼服务中心面积场地不足，功能不全，尚不能满足人民群众多元化司法需求等。对于这些问题，我院将认真研究对策，努力加以改进，也请各位人大代表、政协委员继续关心支持法院工作，共同营造更加良好的司法环境。

二、2018年工作计划

2018年是深入贯彻落实党的十九大精神的开局之年，也是决胜全面建成小康社会、实施“十三五”规划承上启下的关键一年。我院将深入学习贯彻党的十九大和十九届一中、二中、三中全会以及中央、省、市政法工作会议精神，认真落实区五届三次党代会精神，以习近平新时代中国特色社会主义思想武装头脑、指导实践、推动工作，以开展转型项目建设年、社会矛盾化解年、作风建设提升年为抓手，坚持党建引领，坚守法治信仰，坚决锻造过硬队伍，坚定不移地深化司法改革，充分发挥审判职能作用，为建成省城首善之区创造安全稳定的社会环境、公平正义的法治环境和优质高效的服务环境。

（一）全面加强新时代党的建设，始终确保正确的政治方向。当前和今后一个时期，把学懂弄通做实党的十九大精神作为首要政治任务，把党的建设摆在首位，毫不动摇地坚持党对人民法院工作的绝对领导。始终在政治立场、政治方向、政治道路上同以习近平同志为核心的党中央保持高度一致。坚持“抓党建、带队建、促审判”的工作思路，强化政治纪律和政治规矩，院领导下沉到团队并兼任支部书记，做实“三基建设”，实现党建、队建、审判执行相互促进、相互发展。推动全面从严治党、从严治院向纵深发展，巩固落实中央“八项规定”成果，坚决惩处利用审判权、执行权谋取私利的行为，确保法官清正、法院清廉、司法清明。

（二）充分发挥审判职能作用，保障我区经济转型升级。牢牢把握新时代对法院工作提出的新要求，紧紧围绕深化供给侧结构性改革和转型综改试验区建设，找准工作定位，明确工作目标，服务经济发展。一要坚决维护国家政治安全和大局稳定。依法、准确、有力惩处黑恶势力犯罪，加大财产刑处罚力度，有效铲除黑恶势力滋生土壤，打好打胜扫黑除恶专项斗争。继续严惩非法集资、非法吸收公众存款等涉众型犯罪，依法处理“两抢一盗”多发性犯罪，不断增强人民群众获得感、幸福感。二要坚持平等保护、全面保护、依法保护原则，准确把握司法政策，强化产权保护，优化营商环境，让创新创业者有安全感。进一步推进多元化纠纷解决机制，积极探索家事纠纷审判方式改革，保护未成年人、妇女、老年人等弱势群体的合法权益。依法稳妥审理商事案件、涉企纠纷，规范裁判尺度，助力经济转型升级。三要以铁的手腕坚决打赢“基本解决执行难”攻坚战。按照省法院部署开展“执行攻坚跨年行动”，以时不我待、只争朝夕的精神和求真务实、苦干实干的作风，加大执行力度，完善信用惩戒机制，提高信息化水平，提升执行效能，确保如期实现“基本解决执行难”的目标。

（三）以智慧法院建设为抓手，努力满足人民群众多元司法需求。坚持人民群众的司法需求在哪里，人民法院的司法服务就跟进到哪里。进一步拓展诉讼服务中心功能，落实律师参与化解涉法涉诉信访案件制度。大力推进“互联网+诉讼服务”，运用现代科技推动诉讼服务提档升级，“让数据多跑路，群众少跑腿”，为公众提供更加高效、便捷的司法服务。持续加强信息化在办案办公、管理服务、司法宣传中的应用。年内实现科技法庭全覆盖，庭审同步录音录像，电子卷宗随案生成，直播庭审常态化。继续深化司法公开，及时发布重大审判案件、经典案例，以多元、生动的形式宣传法治，弘扬司法正能量。

（四）全面深化司法改革，努力构建公正高效的审判运行机制。深化司法体制综合配套改革，落实司法责任制，完善员额法官动态管理、绩效考核和权益保障机制。按照扁平化管理与专业化建设相结合的原则，年底前完成内设机构改革，进一步充实一线办案力量，减少管理层级，实现“审理者裁判、裁判者负责”的目标。构建全方位、立体化的监督管理体系。完善专业法官会议制度，建立全流程监控、全过程留痕的审判监督管理机制。探索引进人大代表、政协委员、检察机关参与案件评查的第三方监督方式，确保依法行使审判权。继续推进以审判为中心的诉讼制度改革，坚持惩罚犯罪与保障人权并重，落实好庭前会议制度，发挥好庭审在查明事实、认定证据、公正裁判中的关键性作用，切实推进庭审实质化。完善案件繁简分流机制，构建衔接顺畅、职责明确、协调配合的多层次诉讼体系。加强对案件难易度、类型化的甄别分流，简单案件快速办理，复杂案件精雕细琢，实现简案快审、繁案精审、类案专审。推行要素式审判方式改革，使用表格式、要素式文书，做到该繁则繁，当简则简。努力破解人案矛盾，激发司法生产力，让程序快起来、效率高起来、公信树起来。

（五）着力司法规范化建设，打造政治过硬本领高强的法院队伍。把自觉主动地接受人大、政协和社会各界的监督，作为改进和提高工作的重要途径，促进司法规范化、专业化、职业化建设。扎实开展“不忘初心、牢记使命”主题教育，通过学习培训、经验交流、岗位练兵，提升干警政治业务素质；广泛开展案例研讨、庭审观摩、文书评比等活动，让法官在实务中增长本领；引深纪律作风建设、司法能力建设和法院文化建设，完善人员分类管理和职业保障，进一步关爱干警，从优待警，从严治警，打造忠诚、干净、担当的过硬队伍。

新时代赋予新使命，新起点呼唤新作为。我们将在区委的坚强领导下，在区人大及其常委会的有力监督下，不忘司法为民初心，牢记公正司法使命，忠诚履职，砥砺奋进，以饱满的热情、优质的审判、一流的服务推动首善之区建设实现新发展，再创新辉煌！

大事记

DASHIJI

2017 年迎泽区大事记

2 月

22 日至 24 日　迎泽区召开五届人大第二次会议。会议听取和审议区人民政府、区人大常委会、区人民法院和区人民检察院工作报告，审查国民经济社会发展计划和财政预算报告，批准 2017 年计划和预算，表决通过《关于太原市迎泽区人民政府工作报告的决议》等 6 个决议，选举产生区监察委员会主任，选举产生区出席太原市第十四届人民代表大会代表 51 名，完成各项任务。

27 日　国家科技部副部长徐南平一行对太原市申报创建国家可持续发展议程创新示范区情况进行调研，召开专题会议。迎泽区区长李慧参加会议并做专题汇报。迎泽区作为全市唯一一家国家级可持续发展实验区，围绕近十年来可持续发展工作情况和经验成果进行汇报。

3 月

7 日　迎泽区举办 2017 年全区档案管理业务知识培训，特邀太原市档案局法规处张文娜及区档案局业务指导专家、档案信息服务公司专业人员讲解指导。区直各部门、各街镇分管领导和档案员共 150 余人参加。

22 日　在太原市召开的“基于核心素养，教学目标引领，提升课堂质量行动”项目中期评估会上，迎泽区被评为优秀基地区，区双北小学、校尉营小学、迎泽区第三实验小学被评为优秀基地校。

29 日　为落实省、市特种设备安全会议精神和全区特种设备监管属地责任、行业监管责任及部门监管责任，迎泽区召开全区特种设备安全工作会。副区长杨永生及区属 31 家单位分管领导参加。

是月　《人民日报》专刊公布国务院教育督导委员会第一批全国中小学校责任督学挂牌督导创新县（市、区）名单，迎泽区作为山西省唯一县区获此荣誉。《全国中小学校责任督学挂牌督导工作国家督导报告》将迎泽区工作经验确定为“迎泽模式”广泛宣传。

4月

14日　迎泽区召开全区司法行政工作会议。副区长魏毅出席会议并讲话。

是月　迎泽区被评为“全省人民防空先进城区”。

5月

是月　迎泽区在全市率先理顺城管执法体制。

6月

22日　山西省工商（市场监管）部门企业登记窗口经验交流大会召开，对商事登记改革以来工作表现突出的单位和个人进行表彰。迎泽区政务服务中心工商迎泽分局注册登记窗口被国家工商总局评为“企业登记工作成绩突出窗口单位”。

7月

7日　迎泽区人民法院被最高人民法院评为“全国法院案件繁简分流机制改革示范法院”。

10月

28日　迎泽区医疗集团成立暨揭牌仪式在迎泽区中心医院举行。区委书记冯原平、区长李慧、副区长闫晓琴及省、市、区卫计部门、医院相关负责人出席。

迎泽 2018 年鉴

区情概览

QUQING GAILAN

迎泽区概况

【历史沿革】 迎泽区得名于明太原城“迎泽门”，俗称大南门，为洪武九年（1376）太原城扩建时所建。

迎泽地区战国时属赵国，从秦至清代，在不同的历史时期属于太原郡、太原国、太原府。宋毁晋阳城，新建太原城后，迎泽地区为太原的政治、文化、经济中心。民国16年（1927）太原设市之前，迎泽地区属阳曲县。民国34年（1945），太原以城池为界，划为内八区、外八区，今区境为内一、二、三、八区及外一区管辖地。

太原解放后，于1949年5月27日将原16个区合并为8个区，改区公所为区政府，区境属第一、二、五、六区。1954年6月4日，太原市各城区以地区方位命名，遂将第一区命名为太原市南城区，辖13个行政街，区政府驻活牛市12号。1956年，区政府改称区人民委员会。1958年11月，区机关迁至柳巷南路19号。1980年8月，经南城区第七届人民代表大会选举产生南城区人民政府，下设8个街道办事处、216个居民委员会、428条自然街。1994年12月，区政府迁至棉花巷15号。

1998年1月1日，太原市市辖行政区划调整方案经国务院批准正式实施。以原南城区为主体，组建迎泽区，下辖迎泽、桥东、文庙、柳巷、老军营、庙前6个街道和郝庄、孟家井2个乡。共233个居委会、29个村委会。2001年，太原市撤乡并镇中，孟家井乡与郝庄乡合并为郝庄镇，全区辖95个社区、19个村。

【位置面积】 迎泽区地处太原市中南部汾河以东的河谷平原，市区中部，地理坐标为北纬37°47′56″~37°55′35″、东经112°31′07″~112°46′58″。东接晋中市寿阳县，南与太原市小店区、晋中市榆次区毗邻，西隔汾河与万柏林区相望，北与太原市杏花岭区相邻。总面积117平方千米，是太原市面积最小的城区，其中城区面积21.687平方千米，农村面积82.879平方千米。

【地质地貌】 迎泽区位于太原市中南部汾河以东的河谷平原，地面平坦，地势北高南低，微向西南倾斜，地形从东到西逐步倾斜，属晋中盆地北端。地面海拔高度为800米左右。东部土石山区，包括郝庄镇孟家井全部、观家峪村以东部分，海拔高度1000米~1500米，主峰罕山为1591.4米；中部黄土丘陵地区，包括郝庄镇中部，海拔高度900米~1000米；西部冲积平原区，包括郝庄镇西部及市区，海拔800米~900米。

【气候】 迎泽区深处大陆内部，属四季分明的大陆性气候中的季风暖温带气候区。年平均气温9.5℃~10.3℃，极端最高气温一般出现在6月上旬至7月底，为36.10℃~39.4℃；最高气温曾高达39.4℃（1955年7月24日）。极端最低气温出现在12月至次年1月之间，最低气温曾出现过-25.5℃（1958年1月26日）。每年1月最冷，月均-6.4℃左右，7月最热，月均气温一般在23℃左右。气压最高为（12月）929.7百帕~935百帕；最低为（7月）864.6百帕~907.5百帕。风向冬季为西北，夏季恒为东南。结冰期为11月28日，融解期为3月23日。每年10月上、下旬进入霜期，终霜期为4月下旬。年降水量平均为464毫米。境内阳光照射较充足，全年日照时数为2556.3~2872.6小时，日照百分率在60%以上，全年中1月日照百分率最高，一般可达63%~78%。境内平均湿度为7.3百帕~9.3百帕，有明显的自东南向西北递减的趋势。月平均最大值出现在7月，其最大绝对湿度为16.8百帕~21百帕；月平均最小值出现在1月，其绝对湿度为1.6百帕~2.0百帕。平均相对湿度为53%~60%，其分布自西向东南逐渐递增，一年中相对湿度变化以夏季最大，秋季次之，冬春季最小，且最小相对湿度曾出现过0%的极值纪录。雾日数全年平均为12~13天。最多年份雾日数25天，出现在1976年；最少年份雾日数仅两天，出现在1957年。出现时间多在秋季，春、夏两季相对较少。

【土壤植被】 迎泽区土壤以山地褐土、淡褐土性土为主，山区土地肥力较低，以坡耕地为主，植被质量较差，水土流失较为严重，孟家井乡多数村人畜吃水较为紧张。

【土地资源】 据调查，截至2017年底，迎泽区土地利用总面积153977.3亩。

耕地23775.5亩，占土地总面积的15.44%。其中，水浇地75.8亩，占耕地面积0.3%；菜地186.7亩，占耕地面积0.8%；旱地23513.0亩，占耕地面积98.9%。

园地8883.3亩，占土地总面积的5.77%，多分布在郝庄、孟家井缓坡地带。

林地56842.4亩，占土地总面积的36.92%。其中，有林地7684.1亩，仅占林地总面积的13.5%；灌木林47396.1亩，占林地总面积的83.4%；其他林地1762.2亩，占3.3%。

牧草地6749.5亩，占土地总面积的4.38%。其中，人工草地、改良草地275.1亩，占牧草地总面积的4.1%，绝大部分是从质量较好的荒草地中划入的天然草地。

居民点及工矿用地41989.4亩，占土地总面积的27.27%。其中，市建成区面积34515.6亩，占居民点及工矿用地的82.8%；村庄面积4088.2亩，占9.74%；独立工矿用地3345.0亩，占7.97%；特殊用地39.4亩，占0.09%。

交通用地面积为1558.4亩，占土地总面积的1.01%。其中，铁路用地包含在城市用地之内；公路用地272.6亩，占交通用地面积的17.49%；农村道路1282.5亩，占82.31%。

水域包括水库、坑塘、滩涂、沟渠、水工建筑物等，面积为268.4亩，占土地总面积的0.17%。其中，滩涂面积为32.1亩，沟渠126.7亩，水工建筑物占地73.3亩，坑塘6.3亩。

未利用地13910.4亩，占土地总面积的9.03%。其中，荒草地6492.6亩，裸岩石砾地213.3亩，田坎2907.5亩，其他未利用地4297.0亩。

【矿产资源】 截至2017年底，迎泽区发现矿种8种。主要有煤、石灰岩、石膏、砖瓦黏土等。

煤：主要分布于东山一带，属于沁水煤田东山勘探区北部。含煤面积达30.5平方千米，占全区总面积的29.2%。累计探明煤炭资源储量7840.1万吨。

石灰岩：主要分布于东北部西祁家山一带，矿层主要赋存于古生界中奥陶统马家沟组，其质地好，厚度大，开采方便。累计探明储量745.32万立方米。

石膏：主要分布于东部中奥陶统峰峰组一段中部，多为透镜状、似层状、窝子状产出。其矿层稳定、品位较高，累计探明储量908.35万吨。

耐火土：主要分布于中东部石炭系本溪组铁铝岩段及太原组二段上部第四层灰岩之下，地质储量不详。

铝土矿：其母岩均为铝土质黏土岩，主要赋存于石炭系底部本溪组中，地质储量不详。

砖瓦黏土矿：主要分布于松庄、水峪、店坡一带的第四系离石组底部黄色黏土和第三系中部静乐组红色黏土层，累计探明储量1596.8万立方米。

山西式铁矿：主要分布于东西祁家山等地。赋存于奥陶系马家沟组灰岩第六段侵蚀面之上，本溪组铁铝岩底部。品位较低，地质储量不详。

【水资源】 迎泽区位于太原东山（罕山）分水岭西侧，处于地下水补给区，其补给来源主要为大气降水渗入，属于太原盆地北端。根据2005年《太原市第二次水资源调查评价报告》，迎泽区1956~2000年地表水多年平均水资源量为511万立方米，地下水资源量为930万立方米，降水入渗补给量为722万立方米。

【自然灾害】 迎泽区属湿度、降水量较小地区，且日照充足、大风日居多，极易发生干旱现象；而降水又集中在6月至10月，东部山区一遇暴雨，容易出现山洪，造成局部洪涝灾害。

地质灾害主要分布于郝庄镇，主要灾害有地面塌陷、地裂缝、滑坡、崩塌、泥石流等。具体有：张家河村地面塌陷、裂缝；大窑垴村地面塌陷、裂缝；观家峪村地面塌陷、裂缝；小山沟村村东南地面裂缝；孟家井村—康家垴地面裂缝；松山公路滑坡、崩塌；太钢东山石灰石矿泥石流隐患等共7处。

【民族宗教】 2017年，迎泽区辖区有佛教、道教、基督教、伊斯兰教四大教派，是全省民族宗教工作重点县区之一，驻区有省、市、区6个宗教团体、8个宗教活动场所、18个宗教活动处所；现有教职人员共52人，信教群众2.8万余人。具有清真饮食习惯的回族、维吾尔族、哈萨克族等少数民族5600余人。

【行政区划】 2017年，迎泽区辖迎泽、柳巷、文庙、桥东、庙前、老军营6个街道办事处和郝庄镇1个镇，社区居委会95个，村民委员会19个，自然村33个。

【人口】 截至2017年底，迎泽区总户数156800户，总人口523843人。男性260561人，女性272282人；0—17岁87299人、18—34岁122237人、35—59岁215418人、60岁以上107889人；本年度出生人口7576人，男性3908人，女性3668人；死亡人口11172人，男性6740人，女性4432人；迁入人口中省内迁入3818人，省外迁入2090人，退出现役214人，港澳台人员和华侨回内地（回国）定居及外国人、无国籍人入籍1人；迁出人口中迁往省内2653人，迁往省外3545人，服现役101人，赴港澳台和国外定居及加入外国籍40人。 （杨水云）

国民经济和社会发展

【概述】 2017年，迎泽区围绕“建设省城首善之区”目标，执行区人大的决议和批准的发展计划，践行新发展理念，适应经济发展新常态，稳增长，促改革，调结构，抓转型，惠民生，推进各项工作，全区经济呈现良好态势，各项社会事业取得新成绩。

全年全区实现地区生产总值6908329万元，同比增长8.1%。其中一产增加值完成3287万元，同比增长3.8%；二产增加值完成884530万元，同比增长5.7%；三产增加值完成6020512万元，同比增长8.5%。规模以上工业增加值完成376667万元，同比增长5.2%。固定资产投资完成976606元，同比增长0.4%；社会消费品零售总额完成4668070万元，同比增长6.1%；一般公共预算收入完成152730万元，同比增长9.7%。全区经济保持增长势头，经济运行处于合理区间，主要指标增速高于预期。

【产业结构调整】 2017年，迎泽区已调整产业结构。消费新业态加速成长。落实省“十大扩消费行动”，引导企业开展消费促进月等专题活动，培育壮大一批重点商贸流通企业，打造具有本地特色的消费品牌。中正天街建成开业，成为全市首家24小时敞开式“互联网+”商业街区，被评为山西省特色商业街；柳巷商圈扶持老字号企业，加强品牌建设，发掘品牌价值，增加时尚购物、文化休闲、餐饮娱乐和“互联网+”等多元商业因素，打造体量强大、业态丰满、具有规模竞争力的城市核心商圈；朝阳商圈多元化经营步伐加快，月星家居投入运营，鼓励发展线上线下融合互动的智能消费模式，推动建设以箱包皮具、小商品等为主要运营模式的智能平台。利用互联网信息技术，整合国内知名品牌箱包皮具、经销商以及物流快递等行业，推出移动端网人人店销售平台。

推进楼宇（总部）经济。加大楼宇（总部）经济推进力度，实施楼宇（总部）经济三年行动计划，开展楼宇总部经济服务中心试点工作；对10家楼宇进行“楼宇总部经济示范基地”挂牌，兑现相关奖励；摸排现有楼宇情况，制作投资指南、楼宇招商图册等，及时发布招租招商信息，进行统一宣传推介，提高重点商务楼宇的知名度和影响力，在全区形成部门联动、协调推进楼宇经济的发展氛围。

提升创业创新动能。创新经济发展新模式，推进传统产业转型提升，“互联网+”智慧产业园投入运行，建立小微企业创业创新示范基地，新增小微企业3708户、实现营业收入437.50亿元、吸纳从业人员11124人、技术合同成交3.78亿元，小微企业拥有授权专利300项。推动科技创新驱动发展，加大自主创新工作力度，全年申报国家高新企业7家，创建市级科技型小微企业6家，打造省级众创空间7家，省级科技企业孵化器1家，全区发明专利申请396件，有效发明专利1010件，创新对发展的支撑作用显现。

【重点项目推进】 2017年，迎泽区推进重点项目。围绕全区经济发展目标，从项目谋划、筛选、储备、申报、开工建设等各个环节，主动对接，积极指导，强化服务，建立以领导包项目制度和协调调度机制为主要内容的项目工作运行机制，推进重点工程建设。2017年，省级重点工程项目共3项，计划投资0.8亿元，全年完成投资0.8亿元，三项省级重点项目基本完工。市级重点工程项目共7项，计划投资24亿元，全年共完成投资9亿元。

招商引资富有成效。把招商引资作为加快发展的驱动力，多渠道、全方位地开展招商工作。建立区级领导招商引资项目包联责任制，实行招商引资重大项目代办制度，制定出台扶持民营经济发展优惠政策，提升招商引资保障服务水平。开展“晋商晋才”回乡创新创业等专题招商活动，参加省、市政府在天津、北京、广州等地组织的专题招商引资活动，组织专业招商团队考察上海红星美凯龙、无锡医疗器械产业园、杭州金融小镇等项目，为招商引资工作奠定较好基础。全年引进微谷中国互联网电子双创园等7个重大项目，总投资183.8亿元。

转型升级步伐加快。围绕发展文化旅游、现代物流、信息服务等现代服务业，推动实施中鲁现代物流园二期和生物医药产业园、新东峰汽车贸易园建设。启动双塔大景区建设，规范食品街、台骀山城郊森林公园服务场所经营行为，提升服务理念，优化营商环境。依托美丽乡村建设，探索农业休闲旅游新业态，打造“森栖谷”文化产业园项目，完成投资9000万元。培育新型农业经营主体，合作社总量达96家，辐射带动1000余农户，实现转型发展高速度向高质量转变。

【改革创新】 2017年，迎泽区深入行政体制改革。深化“放管服”改革，承接下放事项8项，取消事项22项。开展联合审批办件，提升服务水平，在“三证合一”“两证整合”登记制度的基础上，整合社会保险登记证和统计登记证，推进“五证合一”。强化行政审批监管，启动电子监察审批网络系统，对各行政审批事项的受理、承办、审核、批准、办结等环节进行红黄灯实时监控。推进征管体制改革，建立国地税合作联席会议，联合办理开业、注销、非正常户管理、代开发票、收缴相关税费等业务。

推进医药卫生体制改革。推进医疗联合体建立，成立公立医院综合改革工作领导组和区级公立医院管理委员会，组建由区中心医院、区产科医院等医疗机构组成的医疗集团。加快推进药品供应保障制度改革，基层医疗卫生机构均配备使用基本药物，实现线上采购、线上配送，采购品种达1300种，采购额比上年同期增长14.3%，全年区公立医院药品收入占医疗收入的比率降低到26%。区属公立医疗机构全部实施医药购销“两票制”入库监管服务。

推进城管体制改革。推进环卫作业市场化，将全区清扫保洁及部分垃圾清运工作，通过招标形式，委托大型环卫作业公司承担，提升市容保洁水平。推进执法体制改革。各执法中队、管委会实行人、财、物统一管理。建立便民服务大厅（试运行）。配备执法设备，建立执法全过程记录。实现高效、便民、公正、透明的工作模式和务实为民的执法效果。

信用体系建设取得进展。推进全区社会信用体系建设，落实党政机关、企业统一代码编报工作，开展政府失信专题治理工作，推行“双随机、一公开”工作，建立红黑名单制度，推进行政许可、行政处罚事项双公开工作。地税系统开展纳税信用评定工作，公平、科学、合理地进行纳税信用评定，全年信用评定6529户。

【城乡区域统筹发展】 2017年，迎泽区提升城市管理水平。以高品质定位，高水平设计，开展示范片区、道路创建工作，划定桃园为市级精品标杆示范片区和劲松、源中心（站前北）等2个示范区。提升环卫作业精细化水平，推进垃圾收运体系建设，加强扬尘污染治理等专项整治工作。开展铁路沿线整治，累计拆除建筑80处、11.8万平方米。加大对违法建设巡查、管控力度，实现违法建设“零”增长。

城市建设步入新阶段。配合全市重点工程，实施地铁轨道交通迎泽段、迎泽大街下穿火车站房屋征收工作，完成双塔南路（迎泽段）、松小线两条道路房屋征收和迎泽公园南湖游乐设施拆除工作，完成双塔景区房屋征收59万平方米。推进棚户区及老旧房改造工作，开工建设电建棚户区改造项目，实施125个燃煤棚户区（危旧房）改造工作，完成3805户居民、14.7万平方米燃煤房屋征收任务。迎泽区启动青年东街、新生里等9个棚户区改造项目，开工建设回迁安置房14956套，实际建成交付7660套。其中山佑巷、龙城新苑、南江花园、东岗巷等首批4183余套回迁安置房分配到户，其余项目协议审核工作全部结束，启动分房工作。

城中村改造实现新突破。2017年松庄、水峪和新沟3个村被列为城中村重点改造村，涉及1979户、5069人，应征收各类建筑总面积54.07万平方米，截至2017年底3个村完成房屋征收工作，在全市率先实现城中村改造全覆盖。启动改造的12个城中村基本完成房屋征收工作，总建设用地3900余亩，建设总面积预计1496万平方米，其中马庄、店坡等8个村完成村转居，松庄、新沟等10个村签订正式开发协议。郝庄村和赵北峰村顺利回迁入住，王家峰村实现全部回迁。城中村改造为迎泽发展拓展空间，实现建成区面积翻番。

【生态文明建设】　2017年，迎泽区大气环境综合治理取得进展。制定出台《太原市迎泽区取缔“散乱污”企业实施方案》等4个环境治理实施方案。加快清洁能源替代工作，完成12个村、865户“煤改电”改造任务；在全市率先完成城边村“煤改气”工作，气化改造3个村、1201户，完成任务的113%；完成棚户区清洁能源供热改造2589户。按照“两断三清”要求，取缔44家散乱污企业。实施农村清洁能源锅炉替代7台，清煤4081.5吨，拆除土小锅炉196台，拆除煤炉1416台。对施工场地、建筑工地进行围挡、苫盖，加大城中村改造存量建筑垃圾清运力度，清运建筑垃圾134万立方米，改造过程中新产生的建筑垃圾基本做到即拆即运。

加大生态建设力度。推进生态建设，在东祁家山、董家庄等5个村提档升级造林6000亩，完成矿区复垦植被治理30亩和50万立方米关井压采任务。加快美丽乡村建设，培育示范村3个。实施小山岩凿井配套工程，提高农村人畜饮水和项目建设用水的保障能力。加大地质灾害防治力度，发现地质灾害隐患点2个，确定5个重点防治点，采取多种措施集中整治，取得初步成效。新建10个街头绿地游园，新增绿地面积11.5万平方米；完成五条道路林荫化改造任务，新增林荫化道路15千米（新增行道树2500株）；培养省级园林化居住区1个，市级园林化标兵居住区1个，市级园林化居住区2个。

【民生事业】　2017年，迎泽区推进民生事业。就业服务。开展政策扶持就业、服务促进就业、技能培训提升就业、创业带动就业等政策体系。贯彻落实一系列就业创业优惠政策，以高校毕业生、农民工和就业困难人员为重点，强化就业服务。夯实创业载体平台。建立区、街办（镇）、社区三级公共创业服务平台，配备专职工作人员113人，建立服务窗口104个。全年城镇新增就业18309人，创业就业4129人，失业人员再就业8280人，就业困难人员再就业1973人，转移农村劳动力330人，分别完成年目标的110.3%、109.8%、110.4%、110.2%、110%。城镇登记失业率为3.25%，控制在4%以内。

社会保障。推进社会保障“全覆盖”，统筹城乡发展，初步建成覆盖城镇职工、城镇居民等重点人群的社会保障体系，城镇职工基本养老保险参保58817人，城乡居民医疗保险参保196371人，失业保险参保24926人，分别完成年目标的108.7%、113.1%、124.6%。完善养老保障服务体系，成立29个社区养老服务中心、33个社区老年日间照料中心和1个农村老年日间照料中心。社区居家养老服务登记注册老人1436人，发放助老服务卡1436张。城乡低保标准每人每月530元提标到560元。

社会事业。推进义务教育均衡发展，实施三十六中、三十七中、三十九中3所中学改扩建工程，新建15间智慧教室，28所小学成为太原市特色示范小学，占全区学校的76%。在全国中小学校责任督学挂牌督导工作中，将迎泽区工作经验确定为“迎泽模式”在全省推广。举办文化惠民演出72场，“国学经典”诵读80余场，公益讲座39场，补充更新农家书屋28个。推进非遗传承和普及，“传统刻瓷”“太原漆器传统手工技艺”等项目参加在太原煤炭交易中心举办的第三届文博会，展示非遗传统文化的精髓。推进基本公共卫生服务提升工作，郝庄镇卫生院入选国家级“群众满意的乡镇卫生院”，文庙社区卫生服务中心创建“省中医药特色示范社区”。实施“社区卫生服务提升工程”，经省基层卫生协会验收，2所达到国家级申报标准，2所达到省级申报标准，8所达到市级申报标准，13所达到区级创建标准。开展隐患排查整治，消除安全隐患。全年共出动检查组1654个，出动检查人员4213人（次），检查企业21168家，立案2023起，行政拘留19人，行政处罚160万元。开展社会治安风险隐患大排查大整治，完成综治中心标准化和“雪亮工程建设”，提升群众安全感。加强价格监督检查，开展涉企收费、门票价格等专项检查，规范市场价格秩序。全年共受理各类咨询投诉624件。其中，“12358”价格举报案件198件，区政府“为您解忧愁”热线转办246件，举报50件，咨询130件，投诉结案率100%，维护市场价格秩序和消费者合法权益。

机构设置和领导人名单

一、区级领导

1. 区委

书　记　冯原平

副书记、区长　李　慧（女）

副书记　杨敦勤

常委、政法委书记　贾津生

常委、宣传部部长　孙劲松

常委、区委办公室主任　曹　炬

常委、组织部部长　赵树文

常委、纪委书记　马子龙（2017.11—）
常委、纪委书记、监委主任
李　锦（女，2014.01—2017.09/2017.02—2017.09）
常委、统战部部长　王国栋
常委　闫晓琴（女，2017.11—）
常委、人武部政委　尹亮君
常委、副区长　侯　森（2016.05—2017.09）

2. 区人大常委会

党组书记、主任　侯富田
副主任　韩石俊（女）
党组成员、副主任　尹晓平
党组成员、副主任　秦宇星
党组成员、副主任　孟晋忠

3. 区政府

区委副书记、区政府党组书记、区长
李　慧（女）
区委常委、区政府党组成员、副区长
侯　森（2013.04—2017.10）
副区长　杨永生
党组成员、副区长　薛　凯
党组成员、副区长　魏　毅
区委常委、区政府党组成员、副区长
闫晓琴（女，2017.11—）
党组成员、副区长　岳旭强
副区长（挂职）　陈晓华

4. 区政协

党组书记、主席　张志勤
副主席　赵利军
党组成员、副主席　王晓燕（女）
党组成员、副主席　裴存锁
副主席　王素云（女）

二、区委各部门、直属事业单位

1. 区纪律检查委员会、区监察委员会

纪委副书记、监委副主任
张建生（2017.02—）
纪委副书记、监委副主任
李志伟（2017.02—）
纪委常委、党风政风监督室主任、正科级检查员　毕　芳（女，2017.08—）
纪委常委、监委委员、正科级检查员
雷晓珍（女，2017.08—）
办公室主任　逯晓敏（女，2017.06—）
纪委常委、办公室主任
张金树（2016.08—2017.08/2012.08—2017.06）
信访室主任、正科级检查员　尚红革（女）
案件监督管理室主任　徐　磊
案件审理室主任　杨艳红（女）
纪检监察一室主任　冯　磊（2017.08—）
纪检监察一室主任
张金树（2017.06—2017.08）
纪检监察一室主任
李志伟（2012.08—2017.06）
纪检监察二室主任　袁宏锐（女）
纪检监察三室主任　王增光
纪检监察四室主任　赵晋阳（2017.08—）
纪检监察五室主任　闫文兵（2017.06—）
纪检监察五室主任
刘玉海（2016.03—2017.06）
纪检监察六室主任　刘玉海（2017.06—）
纪检监察七室主任
郑　婷（女，2017.06—）

派驻第一纪检监察组组长
李彩云（2017.12—）
派驻第一纪检监察组副科级纪检监察专员
徐俊炜（2017.12—）
派驻第二纪检监察组组长
史颖瑞（2017.12—）
派驻第二纪检监察组副科级纪检监察专员
李彦春（2017.12—）
派驻第三纪检监察组组长
王爱香（2017.12—）
派驻第三纪检监察组副科级纪检监察专员
王爱新（2017.12—）
派驻第四纪检监察组组长
邵　华（2017.12—）
派驻第四纪检监察组副科级纪检监察专员
武亚丽（2017.12—）
派驻第五纪检监察组组长
张哲宾（2017.12—）
派驻第五纪检监察组副科级纪检监察专员
姚佳丽（2017.12—）

纪检监察宣教网络中心

主　任　常荣荣（女）

区委巡察办（巡察组）

主　任　牛　滔（2017.06—）
副主任　韩　江（2017.06—）
巡察专员　刘三清（2017.06—）
巡察专员　宋荣林（2017.06—）
巡察专员　边　强（2017.06—）
巡察专员　文巧珍（女，2017.06—）

2. 区委办公室

常务副主任　赵　晖（女）
副主任　王飞月（女）
副主任　王　昱
副主任　彭利兵（2017.02—）
督查室主任　尹景明（2017.06—）
督查室副主任　张　娟（女）
机要保密局（国家密码管理局）局长
王飞月（女）
机要保密局（国家密码管理局）副局长
杨丽华（女）
机要保密局（国家密码管理局）副局长
马　茜（女，2012.08—2017.08）

关工委办

主　任　赵慧芬（女）

区委信息化中心

主　任　郭　锐（2017.06—）

3. 区委组织部

常务副部长　杨红梅（女，2017.06—）
副部长　李红如（女）
副部长　齐　洁
副部长　徐　丽（女，2017.06—）
考核办主任　徐　丽（女，2017.06—）
考核办副主任　郝振华（2017.08—）
人才办主任　孟玉英（女，2017.06—）
非公经济组织和社会组织工委书记
杨红梅（女，2017.06—）
非公经济组织和社会组织工委专职副书记
高丽丽（女，2017.06—）
党代会常任制试点工作办公室主任
李翠萍（女）
党代会常任制试点工作办公室副主任
刘　艳（女，2017.08—）
党代会常任制试点工作办公室副主任
徐　丽（女，2015.04—2017.06）

党员电化教育办公室

副主任　刘　凯

副主任　张世拥

干部人事档案管理中心

主　任　马　茜（女，2017.08—）

4. 区委宣传部

常务副部长　徐文胜

副部长、精神文明办公室主任

郑海霞（女，2017.06—）

副部长、精神文明办公室主任

张利宏（女，2012.07—2017.06）

副部长　元艳芳（女，2017.06—）

副部长　高雨春（2012.07—2017.06）

精神文明办公室副主任

马　静（女，2017.08—）

精神文明办公室副主任

张　丹（女，2012.08—2017.08）

新闻中心

主　任　高雨春（2017.08—）

主　任　郑海霞（女，2012.07—2017.06）

副主任　施　渊

互联网信息中心

主　任　李　娟（女，2017.10—）

5. 区委统战部

常务副部长　白志勇（2017.06—）

副部长　李　红（女，2017.06—）

副部长　刘　娜（女，2017.02—）

副部长　陈　伟（2011.11—2017.02）

台办主任　郭　厦（2017.06—）

台办副主任　王玉玲(女，2012.08—2017.06)

6. 区委政法委

常务副书记　郭宇飞（2017.06—）

副书记　颉　斐

副书记　张　军

副书记　秦宇柱（2017.06—）

综治办主任　秦宇柱（2017.08—）

综治办主任　郭宇飞（2012.07—2017.08）

综治办副主任　王太忠（2017.06—）

法制建设领导小组办公室专职副主任

王玉玲（女，2017.06—）

7. 区机构编制委员会办公室

主　任　王　健

副主任　宋翠萍（女）

副主任　贾晋媛（女）

事业单位登记管理局

局　长　高兆栋（2017.10—）

机构编制电子政务中心

主　任　李占国

8. 区直机关工委

书　记　高　力（女）

副书记　李梅汝（女）

纪工委书记　李彩云(女，2012.08—2017.12)

工会主任　高　蓉（女,2012.08—2017.10)

9. 区委老干局

局　长　齐　洁

副局长　杨晓晖（女）

副局长　史颖瑞（女，2009.06—2017.12）

10. 区信访局

局　长　张　涛（2017.06—）

局　长　文建业（2012.07—2017.06）

副局长　靳　睿（2017.08—）

副局长　秦宇柱（2012.08—2017.08）

信访服务中心

主　任　杨会明（2017.06—）

副主任　张晨芳（女，2017.08—）
副主任　郭　锐（2012.08—2017.06）
副主任　孟　鑫（2012.08—2017.08）

11. 区委党校

校　长　杨敦勤
常务副校长　张映平（女，2017.06—）
常务副校长　王战平（2004.05—2017.01）
副校长　秦立新（女）
副校长　初丛红（女）
校务委员　间迎英（女）
校务委员　张丽梅（女）
校务委员　张晓君

12. 区老龄委办公室

主　任　平庆如（女）
副主任　闫永军（2012.08—2017.06）

三、区人大、区政协各部门

1. 区人大常委会机关

党组成员、办公室主任
吴树公（2017.06—）
办公室副主任　高　蓉（女，2017.12—）
办公室副主任
赵新萍（女，2012.08—2017.10）
办公室副主任　郭绍侃（2009.06—2017.12）
法工委主任　郭绍侃（2017.12—）
法工委主任
高瑞萍（女，2016.03—2017.12）
法工委副主任
张彩虹（女，2015.10—2017.12）
财经工委主任　骆耀红（女）
财经工委副主任　王丽斓（女）
科教文卫工委主任　王艳丽（女）
城建城管工委主任　刘宏霞（女）
人事代表工委主任　张彩虹(女,2017.12—)
人事代表工委副主任　王黎玲（女）

2. 政协迎泽区委员会机关

党组成员、办公室主任
吴　鹏（2017.06/2017.07）
办公室副主任　陈丽娟（女）
提案、社情民意委主任　柴小丽（女）
提案、社情民意委副主任
芦建珍（女，2012.12—2017.07）
经科委主任　王树红（女）
教文卫体委主任　谢龙虎
街道镇与法制委主任　孟晋林
民族（文史）委主任　郑雪静（女）

四、人武部、群团机关

1. 区人民武装部

部　长　闫海军
政　委　尹亮君
副部长　侯虹江（2013.06—2017.06）

2. 区总工会

党组书记、主席　尹晓平（2017.06—）
党组成员、常务副主席
孟秀丽（女，2017.06/2017.07）
常务副主席　杜海旺（2012.10—2017.06）
党组成员、副主席
雷晓英（女，2017.06—）

3. 共青团迎泽区委

党组书记、书记　彭熠玮（2017.02—）
书　记　张晋松（2013.10—2017.02）
党组成员、副书记　张晓宇(女,2017.02—)
副书记　任柯华（2017.02—）

副书记　班永武（2012.11—2017.02）
副书记　元艳芳（女，2012.11—2017.02）

4. 区妇女联合会

党组书记、主席
段瑜平（女，2017.06—）
党组成员、副主席
郭晓军（女，2017.06—）
党组成员、副主席
史方郁（女，2017.06—）

5. 区残疾人联合会

理事长　杜永生
副理事长　刘小玲（女，2017.10—）
副理事长　逯　慧（女，2012.08—2017.06）

残疾人劳动就业服务所

所　长　荆雅军（女）

6. 区文学艺术界联合会

主　席　祝亚琴（女）
副主席　赵欣玲（女）
副主席　邵　华（女，2015.09—2017.12）

7. 区科学技术协会

主　席　吉根秀（女）
副主席　侯利仙（女）

8. 区工商联合会

主　席　王天明
工商联党组书记、常务副主席
刘　娜（女，2017.02—）
工商联党组书记、常务副主席
陈　伟（2011.11—2017.02）
党组成员、副主席　安俊亮（2017.02—）
副主席　刘　娜（女，2011.11—2017.02）

9. 区归国华侨联合会

主　席　李　红（女）

10. 法学会

党组书记　郭宇飞（2017.11—）
党组成员、秘书长　刘永明（2017.11—）
党组成员　王太忠（2017.11—）

11. 红十字会

副会长　高　鸿（女，2017.12—）

12. 计划生育协会

秘书长　吴建红（女，2017.10—）
秘书长　董　静（女，2012.08—2017.10）

五、政府各部门、直属事业单位

1. 区政府办公室

党组书记、主　任　范　勇
党组成员、副主任　李　军（2017.06—）
党组成员、副主任　刘晓明（2017.06—）
党组成员、副主任　王新涛
副主任　吴树公（2012.08—2017.06）

政务服务中心

主　任　李　军
副主任　李彦春（女）
副主任　赵　颖（女，2017.11—）

政务信息中心

主　任　刘晓明（2017.06—）
副主任　杜晓慧（女，2017.11—）
副主任　彭利兵（2012.09—2017.06）
副主任　罗汝玲（女，2012.09—2017.09）

机关后勤服务中心

主　任　孟　鑫（2017.09—）
副主任　赵　进

政府应急管理办公室

主　任　范　勇
副主任　吴树公（2012.09—2017.06）
专职副主任　李　军（2012.09—2017.06）

法制办

主　任　马阳宁（2017.06—）
主　任　薛　萍（女，2016.02—2017.06）
副主任　宋　健（2017.06—）
副主任　刘晓明（2012.09—2017.06）
副主任　马阳宁（2012.09—2017.06）

史志办

主　任　罗汝玲（女，2017.09—）

便民服务中心

主　任　薛　萍（女）
副主任　武亚丽（女）

2. 区发展和改革局（转型综改办）

党组书记、局长、转型综改办主任　张健康
党组成员、副局长　王会军（2017.06—）
党组成员、副局长、转型综改办副主任
　　石林全（2017.06—）
党组成员、副局长　钱桂萍（女，2017.06—）
党组成员、副局长　曹建平（2017.06—）
党组成员、总经济师
　　邱　彦（女，2017.06—）
副局长　张映平（女，2012.08—2017.06）

价格监督检查所

所　长　冯晓霞（2017.06—）

3. 区经济和信息化局（包括党工委）

工委书记、局　长　李达平
副局长　呼建国
工委委员、副局长　高旭方（2017.06—）
工委委员、副局长　董俊生（2017.06—）
副局长　王亚生（2012.09—2017.06）
工委委员　王亚生（2017.06—）
工委委员、总经济师
　　宋　丽（女，2017.06—）

中小企业服务中心

主　任　张新光（2010.03—2017.09）
副主任　王成斌

4. 区教育局（包括党工委）

工委书记、局长　杨练兵
工委委员、副局长
　　武　静（女，2017.06—）
工委副书记、副主任科员
　　张桂梅（女，2017.06—）
工委委员、副主任科员
　　郭美萍（女，2017.06—）
工委委员、副局长　岳家靖（2017.06—）
工委委员、副局长　郭　宏（女，2017.06—）
工委委员、副局长　杨　辉（2017.06—）
工委委员　侯爱萍（女，2017.10—）

教师进修学校

校　长　武　静（女，2017.10—）
副校长　谢慧玲（女）
副校长　侯爱萍（女）
副校长　胡海燕（女，2012.08—2017.10）

招生考试中心

主　任　胡海燕（女，2017.11—）

5. 区科技局

党组书记、局长　于丽华（女）
党组成员、副局长　秦建平（2017.06—）
副局长　张璐芳（女，2017.11—）
党组成员、副局长
　　侯志萍（女，2002.09—2017.11）

6. 区民政局

党组书记、局长　刘　丰
副局长　王小玲（女）
党组成员、副局长　郑　刚（2017.02—）

副局长　尹景明（2012.08—2017.06）

城市居民最低生活保障中心

主　任　纪海燕（女）

7. 区司法局

党组书记、局长　王少骏

党组成员、副局长　多胜利（2017.06—）

党组成员、副局长　马转花(女，2017.06—)

党组成员、副局长　杨会明（2017.06—）

法律援助中心

主　任　毛宁宁（女，2017.09—）

主　任　邢建英（女，2012.09—2017.06）

8. 区财政局

党组书记、局长　何吉铮

党组成员、副局长

梁晓娟（女，2017.06—）

党组成员、副局长

贾建珍（女，2017.06—）

党组成员、副局长

周丽华（女，2017.11—）

党组成员、总会计师　陈海渊（2017.11—）

副局长　李斌玲（女，2009.06—2017.06）

总会计师　周丽华(女，2012.09—2017.11)

财政投资评审中心

主　任　陈海渊（2012.09—2017.11）

行政事业单位国库支付中心

党组成员、主任　王立新（2017.06—）

副主任　马　琳（女）

副主任　柯　军

9. 区人力资源和社会保障局

党组书记、局长　李红如（女）

党组成员、副局长　胡雅男(女，2017.06—)

党组成员、副局长　唐海玲(女，2017.11—)

党组成员、副局长　侯志宏（2017.06—）

党组成员、副局长　赵志峰（2017.06—）

副局长　陈　力（女，2010.04—2017.06）

机关事业单位社会保险所

所　长　罗丽君（女，2017.11—）

所　长　张晓军（2012.09—2017.11）

劳动保障监察执法队

队　长　张　龙（2017.11—）

队　长　王　杨（2012.09—2017.06）

劳动就业管理中心

主　任　赵迎茹（女）

副主任　王如海

副主任　岳元媛（女，2017.11—）

副主任　郭彩萍（女，2010.04—2017.11）

失业保险中心

主　任　刘小玲（女，2012.09—2017.11）

医疗保险中心

主　任　刘建利（女）

社会保险中心

主　任　牛小花（女，2017.11—）

主　任　曹晋萍（女，2012.09—2017.11）

人才交流中心

主　任　曹正杨（女）

劳动人事争议仲裁院

院　长　张晓伟（2017.11—）

10. 区住房和城乡建设局（包括党工委）

工委书记、局长　周靖华

工委委员、副局长　林云峰（2017.06—）

工委委员、副局长　王晋珉（2017.06—）

工委委员、副局长　姜　燕(女，2017.06—)

工委委员、总工程师　霍　鹏（2017.06—）

副局长　郭小燕（2012.09—2017.06）

城镇建设综合服务所
所　长　陈勇超
房产管理中心
主　任　郭小燕（2017.06—）
副主任　杨　帆（2017.09—）
副主任　文巧珍（女，2014.09—2017.06）
11. 区城市管理局（包括党工委）
工委书记、局长　刘俊刚
工委委员、副局长
　　　　张红莲（女，2017.06—）
工委委员、副局长　赵志宏（2017.06—）
副局长　阎学斌（2017.06—）
副局长　董俊生（2012.09—2017.06）
副局长　郭　厦（2012.09—2017.06）
总工程师　阎学斌（2012.08—2017.06）
城市管理应急大队
队　长　韦　博（2017.09—）
队长、党支部书记
　　　　卫建云（2010.04—2017.09）
副队长　宋晋梅（女）
副队长　李耀琴（女）
党支部副书记、工会主席　范玉珍（女）
执法局
局　长　闫俊力
政　委　杨学军
副局长　杨　林（2017.09—）
副局长　张永宁
副局长　周　涛（2017.06—）
市容环卫执法中队
队　长　宋占涛（2017.06—）
城市管理监督大队
队　长　畅秀峰（2017.09—）
队　长　牛　滔（2012.08—2017.09）
副队长　石亚平
副队长　朱丽萍（女，2017.11—）
副队长　赵雪梅（女，2012.09—2017.11）
党支部副书记　柴海梅（女）
12. 区交通运输局
党组书记、局长　叶　涛
党组成员、副局长　毕燕江（2017.06—）
副局长　田　然（2010.04—2017.09）
13. 区水务局
党组书记、局长　王晓莉（女）
副局长　刘永治
党组成员、副局长　宋　云（2017.06—）
人民政府防汛抗旱指挥部办公室
主　任　孟向东（2012.09—2017.06）
水资源管理办公室
主　任　阎立宏（2017.09—）
副主任　邢建勋
副主任　杨　洁（女，2012.09—2017.09）
14. 区农业委员会
党组书记、主任　陈勇兵
党组成员、副主任　王　兵（2017.06—）
党组成员、副主任　邢志强（2017.06—）
区委农工办
主　任　陈勇兵
农业行政综合执法队
队　长　安俊亮（2013.03—2017.06）
15. 区商务粮食局（原区商务局）
党组书记、局长　胡红民
党组成员、副局长　张世宏（2017.06—）
党组成员、副局长
　　　　逯　慧（女，2017.06—）

党组成员、副局长

郭向荣(女，2017.06—)

副局长　冯俊明（2010.04—2017.06）

16. 区文化局（原区文体广电新闻出版局）

党组书记、局长　丁永爱（女）

党组成员、副局长

庞文利(女，2017.06—)

党组成员、副局长　田建强（2017.06—）

党组成员、副局长　赵永凤（女）

文体市场行政综合执法队

队　长　徐俊炜

文物旅游服务中心

主　任　阎立宏（2012.08—2017.09）

副主任　赵李华（女）

文化馆

馆　长　阎立宏（2014.02—2017.09）

副馆长、党支部书记　杨　勇

副馆长　郭　玉（女）

17. 区卫生和计划生育局（包括党工委）

工委书记、局长　黄铁明

副局长　白　珊（女）

工委委员、副局长　蔚建威（2017.06—）

工委委员、副局长　王明锋（2017.06—）

工委委员、副局长

牛　翔（女，2017.06—）

工委委员、总工程师　蔺玉杰（2017.06—）

卫生监督所

所　长　程海龙

副所长　平剑英（女）

副所长　梁鹏程

疾控中心

主　任　李　珏（女，2017.09—）

主　任　韶惠丽（女，2009.06—2017.09）

副主任　赵艳红（女）

副主任　李凌云（女，2017.09—）

副主任　李　珏（女，2009.06—2017.09）

妇幼保健计划生育服务中心

主　任　刘　晶（女）

副主任　王　杨（2017.06—）

副主任　刘晓虹（女）

副主任　张宏雁（女）

副主任　逯晓敏（女，2016.04—2017.06）

18. 区审计局

党组书记、局长　王立新

党组成员、副局长

赵丽萍（女，2017.06—）

党组成员、副局长

周丽颖（女，2017.06—）

党组成员、副局长

解丽萍（女，2017.06—）

党组成员、总审计师

文淑娟（女，2017.06—）

19. 食品和药品监督管理局

党组书记、局长　李　敏（女）

党组成员、副局长　孟燕林（2017.06—）

副局长　王　东（2017.09—）

食品药品稽查队

队　长　史德强（2017.06—）

20. 区统计局

党组书记　岳丽英（女，2017.08—）

局　长　李斌玲（女，2017.06—）

党组书记、局长　宋衍立(2008.12—2017.08)

副局长　岳丽英（女）

党组成员、副局长　刘东伟（2017.06—）

总统计师　张哲宾
党组成员　张哲宾（2017.06—2017.12）

社会经济调查队

队　长　杨　洁（女，2017.09—）
队　长　岳丽英（女，2009.06—2017.09）
副队长　宋海萍（女）

21. 区安全生产监督管理局

党组书记、局长　贾立新（2017.01—）
党组成员、副局长　范聪连（2017.06—）
党组成员、副局长　任慧军（2017.06—）
党组成员、总工程师　陈王锁（2017.09—）
总工程师　赵志峰（2012.09—2017.06）

安全监察大队

队　长　李俊昇（2017.11—）
队　长　孟燕林（2012.09—2017.06）

22. 区民族宗教事务局

党组书记、局长　尹秀山
副局长　王晓娟（女）
党组成员、副局长　郭忠文（2017.11—）
副局长　庞　洁（女，2012.09—2017.06）

23. 区林业局

党组书记、局长　郭连芝
党组成员、副局长　王润莲(女,2017.06—)

24. 区园林绿化局

党组书记、局长　孙成龙（2017.06—）
党组成员、副局长　李跃红(女,2017.06—)
党组成员、副局长　武玉奎（2017.06—）

绿化队

队　长　赵兵兵
副队长　白芝茹
副队长　陈宝龙
副队长　张　璇（女）

25. 区防震减灾局

局　长　魏明霞（女）
副局长　冀雅萍（女）

26. 区档案局

党组书记、局长　梁忻华
党组成员、副局长
薛志茹(女，2017.06—)
党组成员、副局长
温　洁(女，2017.06—)

27. 综合检验检测中心

党组书记、主任　郑慧霞(女，2017.09—)
党组成员、副主任　胡　彬（2017.06—）

28. 治超办

主　任　田　然（2017.09—）
主　任　吴树公（2012.08—2017.06）
党组成员、副主任　冉建彬（2017.06—）
党组成员、副主任
高锋霞(女，2017.09—)
副主任　边　强（2014.09—2017.06）

29. 城中村改造工作领导组办公室

主　任　畅耀宗
常务副主任　王晋珉（2017.09—）

城中村建设中心

主　任　祖志强

六、街道、镇

1. 迎泽街道

党工委书记　田　华（女）
党工委副书记、办事处主任　高宪强
人大工委主任　张利宏（女，2017.06—）
党工委副书记、人大工委主任
徐丽珍（女，2012.08—2017.06）

党工委副书记　康一春

党工委副书记、纪工委书记、监察员　刘　峥（女，2017.11—）

党工委副书记　张晋松(2016.11—2017.12)

武装部长　赵　博

工会主席、组宣委员　赵　颖（女，2012.07—2017.10）

办事处副主任　皇甫清

办事处副主任　卫　东

办事处副主任　杨红娟（女，2017.09—）

办事处副主任　韦　博(2012.08—2017.09)

司法所所长　杨红娟（女，2009.06—2017.09）

计生办主任　张晋梅（女）

综治办主任　张　萍（女）

妇联主席　贠玲霞（女）

团委书记　李　斌

2. 桥东街道

党工委书记　樊世勋

党工委副书记、办事处主任　李光胜

人大工委主任　黄年悦

党工委副书记　张　丹（女，2017.08—）

党工委副书记　赵雪梅（女，2017.10—）

党工委副书记、纪工委书记、监察员　王跃芹（女，2017.11—）

党工委副书记　赵喜梅（女，2009.06—2017.10）

武装部长　李新怀

工会主席、组宣委员　王　彩（女）

办事处副主任　吴正纲

办事处副主任　申宝香（女，2017.09—）

办事处副主任　张晓军（2017.11—）

办事处副主任　赵宝全(2009.06—2017.09)

办事处副主任　畅秀峰(2012.08—2017.09)

司法所所长　申宝香(女,2012.08—2017.09)

计生办主任　吴丽峰（女）

妇联主席　逯建红（女）

综治办主任　翟海明

团委书记　杨　勇

3. 文庙街道

党工委书记　孟晋忠（兼）

党工委副书记、办事处主任　文建业（2017.06—）

党工委副书记、办事处主任　周靖华（2014.02—2017.06）

人大工委主任　何小军（女）

党工委副书记　冯清莲（女）

党工委副书记　孟向东（2017.06—）

党工委副书记、纪工委书记、监察员　王爱香（女，2009.06—2017.12）

武装部长　段青龙

工会主席、组宣委员　杨万鹏（2017.11/2017.06）

工会主席、组宣委员　韩　江（2012.07—2017.06）

办事处副主任　刘尽斌

办事处副主任　王丽琴（女，2017.09—）

办事处副主任　班永武（2017.06—）

办事处副主任　吴　鹏(2009.06—2017.06)

办事处副主任　闫俊力(2012.08—2017.09)

司法所所长　闫永军（2017.06—）

司法所所长　范瑞华(女，2009.07—2017.06)

综治办主任　刘晓军

计生办主任　崔晓丽（女）

团委书记　曹奇星

4. 庙前街道

党工委书记　秦宇星（兼）
党工委副书记、办事处主任　张文进
人大工委主任　李慧林
党工委副书记　史秀萍（女）
党工委副书记　赵新萍（女，2017.08—）
党工委副书记、纪工委书记、监察员
　　张海斌（2017.11—）
武装部长　宋清山
办事处副主任　段宏涛
办事处副主任　王　纬
办事处副主任　刘承龙（2017.11—）
办事处副主任
　　唐海玲(女，2012.08—2017.11)
司法所所长　张筱京（女，2017.11—）
司法所所长
　　杨海林（女，2012.08—2017.09）
妇联主席　阎智慧（女）
综治办主任　刘志萍（女）
计生办主任　郝豫红（女）
团委书记　王　玮

5. 柳巷街道

党工委书记　王孝兵
党工委副书记、办事处主任　杜志强
人大工委主任　陆明军
党工委副书记、纪工委书记、监察员
　　张金树（2017.08/2017.11）
党工委副书记　杨海林（女，2017.08—）
党工委副书记
　　梁晓燕（女，2012.08—2017.08）
党工委副书记
　　高丽丽（女，2012.07—2017.08）
党工委副书记、纪工委书记
　　郑慧霞（女，2009.06—2017.08）
武装部长　李永平
工会主席、组宣委员
　　杜晓慧（女，2012.07—2017.10）
副主任　潘剑钢
副主任　施　泓
副主任　邢建英（女，2017.06—）
副主任　赵志宏（2012.08—2017.06）
司法所所长　王建萍（女）
妇联主席　刘爱香（女）
综治办主任　李承义
计生办主任　岳建红（女）
团委书记　行　行

6. 老军营街道

党工委书记　张　彬（女）
党工委副书记、主持办事处工作
　　王惠东（2016.11/2016.11—2017.11）
党工委副书记、办事处主任
　　王惠东（2016.11/2017.11）
人大工委主任　吴建平
党工委副书记　田　芬（女）
党工委副书记　庞　洁（女，2017.06—）
党工委副书记
　　钱桂萍（女，2012.07—2017.06）
武装部长　贾振海
工会主席、组宣委员
　　李　娟（女，2012.07—2017.10）
纪工委书记、监察员
　　李　辉（2017.08/2017.11）
纪工委书记
　　田　芬（女，2012.07—2017.08）

办事处副主任　林永平
办事处副主任　郭艳红（女）
办事处副主任　殷　建（2017.11—）
办事处副主任　张　涛（2012.08—2017.06）
司法所所长　王丽琴(女,2012.08—2017.09)
计生办主任　彭　凡（女）
妇联主席　王利花（女）
综治办主任　蒋微光
团委书记　张鹏鸣（2013.08—2017.12）

7. 郝庄镇

党委书记　畅耀宗
党委副书记、镇长　白　冰
党委委员、人大主席　陈祚斌
党委副书记、工会主席　董　澍
党委委员、副镇长　张福红
党委委员、副镇长　孙仁刚
党委委员、纪委书记、监察员
　　吕开武（2017.11—）
党委委员、副镇长　郭瑞蕊（女）
党委委员、副镇长　王爱萍（女）
党委委员、武装部长　张晓斌
党委组织委员　周　轶
司法所所长　杜俊萍（女）
计生办主任　赵景婷（女）

七、区法检机构

1. 区人民法院

党组书记、副院长、代院长
　　田志勇（2017.12—）
党组书记、院长
　　赵晋虎（2011.06—2017.12）
副院长　白唯鸣
副院长　马勇志
副院长　席凤昌
副院长　赵宏旺
副院长　王玉文
区纪委监委派驻区法院纪检监察组组长
　　潘晋宁（2017.12—）
纪检组长　潘晋宁（2012.06—2017.12）
政治处主任　魏新艳（女）
执行局局长　王　钢
审委会专职委员　常银刚
审委会专职委员　刘媛媛（女）

2. 区人民检察院

党组书记、检察长　陈加林
副检察长　杜文山
副检察长　杨建生
副检察长　谭　军（2004.05—2017.06）
区纪委监委派驻区检察院纪检监察组组长
　　马晓青（2017.12—）
纪检组长　马晓青（2004.06—2017.12）
反贪局局长　鲍宏伟（2009.08—2017.02）
反渎职侵权局局长
　　高春光（2009.08—2017.02）
政治处主任　杨琍敏（女）
检委会专职委员　李淑琳（女）

机关生活服务中心

主　任　郭　峰（女）
副主任　韩　克(女)

八、市管部门

1. 国税分局

局党组书记、局长　王俊杰
副局长　白巧华

副局长　赵晓东
副局长　张国红
纪检组长　闫耀忠

2. 地税分局

党组书记、局长　温秋生
副局长　汪生光
副局长　梁德琪
纪检组长　张文光
副局长　袁宇峰（女）
副局长　王　敏
直属一分局局长　孟颖耀
直属二分局局长　贾富强

3. 工商分局

党组书记、局长　刘庆虎
副局长　尹建英
副局长　宋建章
副局长　周建勋
副局长　李晋峰（女）
党组成员　徐国珍
纪检组长　刘　忠
党组成员　贾宏宇

4. 环保分局

局　长　牛爱民
副局长　王晓凤（女）
副局长　王卿兮
监察大队大队长　栗迎新
监测站站长　张瑞芳

5. 质量技术监督分局

党组书记、局长　焦存胜
副局长　魏克强
纪检组长　张燕峰（女）
稽查队长　刘军浩

6. 规划分局

局　长　李玺兵
副局长　赵满翼
副局长　何海明

7. 公安分局

党委书记、局长　魏　毅
党委副书记、政委　王　璠
党委委员、副局长　李俊明
党委委员、副调研员　王政明
党委委员、副局长　吴长胜
党委委员、副局长　闫玉斌
党委委员、纪检组长　杨志强
党委委员、政工室主任　郝锦原
党委委员　杨冲霄
党委委员、指挥室主任　刘书江

8. 消防大队

教导员　张　震
大队长　李超鹏

9. 迎泽交警大队

交警一大队队长　刘新民
交警二大队队长　李立军

10. 国土资源分局

局　长　李斌魁
副局长　张　彪
副局长　孙中建
纪检组长　尹林华（女）
土地科科长　蔡志英
矿政科科长　刘思齐

中国共产党太原市迎泽区委员会

ZHONGGUOGONGCHANDANG TAIYUANSHI YINGZEQU WEIYUANHUI

综　述

【十九大精神宣传贯彻】　2017年，迎泽区以创建全省“两学一做”学习教育常态化制度化示范点为契机，制订实施方案，系统开展理论学习，领会习总书记对山西提出的总体要求和五项重大任务，落实省市委要求。开展“维护核心、见诸行动”主题教育，一月一主题，月月有活动，引导广大党员干部自觉把维护核心落实到行动上、融入到工作中，为迎接中共十九大胜利召开、学习宣传贯彻十九大精神奠定思想政治基础。中共十九大召开后，明确把学习贯彻十九大精神和习近平新时代中国特色社会主义思想作为重要政治任务，在全区掀起学习热潮。区委召开全会学习研讨习近平新时代中国特色社会主义思想和十九大精神，区委中心组6次进行专题学习交流，聘请专家为全区各级领导干部和社区（村）两委干部进行专题辅导，组织宣讲团下基层开展宣讲活动390场次，举办“学习贯彻党的十九大精神科级干部主体班”，结合区情开展“八学”活动，推进理论宣讲进企业、进农村、进机关、进校园、进社区、进军营、进网站，实现全覆盖，在全区形成学习贯彻中共十九大精神浓厚氛围，把全区党员干部的思想统一到十九大精神上，并转化为推动迎泽发展的思想自觉和生动实践。

【经济发展】　2017年，迎泽区推进民营经济和小微企业创业创新，新创省级众创空间7家、省级科技企业孵化器1家。推进楼宇总部经济服务中心试点工作，在10家楼宇挂牌建立“楼宇（总部）经济示范基地”。加快智慧产业园、中鲁物流园扩园和生物医药产业园、新东峰汽车贸易园建设，新兴产业在集聚融合中培育成长。完善项目建设和招商引资机制，推进华润城市综合体等重点项目建设，新引进微谷中国山西公司、月星家居等一批区域总部企业，签约招商项目7个，引进资金183.8亿元，省市重点项目累计完成投资9.68亿元，推动区域经济由“量”大向“质”优转变。全年地区生产总值实现690.83亿元，同比增长8.1%；服务业增加值完成602.05亿元，同比增长8.5%；社会消费品零售总额完成466.81亿元，同比增长6.1%；固定资产投资完成97.67亿元；一般公共预算收入完成15.3亿元，同比增长9.7%。整体经济稳定的格局得到巩固。

【城乡建设】 2017年，迎泽区配合全市重点工程，实施地铁轨道交通迎泽段、迎泽大街下穿火车站房屋征收工作，完成双塔南路（迎泽段）、松小线2条道路改造房屋征收，征收167户。集中推进双塔景区征迁，累计征收2700余户，占征收总户数的98.5%。推进片区改造和棚户区改造，完成电建155户、3.1万平方米房屋征收。加速棚户区回迁安置房建设，累计建设14956套。抓好已拆城中村扫尾清零，推进水峪、松庄、新沟3个村整村拆除，完成拆除1979户，拆除率为98%，实现建成区面积翻番，为迎泽发展拓展空间。以城市管理提升行动为抓手，开展铁路沿线、占道经营等十项综合整治。提升环卫作业精细化管理，做好城乡生活垃圾全收集和垃圾收运体系建设。完成城市管理执法体制改革，建立城市执法全过程记录工作机制，实现执法中队人、财、物统一管理。加快美丽乡村建设，申报董家庄村为市级美丽乡村示范村。开展身边绿化工程，完成10个绿地游园建设，城乡环境及城市品质得到提升。

【思想文化建设】 2017年，迎泽区加强中共对意识形态工作的领导，落实工作责任制，开展意识形态领域形势分析研判，加强网络意识形态工作。开展“担复兴大任，做时代新人”主题活动，举办座谈会、研讨会、演讲比赛近百场。注重舆论引导，各类媒体宣传报道6126次，《迎泽之窗》发行覆盖全区党支部。采取多种形式组织开展弘扬社会主义核心价值观的宣传教育，开展“我们的节日”“道德讲堂”“讲文明树新风”等群众性精神文明创建活动，举办文化惠民演出72场，激发全区人民团结奋进的强大正能量。

【生态文明建设】 2017年，迎泽区坚持“绿水青山就是金山银山”的发展理念，贯彻中央、省、市关于生态文明建设和生态环境保护的重大决策部署，推进环境质量改善和大气污染防治，抓好中央环保督察交办的186件问题和环保部强化督查涉及的32个问题、省环保督察组转办群众反映的137件问题整改工作。完成散煤治理、重点片区整治、农村环境整治、“铁腕治污”百日攻坚等各项重点任务，“煤改气”工程在全市率先完成并被评价为“放心工程”。

【民生事业】 2017年，迎泽区从人民最关心最直接最现实的利益问题做起，办好年初确定的各项惠民实事。提升社会保险、保障救助水平，各类社会保险超额完成，低保金、医疗救助金、高龄保健津贴、残疾人生活补贴等按时足额发放。推进义务教育优质均衡发展，推进三十六中、三十七中、三十九中校舍改造和并东小学改扩建工程，普及推广教育信息化，中小学校责任督学挂牌督导工作经验被作为“迎泽模式”在全省推广。开展县乡医疗卫生机构一体化改革，挂牌成立迎泽区医疗集团，推进家庭医生签约服务，重点人群签约率达70.46%，完成计划生育特殊家庭管理服务、流动人口动态监测等多项工作。培育发展“易照护”“福寿和”等养老服务模式，建成14个社区养老服务中心和17个老年日间照料中心。开展对口精准扶贫，实现4475人脱贫，超额完成脱贫3000人目标任务。

【信访维稳】 2017年，迎泽区重视信访维稳工作，组织大接访44次。开展源头化解专项行动，完成中共十九大、全国“两会”和“一带一路”峰会期间等重要节点信访维稳工作。落实安全生产，开展安全生产“知责履责失职追责”“反三违”等活动，消除一批安全隐患。创新消防管理模式，建立“互联网+消防”烟、气、电远程火情预警系统，被国家安监总局调研组肯定为“迎泽模式”并加以推广。筑牢食品药品安全监管“两条底线”，构建基层食药安全防控网格。强化社会面管控，加快综治中心标准化建设和“雪亮工程”建设，健全矛盾纠纷联调体系，开展“社会治安风险隐患大排查大整治”，平安迎泽建设取得新成效。深化“放管服”改革，建立权责统一、权威高效的依法行政体制。实施“七五”普法，推进多层次多领域依法治理，全区各部门和114个社区（村）实现法律顾问全覆盖，提升人民群众安全感和满意度。

【民主政治建设】 2017年，迎泽区支持区人大、区政协依法依章程履行职责。区人大及其常委会围绕重点项目建设、城市管理、民生社会保障、安全生产等重点工作开展一系列视察调研活动，严格程序任免一批国家机关工作人员，提高依法履职水平。区政协围绕双塔景区建设、城乡一体化发展、民生实事开展协商活动，提高民主监督、参政议政水平。完善政党协商机制，发挥民主党派、无党派人才聚集优势，提升科学民主决策水平。加强国防教育、国防动员工作，拥军优属氛围浓厚。推进工会、团委、妇联群团改革工作，搭建特色服务平台，凝聚起建设“省城首善之区”强大合力。

【党的建设】 2017年，迎泽区加强“三基建设”。细化122项具体任务和责任，形成上下联动工作格局。投资约1800万元，建成“互联网+党建”服务群众工作信息系统，受理问题39666件，办结完成39649件，办结率99.97%，群众满意率99.8%。采取新改扩建、置换、租赁、共驻共建等方式推进社区建设，社区服务场所平均面积达到600平方米以上，16个社区超过1000平方米。完成社区（村）“两委”换届，23个软弱涣散基层党组织全部晋位升级。建成122个区域性党组织，发展党员130名，组织5835名党员补缴党费326万余元。建设高素质干部队伍。坚持“好干部”标准，按照“统筹安排、分步实施”的干部调整总思路，选拔任用一批德才兼备的优秀干部；出台《激励干部担当作为干事创业实施办法（试行）》和《执行〈太原市支持干部改革创新合理容错实施办法（试行）〉细则》，激发干部干事创业积极性。履行主体责任。研究部署和落实全面从严治党的各项任务要求，区委常委会议研究党风廉政建设和反腐败工作35次，听取区人大、政府、政协、法院、检察院党组管党治党工作情况汇报，支持区纪委监委聚焦主责主业履责，以创新精神推动纪检监察体制改革，实现街道（镇）和区直部门派驻监督全覆盖。发挥巡察监督震慑作用，发现问题线索471条，组织处理72人，党政纪处分29人。组织开展以"四个对照"为重点的巡视整改自行"回头看"，针对查摆出的三个方面20个问题，明确67项具体整改措施，实行整改，取得成效。驰而不息正风肃纪。制定出台《关于进一步贯彻落实中央八项规定精神的实施细则》，整治形式主义、官僚主义新表现。全年查处违反中央八项规定精神问题13件，党纪政务处分11人，组织处理25人。运用监督执纪"四种形态"，加大问责力度，立案69件，结案65件，党纪政务处分68人，组织处理64人，共挽回经济损失60.7万元。保持反腐败高压态势。

区委办公室

【概述】 2017年，迎泽区区委办落实中央和省市区委的各项决策部署，学习习近平新时代中国特色社会主义思想和中共十九大精神，围绕区委中心工作，提升理念，强化服务，较好地完成一年工作。

【十九大精神学习贯彻】 2017年，迎泽区区委办公室抓住迎泽区被确定为全省推进"两学一做"学习教育常态化制度化示范点的契机，加强理论学习，发挥周二集中学习制度的示范带动作用，系统学习习近平总书记系列重要讲话精神和省市区委重要会议精神。习总书记视察山西后，及时传达学习习总书记重要讲话精神，领会习总书记对山西提出的总体要求和五项重大任务，落实省市区委制定的落实举措，把学习贯彻引向深入。开展维护核心、见诸行动主题教育，引导干部职工自觉把维护核心落实到行动上、融入到工作中。通过学习推动，为迎接十九大胜利召开、学习宣传贯彻十九大精神筑牢思想政治基础。

中共十九大召开后，按照中央和省市区委部署，迅速对学习贯彻中共十九大精神以及学用习近平新时代中国特色社会主义思想进行安排。组织办公室全体人员集中收看十九大开幕现场直播，利用每周二集中学习的机会进行专题学习交流，办公室主任和常务副主任就学习贯彻中共十九大精神以及学用习近平新时代中国特色社会主义思想带头讲党课，在办公室形成学习贯彻十九大精神浓厚氛围，把党员干部的思想统一到十九大精神上来，深化对习近平新时代中国特色社会主义思想历史地位和丰富内涵的认识，强化"四个意识"和增强深入学习宣传贯彻十九大精神的责任感和使命感。

【落实“两个责任”】 2017年，迎泽区区委办公室健全责任体系。结合区委办机构设置实际，明确区委办公室领导班子对职责范围内的党风廉政建设负全面领导责任，确定区委办领导班子主要负责人是党风廉政建设的第一责任人，区委办领导班子成员根据工作分工，履行“一岗双责”。及时传达学习和贯彻落实中央、省、市、区委、纪委关于党风廉政工作的新精神和新要求，全年两次向区纪委书面报告全面从严治党“两个责任”落实情况。

严守政治纪律和政治规矩。建立完善区委办职工干部廉洁档案，领导干部婚丧嫁娶、出入境按照审批程序进行。区委办以深化廉政谈话内涵为重点，提高廉政谈话的针对性和有效性，强化廉政谈话的警示和预防作用。由区委办领导班子主要负责人约谈班子成员、中层领导干部，围绕落实“两个责任”、履行“一岗双责”，谈认识、谈问题、谈举措，以谈话明责任、以谈话传压力、以谈话促落实。

加强作风建设。树立“作风建设永远在路上”思想，抓作风，反“四风”，落实“八项规定”，向全区印发《关于深入贯彻落实中央八项规定精神的实施细则》的通知，并在重要时间节点，对本单位进行内部自查。按照中央、省、市要求，深化党务公开，强化对领导班子及其成员监督，落实党政主要领导干部不直接分管人事、财务、工程建设项目、行政审批、物资采购工作的有关规定。

严格规范制度。执行制度规定，完善请销假、公务用车、办公用品购买领取、支部学习、印章管理、公务接待等一系列规章制度，提高制度执行力，领导带头执行，严格按制度办事，坚持做到用制度管权、管事、管人。通过狠抓纪律作风，整肃纪律，净化思想，锤炼党性，区委办公室作风和形象明显提升。

【决策参谋服务】 2017年，迎泽区区委办公室高质量以文辅政，当好参谋助手。把提供高水平的决策参谋服务作为衡量办公室工作水平的第一标尺，站在迎泽转型发展的大局中来研究思考，提高公文的思想性、针对性，完成区五届二次党代会、全区干部大会等大量重要会议材料和主要领导讲话以及迎接省市检查的大量汇报材料，提高以文辅政的质量和水平。

注重高效准确，提高信息服务质量。收集、选编综合信息和调研信息，为区委领导决策提供有价值的参考；紧贴区委中心工作，社会的热点、难点和焦点问题，坚持实事求是和可靠有用的原则，收集、选编各类信息。

围绕中心工作，加大督查落实。重点围绕区委五届二次党代会的重要工作部署、环境保护、安全生产以及省市交办的重点民生问题进行督查，提高区委决策执行力。全年共编发《督查工作》15期、《督查专报》11期；受理上级和本级党委、政府主要领导批示46件，督促办理政协委员提案5件。

统筹协调，确保工作运行高效有序。完成区五届二次党代会等全区大型会议和全区性各类会议以及区委常委会等大量会务活动的组织协调工作；严格办公室值班制度，做到电话及时接、事务及时办、通知及时下，保障区委日常工作顺利进行。

完成机要保密任务。开展保密宣传月活动，定期组织全区涉密单位和重点单位做好计算机自查自检工作，筹备完成全区保密工作会议以及全区信息安全与网络安全教育培训，完成保密杂志征订，在高考、中考、成考以及全区公开招聘事业单位人员等各类考试中，履行保密部门相关职责，确保各类考试安全保密。完善保密制度，完成设备定期检修，通过信息化省级验收，落实机房 24 小时值班工作，全年收发电报处理相关密件确保万无一失。

做好关工委工作。开展社会主义核心价值观主题教育活动，发挥基层关工委和“五老”优势，推进全区关心下一代工作，抓好社区网格关工小组建设，实现“五好”基层关工委建设的常态化、长效化。

纪检监察

【概述】 2017 年，按照深化国家监察体制改革工作要求，山西省作为全国 3 个试点地区之一，先行先试。2 月，太原市迎泽区监察委员会（以下简称“区监委”）正式组建，与中共太原市迎泽区纪律检查委员会（以下简称“区纪委”）合署办公，实行一套工作机构，两个机关名称，履行党内纪律检查和国家监察两项职能。5 月，办公场所搬迁至南内环东街 18 号区检察院办公大楼内。

【内设机构和职责调整】 2017 年，迎泽区纪委监委设行政编制 48 名，区纪委设书记 1 名，副书记 2 名，常委 4 名；区监委设主任 1 名，由区纪委书记兼任，副主任 2 名，由区纪委副书记兼任，委员 4 名，其中区纪委常委兼任 2 名。设内设机构室主任 12 名（副科级）。工勤编制 3 名，使用事业编制。实有行政人员 35 人，工勤人员 2 人。设综合派驻组 5 个，行政编制 15 名，事业编制 10 名，实有行政人员 10 名，事业人员 5 名，全部编制划转至区纪委监委。

迎泽区纪委监委内设科室 12 个，分别为办公室、党风政风监督室、信访室、案件监督管理室、第一至第五执纪监督室、第一至第二执纪审查（调查）室、案件审理室。下属事业单位 1 个，纪检监察宣教网络中心，副科级建制，设事业编制 16 名，实有工作人员 10 人。

【国家监察体制改革】 2017 年，迎泽区纪委监委根据中央、省委、市委关于深化监察体制改革试点工作的精神，以及全国人大相关要求，区委负主责，纪委负专责，相关部门协调配合。2 月 25 日，迎泽区监察委员会正式挂牌成立，与区纪委合署办公。撤销太原市迎泽区监察局，撤销太原市迎泽区检察院反贪污贿赂局、反渎职侵权局、职务犯罪预防科，将相关职能整合至区监委。接收原反贪、反渎、职务犯罪预防 3 个部门编制 20 名，实际转隶人员 18 名。

区委落实改革试点政治责任，把改革试点工作列入重要议事日程，研究改革试点工作 11 次，书记专题会议 9 次。成立迎泽区深化监察体制改革试点工作小组，召开工作小组会议 5 次，动员部署会议 2 次，工作推动会议 13 次，开展专题调研 2 次。

按照“三定”方案，区纪委监委重新设立内设机构 12 个，信访、案管、案件审理和执纪监督、执纪审查部门的人员编制数占机关人员编制总数的 89.7%。纪检、监察职能实现融合，组织架构得到优化，监督执纪力量增强。摸清全区监察对象底数，构建公职人员监察全覆盖，全区监察对象总数 8654 人。落实省纪委监委“四个一”工作制度，召开执纪监督专题会议 10 次，执纪审查专题会议 2 次，规范执纪监督和审查行为。执行省政法机关支持配合监察体制改革试点工作“1+4”十项配套制度，召开联席会议 5 次，实现监委与政法部门有效衔接，改革试点工作取得重要阶段性成果。

【监察全覆盖】 2017 年，迎泽区纪委监委为实现对行使公权力和受委托管理公共事务人员的监察全覆盖，在全区推开街道（镇）监察全覆盖和派驻纪检监察全覆盖。

试行街道（镇）监察全覆盖。全区 6 街 1 镇各设置 2 名监察员履行监察职责，其中一名监察员由街道（镇）纪（工）委书记兼任，另一名从街道（镇）公务员干部中择优选拔，各监察员在履行监察职能的同时，探索向社区、村等基层组织的延伸，实现对辖区监察对象的监察全覆盖。

试行派驻机构全覆盖。在全区 57 个部门和单位设置 5 个综合派驻纪检监察组和 2 个单独派驻纪检监察组（派驻区法院纪检监察组和派驻区检察院纪检监察组），实现对全区党和国家机关派驻纪检监察全覆盖，发挥派驻机构“探头”和“前哨”作用。

【信访工作】 2017 年，迎泽区纪委监委加强源头化解，开展涉纪领域稳定风险源头化解专项工作，制定实施方案，成立专项工作领导组，开展两批专项工作：第一批共计 5 件，给予党纪处分 8 人；第二批共计 5 件，给予党纪处分 2 人。为确保专项工作完成，区纪委监委采取多种有效措施，建立任务清单和专项台账；倒排工作进度，明确责任，落实“五包”责任制；对未息诉的信访举报件进行督办，实现“随结随报”。

【党风廉政建设】 2017 年，迎泽区贯彻落实党风廉政建设责任制，党委负主体责任，纪委负监督责任。区委召开研究部署推进全面从严治党相关会议 13 次，听取区纪委监委和巡察工作汇报 35 次，制订出台《太原市迎泽区深化监察体制改革试点实施方案》《迎泽区开展巡视整改自行“回头看”的实施方案》《关于深入贯彻落实中央八项规定精神实施细则》等系列文件。坚持党风廉政建设工作目标考核和党（工）委书记履行全面从严治党“两个责任”述责。区委书记就党风廉政建设和反腐败工作批示 26 件，就管党治党方面作出批示 81 件，约谈全区各部门主要领导 14 人次，就落实全面从严治党和严肃换届纪律等进行集体约谈6次。区纪委监委履行党章赋予的职责，发挥党内监督专责机关作用，根据迎泽区“双约谈”“双述责”等五项配套制度，全面推动“两个责任”落实。年初，区纪委抽调党性强，作风正的机关干部组成8个考核组，通过述职述廉、民主测评、个别谈话等方式，对全区70个中层党政领导班子和429名领导干部履行全面从严治党“两个责任”情况进行专项考核。年中，全区68家单位提交2017年上半年“两个责任”履职情况书面报告，起到“红脸出汗”“咬耳扯袖”的效果。

【正风肃纪】 2017年，迎泽区纪委在全面从严治党大背景下，强化正风肃纪，抓节点战术，发扬钉钉子精神，钉出作风转变的清晰轨迹。

紧盯关键节点，构建长效机制。除日常监督外，元旦、春节、清明、五一、端午、国庆、中秋等重要节点，针对大吃大喝、收送节礼、公款旅游、公车私用、滥发津补贴福利等重点敏感问题加大监督检查力度，通过明查暗访等方式出动人员830人次，查处违反中央八项规定精神问题13件，党纪政务处分11人，组织处理25人，发挥警示和震慑作用。

部门联动出击，重拳整治“四风”。2017年，区纪委联合区委办公室、区政府办公室、区委宣传部、区法院、检察院、公安分局、财政局、审计局等12个单位和部门对全区开展监督检查，共出动检查30个组，80人次，对70个单位进行监督检查，发现问题线索5条，系统外问题5条；查处“公车私用”问题12件，给予党纪政务处分7人，组织处理18人，其中追究领导责任8人。

狠抓专项检查，严防反弹回潮。区纪委坚持挺纪在前，对区人大、政协第五届二次会议进行全程驻会监督，严肃会风会纪，对不遵守会议纪律的9人在人大代表会议、政协会议范围内进行实名通报并对相关问题做出整改；聚焦环保督察，及时查办中央环保督察组交办的问题线索23批，共计135件，查实问题127件，整改率100%；整治违规收送红包礼金行为，2017年全区“礼金红包上交专户”共收违纪金24.06万元。

【四种形态】 2017年，迎泽区纪检监察机关处理干部217人次。其中，运用第一种形态批评教育、谈话函询146人次、占67.3%，第二种形态纪律轻处分、组织调整61人次、占28.1%、，第三种形态纪律重处分、重大职务调整5人次、占2.3%，第四种形态严重违纪涉嫌违法立案审查5人次、占2.3%。

区纪委监委遏制腐败蔓延势头，严肃党内政治生活，完善党内监督体系。全区纪检监察机关共处置问题线索207件，立案69件，结案65件。党纪政务处分68人，涉及副科及以上领导干部8人。其中，党纪处分34人，政务处分34人，重处分9人；组织处理64人（含立案后组织处理6人），涉及副科及以上领导干部31人；移送司法机关1人。共挽回经济损失60.74万元。

【巡察利剑】 2017年，迎泽区委落实政治巡察要求，承担巡察工作主体责任。区委巡察机构学习贯彻中共十九大精神，以习近平新时代中国特色社会主义思想为指导，落实中央、省委、市委、区委巡视巡察工作要求，聚焦全面从严治党，突出政治巡察，把“发现问题、形成震慑”作为主要任务，发挥治党利器作用。

完成第二轮巡察收尾工作：第二轮巡察共发现问题线索125条，对14人进行组织处理，给予11人党政纪处分。

推进第三轮巡察工作：截至2017年底，第三轮巡察共发现问题线索358条，共对45人进行组织处理，给予18人党政纪处分。

开展巡视整改自行“回头看”工作：制定出台《实施方案》，全区各级党组织和党员领导干部认真对照、自觉查找，共梳理出20个问题，提出67项具体整改措施，制定“三清单一制度”，并形成综合报告。

截至2017年底，被巡察单位召开党组党委会议专题研究巡察整改工作71次，主要领导批示101次，研究制定整改措施622项，修订规章制度65项，完善规章制度125项，开展专项治理78次，挽回经济损失19.8553万元。通过一系列整改举措，纠正存在的突出问题，巩固深化巡察成果，推动全面从严治党向基层延伸，向纵深发展。

【中共太原市迎泽区纪委五届二次全会】 2017年1月24日，迎泽区纪委召开五届二次全会，区纪委常委会主持会议。区委常委、区纪委书记李锦代表区纪委常委会作题为《立足新起点　激发新动力　推动全面从严治党取得新成效》的工作报告。会议总结2016年全区党风廉政建设和反腐败工作，研究部署2017年工作任务。会议审议通过工作报告和工作决议。会议要求，要着力抓好七项重点工作，一是要稳妥推进监察体制改革，实现平稳过渡、全面融合，要领会中央和省委的战略部署，加强领导，结合实际情况，精心组织“施工”，探索创新力度，推动全面融合；二是要严明党的纪律，严肃党内生活，强化党内监督，规范和加强党内政治生活，严把选人用人政治观、廉洁关，营造风清气正的良好氛围；三是要落实中央八项规定精神，激发和凝聚党员干部忠诚担当、干事创业的精气神，推动社会风气好转；四是要以强有力问责督促各级党组织履行全面从严治党政治责任，抓住关键少数，层层传导压力，突出政治责任追究；五是要推动实践“四种形态”，保持反腐败斗争高压态势，查处群众身边的不正之风和腐败问题；六是要提高政治站位、狠抓整改落实，全面深化政治巡察，突出巡察工作重点，善用巡察成果，发挥巡察震慑作用；七是要践行忠诚干净担当要求，加强纪检监察机关自身建设，建设一支让党放心、人民信赖的纪检监察干部队伍。

【警示教育】 2017年，迎泽区纪委监委针对年初发生的3起典型案例，组织召开全区领导干部警示教育大会，警示全区广大党员干部以案明纪，引以为戒。为防止发生农村（社区）领导班子弱化、领导干部违纪违法、农村换届违纪违法等问题，开展郝庄镇农村（社区）干部作风建设及财经纪律培训，全镇近300人参加。组织召开全区“强化警示教育为管党治党营造良好社会环境”专题会议，开展“廉政文化建设与全面从严治党”专题辅导，全区各级党员领导干部共计500余人参会。

区纪委监委印发《关于强化警示教育为管党治党营造良好社会环境的实施方案》，针对全区各级党员干部开展“尊崇党章锤炼党性，向党说句心里话”系列主题教育活动。在党校培训课上，组织副科以上干部学习讨论《忏悔录》，用“活教材”筑牢党员干部的思想防线。开展党员领导干部家庭、家教、家风建设活动，组织全区500余名副科以上领导干部家庭撰写《廉政家书》，并与家属共同签订《家庭廉洁承诺书》，营造清正廉洁的家庭环境。定期向副科以上干部发送廉政短信，时刻敲响廉洁警钟。2017年，共编辑廉政短信48期，发送短信5000余条。

【自身建设】 2017年，迎泽区纪委监委始终把学习放在首位。贯彻落实“学习、看齐、融合、增效”教育实践活动，开展“维护核心，见诸行动”主题教育活动，推进“两学一做”学习教育常态化制度化。区纪委书记、监委主任进行业务培训5次；区纪委监委班子成员参加省纪委培训8批，市纪委培训7批；自行组织开设纪检大讲堂、三场全员岗位练兵和知识竞赛活动，由区检察院、区纪委常委、监委委员及各室主任针对纪检监察工作所需的理论和业务知识开展专题讲座。全年共组织开展培训24场，参加人员达1198人次。编制《迎泽区纪委机关内部学习资料汇编》14期。

区纪委监委印发《太原市迎泽区纪委监委机关干部监督管理工作制度（试行）》和《太原市迎泽区纪检监察干部“八小时以外”行为规范（试行）》，健全完善工作制度和流程，强化内控机制，推进纪检监察机关自身建设迈上新台阶。组织全员观看《打铁还需自身硬》和《保密教育》等专题片，落实中央纪委出台的监督执纪工作规则，主动把自己摆进去，把监督执纪的权力关进制度的笼子，自觉接受人大监督、法律监督、社会和群众监督，坚决防止“灯下黑”，打造忠诚、干净、担当的纪检监察队伍。

组　织

【概述】 2017年，迎泽区委组织部编制19名。其中，行政编制16名、工勤编制3名，实有公务员11名、工勤人员2名；区委党员电化教育办公室事业编制6名，参照公务员单位管理，实有参公人员3名；区干部人事档案管理中心事业编制5名，实有事业人员2名。

2017年，迎泽区委组织部（简称区委组织部）学习中共十八大、十八届三中、四中、五中、六中全会和中共十九大精神，坚持以习近平新时代中国特色社会主义思想为指导，贯彻落实全国、全省组织部长会议和全市组织工作推进会以及区五届二次党代会暨经济工作会议精神，围绕市委的重大决策和区委的安排部署，开展“两学一做”学习教育常态化制度化和维护核心、见诸行动主题教育，加强思想政治建设、干部队伍建设和基层组织建设，提高组织工作科学化水平，为实现迎泽区“各项工作走在全市前列”和“建设省城首善之区”提供组织保证。

【基层党组织】　2017年，迎泽区有基层党组织1018个。其中，党委21个、党总支116个、党支部881个，共有党员12161名。机关党组织112个（党委5个、党总支3个、支部104个），占11.00%。事业单位党组织76个（党总支4个、党支部72个），占7.47%。社区党组织226个（86个社区建有党总支86个、党支部140个），占22.20%。农村党组织37个（党委2个、党总支1个、党支部34个），占3.63%。其中，19个村改居（党委2个、党总支1个、党支部16个）；其他19个农村建有党支部18个（2个农村建立1个联合党支部）。区属企业党组织110个（党委7个、党总支5个、党支部98个），占10.81%。非公有制经济组织党组织403个（党委7个、党总支15个、党支部381个），占39.59%。社会组织党组织37个（党总支2个、党支部35个），占3.63%。其中，社会团体党组织29个（党支部29个）；民办非企业党组织8个（党总支2个、党支部6个）。其他类型党支部17个，占1.67%。其中，老干部党支部12个，退役士兵党支部5个。

【党员】　2017年，迎泽区有党员12161名。其中，女党员6459名，占53.11%；少数民族党员149名，占1.23%；35岁及以下党员2950名，占24.26%；36岁至60岁党员5652名，占46.48%；61岁及以上党员3559名，占29.27%；大专及以上文化程度党员6746名，占55.47%；中专、高中、中技文化程度党员2431名，占19.99%；初中及以下文化程度党员2984名，占24.54%。全区现有机关在职党员818名，占6.73%；事业单位在职党员2085名，占17.14%；区属企业在职党员787名，占6.47%；非公有制经济组织在职党员736名，占6.05%；离退休党员3402名，占27.97%；社区党员4636名（含部分离退休党员），占38.12%（其中，城市社区党员3967名，占32.62%；镇社区党员669名，占5.50%）；农村党员460名，占3.78%。

【“两学一做”学习教育常态化制度化和维护核心、见诸行动主题教育】　2017年，迎泽区委组织部以学促行，推进学深悟透。通过集中研讨、专家送学、知识测试、党课评比、心语征集等活动，组织各级党组织和广大党员干部学习领会中共十九大和习近平总书记视察山西重要讲话精神。发挥2个市级、24个区级“两学一做”学习教育常态化制度化示范点的辐射带动作用。选调68名干部举办为期一个月的两期轮训班；分层次对835名基层干部开展“领头雁”培训；组织近900名干部参加在线学习；举行中共十九大精神专题宣讲50余场，培训党员群众23200余人次，把学习成效转化为做好本职工作、推动事业发展的实践成效。坚持主题实践，推进党性锻炼。全区统一每月25日为“支部主题党日”，开展“主题党日”活动5240余场次，参与人数124600余人次；开展志愿服务1580余次，参加党员群众34770余人次，帮助群众解决困难1240余个。从6月起，逐月开展演讲比赛、知识竞赛、优秀党课评比巡讲、“身边榜样”事迹评选、中共十九大专题报告、“送学下基层”等主题活动，全面增强党员干部履行好使命的政治自觉、思想自觉和行动自觉。坚持以考促学，推进常态长效。坚持以党支部为基本单位，执行“三会一课”、民主生活会和组织生活会、谈心谈话、民主评议党员等制度。组织61000余名党员群众参加“两学一做”知识竞答活动，组织11000余名党员开展《习总书记视察山西重要讲话精神应知应记要点》知识测试，组织市管领导和全区党员干部11200余人参加中共十九大精神专题测试，确保学懂弄通做实。

【干部队伍建设】 2017年，迎泽区委组织部按照“统筹安排、分步实施”的干部调整总思路，全年调整干部7批次，涉及190余人次。其中，提拔重用80人、交流97人、免职19人，优化区管班子配备和干部队伍结构；制定《激励干部担当作为干事创业实施办法（试行）》和《执行〈太原市支持干部改革创新合理容错实施办法（试行）〉细则》，提振干部干事创业信心；下发《关于“加强作风建设 严肃工作纪律”的通知》，推动全面从严治党向纵深发展；制定《关于加强后备干部队伍建设的实施方案》，推进后备干部队伍建设工作。

【干部监督管理】 2017年，迎泽区委组织部对115名考察对象及时征求相关部门的意见建议；对新提拔重用的80名科级干部进行全程纪实；规范12380举报受理工作，拓宽干部选拔任用监督渠道；组织26名省管、市管干部和468名副科以上干部按照要求进行个人有关事项的填报。

【考核评价体系】 2017年，迎泽区委组织部健全完善年度综合考核体系，差异化设置考核指标，通过述职大会、民主测评、综合评价等程序，完成全区70个单位、412名中层领导干部综合考核评价工作；对指标完成情况每月进行总结、每半年进行督查，加强日常跟踪考核管理，发挥考核的导向作用。

【人才工作】 2017年，迎泽区委组织部启动专业技术人才知识更新工程、高素质教育人才培养工程，对3200名专业技术人员进行继续教育培训，加强各类人才信息网库建设，做好人才联系服务工作，畅通农村本土人才回乡干事创业渠道，优化人才发展环境，形成支持人才干成事业的社会氛围。

【三基建设】 2017年，迎泽区委组织部出台“三基建设”实施意见，确定25个方面122项重点任务；制订农村、社区等不同领域党建问题、责任和任务三个清单；

选派“第一书记”4名，23个软弱涣散基层党组织实现晋位升级；在街道、社区实行街道“大工委”模式和“社区兼职委员制”，健全完善街道、社区党建联席会制度；全面实施“两推一选”办法，新增“两委”岗位197个，完成村（社区）“两委”换届选举工作，对“两委”主干进行集中培训；编印《党组织书记应知应会手册》（一）（二）和《基层党组织建设规范化管理记录簿》；印发《迎泽区党政群机关事业单位基础工作达标的指导意见》《效能建设九项制度》等文件，形成定期整理归档制度；迎泽区“互联网+党建”服务群众工作信息系统运行，解决群众问题39614件、解决率99.36%，注册党员5000余名、认领“微心愿”110个；引进上海“爱照护”、“易照护”等社会组织实施居家养老服务，建成社区养老中心14个、日间照料中心17个，设床位460余张；累计投资近1亿元，86个社区全部达到200平方米标准。其中，19个达到1000平方米标准，占22%，44个达到500平方米，占51%，平均面积达600平方米；为每个社区落实16.5万元工作运转经费、20万元惠民资金，每个村平均23万元工作运转经费，机关事业单位党组织每年每名党员100元党建工作经费，96%的村集体经济收入达5万元以上。

【党员教育管理】 2017年，迎泽区委组织部培训入党积极分子146名，全年发展党员130名，党员队伍结构优化；组织5835名党员补缴党费326万余元，执行《补缴党费使用工作实施方案》，发挥党费促党建的作用；对10名失联党员停止党籍；“两节”“七一”期间，下拨党费45万余元，走访慰问党员群众1093名；完成党组织和党员基本信息采集录入工作，提高基层党建信息化水平。

【非公和社会组织党建工作】 2017年，迎泽区委组织部完成非公经济组织和社会组织工委组建工作，建立党建指导员制度，推进党建工作开展；以“撤并建强”为手段开展“四个一批”活动，探索实施流动党员“五个一”工作法，创建“双强六好”党组织；打造非公党建示范点9个，发挥辐射带动作用；举办“流动讲堂”11期，培训党员群众2300余人次；为176个非公联合党组织下拨56万余元党建工作经费，22个社会组织下拨22万元党建工作经费；新建非公经济组织党组织7个和社会组织党组织15个。2017年，全区共有非公经济组织党组织403个和社会组织党组织37个，“两个覆盖”成效提升。

【党代会常任制试点工作】 2017年，迎泽区委组织部完成五届二次党代会年会相关工作。发挥联系服务群众作用，组织333名区级党代表联系党员群众999名；将10月定为“党代表集中服务月”，组织视察调研17次，党代表讲党课120余次。

【党员电化教育工作】 2017年，迎泽区委组织部加强现代远程教育网络建设，做好106个站点维护管理，健全管理运行机制，提高培训效果。

【干部人事档案工作】 2017年，迎泽区委组织部成立干部人事档案管理中心，对150余名拟调动（入）人员档案进行审核。

（刘　凯）

宣　传

【概述】　2017年，迎泽区委宣传部在市委宣传部的具体指导下，在全区宣传思想战线全体同志的共同努力下，围绕建设省城“首善之区”总目标，全面推进理论武装、舆论引导、文明创建，以改革创新的精神推动迎泽区宣传思想工作向前迈进。

【意识形态工作】　2017年，迎泽区委宣传部严格意识形态工作责任制，建立健全相关工作机制，形成党委统一领导、党政齐抓共管、宣传部门组织协调、有关部门分工负责的工作格局。加强意识形态形势分析研判，8月22日召开全区意识形态分析与研判会，对迎泽区上半年意识形态领域的形势进行分析研判，并将研判情况及时向区委和市委宣传部报告。推动意识形态分析研判常态化，全区意识形态分析研判成员单位每季度定期向区委宣传部报告本地区本部门本系统意识形态工作，加强重点时期、重点领域意识形态工作管理，实现意识形态安全。

【中心组学习】　2017年，迎泽区委宣传部以两级党委中心组学习为龙头，以党员领导干部学习为重点，制定全区理论学习计划和安排。围绕“两学一做”学习教育常态化制度化和开展维护核心、见诸行动主题教育，做好区委中心组理论学习的组织实施及服务管理工作，改进中心组理论学习学风，结合全区中心工作安排学习内容，确保学习效果。全年集中学习23次。

【理论宣传】　2017年，迎泽区委宣传部围绕“迎接中共十九大和学习宣传贯彻中共十九大精神”这条主线，根据不同群体工作性质、年龄差异、学习偏好等特点，开展理论宣讲、新媒体宣传、文化活动感染等多种方式的宣传教育。组织宣讲团到学校、社区、农村、企业、机关等全方位、多领域、多角度宣传解读习总书记视察山西重要讲话精神和中共十九大精神的重大意义、主要精神、重大理论观点、重大创新思想、重大战略部署，2017年度共开展各类宣讲390场次。用好《迎泽之窗》学习交流、指导工作这个主要阵地，在全区营造学习宣传贯彻中共十九大精神的浓厚氛围。举办中共十八大以来成果展，全面展示十八大以来，区委区政府团结带领全区人民，统筹推进“五位一体”总体布局和协调推进“四个全面”战略部署的实践与成就。

【两节活动】　2017年，迎泽区委宣传部弘扬民族传统文化，展现迎泽独特魅力，开展送春联进社区及两节系列文化活动。各街办、社区群众踊跃参与，自发排演一系列民间歌舞节目，系列活动内容丰富、形式多样，营造喜庆祥和的节日气氛，使节日文化活动做到请人民群众参与，让人民群众共享。2月10日至12日，在南宫广场举办大型花灯展，共募集各类花灯

2700盏，参观人数达8万人次，扮靓省城中心区域，将喜气的节日气氛推向高潮。

【新闻宣传】 2017年，迎泽区委宣传部围绕全区经济、政治、文化、社会、生态文明和党的建设等各项工作，加大宣传力度。对城市管理全面提升，铁路沿线环境整治的进展情况和各项举措进行有计划、多角度的宣传；对为期一个月的环境整治工作进行全方位报道，在太原电视台“环保督察太原行动”栏目报道，形成宣传声势，赢得居民对环境整治工作的拥护；宣传“三基建设”，在《太原日报》以专版的形式，作题为《苦练基本功凝聚战斗力为民谋福祉》的报道，增强民众获得感；对“两学一做”学习教育常态化制度化、贯彻落实省市党代会精神进行宣传，形成良好的舆论氛围；对民政园进行宣传报道，打消回迁居民疑虑，为回迁工作开展营造良好的舆论氛围；对迎泽区铁腕治污行动进行专题报道，宣传迎泽区治理污染的决心和行动；对迎泽区关于中共十九大精神的学习、培训展开系列报道，以高度的政治责任感，掀起学习宣传中共十九大精神的热潮；制作宣传片，与太原电视台通力合作，精心制作系列片“献礼十九大，航拍新太原”中《老城新韵 首善迎泽》部分，展示迎泽区幸福迎泽、美丽迎泽形象。共在各类媒体宣传报道6126次，发稿6000篇。其中，中央级媒体发稿80余篇，党报党台发稿500余篇，宣传阵地遍地开花。

【新媒体宣传】 2017年，迎泽区委宣传部推进街道、社区微信平台建设，各街道、社区微信平台自成品牌，各具特色，如：文庙上马街一社区“古韵文庙”宣传迎泽区碑林公园、永祚寺等十余处文化名胜；老军营街道的“记忆·老军营”通过《文明和谐·老军营》讲述文明和谐社区建设过程中各项活动；柴市巷社区的“韵味柳巷”设置《假期系列活动》专栏，弘扬面塑等民俗文化。

【网络舆论舆情工作】 2017年，迎泽区委宣传部接收市网信办《互联网信息》53期，做到100%回交。第一时间与信息所涉及单位协调联系，查明原因，进行整改，并对网友质疑进行解答，从而打消舆论质疑和顾虑，营造良好的网上舆论氛围。健全网络突发事件应急机制，把握话语权。通过征求专家意见、征求基层单位建议，修订《迎泽区突发公共事件新闻发布应急预案》，使预案更具操作性。加强网络舆情应对培训，提升突发事件新闻应对能力。对各舆情员进行“山西省政务舆情新规：重大突发事件24小时内应开发布会”及“太原市信息发布和政策解读实施意见”等内容的培训。通过以会代训形式，结合实际，分析解读舆情应对技巧，要求对涉及特别重大、重大突发事件的政务舆情，要快速反应、及时发声，及早发布首次信息，确保将舆情危机遏制在萌芽状态。

【道德模范推荐评选表彰】 2017年，迎泽区委宣传部开展道德模范推荐评选表彰和学习宣传工作。开展“我推荐、我评议身边好人”活动，做好学习宣传、推荐申报和投票工作。参加各级道德模范推荐评选表彰学习宣传活动。宣传道德模范先进事迹，组织参加市文明办举办的“道德模范基层巡讲”活动。

【公益广告宣传】 2017年，迎泽区委宣传部做好“图说我们的价值观”“讲文明、树新风”公益广告宣传工作。各文明单位、各街（镇）、各社区创新宣传方式，利用宣传栏、黑板报、电子显示屏、楼宇广告、微信公共平台、善行义举榜等各种宣传阵地，宣传“中国梦”“社会主义核心价值观”和创建全国文明城市等公益广告内容。

【学雷锋志愿服务活动】 2017年，迎泽区委宣传部把学雷锋与志愿服务活动结合起来，开展“关爱他人、关爱社会、关爱自然”为主要内容的主题活动，弘扬奉献、友爱、互助、进步的志愿精神，营造“我为人人 人人为我”的社会氛围。3月，开展以“践行雷锋精神 建设美丽迎泽”为主题的学雷锋志愿服务活动月主题教育实践活动。以社区为依托，发挥社区学雷锋志愿服务工作站的作用，各文明单位与社区结对共建，以空巢老人、留守妇女儿童、困难职工、残疾人为重点服务对象，组织开展家政服务、文体活动、医疗保健、法律援助等服务，做到志愿服务进基层、进社区、进家庭。

【“我们的节日”主题活动】 2017年，迎泽区委宣传部下发《关于2017年深入开展“我们的节日”主题活动的通知》，对全年“我们的节日”主题活动做统一安排。春节、元宵节、端午节、中秋节、重阳节等传统节日期间，组织开展各种形式的学雷锋献爱心志愿服务活动；各个传统节日期间，开展各种民俗文化活动、经典诵读活动及志愿服务活动等“我们的节日”主题文化活动。引导市民认知传统、尊重传统、继承传统、弘扬传统，增进热爱党、热爱祖国、热爱中华民族的情感。

【“道德讲堂”建设】 2017年，迎泽区委宣传部下发《关于进一步做好2017年迎泽区道德讲堂工作的通知》，将道德讲堂向百姓讲堂延伸。针对道德讲堂开展中出现的一些问题，从宣讲人、宣讲稿、宣讲主题、会场氛围等方面提出明确要求，并组织各文明单位、各街办、社区开展道德讲堂观摩学习活动，使道德讲堂建设规范化。

【文明单位创建】 2017年，迎泽区委宣传部做好2016—2017年度各级群众性精神文明创建活动先进典型的申报推荐和认定工作。加强对文明单位的动态管理以及承担社会责任方面的工作考核，在文明单位中开展“我们的节日”、学雷锋志愿服务、讲文明树新风、道德讲堂建设、网络文明传播等精神文明创建活动，加强与各单位的沟通联系，加强创建活动指导，全区各文明单位创建活动取得成效。

【文明社区（村）创建】 2017年，迎泽区委宣传部以提高居民素质和社区（村）文明程度为目标，发挥社区（村）贴近群众的优势，抓住群众“急、难、愁”的问题，多为群众办好事实事，建设管理有序、文明和谐的新型社区（村）。发挥各级文明单位的优势条件，加强文明单位与帮扶村结对共建新农村工作，推进文化、科技、卫生“三下乡”活动常态化。

【文明礼仪教育实践活动】 2017年，迎泽区委宣传部充实全区文明礼仪志愿者队伍，建立40余人组成的文明礼仪宣讲团。4月17日，在大南关小学举办迎泽区文明礼仪教育养成行动讲师团基层巡讲活动，来自各文明单位、各街镇、各社区的200余名志愿者参加培训。按照区文明办要求，各文明单位、各街镇、社区结合自身实际，成立志愿者队伍，在干部职工和居民群众中开展文明礼仪教育养成活动。

【创建全国文明城市工作】 2017年，迎泽区委宣传部持续宣传，为文明交通营造氛围：开展文明交通宣传“三进”活动，即进驻地单位、进居民楼院、进临街商铺。针对不同群体印发《致党员领导干部的一封信》《致驻地单位的一封信》《致临街商户的一封信》《致居民朋友的一封信》和《文明交通倡议书》，各文明单位通过发放文明交通倡议书和文明交通签名承诺等形式开展文明交通宣传，引导大家养成文明交通行为，抵制交通陋习，共发放宣传资料15万份。志愿行动，助力文明交通综合治理：组织社区志愿者开展各种文明交通活动，制定《太原市迎泽区文明交通志愿行动方案》，以“文明行路、文明骑车、文明驾车、文明停放”为主题开展八项文明交通行动。组织全区志愿者分批次在五一广场和青年路口，每日11：00—12：30定时定岗开展文明交通劝导行动，发挥志愿者引领示范作用，引导广大市民遵守交通法规，争当文明交通守护者践行者，解决交警（辅警）午高峰人流车流密集、警力不足问题。督查整改压实责任，推动创城工作进行：为推动迎泽区创建全国文明城市工作开展，成立迎泽区创建全国文明城市指挥部，下设综合协调办公室，协调创城各项工作，开展督查反馈工作。市创城办共给迎泽区下发六批督办单涉及498个问题，自我督查发现问题1002个，下发九批督办单，区创城办对问题进行梳理分类汇总，发现的个性问题，明确责任单位，下发督办单，进行整改；发现的共性问题，由创城办研究并制订方案，分类处置。

【未成年人思想道德建设】 2017年，迎泽区委宣传部开展“我的中国梦”未成年人思想道德实践活动。组织开展“美德少年”评选表彰活动；面向全区组织开展2017年优秀童谣征集活动；在清明、“六一”“七一”“中秋”“重阳”等节日纪念日期间，组织开展“网上祭英烈”“做一个有道德的人”网上签名寄语、孝老爱老等主题活动。建设乡村学校少年宫和未成年人心理健康辅导站的。申报中央专项彩票公益金支持的乡村学校少年宫，实现全区乡村学校少年宫建设的提档升级；完善未成年人心理辅导站建设，加强辅导员队伍建设，规范运作模式，形成长效机制。净化社会文化环境，在寒暑假期间，以互联网、手机、荧屏声频净化、网吧和校园周边环境整治为重点，组织协调有关部门和社会力量，通过健全工作制度、开展专项行动、加强社会监督等多种办法，为未成年人健康成长创造良好的社会文化环境。

【“两提一争”大讨论活动】 2017年，迎泽区委宣传部印发《关于开展“提高标准、提升能力、争当先锋”大讨论活动的实施方案》的通知，按照实施方案和活动要求，发挥带头引领作用，层层落实责任，以开展集中培训、领导讲课、专家辅导、专题研讨等方式，做到学习与思考相结合，巩固深化践行“学深、想透”总要求的自觉性和坚定性。为把学习成果转化为建设“首善之区”的强大动力，在推进发展的实践中强化维护核心的坚定性，以“讲看齐、见行动”为主题开展一系列活动，以实际行动迎接中共十九大。“七一”期间，组织开展“争当迎泽先锋、建设省城首善之区”演讲比赛和知识竞赛。以纪念建党96周年为主题，展示全区党员干部坚定不移跟党走，勇于担当作为干事创业的良好形象。“八一”期间，区委宣传部与双拥办共同承办“军魂向党”文艺巡演活动，展示迎泽区双拥工作取得的成果，发扬军民共建优良传统，加强国防教育和爱国主义教育，掀起爱国拥军、爱民奉献的新热潮。举办“最美迎泽”书画摄影展。以坚定文化自信为主题，传承迎泽悠久历史，弘扬厚重文化，面向崭新未来，把爱国爱家乡的感情转化为建设“首善之区”的热情，增强建设“首善之区”的使命感。

【“担复兴大任、做时代新人、争当时代先锋”主题活动】 2017年，迎泽区委常委（扩大）会上研究通过在全区中开展“担复兴大任、做时代新人、争当时代先锋”主题活动，号召全区党员干部群众把习近平新时代中国特色社会主义思想贯穿到立足岗位建功立业、做时代新人、争当时代先锋的行动中，在建设省城“首善之区”的实践中全面落实中共十九大精神。发放倡议书1万份，举办“时代新人标准讨论会”百余场，开展各种形式的座谈会、研讨会、演讲比赛近百场。12月20日举办的“时代新人说”主题演讲比赛，进行网络直播，在线观看人数达2.6万多人。为推进活动组织化、常态化发展，设立迎泽区时代新人桥东工作站，集中展示时代新人精神风貌的同时发挥时代新人服务人民、奉献社会的先锋示范作用，受到社会各界的好评和各级各类媒体的关注。（马　静　赵艳竹）

统　战

【概述】 2017年，迎泽区委统战部以中共十九大、习近平总书记系列重要讲话精神和视察山西重要讲话精神为指引，在中共迎泽区委的领导和上级部门的指导下，围绕区委区政府中心工作，全面贯彻中央、省市委统战工作会议精神及《中国共产党统一战线工作条例（试行）》，加强组织领导，完善体制机制，凝聚共识汇聚力量，在自身建设和服务发展上创新思路，按照年初工作计划，各项工作稳步推进，完成各项任务。

2017年，区委统战部内设综合办公室、民族宗教科、经济海外科、民主党派、党外干部工作科，编制8名。其中，行政编制6名，工勤2名。实有7人。

【党风廉政建设】 2017年，迎泽区委统战部加强支部建设，配齐支部班子，开展“两学一做”常态化、制度化学习教育和维护核心见诸行动主题教育，制定学习教育实施方案，严格“三会一课”制度，支部党课“我眼中的党章”在全区评比中，分别获得全区和机关工委的二等奖和一等奖，并在全区进行巡讲。支部2名党员的“我想对党说”心语被区委组织部收录。创新主题党日活动内容，到红色教育基地开展革命传统教育，增强机关干部的政治意识、大局意识、核心意识、看齐意识。强化“三基建设”，建立“三个一”学习制度，坚持每天自学一小时，每周一讲，每月组织一次活动，促进干部队伍基本能力的提升。全面加强党风廉政建设，细化党风廉政建设主体责任和监督责任，贯彻执行中央“八项规定”，完善大额支出管理制度。

【统一战线思想建设】 2017年，迎泽区委统战部通过专题学习、情况通报、研讨培训等形式，学习贯彻中共十八届三中、四中、五中、六中全会、习近平总书记系列重要讲话精神和中共十九大精神，领会关于统一战线的重要论述。召开各民主党派、工商联、无党派人士代表学习中共十九大精神座谈会。邀请省、市统战部相关人员举办统战宣传知识、统战信息、宗教业务、侨务知识、对台知识讲座和专题培训班，在全区非公有制经济人士中开展守法诚信为重点的理想信念教育实践活动。在全区党外代表人士中开展“不忘合作初心，继续携手前进”专题教育。开展参观、学习、座谈等活动。9月12日，组织全体党员、各民主党派市委会领导及驻区支部（社）的负责人到吕梁兴县蔡家崖参观晋绥边区革命纪念馆，一同缅怀革命先烈的英雄事迹。

【多党合作事业建设】 2017年，迎泽区委统战部制定《关于加强政党协商的实施意见》和《迎泽区2017年政党协商计划》，明确和规范政党协商的内容、步骤和程序。分别于8月30日、10月31日组织各民主党派、工商联和无党派人士代表围绕“东部地区的建设和发展”“城中村改造”召开2次专题政党协商会。各民主党派、工商联、无党派人士围绕协商议题开展调研，提出很多中肯的意见和建议。经区委主要领导批示后，有关部门采纳落实。给各民主党派支部一定经费支持，鼓励并引导其开展形式多样的活动。支持各民主党派、无党派人士参与脱贫攻坚，民建市委会迎泽支部帮助娄烦县庙湾乡水峪村建立农村电商平台，帮助贫困村销售农副产品，助力农民脱贫致富。

【维护民族宗教和谐稳定】 2017年，迎泽区委统战部在全区宗教界、基层宗教干部中，开展中共十八届三中、四中、五中、六中全会和中共十九大精神的学习宣传，组织开展宗教法规知识进机关、进街道、进社区、进宗教场所、进企业、进学校“六进”活动，坚持每周到场所工作、每月矛盾排查和每月宗教场所负责人学习制度，向广大信教群众宣传党的宗教政策法规，树立引导爱国爱教的思想，发挥宗教界在防范和处理邪教工作中正本清源、扶正祛邪的作用。抵制邪教和恐怖暴力的渗透；坚持宗教的中国化方向，提升宗教干部依法工作能力。按照“属地管理”的原则，完善区、街道、社区宗教管理三级网络两级责任工作机制，形成街道（镇）党（工）委、分管副主任齐抓共管的工作格局。对敏感节点、重大节日的宗教活动，要求清真寺寺管会，发挥阿訇作用，做好与外来少数民族群众沟通引导；加强值班巡查上报工作，发现问题及时处置，化解矛盾；协调文物、消防安全部门与清真寺寺管会和各佛教活动场所，解决消防通道不畅通、安全设施不健全的问题，及时发现宗教领域的不稳定因素，加强与公安、安全、行政执法等部门的联动机制，化解处置各种矛盾隐患，处置多起矛盾纠纷，避免群体性、突发性事件的发生。

【港澳台海外联谊工作】 2017年6月，迎泽区委统战部以贯彻落实《中华人民共和国归侨侨眷权益保护法》及两个实施办法为重点，制作宣传版面、宣传资料，开展侨法宣传及法律服务进社区、入侨企活动；深入侨企考察调研了解企业发展经营情况、存在的困难等；在春节、中秋等传统节日对归侨侨眷进行慰问。组织开展“浓情端午粽是情　四海侨民一家情”、观看红色电影、白内障筛查、重阳节登山、侨胞侨属体检、归侨侨眷职业技能培训等活动；开展《好习惯、好成绩、好前程》《儿童智力发展与培训》讲座；组织参加第三届世界华人华侨摄影大赛；选派优秀英语教师参加香港教社教育基金韶关暑期英语学习交流活动；组织参加第十八届世界华人学生作文大赛并取得优异成绩。组织侨企到武汉、石家庄等地参加华人华侨创业发展座谈会。迎泽区侨联代表太原市侨联组织四家侨企到石家庄参加2017年中国·石家庄国际投资合作洽谈会。邀请市侨联副主席郑勇到迎泽区进行侨务知识专题讲座。加强与台胞台属的联系，强化对台工作宣传，举办涉台教育进社区、进校园活动。把党的对台方针政策学习列入教育计划，开展爱国主义教育，培养青少年实现祖国统一的责任感和使命感。以民间交流为纽带，宣传迎泽历史文化等，扩大各领域交流合作。搭建全方位、宽领域、多层次的交流格局，推进晋台两地民间交流，促进经济社会融合发展。12月，迎泽区侨联被授予“山西省侨联系统先进集体”称号。

【促进非公经济健康发展】 2017年2月20日，迎泽区委统战部召开迎泽区工商联第四届会员代表大会，选举产生第四届执行委员会，主席、常务副主席、副主席，总商会会长和副会长，实现新老领导班子交接。坚持凡进必评原则，严把质量关，全年对195名非公经济代表人士进行综合评价，评价合格率达到了90%。组织参加主题为“2017宏观经济趋势与供给侧结构性改革”的第31届三晋高管论坛和全省年轻一代企业家理想信念教育专题培训班。

开展经贸服务活动，组织民营企业家到天津等地参加经贸活动。接待新疆五家渠市103团蔡家湖镇项目考察活动，组织15家企业参加援疆项目对接会，并有企业达成合作意向。发挥兼职副主席、副会长的作用，实行兼职副主席、副会长轮值制度。4月21日举办迎泽区工商联轮值主席第一次会议暨上市企业经验交流座谈会、5月19日举办“助力企业发展　建设首善之区”财税金融专题知识讲座、6月30日举办新思维、新模式、新金融专题讲座、9月15日举办“跟党走　谋发展　做贡献”主题实践活动及学习习近平总书记视察山西重要讲话精神；开展法律服务进商会、法律知识宣传月等活动，促使他们更好履职，加强彼此之间的互通和联系。

【党外代表人士队伍建设】　2017年，迎泽区委统战部探索成立新的社会阶层人士联谊会，通过认真筛选、严格把关，向市委统战部推荐在该地区有一定社会影响力、参政议政热情高的私营企业和外资企业的管理人员和技术人员、社会组织从业人员、自由职业人员、新媒体从业人员等代表人士11名，为联谊会注入活力，提供组织保障。作为山西省首家党外代表人士实践锻炼基地，2012—2017年，共选派5批30名党外干部到各街道办事处挂职锻炼，挂职期间区委统战部认真规划实施，明确任务要求，健全完善机制，科学考核评价，探索挂职经验规律，取得促进党外干部成长进步、建立务实管用长效机制、形成实践锻炼成功经验的多重效果。工作得到省、市委统战部的认可与肯定，工作经验被中央统战部网站进行推广。区委组织部、统战部定期召开党外干部联席会议，研究解决相关问题；探索培养党外干部的方法和途径。各相关部门和街镇中有27个部门配备党外干部38名。其中，正职2名，副职13名，主任科员3名，副主任科员20名。

【第三十一次统战宣传月工作】　2017年9月，迎泽区委统战部在全区范围内开展以“凝心聚力十九大　同心共创首善区”为主题的第三十一次统战宣传月活动。结合习近平总书记系列重要讲话精神、治国理政新理念新思想新战略和习总书记视察山西讲话精神，以迎接宣传贯彻中共十九大为主线，在全区开展“六个谈”活动。将“六个谈”中党（工）委书记谈统战、各民主党派迎泽支部（社）主委谈统战等20篇稿件整理成册。各党（工）委和各相关部门结合自身统战工作特点，开展“咱的街道咱的家—月满中秋，爱满社区，情满家园”“两岸一家亲”少儿手绘报展评，“民族和谐饺子宴”“凝心聚力十九大，同心共创首善区”演讲比赛，“一对一、结对子、要家访”活动。各民主党派迎泽支部（社）开展一系列下乡义诊、送课入乡、文艺演出等同心·惠民活动。区委统战部在城市繁华地段、人流量密集地区，太原地标性建筑上运用LED显示屏开展为期一个月的统战标语宣传活动。统战宣传月期间共收到论文123篇，有关统战内容版面218块、黑板报187个，统战标语736条，广播23次、动员会31次、报告会24次、讲座89次，培训班46期、培训人数2300余人，收集建言献策215条，报送信息102条、走访统战人士785人次，组织民主党派人士、无党派人士考察调研31次、与各类统战对象座谈45次。收到《让服务对象感受到统战干部受教育成果》征求意见表1796份。

【统战调研宣传信息工作】 2017年，迎泽区委统战部在省级以上报纸、杂志、网站发表理论文章3篇。其中，中央统战部网站上发表专题文章1篇，《中国统一战线》发表论文1篇，《山西统一战线》发表论文2篇，山西省委统战部网站采用信息3条，省委统战部专报信息得分60分以上。通过调研，形成理论研究和调研成果3篇。区委统战部撰写的《试论大统战工作格局中基层统战部门如何发挥作用》一文获2017年度全省统战理论政策研究优秀成果三等奖。 （李娟娟）

机构编制

【概述】 迎泽区机构编制委员会办公室位于太原市云路街15号迎泽区政府七楼，成立于2002年，为迎泽区机构编制委员会的常设办事机构，它既是区委的工作机构，又是区政府的工作机构，具体负责全区行政管理体制和机构改革以及机构编制的日常管理监督工作。

迎泽区编制委员会办公室设行政编制3名，工勤人员1名，正科建制，领导职数一正两副。现实有行政人员3名。内设两个职能科室：综合办公室（监督科）和机关、事业科。

下属事业单位登记管理局为全额拨款事业单位，副科建制，事业编制3名，实有工作人员2名。

成立机构编制电子政务中心为全额拨款事业单位，隶属于编办，副科建制，事业编制5名，实有工作人员4名。

2017年，迎泽区编办按照上级机构编制管理工作的总体部署和要求，以政府机构改革、深化行政审批制度改革、全面推行机构编制实名制管理和控编减编为重点，围绕年初制定的各项工作目标，强化机构编制管理，狠抓落实，迎难而上，完成全年各项工作任务。在增人用编审核中，注重发挥编制部门在编制使用中的龙头作用，加强与组织、人社、财政、审计等部门的协调配合，强化编制使用程序，规范进入审批流程。完成全区机关事业单位办理的招录、调动、离退人员编制审核工作。根据相关单位的职级变化，进行有效分配。适度调整14个机关事业单位的38名编制，做到盘活存量，动态管理。

【党风廉政建设】 2017年，迎泽区编办推进“两学一做”学习教育常态化制度化。研究制定“主题党日”活动制度，把每月25日确定为“主题党日”时间，集中学习党章党规，学系列讲话，组织党员读原文、学原著、悟原理；集体诵读党章；重温入党誓词；交纳当月党费；为贯彻习近平总书记视察山西重要讲话精神，组织全体党员集体参观彭真纪念馆、到习近平总书记视察的山西兴县晋绥边区革命纪念馆开展“不忘初心，继续前行”主题活动，激励党员增强四个意识，使参加组织生活成为党员的自觉和习惯，党内政治生活规范化。

落实党风廉政建设主体责任和监督责任，执行中央八项规定和区委纪委有关制度，学习《关于落实党风廉政建设党委主体责任纪委监督责任的实施办法（试行）》，结合本单位实际研究制订《关于落实党风廉政建设主体责任的清单》《关于落实党风廉政建设监督责任的清单》，对重点任务和工作责任分解细化、责任到人。开展党员干部严明党的纪律集中教育活动，引导党员干部以身作则、率先垂范，对照“三严三实”的要求，查摆自己在思想境界，素质能力、作风形象等方面存在的问题与不足，边查边改、立行立改。抓机关作风建设，修订完善机关廉政、考勤、理论学习、值班、保密等各项制度，结合区编办实际制定《公务接待管理办法》《财务管理制度》等 8 项制度，将机关各项制度与问责追究相结合，用制度保障作风建设效果。

区编办按照区委《关于在推进“两学一做”学习教育常态化制度化中加强“三基建设”的意见》精神，与区“三基建设”领导小组办公室联合制定《太原市迎泽区党政群机关事业单位基础工作达标指导意见》和《太原市迎泽区党政群机关事业单位制定基础工作目录和工作运行流程图的指导意见》，组织实施全区党政群机关和事业单位的各自职能、分层级梳理基础性工作、履行职能的基础信息、工作规范、规章制度等基础性业务和管理工作进行分类界定，编制形成条目清晰、系统规范、覆盖所有单位和岗位的基础工作目录及工作运行流程图，提升工作质量和效率。

【行政审批制度改革】 2017 年，迎泽区编办推进简政放权，落实省、市政府下放取消给地方的职能，全年共取消 4 项审批事项，承接 8 项审批事项，完成率 100%。确保接管好，落到实处；深化行政审批制度改革，促进中介服务市场健康发展。全年对迎泽区在行政审批中涉及中介服务事项进行清理规范，最终形成 19 项中介服务清单，并向社会公布；推进减证便民专项行动，按照“六最”目标，对迎泽区行政审批前置申请材料、相关证照年检和政府指定培训进行全面清理规范，清理比例分别达到 25%和 40%，政府指定培训仅有 2 项保留，精简申请材料、相关证照的年检和与之挂钩的政府指定培训，减轻企业和群众负担；巩固完善清单制度建设，按照标准，开展行政许可标准化建设，对迎泽区行政许可事项进行核对与梳理，对梳理出的 21 个事项全部进行变更。推进权责清单动态管理，根据《迎泽区权责清单动态管理办法》，全年对迎泽区 8 项权力事项进行动态调整，将权责清单调整情况进行规范记录，强化日常监督，动态调整长效机制规范运行。落实行政审批事项事中事后监管工作，组织开展对迎泽区 27 个区直部门制定并公布的 392 项随机抽查事项事中事后监管自查工作，更新随机抽查事项清单，实现对全区行政职权事项全流程长效监管。

【政府机构改革】 2017年，迎泽区编办围绕区“三基建设”重点工作任务精神，结合政府职能转变、行政审批制度改革、综合行政执法体制改革和区城乡居民基本医疗保险相关行业体制改革，梳理政府工作部门职责变化情况，厘清职责状况，理顺职责关系，明确和强化责任，完善运行机制，巩固政府机构改革成果。推进并完成监察体制改革和第二批司法体制改革试点工作，划转人员编制和“三定”方案的拟订工作。

【机构编制实名制管理】 2017年，迎泽区编办加强和完善机构编制实名制管理工作，确保具体机构设置与按规定审批的机构相一致、实有人员与批准的编制和领导职数相对应。按照市编办的业务指导，通过边完善、边规范、边总结，探索实践，以三个坚持为原则，即坚持一人一编一岗原则，坚持人员变动、随时登记、适时更新、动态管理办法，坚持专人专机操作管理。强化日常机构编制实名制管理，实现机构编制的规范化、科学化、精细化管理。

【事业单位分类改革】 2017年，迎泽区编办深化事业单位分类改革工作，在第一阶段清理规范后，根据《山西省县市事业单位分类指导目录》要求，迎泽区事业单位分类改革工作在编委的领导下，依照标准、逐一甄别、稳妥推进，确定承担行政职能事业单位4个，公益一类事业单位160个，公益二类事业单位15个，生产经营类事业单位1个，尚未划分类别的事业单位23个。

【事业单位控编减编】 2017年，迎泽区编办根据市编办提出的从2015年至2017年核减事业编制5%的总要求，按照“控制总量，盘活存量，统筹管理，严控编制使用，坚持改革方向，实行分类控减”的原则，采取对部分重复设置、职能重叠弱化、长期空编较多的事业单位相应核减的减编措施。2017年，经区编委会研究通过，确定核减迎泽区125名事业编制名额。从2015年至2017年，迎泽区共核减事业编制351名，全面完成市编办下达的控编减编任务。

【机关群团事业单位登记管理】 2017年，迎泽区编办按照《国务院关于批转发展改革委等部门法人和其他组织统一社会信用代码制度建设总体方案的通知》和省编办《关于实施事业单位法人统一社会信用代码制度的通知》，推进机关群团事业单位登记管理改革创新，按照不同领域分期分批实施。按照相关文件规定，机关、群团统一社会信用代码赋码工作全部完成。按照《条例》及新修订的《实施细则》，全年共受理事业单位设立登记1件、变更登记53件、注销登记1件、年度报告130件，受理机关群团统一社会信用代码赋码工作52件，办结52件，办结率100%；按照《事业单位登记管理档案管理办法》要求，规范档案管理，按照“一单位一档案”的标准，做到事业单位登记管理档案管理规范、真实、完整，全面提升登记管理水平。

【中文域名注册和网站贴标管理】 2017年，迎泽区编办在机关和事业单位中文域名注册和网站贴标管理工作中，结合全年机构变化实际，在上年工作的基础上，摸底梳理，协调沟通，组织实施，巩固完善202个机关事业单位的域名地址注册，缴纳费用4.49万元。中文域名注册和网站贴标工作完成率为100%，实现机关事业单位中文域名注册和网站贴标全覆盖。

信访

【概述】 2017年，太原市迎泽区信访局（简称区信访局）全面贯彻落实国家信访局《关于进一步规范信访事项受理办理程序引导来访人依法逐级走访的办法》，强化属地责任、提高信访工作效能，引导来访人依法逐级走访，推动信访事项就地解决，全面推动涉法涉诉信访改革，建立依法处理涉法涉诉信访问题的新机制，实行诉访分离，化解一批信访案件，为迎泽区维稳工作作出贡献。

2017年，迎泽区到京非访20人次，到省集体访39批1490人次、到市集体访187批8318人次，到区上访592批8365人次。到省、市、区信访总量（含集体个体访）为818批次。

城乡建设（房产证、未能按时交房、供暖问题）208批次，占总量的25.42%；拆迁安置补偿196批次，占总量的23.96%；经济合同纠纷182批次，占总量的22.25%；农民工工资79批次，占总量的9.66%；社保问题32批次，占总量的3.91%，其他121批次，占总量的14.8%。

区信访局机构规格正科级。内设科室两个：接待科、督办科；实有人数3人。

【领导接访联合接访】 2017年，迎泽区在“区级主要领导大接访”活动中，主要领导轮流接访，全年共接访49次，接待上访群众208批1490人次。在定期开展的联合接访中，由区级主要领导、六街一镇、区直机关相关部门负责人参加，通过倾听群众诉求，现场落实责任单位，限期答复等环节，推动信访事项就地解决。针对部门涉及人数多、影响较大的集体访案件逐案制定措施，落实责任，确定专人跟踪督办、协调，保证信访案件能够按期办结。

【矛盾纠纷排查】 2017年1月至12月，迎泽区共向太原市联席办报送矛盾排查隐患13件，化解13件，化解率100%。

【疑难信访事项的化解和重点人员稳控】 2017年，迎泽区办理市交办疑难信访事项，落实“五包一”案件化解责任制（由一名区级领导、一名乡科级领导、一名社区干部、一名公安民警、一名律师共同做好信访人的教育稳控工作），制订方案，化解信访积案，实现“三个不发生”（不发生大规模群体性事件、不发生个人极端恶性案件、不发生重大媒体炒作事件）。1月至12月共交办案件数共计72件，化解65件，化解率90%。

【突发事件解决】 2017年，迎泽区各单位、部门建立矛盾纠纷排查化解应急预案，确保各类矛盾纠纷得到化解。在发生到省、市集体访及突发事件时，由分管区级领导及责任单位按照规定时间到现场进行劝返、接返，对在上访过程中的违法行为由公安部门配合进行依法处置，化解矛盾。

【上级交办案件化解】 2017 年，迎泽区贯彻省“特殊疑难信访事项专项治理”活动精神，把化解积案作为 2017 年信访工作的重点，主要领导亲自抓，分管领导直接抓，包案领导具体抓，以“事要解决”和息诉罢访为标准，采取建账、对账、查账、销账、交账“五账”工作法，做到一案一策、分类化解。共交办迎泽区信访案件 3 件，化解 3 件，化解率 100%。

【网上信访信息系统建设】 2017 年，迎泽区安排专人负责网上信访信息系统，做到按时登陆、录入、办理网上交办案件、受理网上投诉并答复。1 月至 12 月共受理、登记信访事项 592 件，信访机构及时受理率为 96.28%，有权处理信访事项的部门单位及时受理率为 95.84%；信访事项按期答复率 98.35%；信访工作机构信访事项处理群众满意率 96.76%，对有权处理信访事项的行政机关信访事项处理群众满意率 97.84%。

区直机关党的建设

【概述】 中共迎泽区直属机关工作委员会简称机关工委，是区委综合管理机关工作的派出机构，行政编制 4 名，工勤人员 1 名，正科建制，有书记 1 名，副书记 1 名，纪工委书记 1 名，工会主任 1 名。

基层党组织有党总支 2 个，党支部 54 个，其中离退休党支部 5 个，共有党员 869 名，其中2017 年发展党员 9 名。

2017 年，机关工委围绕全区中心工作，贯彻落实中共十九大精神，推进“两学一做”常态化制度化和开展“维护核心、见诸行动”主题教育活动，提高党员整体素质，提升新形势下机关党建工作水平。

【党员教育】 2017 年，迎泽区机关工委加强党员教育。在日常教育方面。年初下发《2017 年区直机关党员干部理论学习安排意见》，对全年的理论学习内容进行安排部署。开展两期“区直机关党员大讲堂”活动，受教育党员达 300 余人次。为机关党员推出党建知识每周一讲活动，2017 年开办 37 讲。455 名党员注册迎泽群工系统，认领微心愿 34 个，组织志愿活动 2 次；为 862 党员发放《党员手册》和党员学习笔记本。开展全体党员讲党课活动，围绕“争当迎泽先锋、建设省城首善之区”为主题，158 名科级领导干部共讲党课 176 次，对在各支部中征集到 39 篇优秀党课进行评选，选出一等奖 6 个，二等奖 8 个，三等奖 13 个，优秀奖 12 个。其中选送的 6 个党课在区委组织的优秀党课评选活动中全部获得一、二等奖的名次，组织 2 次优秀党课巡讲，机关 300 余名党员干部参加学习，区委四大班子领导以普通党员身份参加该次活动。

【基层组织建设】 2017 年，迎泽区机关工委推进基层组织建设。制度建设上，由机关工委牵头制定《区直机关党的工作责任制的规定》，重新制定修改《机关党员干部学习制度》，转发《关于进一步严格和规范党支部组织生活制度的通知》，下发《机关工委2017年支部工作考核细则》，对支部工作作了具体、量化的要求。组织建设上，指导49个支部召开“两学一做”专题组织生活会和民主评议党员工作，20名区级领导、220名科级领导都以普通党员身份参加所在党支部的组织生活会，对699名党员民主评议。召开基层党组织书记抓基层党建工作述职评议考核工作会议，会上10个支部书记进行会议述职，32个支部书记进行书面述职。对各支部书记履职情况测评。对区机关866名党员重新摸底、汇总、录入全国党员管理信息系统，加强对党员的现代化管理。组织好“支部主题党日”。各党支部每月一次的“主题党日”，在完成四个“规定动作”的基础上，与该部门该单位特点和工作实际相结合，开展“主题党日”活动。经过整理，制作机关“主题党日”纪念册。在“七一”和“两节”期间，对70名生活困难的党员和1名因公殉职的党员走访慰问，慰问金达4.5万余元。

【推进“两学一做”学习教育常态化制度化和开展“维护核心、见诸行动”主题教育】 2017年，迎泽区机关工委结合工委实际，制定方案、成立领导组，分别召开动员会，在动员会上，区水务局和区委党校党支部书记进行交流发言；对2个党总支和46个党支部下派督导员进行督导。邀请市委党校副校长王晓东作“两学一做”常态化制度化专题讲座。对支部书记进行以“两学一做”和“维护核心、见诸行动”为主题的为期三天的“领头雁”培训。开展“喜迎中共十九大　对党说说心里话”活动，广大党员以自己亲身经历和切身感受撰写161篇情感真挚、语言生动的心语。连续五个月组织600余名党员群众参加全省“两学一做”学习教育系列知识竞答。组织全体党员以习近平总书记视察山西重要讲话精神应知应记要点和中共十九大精神为主要内容，进行2次知识测试。

【党风廉政建设】 2017年，迎泽区机关工委重新制定“两个责任”清单。对2017年度的党风廉政建设和反腐败工作进行任务分解，把任务和责任落实到工委班子成员和下属的总支、支部，细化责任，把党风廉政建设列入支部考核内容。支持纪工委执纪监督问责，2017年查办案件5起，对1名党员诫勉谈话，3名党员给予党内警告处分，1名党员给予行政警告处分。开展党风廉政教育。坚持在春节等重要时间节点开展提醒谈话6次，签订家庭廉政承诺书和撰写廉政家书。

【精神文明创建】 2017年，迎泽区机关工委举办道德讲堂和文明礼仪教育养成大讲堂。党员志愿者服务经常化。开展“规范共享单车，从我做起”党员志愿者活动，工委的党员志愿者在五一广场参加文明交通志愿者活动，维护城市文明形象。组织全体党员干部开展“博爱一日捐”和“中华慈善日”活动，共捐款8万余元，为公益事业奉献一份自己的爱心。

【发挥群团组织作用】 2017年，迎泽区机关工会组织参加全国第五届书香“三八”读书活动；“喜迎十九大、展示新风采”省城职工微书法比赛；组织第十三期职工医疗互助工程，履行工会组织关心职工生活，维护职工合法权益的职责；“八一”期间召开座谈会，对8名机关军属进行慰问。

机关妇委会“三八”期间组织机关妇女开展健康知识讲座；组织开展争做“平安家庭示范户”活动，以家庭文明，带动社会文明；对机关的1名贫困儿童进行救助。机关团工委培养团员青年，向党组织推荐优秀团员7名加入党组织。（李梅汝）

离退休干部管理与服务

【概述】 2017年，中共太原市迎泽区委员会老干部局（简称区委老干部局）围绕省、市老干部工作重点和区委中心工作，结合迎泽区离退休干部的特点，以为老干部服务转型跨越发展为主题，落实离退休干部扶贫帮困救助机制，利用社区资源，创新离退休干部服务管理模式，开展老干部活动中心选址工作，不务虚名，踏实工作，服从区委，服务老干部，各项工作取得阶段性成果。

区委老干部局是区委主管离退休干部工作职能部门，为部门管理机构，由区委组织部管理。正科建制，内设办公室、组宣科、生活待遇科，公务员编制3名，工勤人员2名，实有正副局长3名，工勤人员2名。下属单位区老年大学，为参照公务员法管理事业单位，编制2名，实有工作人员2名。

【老干部思想政治教育】 2017年，迎泽区委老干部局在区委、区政府的支持下，做好老干部报刊杂志的订阅工作，做好老干部报纸杂志的订阅工作。全区离休干部和副县（处）级退休干部人手订阅一份《山西老年》《老友导报》，为各活动室订阅《人民日报》《山西日报》《参考消息》等报刊；向部分老同志集中居住的社区捐助相关学习资料；为21个离退休干部党支部、26个离退休干部党小组发放《学习参考》；贯彻省、市精神为19个离退休党支部落实5000元的活动经费。组织老干部学习中共十八届五中、六中全会和习近平总书记重要讲话精神，使离退休干部能了解党和国家的方针、政策、国内国际形势，自觉与党中央保持一致。

4月13日，召开全区老干部工作会议，传达全国和全省“双先”表彰大会精神，以及全国老干部局长会议、省市老干部工作会议精神，进行传达和组织学习贯彻落实，通过在活动室、老年大学广告栏、教学课堂传达学习习近平总书记在全国“双先”表彰大会的重要讲话精神，并且把相关资料整理成册下发给老干部们，使离退休干部了解党和国家的方针、政策、国内国际形势，思想在政治上、行动上自觉与党中央保持一致。围绕“双先”精神、贯彻落实等热点、重点内容进行作专题辅导，通过以会代训的形式，对全区各单位的老干部工作人员传达学习。

【生活待遇落实】　2017年，迎泽区委老干部局健全离休干部“三个机制”制度，保证全区离休干部生活补贴、护理费、丧葬费、冬季取暖补贴费、抚恤金及无工作配偶生活困难等各种补助全部落实到位，对特殊情况特殊身份的离退休干部给予最大限度关心和帮助，创新对离休干部服务方式，除三大节日对离退休干部慰问外，开展个性化慰问，在生日当天为每个离休干部送生日蛋糕。

从9月10日起为期50天，组织安排离退休干部体检工作，为65个单位的2300余名老干部在大健康体检中心体检；全年共慰问看望离退休干部达5000　余人次，操办离休干部丧事11起。

【为老干部服务】　2017年，老干部局各项活动安排围绕“为党和人民事业增添正能量”这一主题，搭建平台，让老同志展示阳光心态，体验美好生活，畅谈发展变化。2017年3月，为弘扬中华文化之精粹，识中华文化之光耀，承中华文化之文明，引导教育干部群众树立向上向善的价值追求，迎泽区委老干部局联合文庙街道党工委于清明节来临之际在迎泽区文化馆举办“诵读经典　传承文明”诗词朗诵比赛。2017年5月26日，由迎泽区文化馆、迎泽区老干部局、柳巷街道党工委、铁匠巷社区党总支主办的“迎泽区两学一做两提一创传统文化国粹京剧惠民演出”在迎泽区文化馆举行。为迎接中共十九大胜利召开，庆祝建党96周年，推动“两学一做”常态化、制度化建设，展示迎泽区“两提一创”学习教育的成果，丰富迎泽区职工群众文化生活，由迎泽区委老干部局、迎泽区文化馆举办迎泽区名家精品书画展。为喜迎十九大召开，在重阳前夕，迎泽区委老干部局和教育局联合举办“喜迎十九大，共庆重阳节”老干部棋艺赛，让老同志老有所乐，发挥经验优势，以实际行动向中共十九大献礼；迎泽区委老干部局和迎泽区文化馆联合主办，由美术精品展览和两场文艺演出组成。其中“最美夕阳红，谱写新篇章”迎泽区精品美术作品展主要展出迎泽区离退休干部的书画作品，从2017年10月27日至31日为期五天，10月27日迎泽区老年大学教学成果汇报演出。11月底组织开展老干部十九大专题辅导，每人发放一套十九大学习资料，并让老干部发表感言，为老干部提供一个相互交流、传播正能量的平台。

【“四就近”服务】　2017年，区委老干部局创新组织设置，就近参加学习。全区共组建网格党支部130余个，网格党小组610余个，有老干部党支部19个，定期开展学习培训；整合社会资源，就近提供服务。坚持服务宗旨，采用无偿、低偿服务相结合的方式，使老干部在社区需有所应、难有所帮；落实文化养老、健康养老，各社区做到活动有制度、有场地、有器材、有队伍。老干部参与其中，成为社区文化活动、宣传教育、精神文明建设的主力军。积极搭建平台，就近发挥作用。老干部自党融入社区大家庭，建言献策，参与社区建设，老干部转变角色，主动担当起社区政策咨询员、居民维权员、卫生监督员、治安巡查员、少儿帮教员、纠纷调解员，邻里协调员，楼院示范员，为建设和谐社区发挥自己的余热。

【帮扶机制】 从 2009 年起成立迎泽区帮困解难专项基金，出台《迎泽区帮困解难专项基金使用办法》，以文件的形式下发各涉老单位，该办法规定帮困主要救助对象、救助条件、救助标准、使用原则、办理程序、管理制度等相关事项，基金金额 15 万元，2017 年救助、救济离退休干部及遗属 129 人。

党校教育

【概况】 2017 年，中共太原市迎泽区委党校（简称区委党校）在区委区政府及省市党校的领导下，在党校全体教职员工的共同努力下，学习习近平新时代中国特色社会主义思想和十九大精神，贯彻落实中央、省、市、区重大工作部署，开展干部培训、理论研究工作，发挥党校教育的主阵地、主渠道作用。通过提升教师素质，改善办学条件，创新教学模式，在干部培训、教学研究、科研咨政、师资队伍建设等方面取得新成效。7 月，张映平任党校常务副校长。2017 年，区委党校获太原市“文明单位”“区级文明单位标兵”等称号。

【廉政建设】 2017 年，党校始终把党风廉政建设责任制作为党建工作的重要内容来抓。党校职工执行中央、省、市、区关于对领导干部廉洁自律的有关规定，用党的纪律规范自己的行为。执行八项规定，杜绝“四风”现象发生。同时加强自身道德修养，通过学习市、区纪委下发反腐倡廉的有关规定，领导干部廉洁从政各项规章制度以及《中国共产党党内监督条例》和《中国共产党纪律处分条例》，提高落实廉政法规的自觉性，树立廉政意识，坚守自己的做人信条，堂堂正正做人，清清白白做官，不以权谋私，不损人利己，做到分清黑白，明辨是非，保持清醒，警钟长鸣，树立起拒腐防变的道德防线。

【干部短期培训】 2017 年，迎泽区委党校发挥理论宣传主阵地作用，加大对迎泽区党员干部培训力度，遵循“党校姓党”原则，合理设置培训班次和教学内容，突出教学效果，保证培训质量。全年举办以入党积极分子、副科级以上领导干部、农村两委、离退休老干部、社区干部、各类基层党员干部为对象的各级各类培训班 27 期，培训 2706 人次，培训规模创历年新高。在 11 月举办太原市第一个学习贯彻中共十九大精神科级干部主体培训班，期间聘请专家为全区 600 余名各级领导干部和社区（村）两委干部进行专题辅导。在主体班开班典礼上，区委书记冯原平提出“主体班学员要当十九大精神学习宣传践行者”要求。区委党校迅速行动、积极准备，调整课程设计内容，开展授课基础培训和辅导，组织骨干学员到基层宣讲，发动全体学员人人进行十九大精神宣讲，取得效果。区委书记冯原平在开班第一天为学员作“深入学习贯彻落实十九大精神”为主题的辅导，使学员受益匪浅，也为学员在今后工作中贯彻落实中共十九大精神，实现“首善之区”建设目标开阔思路、指明努力方向。创新教学模式，变教师讲为教会学员讲，组织骨干学员到机关、企业、学校、社区开展中共十九大精神宣讲50余场6000余人次，受到广大基层干部群众的欢迎，既把中共十九大精神带到基层，又加深学员对中共十九大精神的理解。本期主体班亮点突出、取得效果。突出中共十九大精神。整个课程设计结合十九大精神，确保入脑、入心。开办微信公众号，加大对中共十九大精神的宣传，搭建全区理论学习平台。与党性教育相结合。发挥党性教育基地作用，增强学员的党性观念，提高学员学习贯彻落实中共十九大精神的自觉性和坚定性。与区委区政府重点工作相结合。聘请政府职能局领导结合工作实际，与学员交流心得体会。创办党校主体班特刊。组织编印科级干部主体培训班特刊，总结办学办班经验，展现学习调研成果，成为党校学习贯彻十九大精神的重要宣传阵地。通过培训和基层宣讲使广大领导干部领会中共十九大精神的内涵，并把思想统一到精神上来。

12月上旬，省委党校副巡视员赵继光一行到太原市小店、迎泽、杏花岭、尖草坪四区调研，对迎泽区主体班办学模式特别是学员宣讲十九大做法给予肯定，称赞当属全省首家要加以总结推广。

【教学科研】 2017年，迎泽区党校为使教师能更快更好地掌握党的最前沿最先进的理论，组织6名骨干教师到市委党校和中国人民大学等知名高校参加十九大精神培训学习。以“教学为中心，科研为基础”的指导思想，为发挥党校理论宣传主阵地作用，提高办学水平和教学质量，组织全校教师参加市委党校开展的学习贯彻十九大精神的研讨会和其他科研活动，围绕居家养老和社区党务人才建设等内容，展开科研课题。为保证科研成果的实用性，组织党校全体教师到基层一线进行实地调研，使科研成果更具有实践性和可指导性。组织教职工撰写科研论文4篇。其中，2名教师承担市委党校课题并结项。一人获省委党校优秀论文二等奖。区委党校获“市科研课题结项优秀组织单位”称号。

【“两学一做”常态化制度化学习教育活动】 2017年，“两学一做”常态化制度化学习教育开展以来，党校班子按照省、市、区委的安排和部署，开展好此次教育学习。在抓好学习教育的基础上，对照党章、对照中央和省、市、区委的有关规定、对照先进典型，对照在教职工和学员中征求到的意见建议，开展批评和自我批评，查摆区委党校存在的突出问题，并对其思想根源进行剖析。对于查摆出的问题，分别制定目标明确、措施具体、责任明晰的整改任务表，并针对查摆出的问题抓好重点制度的建立健全工作，建立长效机制。

【行政后勤】 2017年，党校行政后勤工作根据实际需要，本着务实、节俭、高效的原则，强化面向教学科研一线的职能管理力度。实施行政人员岗位责任制，使行政后勤工作规范化、制度化、科学化，保证党校工作的正常进行。在综合治理上，加大工作力度和防范意识，坚持把平时的宣传教育、安全检查同日常工作、学习生活有机结合起来，对重点环节坚持重点管理，定期防范，发现问题及时解决，营造平安校园的和谐氛围，本年度被庙前地区评为“综合治理先进单位”。在基础设施上，改善办公和办学条件，按照县区党校标准化建设的要求，区委党校规范对人、财、物的管理，建设节约型机关，把有限的物力和财力科学合理的投入到党校标准化建设当中，为保证党校教学培训工作及教学科研任务的完成提供保障。在人员少任务重的情况下全年为区直各单位提供教室会议室使用服务50余场次，配合各单位工作的开展，展现市级文明单位的良好风貌。

（李丽青）

太原市迎泽区人民代表大会常务委员会

TAIYUANSHI YINGZEQU RENMINDAIBIAODAHUI CHANGWUWEIYUANHUI

综　述

【概述】　2017年，迎泽区人大常委会学习贯彻落实中共十九大精神和习近平新时代中国特色社会主义思想，召开区五届人大二次会议，精心组织，召开常委会会议和主任会议，抓好代表建议办理工作，围绕中心，履职尽责，完成各项工作任务。

重要会议

·全体代表会议·

【区五届人大二次会议】　2017年2月22日至24日，区五届人大二次会议在湖滨国际酒店召开。会议听取和审议区人民政府、区人大常委会、区人民法院和区人民检察院工作报告，审查国民经济社会发展计划和财政预算报告，批准2017年计划和预算，表决通过《关于太原市迎泽区人民政府工作报告的决议》等6个决议，选举产生区监察委员会主任，选举产生区出席太原市第十四届人民代表大会代表51名，完成各项任务。

·常务委员会会议·

【区五届人大常委会第三次会议】　2017年1月6日，区人大常委会在山西饭店召开第五届人大常委会第三次会议，人大常委会副主任尹晓平主持会议。会议听取和审议区政府关于城市道路及棚户区拆迁改造与安置情况的报告；听取和审议迎泽区关于2015年本级预算执行及其他财政收支情况的审计工作报告；听取和审议区政府关于贯彻实施《公共文化体育设施条例》情况的报告；听取区人大常委会关于区政府贯彻实施《公共文化体育设施条例》的执法检查报告；听取和审议迎泽区关于2015年财政决算（草案）及2016年财政预算调整方案的报告；听取和审议迎泽区2015年财政决算（草案）审查结果的报告及关于批准迎泽区2015年财政决算和2016年财政预算调整方案的决议（草案）；

听取和审议区法院关于刑事审判方式改革情况的报告；听取区政府关于迎泽区第五届人大第一次会议代表建议、批评和意见办理情况的报告；进行人事任免。决定任命陈晓华为区人民政府副区长、贾立新为区安监局局长。

【区五届人大常委会第四次会议】 2017年2月13日，区人大常委会在区人大会议室召开第五届人大常委会第四次会议，人大常委会副主任秦宇星主持会议。会议审议通过迎泽区人大常委会代表资格审查委员会关于代表资格的审查报告；作出关于召开迎泽区第五届人民代表大会第二次会议的决定；审议通过迎泽区第五届人民代表大会第二次会议的有关事宜；讨论迎泽区人大常委会工作报告（征求意见稿）；审议通过迎泽区2016年预算执行情况及2017年预算（草案）主要内容的报告；审议通过关于迎泽区2016年预算执行情况和2017年预算（草案）审查结果的报告；审议通过《迎泽区人民代表大会常务委员会关于迎泽区监察委员会副主任、委员任命和宪法宣誓程序的决定（草案）》。

【区五届人大常委会第五次会议】 2017年2月24日，区人大常委会在湖滨国际大酒店召开第五届人大常委会第五次会议，人大常委会副主任孟晋忠主持会议。进行人事任免。决定任命张建生、李志伟为区监察委员会副主任，雷晓珍、吕开武、鲍宏伟、高春光为区监察委员会委员。

【区五届人大常委会第六次会议】 2017年4月27日，区人大常委会在区人大会议室召开第五届人大常委会第六次会议，人大常委会主任侯富田主持会议。会议听取和审议区政府关于2016年对口精准帮扶情况的报告；审议通过迎泽区人大常委会2017年工作计划。进行人事任免。任命姚瑶、赵雅萍、王玮任区人民检察院检察员，免去田德胜、王颖区人民法院审判员职务，免去宋海文、房向明、李涛、毛爱国、孙毅胜区人民检察院检察员职务。

【区五届人大常委会第七次会议】 2017年6月28日，区人大常委会在山西饭店召开区第五届人大常委会第七次会议，人大常委会副主任韩石俊主持会议。会议听取和审议区政府关于贯彻实施《中华人民共和国安全生产法》和《山西省安全生产条例》情况的报告；听取和审议区人大常委会关于区政府贯彻实施《中华人民共和国安全生产法》和《山西省安全生产条例》执法检查的报告。进行人事任免。任命吴树公为区人大常委会办公室主任、张利宏为区人大常委会迎泽街道工作委员会主任；决定任命李斌玲为区统计局局长；免去徐丽珍区人大常委会迎泽街道工作委员会主任，宋衍立区统计局局长，谭军区人民检察院副检察长、检委会委员、检察员职务。

【区五届人大常委会第八次会议】 2017年8月16日，区人大常委会在区人大会议室召开区第五届人大常委会第八次会议，人大常委会主任侯富田主持会议。会议作出关于许可对区五届人大代表张某华采取刑事强制措施的决定。

【区五届人大常委会第九次会议】 2017年8月29日，区人大常委会在山西饭店召开第五届人大常委会第九次会议，人大常委会副主任尹晓平主持会议。会议听取和审议迎泽区2017年1—6月国民经济和社会发展计划执行情况的报告；听取和审议迎泽区2016年财政决算（草案）和2017年1—6月财政预算执行情况的报告；听取和审议迎泽区2016年本级预算执行和其他财政收支情况的审计工作报告；批准迎泽区2016年财政决算；听取和审议区政府关于医养护一体化工作情况的报告。

【区五届人大常委会第十次会议】 2017年10月31日，区人大常委会在区人大会议室召开第五届人大常委会第十次会议，人大常委会副主任秦宇星主持会议。会议听取和审议区人民法院关于多元化纠纷解决机制工作情况的报告；学习中国共产党第十九次全国代表大会精神。进行人事任免。同意接受李锦辞去区监察委员会主任的职务请求，免去侯森区人民政府副区长、赵新萍区人大常委会办公室副主任职务。

【区五届人大常委会第十一次会议】 2017年12月29日，区人大常委会在山西地矿宾馆召开第五届人大常委会第十一次会议，人大常委会主任侯富田主持会议。会议听取和审议区政府关于2017年预算调整方案（草案）的报告；听取和审议区政府关于2016年本级预算执行审计查出问题落实情况的报告；听取和审议区政府关于双塔历史文化景区改造项目房屋征收情况的报告；听取和审议区政府关于城市管理全面提升工作情况的报告，并开展专题询问；听取和审议区政府关于美丽宜居乡村建设情况的报告；听取和审议区政府关于迎泽区第五届人民代表大会第二次会议代表建议、批评和意见办理情况的报告；听取区政府2017年重点工作情况报告；听取和审议区检察院关于司法体制改革情况的报告。进行人事任免。任命田志勇为区人民法院审判员、审判委员会委员、副院长、决定代理院长。任命郭绍侃为区人大常委会法制工委主任、张彩虹为区人大常委会人事代表工委主任、高蓉为区人大常委会办公室副主任，免去高瑞萍区人大常委会法制工委主任、郭绍侃区人大常委会办公室副主任、张彩虹区人大常委会法制工委副主任职务。同意接受赵晋虎辞去区人民法院院长职务的请求。 （郭绍侃）

·主任会议·

【第7次主任会议】

2017年1月3日在区人大六楼主任会议室召开。区人大常委会主任侯富田主持会议。主要议题：一、研究区纪检监察机关第二组关于对区人大巡察情况的反馈意见及整改措施；二、传达市人大2017年换届选举工作方案、区委关于做好区“两会”筹备工作的通知，研究召开区五届人大二次会议及近期召开常委会有关事宜；三、通报区五届一次会议资金使用情况；四、研究加强街镇人大工作的意见及区人大2017年工作计划；五、研究对2016年区政府重点工程进行视察有关事宜；六、研究召开“两学一做”民主生活会事宜及党支部工作及“两学一做”“双学双促”有关工作；七、研究2017年元旦春节期间有关工作。

【第8次主任会议】

2017年2月7日在区人大六楼主任会议室召开。区人大常委会主任侯富田主持。主要议题：一、听取区五届人大常委会第一次会议关于侦查监督工作情况审议意见落实情况的报告；二、听取区五届人大常委会第一次会议关于城市管理工作审议意见落实情况的报告；三、听取区五届人大常委会第一次会议关于2016年1—8月份国民经济和社会发展计划执行情况审议意见落实情况的报告；四、听取区五届人大常委会第一次会议关于2016年1—8月份财政预算执行情况审议意见落实情况的报告；五、听取区财政局关于迎泽区2016年预算执行情况及2017年预算（草案）主要内容的报告；六、听取区人大财经工委关于迎泽区2016年预算执行情况和2017年预算（草案）审查结果的报告；七、听取关于召开迎泽区第五届人民代表大会第二次会议的有关事宜。

【第9次主任会议】

2017年4月7日在区人大六楼主任会议室召开。区人大常委会主任侯富田主持。主要议题：一、研究区人大常委会2017年全年工作计划；二、区人大机关支部近期工作安排。

【第10次主任会议】

2017年4月26日在区人大六楼主任会议室召开。区人大常委会主任侯富田主持。主要议题：一、人事任免：提名任命姚瑶、赵雅萍、王玮为迎泽区人民检察院检察员，提名免去田德胜、王颖迎泽区人民法院审判员职务，提名免去宋海文、房向明、李涛、毛爱国、孙毅胜迎泽区人民检察院检察员职务；二、听取区农业委员会关于2016年对口精准帮扶工作情况的报告；三、研究区人大常委会2017年全年工作计划。

【第11次主任会议】

2017年6月16日在区人大六楼主任会议室召开。区人大常委会主任侯富田主持。主要议题：关于2017年度综合考核“特色工作”申报事宜；二、关于选派第二批优秀干部驻娄烦县静游镇开展对口帮扶工作事宜；三、研究迎接省、市人大关于开展《中华人民共和国安全生产法》和《山西省安全生产条例》执法检查事宜；四、关于开展2017年“并州环保行”活动有关事宜；五、关于申报区级文明单位事宜；六、关于推荐《太原人大》通讯员及传达学习相关会议精神；七、关于“七一”慰问困难党员、老党员、退伍老兵及机关支部主题教育活动事宜；八、预算支出进度说明；九、人事任免：提名任命吴树公为迎泽区人大常委会办公室主任，提名任命张利宏为迎泽区人大常委会迎泽街道工作委员会主任，提名免去徐丽珍迎泽区人大常委会迎泽街道工作委员会主任、谭军迎泽区人民检察院副检察长、检委会委员、检察员职务。

【第 12 次主任会议】

2017 年 8 月 16 日在区人大六楼主任会议室召开。区人大常委会主任侯富田主持。主要议题：研究关于许可对区五届人大代表张某华采取刑事强制措施的决定。

【第 13 次主任会议】

2017 年 8 月 18 日在区人大六楼主任会议室召开。区人大常委会主任侯富田主持。主要议题：一、听取区财政局关于迎泽区 2016 年决算及 2017 年上半年预算执行情况的报告；二、听取区发改局关于 2017 年上半年国民经济和社会发展计划执行情况的报告；三、听取区人大常委会财经工委关于 2017 年上半年国民经济和社会发展计划执行情况及财政预算执行情况的视察报告；四、听取区审计局关于 2016 年度本级预算执行和其他财政收支的审计工作报告；五、听取区卫计局关于迎泽区医养护一体化工作情况的报告；六、听取区人大常委会教科文卫工委关于迎泽区医养护一体化工作情况的视察报告；七、安排区人大常委会机关信息工作；八、有关住村第一书记生活、交通、通讯补贴的事宜；九、组织人大代表督导检查区创建文明城市工作情况有关事宜；十、研究习近平总书记视察山西重要讲话精神的学习辅导；十一、关于召开第九次常委会的有关事宜。

【第 14 次主任会议】

2017 年 9 月 26 日在区人大六楼主任会议室召开。区人大常委会主任侯富田主持。主要议题：研究执行省总工会文件精神及落实主体责任相关问题。

【第 15 次主任会议】

2017 年 10 月 25 日在区人大六楼主任会议室召开。区人大常委会主任侯富田主持。主要议题：一、听取区人民法院关于多元化纠纷解决机制工作情况的报告；二、听取区人大常委会法制工委关于区人民法院多元化纠纷解决机制工作情况的视察报告；三、听取区政府关于全区党员教育基地筹建情况的报告；四、学习中国共产党第十九次全国代表大会会议精神；五、议定区五届人大常委会第十次会议有关事宜；六、传达学习区委办公室关于印发《迎泽区激励干部担当作为干事创业实施办法（试行）》和《迎泽区执行〈太原市支持干部改革创新合理容错实施办法（试行）〉细则的通知》；传达学习区委办公室、区政府办公室印发《关于深入贯彻落实中央八项规定精神实施细则》的通知；七、通报区人大常委会财政资金支出情况；八、关于区人大常委会机关 2016 年档案整理的有关事宜；九、2018 年报刊征订情况；十、关于区人大常委会机关临时聘用人员郝鲜花工资调整的事宜。

【第 16 次主任会议】

2017 年 12 月 12 日在区人大六楼主任会议室召开。区人大常委会主任侯富田主持。主要议题：督促检点 2017 年全年工作落实情况。

【第 17 次主任会议】

2017 年 12 月 21 日在区人大六楼主任会议室召开。区人大常委会主任侯富田主持。主要议题：一、听取区检察院关于司法体制改革情况的报告，听取区人大常委会法制工委关于区检察院司法体制改革情况的视察报告；二、听取区政府关于双塔历史文化景区改造项目房屋征收情况的报告，听取区人大常委会城建工委关于区政府双塔历史文化景区改造项目房屋征收情况的视察报告；三、听取区政府关于城市管理全面提升工作情况的报告，听取区人大常委会城建工委关于区政府城市管理全面提升工作情况的视察报告；四、听取区政府关于区五届人大常委会第九次会议对2017年1—6月份国民经济和社会发展计划情况审议意见、建议落实情况的报告；五、听取区政府关于区五届人大常委会第九次会议对医养护一体化工作情况报告的审议意见、建议落实情况的报告；六、听取区政府关于区五届人大常委会第九次会议对2017年1—6月份财政预算执行、2016年本级预算执行和其他财政收支情况的审计工作的审议意见、建议落实情况的报告；七、听取区政府关于2017年财政预算调整方案（草案）的报告；八、听取区政府关于2016年本级预算执行审计查出问题落实情况的报告；九、听取区政府关于美丽乡村建设情况的报告，听取区人大常委会财经工委关于区政府美丽乡村建设情况的视察报告；十、听取区政府关于迎泽区第五届人民代表大会第二次会议代表建议、批评和意见办理情况的报告并进行满意度测评；十一、听取区政府2017年重点工作报告；十二、人事任免：提名任命郭绍侃为区人大常委会法制工委主任、张彩虹为区人大常委会人事代表工委主任、高蓉为区人大常委会办公室副主任，提名免去高瑞萍区人大常委会法制工委主任、郭绍侃区人大常委会办公室副主任、张彩虹区人大常委会法制工委副主任职务，提名任命田志勇为迎泽区人民法院副院长、代院长，提名免去赵晋虎迎泽区人民法院院长职务；十三、研究迎泽区人大常委会关于深入学习宣传贯彻党的十九大精神的意见；十四、议定区五届人大常委会第十一次会议有关事宜。（王丽斓）

监　督

【重点工作监督】　2017年4月，迎泽区人大常委会组织人大代表到娄烦县静游镇对迎泽区对口精准帮扶工作完成情况开展视察。7月和8月，视察迎泽区2017年1—6月国民经济和社会发展计划及财政预算执行情况，实地察看恒大林语郡、郝庄村城中村改造项目。8月和11月，分别视察迎泽区城市管理全面提升工作，实地察看铁路沿线、新建北路、南内环建设路口等路段的拆迁改造和绿化工作，观摩大件生活垃圾清运、五一广场东、西岗交通整治及教育基地运营等情况；11月，围绕环境保护与治理实地察看商务厅宿舍垃圾分类、海外海餐厨垃圾收集、柳巷高空环境整治、南宫环境空气自动监测点和郝庄地区小散乱污企业治理成效。同月，视察双塔历史文化景区改造项目房屋征收工作。12月，区人大常委会第十一次会议对城市管理全面提升工作开展专题询问。对人民群众关注的学前教育、医养护一体化等工作开展视察。对全区重点工作监督，推进政府依法行政，促进省城首善之区建设。

【司法监督】 2017 年 10 月，迎泽区人大常委会对区法院多元化纠纷解决机制工作情况进行视察，实地察看诉讼服务中心、执行指挥中心、综合保障中心，听取区法院关于多元化纠纷解决机制工作情况的汇报。12 月，视察区检察院司法体制改革工作情况，听取区检察院的专题汇报。通过视察，了解情况、发现问题，并提出可行的意见建议，促进“两院”公正司法。

【执法检查】 2017 年，迎泽区人大常委会加大力度，形成较为完善的执法检查程序。2017 年 6 月，对区政府贯彻实施《中华人民共和国安全生产法》和《山西省安全生产条例》（简称“一法一条例”）的情况进行执法检查。对全区实施“一法一条例”的宣传贯彻情况、生产经营单位的安全生产保障情况、安全生产的监督管理情况和生产安全事故的应急救援与调查处理情况开展了执法检查，并提出意见建议，督促政府监管部门和生产经营单位强化安全生产意识，落实安全生产责任，创新安全生产监管执法机制，规范安全生产监管执法行为，确保全区安全生产形势稳定向好。

人事任免

【干部任免】 2017 年，迎泽区常委会坚持任前调查、任前法律知识培训、考试、表态发言、表决、颁发任命书、向宪法宣誓等程序，提高被任命人员的法律意识和公仆意识，保证任免工作的进行。2017 年，区人大常委会依法任免国家机关工作人员 33 人。其中，任命 18 人，免职 15 人。

专题询问

【城市管理专题询问】 2017 年，迎泽人大常委会对区人民政府城市管理全面提升工作进行视察。11 月，在五届人大常委会第十一次会议上，对区政府关于城市管理全面提升行动组织专题询问，城管局、住建局、园林绿化局、环保分局、交警迎泽一大队等 6 个单位和部门接受询问。

（刘宏霞）

代表工作

【代表建议办理】 2017 年，迎泽区人大常委会完善代表建议办理机制，突出跟踪督办和重点督办，区五届人大二次会议期间共收到代表建议、批评和意见 129 件，主要涉及城建、教育、卫生、经济、民政、农林水等方面的工作。其中，属市权限范围办理的 9 件，属迎泽区职权范围的 120 件。经分类整理，属区职权范围办理的建议中，经济发展方面 11 件，占总数的 9.2%；城乡建设和管理方面 42 件，占总数的 35%；文教卫生方面 19 件，占总数的 15.8%；公安、民政及社区建设方面 20 件，占总数的 16.7%；农林水交通方面 7 件，占总数的 5.8%；其他方面 21 件，占总数的17.5%。截至2017年10月，所有建议均在规定期限内答复完毕，并全部向代表做出书面答复，满意率100%，办结率93.3%。区人大常委会会议专门听取政府对此项工作的报告，丰富监督手段。

【代表活动】 2017年4月，迎泽区人大常委会组织代表到娄烦县静游镇对迎泽区2016年对口精准帮扶工作完成情况进行视察。6月，组织代表对全区学前教育工作进行视察。7月，对区人大常委会任命的“一府两院”国家机关工作人员进行培训，山西财经大学工商管理学院院长兼山西财经大学企业发展战略研究所所长、区第五届人大代表卫虎林，作《自觉接受人大监督，深入推进依法行政》的主题讲授，引导“一府两院”树立宪法权威，增强法治意识，充分认识人大监督的重要性和必要性，推动依法行政，公正司法。8月，组织代表对全区医养结合工作进行视察。10月，组织代表对区人民法院多元化纠纷解决机制工作进行视察。11月，组织代表对美丽乡村建设工作进行视察；组织代表围绕区政府城市管理全面提升工作进行视察并进行专题询问；组织代表围绕双塔历史文化景区建设和钟楼街历史街区的保护开发工作进行专题视察。组织区人大代表和常委会机关工作人员40余人，到太行干部学院学习中共十九大精神和人大代表履职知识，弘扬太行精神，不忘初心、牢记使命、继续前进。12月，组织常委会组成人员对区政府2017年重点工作进行视察；组织代表对区人民检察院司法体制改革情况进行视察。

各街镇人大立足实际，走访代表，开展代表小组活动，听取民意。12月4日，各街镇组织代表开展国家宪法日活动，宣传宪法，形成全社会尊重宪法、宪法至上、用宪法维护人民权益的社会氛围。 （张彩虹）

机关建设

【党风廉政建设】 2017年，迎泽区人大常委会党组坚持把党风廉政建设纳入日常工作中，履行“一岗双责”，坚持业务工作和廉政工作两手抓、两不误。通过开展专题学习、谈心谈话、警示教育、监督检查等活动，明确党的政治规矩和政治纪律，强化机关干部的政治意识、纪律意识和廉洁意识，筑牢拒腐防变的思想道德防线。完善区人大常委会机关三基建设等规章制度，明确自身监督措施，在行使宪法赋予的监督权力的同时，确保做到自身过硬。

【机关作风建设】 2017年，迎泽区人大常委会遵守党纪党规。通过召开会议、开展学习等方式，增强党员干部遵守党的政治纪律、组织纪律、廉洁纪律、群众纪律、工作纪律、生活纪律的自觉性，在节假日期间落实中央八项规定精神，纠正“四风”。通过开展专题学习、谈心谈话、警示教育等活动，坚定理想信念，提高党性觉悟；增强四个意识，坚定政治方向；树立清风正气，严守政治纪律政治规矩；强化宗旨观念，勇于担当作为，发挥先锋模范作用，为坚持和完善人民代表大会制度、推动迎泽区民主法治建设作出贡献。 （高 蓉）

太原市迎泽区人民政府

TAIYUANSHI YINGZEQU RENMIN ZHENGFU

综　述

【概述】　2017年，迎泽区政府围绕建设省城首善之区发展定位，以习近平新时代中国特色社会主义思想为指引，坚持稳中求进工作总基调，树立和践行新发展理念，统筹推进稳增长、促改革、调结构、惠民生、防风险各项工作，完成区五届人大二次会议确定的目标任务，全区呈现出经济较快发展、社会安定和谐、人民安居乐业、环境改善、干部干事创业的良好局面。

【“12345”战略】　迎泽区政府推进“12345”战略，综合实力得到提升。紧紧围绕“一个主攻方向、两个商圈、三个板块、四个园区、五项产业”的战略布局，推进传统产业振兴和新兴产业谋划，经济发展稳中有进、稳中向好、好中提质，主要经济指标增幅达到最好水平。全区地区生产总值完成690.83亿元，增长8.1%，增速分别高于同期全国、全省、全市平均水平，绝对值继续保持全市十县区第一。服务业增加值完成602.05亿元，增长8.5%；社会消费品零售总额完成466.81亿元，增长6.1%；固定资产投资完成97.67亿元，增长0.4%；规模以上工业增加值完成37.67亿元，增长5.2%；一般公共预算收入完成15.3亿元，增长9.7%。

【科技创新】　2017年，迎泽区政府突出科技引领，强化招商引资，加快功能布局复合、区域资源整合和产业业态融合，推动转型发展向高质量转变。全年认定国家高新企业7家，打造省级众创空间7家、科技企业孵化器1家，创建市级科技型小微企业6家，全区发明专利申请量396件，有效发明专利拥有量达到1010件，创新对发展的支撑作用提升。传统产业转型升级、商文旅一体化步伐加快，全市首家24小时敞开式“互联网+商业街区”——中正天街被评为“山西省特色商业街”。月星家居投入运营，朝阳商圈多元化经营步伐加快。启动双塔景区建设，完成食品街、台骀山等景区体制机制改革，全区旅游总收入达到137.6亿元。招商引资项目聚焦新兴产业，引进微谷中国互联网电子双创园等7个重大项目，总投资183.8亿元，积蓄发展新动能。

【城乡建设】 2017年，迎泽区政府把基础设施建设作为重中之重，城乡靓丽宜居，布局科学合理。配合全市重点工程，完成迎泽大街下穿火车站、双塔南路、松小线等道路及周边棚户区房屋征收工作。推进回迁安置房建设，基本建成2万余套，在建3000余套，同步建成37中分校、青年路小学分校和社区卫生服务场所等公共配套设施。完成松庄等最后3个村的整村拆除，建成区面积实现翻番，拓展发展空间。加快美丽乡村建设，培育示范村3个。完成小山岩凿井配套工程，提升农村人畜饮水保障能力。实施城市管理全面提升行动，铁路沿线、交通秩序等十项综合整治取得成效。创新推进城市管理执法体制改革，建立街镇执法队伍统一管理、24小时巡查等工作机制，主次干道的占道经营、乱摆摊点现象基本消除。加大环卫作业市场化进程，清扫保洁规范化程度提高，道路冲洗率达到90%以上。

【民生事业】 2017年，迎泽区政府践行以人民为中心的发展思想，为人民群众办实事、解难事，区财政投入17.9亿元用于改善和发展民生事业，占财政支出的83.3%。提升社会保障救助水平，低保金、医疗救助金、高龄保健津贴、残疾人生活补贴等按时足额发放。推进义务教育优质均衡发展，36中、37中、39中校舍改造和并东小学改扩建推进，中小学校责任督学挂牌督导工作被作为"迎泽模式"在全国推广。开展县乡医疗卫生机构一体化改革，成立迎泽区医疗集团，推进家庭医生签约服务，重点人群签约率达70.5%，计划生育特殊家庭管理服务、流动人口动态监测等多项工作名列全省前茅，郝庄镇卫生院被评为"全国百佳乡镇卫生院"。推行"嵌入式"居家养老新模式，引入易照护等18家第三方专业机构，成立社区养老服务中心29家、日间照料中心33家，为60周岁以上的老人提供各类服务。完成土地确权，夯实农村发展基础。开展对口精准扶贫，实现4475人脱贫，超额完成年度目标任务。

【生态文明建设】 2017年，迎泽区政府树立"绿水青山就是金山银山"的理念，实施环境治理，打造美丽家园。推进散煤治理，15个村的"煤改电""煤改气"全部完成，累计拆除改造燃煤棚户区近50万平方米；全面开展工业企业和工地扬尘污染治理，取缔"散乱污"企业44家，辖区工地基本达到"六个百分百"标准。全区空气良好以上天数达到211天，重污染天数同比减少2天，优良率58.3%。重视生态绿化，全年提档升级造林6000余亩；开展身边绿化，新建10个街头绿地游园，为市民提供休憩空间。建立大气环境质量三级监管网络，聘用第三方专业公司担任"环保管家"，环境空气质量监管实现全覆盖、无盲点。

【安全生产】 2017年，迎泽区政府狠抓安全生产不放松，实行安全生产挂牌责任制，组织系列宣传教育活动和专项治理行动，全面提升整体预控能力，事故总量下降。创新消防管理模式，“互联网+消防”烟、气、电远程火情预警系统作为“迎泽模式”在全市推广。筑牢食品药品安全监管底线，构建基层食药安全防控网格。强化社会面管控，实施标准化综治中心和“雪亮工程”建设，健全矛盾纠纷联调体系，开展社会治安风险隐患排查整治，人民群众安全感和满意度提升。

【政府自身建设】 2017年，迎泽区政府加强作风建设，强督查、求实效，落实“13710”督办制度，构建横向到边、纵向到底的工作落实体系。对事关群众切身利益的问题，深入一线，现场解决；对环保督察反馈的问题，逐项核实、对账销号；深化“放管服效”改革，提出“最多跑一次”的口号，打造“六最”营商环境。坚持依法行政，开展“七五”普法，全面推行“双随机、一公开”，建立健全法律顾问制度，推进法治政府建设。执行人大及其常委会的决议决定，主动接受人大、政协监督，全年办理人大代表建议120件、政协提案124件，办结率100%。落实政府系统全面从严治党主体责任，推进反腐败斗争。落实中央八项规定及其实施细则，查处一批违法违纪案件。民族宗教、外事侨务、统计、科普、档案、地方志、防震减灾等工作取得新进展，妇女、儿童、老龄、残疾人、慈善、国防动员、双拥共建、人民防空等工作取得新进步，各项事业呈现新气象。

重要会议

·全体会议·

【区政府全体会议】

2017年2月12日在区人大会议室召开。区长李慧主持。侯森、杨永生、薛凯、魏毅、闫晓琴、岳旭强、陈晓华、范勇出席。

一、研究《政府工作报告（征求意见稿）》《太原市迎泽区2016年国民经济和社会发展计划执行情况与2017年国民经济和社会发展计划（草案）的报告》《太原市迎泽区2016年财政预算执行情况和2017年财政预算（草案）的报告》。

会议议定：原则同意以上报告，区政府办、发改局、财政局要做好三个报告的衔接工作，并根据会议所提意见进一步修改完善后，提请区委常委会审议。

二、听取城市管理全面提升行动各专项整治小组工作汇报。

侯森、薛凯、魏毅、杨永生、岳旭强五位副区长就各自牵头的专项整治小组近期工作情况进行通报。

会议指出：各部门、各单位、各专项整治小组要高度关注、大力支持、积极参与、全力推动提升行动，要迅速摸清底数，细化工作方案，强化宣传发动，倒排工期进度，落实目标责任，建立周例会制度，扎实推动各项工作落实，坚决打赢城市管理全面提升行动攻坚战，努力打造全市样板工程。

会议要求：各专项整治小组要坚持远期规划和近期整治相结合、重点区域和全面整治相结合、拆除和清运相结合、立面整治和亮化相结合、疏堵相结合的原则，按照动作要快、方案要细、标准要高、影响要大、效果要好的要求，抓紧推进各项工作，推动城市管理规范化、精细化。各部门、各单位在推进整治过程中，要积极与市有关部门沟通协调，争取政策和资金支持；各专项整治小组要安排一名联系人，及时向区领导组办公室报送工作进展情况，反馈推进过程中遇到的问题；要牢固树立安全意识，讲究工作方式方法，确保在城市管理全面提升行动中不发生任何安全事故。

·常务会议·

【第1次常务会议】

2017年1月3日在区政府常务会议室召开。区长李慧主持。区长侯森、杨永生、薛凯、魏毅、闫晓琴、岳旭强、陈晓华、范勇出席。

一、听取城市道路及棚户区拆迁改造与安置情况的报告。

会议指出：2017年9月，省政府提出在“十三五”期间基本完成现有棚户区改造，对全省各级政府提出新的目标要求，加快棚户区改造和尽快解决现有棚户区回迁安置问题已经成为当前工作的重中之重。

会议要求：围绕棚户区改造和回迁安置，各部门、各单位要重点做好五个方面的工作：一是统一思想，提高认识。二是大力宣传，营造氛围。三是加强沟通，积极协调。四是科学谋划，保证公平。五是摸清底数，综合施策。

会议议定：原则同意区住建局起草的《城市道路及棚户区拆迁改造与安置情况的报告》，由区住建局根据会议意见进一步修改完善后，提请区人大常委会审议。由文庙街办负责，尽快启动东五龙口38号棚户区建筑物拆除，同步对接好回迁安置房规划设计等工作。

二、听取贯彻实施《公共文化体育设施条例》情况的报告。

会议议定：原则同意区文化局起草的《贯彻实施〈公共文化体育设施条例〉情况的报告》，由区文化局做进一步修改完善后，提请区人大常委会审议。

三、听取近期安全生产工作汇报。

会议要求：春节、元宵“两节”即将来临，省“两会”即将召开，各部门、各单位要全力抓好四个方面的工作：一是牢固树立安全生产理念。二是扎实做好“两节”期间安全工作。三是强化配合、形成合力。四是高度重视值班值守工作。

四、会议传达了山西省第十一届委员会第二次全体会议暨经济工作会议精神。

五、会议传达太原市重污染天气应急指挥部办公室《关于发布太原市重污染天气红色预警的通告》有关要求。

【第2次常务会议】

2017年1月10日在区人大常委会议室召开。区长李慧主持。侯森、杨永生、薛凯、魏毅、岳旭强、陈晓华、范勇出席。

一、传达太原市委十一届二次全会暨经济工作会议精神。

二、听取和研究2017年重点工作、重点项目、惠民实事。会议听取各位副区长对分管部门2017年重点工作、重点项目和惠民实事计划情况汇报，并对全区工作计划进行了充分讨论和研究。

会议要求：由各位副区长牵头，检点各部门、各单位加快与上级部门对接，进一步梳理确定本部门重点工作、重点项目和惠民实事，为科学谋划全区全年工作奠定坚实基础。

三、传达太原市维稳办《关于做好2017年元旦春节期间维稳工作的通知》精神。

会议还对其他事宜进行了研究。

1. 按照“两学一做”专题教育民主生活会的安排部署，区长李慧与各位副区长、区政府组成部门、区直属事业单位、各街办（镇）主要负责人进行了集体谈心谈话，广泛征求了与会人员对区政府领导班子和区长的意见和建议。2. 各部门、各单位要深入贯彻全面从严治党要求，认真落实中央和省、市、区委部署，组织开好本部门、本单位2016年度民主生活会，要扎实做好征求意见、谈心谈话等各环节工作，进一步严格党的组织生活制度，确保开出高质量、取得好效果。3. 各部门、各单位要进一步加强与上级沟通对接，随时了解政策信息，掌握行业的资金、项目安排计划，提高对接效率和质量，争取获得更多上级政策、资金、项目的理解和支持。4. 各部门、各单位要全力做好保民生、保供应、保出行、保安全、保稳定等春节期间各项工作。5. 各部门、各单位要严格遵守廉洁纪律，坚持抓常、抓细、抓长，深入贯彻落实中央八项规定精神，持续深入反对“四风”，严防各类“节日腐败”。

【第3次常务会议】

2017年1月22日在区政府常务会议室召开。区长李慧主持。侯森、杨永生、薛凯、魏毅、闫晓琴、岳旭强、陈晓华、范勇出席。

一、研究2017年重点项目、重点工作。

会议议定：1. 原则同意区住建局提出的松小线、西太堡街东延、南十方街东延、水西关街改造、双塔南路改造、青年路打通、解放南路改造7条道路改造项目。区城管局提出的2个老旧片区、5条背街小巷整治和24座院内户厕改造项目。区交通局提出的国道307至柳占线、松小线观家峪至观枣线段2条县乡公路改造项目。区林业局提出的3000亩提档升级造林项目。区水务局提出的小山岩水井配套建设、南沙河上游河道治理和防汛信息系统建设3项水利项目。区农委提出的区动监所（郝庄镇兽医站）改建和东祁林果基地建设项目。区文化局提出的“迎泽微视”系统建设项目。区档案局提出的综合档案馆建设和民生档案信息化提升项目。区卫计局提出的迎泽区中心医院建设和迎泽区产科医院（棉花巷社区卫生服务中心）改造加固项目。区民政局提出的城乡社区养老服务机构、一所公办养老机构和郑村烈士陵园改造项目。区园林绿化局提出的5个小游园和5个小绿地建设项目。区教育局提出的36中、37中、39中学校改扩建续建项目。区监察局提出的迎泽区廉政教育基地建设项目。公安分局提出的郝庄派出所、长风东派出所、分局涉案财物库房等3项业务用房建设项目。环保分局提出的棚户区、城中村、农村采暖清洁能源替代，“清零行动”供热全覆盖等环境治理项目。以上项目列为2017年政府投资类重点项目。2. 原则同意将桃园北路、西里街、五一东街老官坊、双塔南巷、新建路45号省商务厅宿舍等5个棚户区改造项目，东太堡、赵北峰、枣园、双塔、马庄、店坡、郝庄等7个城中村改造项目，华润综合体、得一剑桥城、万科紫院等3个房地产类项目，迎泽生物医药产业园、新东峰汽车贸易园等2个新兴产业类项目列为2017年社会投资类重点项目。

会议要求：1. 各部门、各单位要进一步梳理细化全年工作，分类提出重点项目、惠民实事和常规工作，区政府办根据会议所提意见和各部门梳理情况对2017年重点项目计划进一步修改完善。2. 对列入2017年政府投资重点项目计划的，各相关部门要提前谋划，做好项目可行性分析、投资核算等，切实提高财政资金使用效率；要做好与上级部门的对接，积极争取政策和资金支持；要按照项目急缓程度做好排序，具备条件的争取尽快启动。3. 对管辖权限在省、市的307国道孟家井段改线、南内环东延王家峰段公交站改建、郝庄地区消防站设置等涉及人民群众生命安全的有关工作，各有关部门和单位要尽快采取临时安保措施，努力将安全隐患降到最低，同时主动与上级主管部门对接，争取列入省、市工作计划。

二、审议区长李慧在中共迎泽区第五届代表大会第二次会议暨全区经济工作会上的讲话。

三、研究纪检审查情况。

会议议定：同意区监察局对迎泽区“双创”项目相关负责人的处理意见，给予胡红民行政记过处分，冯俊明行政记大过处分；给予贾永明行政记过处分；给予王立新行政记过处分，呼建国行政记大过处分。

会议还对其他事项进行研究。

一、传达太原市政府办公厅《关于贯彻落实山西省行政机关行政应诉办法的实施意见》。

二、研究信访稳定工作。

【第4次常务会议】

2017年2月12日在区政府常务会议室召开。区长李慧主持。侯森、杨永生、薛凯、魏毅、闫晓琴、岳旭强、陈晓华、范勇出席。

研究2017年部门预算。

会议议定：1. 原则同意区财政局提出的2017年部门预算安排。2. 区财政局要认真梳理2017年重点项目（工程），按照“好中选优、民生为先”的原则，择优安排财政资金，不断增强预算编制的科学化、精细化水平。

【第 5 次常务会议】

2017 年 3 月 14 日在区政府常务会议室召开。区长李慧主持。侯森、杨永生、薛凯、魏毅、闫晓琴、岳旭强、陈晓华、范勇出席。

一、研究双塔景区建设工程房屋征收决定、公告、方案。

二、研究优抚对象医疗补助补充规定(试行)。

三、研究城市管理体制调整有关事宜。

会议议定：1. 原则同意区城管局起草的《环卫作业机制调整方案》，由区城管局根据会议所提意见进一步细化完善后实施。2. 原则同意区行政执法局起草的《理顺执法体制机制切实加强城市管理工作实施方案》，将桥东、迎泽、老军营、庙前、文庙等 5 个街办执法中队的人、财、物收归行政执法局集中管理。

会议传达 3 月 9 日市委书记王伟中在迎泽区调研时的重要指示精神，并对城市管理全面提升行动提出要求。

四、研究进一步推进迎泽区小微企业创业创新基地城市示范工作事宜。

会议指出：大众创业、万众创新是一项处于探索阶段的重要工作，各相关部门要高度重视，进一步统一思想，提高认识，认真落实“双创”工作各项要求，结合本部门实际落实工作责任，主动作为、敢于担当，积极研究解决新问题，严格企业和项目审批，重点做好五个方面的工作：一是加强小微企业双创基地建设。二是制定出台扶持政策。三是优化公共服务。四是加强选商引资工作。五是强化机制制度建设。

会议议定：1. 原则同意区双创示范办起草的《关于进一步推进迎泽区小微企业创业创新基地城市示范工作的通知》，由区双创示范办根据会议所提意见进一步细化完善后实施。2. 由副区长薛凯牵头，进一步完善小微企业创业创新基地城市示范相关制度，规范管理，依法依规推进各项工作。

五、研究规范政府法律顾问有关事宜。

会议议定：原则同意区法制办提出的关于规定政府法律顾问的有关建议和《迎泽区政府法律顾问管理办法（试行)》、《迎泽区政府法律顾问考核办法（试行)》，由区政府法制办根据会议所提意见，进一步修改完善后以政府办文件印发实施。

六、听取 2016 年依法行政考核情况通报。

会议议定：原则同意区推进依法行政工作领导小组办公室对各单位 2016 年依法行政工作考核结果。区推进依法行政工作领导小组办公室要进一步细化考核内容，拉开等次差距，严格兑现奖惩，确保把考核的激励作用真正发挥出来。

会议还对其他事宜进行研究。

会议议定：1. 各部门、各单位要围绕全年发展目标任务，坚定不移抓招商引资，积极谋划各项经济指标增长，推动经济发展取得新的成效。区工商联、商务、财政、国税、地税和各街（镇）要全力以赴抓好协税护税，针对总部楼宇企业进行一次全面摸排，挖掘税源，杜绝跑冒滴漏，切实做到应收尽收。2. 副区长陈晓华（挂职）分管区金融办和各融资平台工作，协助副区长薛凯做好招商引资、工业经济等工作。

【第 6 次常务会议】

2017 年 4 月 12 日在区政府常务会议室召开。区长李慧主持。侯森、杨永生、薛凯、魏毅、闫晓琴、岳旭强、陈晓华、范勇出席。

一、研究林业精准扶贫项目暨创森造林工程工作方案。

会议议定：原则同意区林业局起草的《2017 年迎泽区林业精准扶贫项目暨创森造林工程工作方案》，由区林业局根据会议提出的意见和建议进一步修改完善后组织实施。

会议要求：各相关部门和单位要严格按照省林业厅《关于扶持发展扶贫攻坚造林专业合作社指导意见》和《太原市人民政府关于下达 2017 年造林绿化工程建设任务的通知》要求，精心组织，协调配合，依法依规实施好 2017 年林业精准扶贫项目暨创森造林工程。1. 要严格规范招标工作。2. 要加大工程质量监管。3.要加大安全生产监督管理。

二、研究双塔南北路道路改造工程房屋征收公告、决定、方案。

会议议定：原则同意区住建局起草的双塔南北路道路改造工程房屋征收公告、决定、方案，由区住建局根据会议所提意见修改完善后印发实施。

三、研究郝庄镇总体规划。

会议议定：原则同意郝庄镇总体规划，由郝庄镇和市城市规划设计院根据会议所提意见进一步修改完善，产业规划部分由副区长薛凯把关，副区长侯森进行全面把关后，按程序报送审批。

四、研究调整完善迎泽区土地利用总体规划（2006—2020 年）新增建设用地指标分配方案。

会议议定：原则同意国土分局提出的市下达新增建设用地指标 630 亩分配方案，具体为：孟家井老年公寓项目（光彩慈航）100 亩，台骀山项目 40 亩，东太堡蔬菜市场搬迁项目 100 亩，迎泽区经济开发区 200 亩，水峪港道采煤沉陷区 50 亩，董家庄生态文化产业园 20 亩，外麻地沟老年公寓项目 20 亩，张家河特色小镇项目 100 亩。以上分配方案由国土分局依规上报。

五、研究双塔景区和钟楼街—桥头街片区改造项目市政府借款拨付事宜。

会议议定：原则同意区住建局提出的市政府借款拨付方案。副区长侯森全面把好资金使用关；区财政局要依规、及时做好借款拨付，区住建局要做好资金的日常使用管理，确保专款专用。

六、研究松小线道路改造项目区政府借款事宜。

会议议定：1. 原则同意区财政借款 8000 万元资金给区住建局，专款用于松小线道路改造房屋征收补偿安置，副区长侯森做好资金使用的把关。本次借款纳入松庄、水峪等村城中村改造成本核算，待城中村改造启动后归还。2. 区住建局要加快推进房屋征收工作，区行政执法局、国土分局、规划分局、郝庄镇要依法加大对道路沿线违法占地、违法建设的打击力度，为施工队伍如期进场创造良好条件。

七、研究提高独生子女家庭退休一次性奖励标准事宜。

会议议定：原则同意从 2017 年 1 月 1 日起将区财政供养人员中的独生子女家庭退休一次性奖励标准从 5000 元/人提高到 6000 元/人。区卫计局要严格资金管理，杜绝截留、挪用、贪污、私分独生子女父母退休后奖励费等不法行为；要严格把关，杜绝弄虚作假，冒领、重领等情况发生。

八、研究迎泽派出所和长风东派出所建设业务用房事宜。

会议议定：原则同意公安分局提出的迎泽派出所和长风东派出所建设业务用房计划。公安分局要尽快与迎泽街办、郝庄镇对接，将派出所建设与社区办公用房建设结合起来推进，同时与市规划、国土等部门对接，抓紧办理前期手续。

九、研究购置应急、处突、反恐运兵车事宜。

会议议定：原则同意公安分局购置 5 辆运兵车，分别为警用运兵车 2 辆、防爆运兵车 2 辆、反恐处突应急指挥车 1 辆，用于维稳反恐处突应急工作；公安分局要按照有关要求，严格采购程序，规范采购流程，确保产品质量。

十、会议传达省委常委、秘书长、太原市委书记罗清宇在全市干部大会上的讲话，就做好下一步全区各项工作进行了安排部署。

十一、集体学习李克强总理在国务院第五次廉政工作会议上的讲话。

会议还对其他事宜进行研究。

会议议定：针对当前税收面临的严峻形势，由副区长薛凯牵头，组织区财政局、国税局、地税局认真分析存在的困难和问题，有针对性地提出应对措施促进增收；区工商联、各街（镇）、公安分局要全力以赴抓好协税护税，挖掘新增税源，杜绝跑冒滴漏，确保应收尽收。

【第 7 次常务会议】

2017 年 4 月 21 日在区政府常务会议室召开。区长李慧主持，侯森、杨永生、薛凯、魏毅、岳旭强、陈晓华、范勇出席。

一、研究近期环境保护工作。

会议议定：原则同意环保分局起草的关于近期环境保护工作计划和督查工作方案。由副区长侯森牵头，环保分局具体负责，各相关部门和单位全力配合，以此次中央环保督察为契机，各司其职、各负其责，切实抓好环境保护各项工作。

会议要求：1. 要提高思想认识。2. 要明确工作责任。3. 要强化工作措施。4. 要确保取得实效。

二、研究龙城新苑（民政园）配套路网工程房屋征收决定、公告、方案。

会议议定：原则同意区住建局起草的龙城新苑（民政园）配套路网工程房屋征收决定、公告、方案，由区住建局根据会议所提意见进一步修改完善，副区长侯森把关，区法制办合法性审查后印发实施。

三、传达省委常委、秘书长、太原市委书记罗清宇在老军营一社区调研的指示精神，对社区相关工作提出明确要求。

会议议定：1. 各街（镇）要围绕扩大社区服务功能覆盖面，主动征求居民意见，加快推进社区办公、医疗、养老等功能整合，探索社区办公场所、社区卫生服务中心、老年人日间照料中心、老年餐桌等一体化协同发展，不断满足人民群众日益增长的多元化需求。2. 由区民政局牵头，各街（镇）配合，对社区办公用房进行摸底，杜绝对外出租或其他机构无偿使用，同时进一步摸清干部待遇水平、工资构成等，形成专题报告。3. 由区政府办与区委组织部对接，加大对群工系统的宣传力度，提高广大群众的知晓度和系统运行的有效性；要积极探索群工系统与智慧城管、“13710”（即山西省政府“13710”督办落实制度：“1”即对省政府决策部署，各市县政府、省直各部门当天要研究落实；“3”即3天内要向省政府反馈办理情况；“7”即一般性问题原则上7天内要落实解决；“1”即重大问题包括一些复杂问题要在1个月内落实解决，确实解决不了的，要拿出解决方案，明确路线图、时间表和责任人；“0”即所有事项都要跟踪督办、一抓到底，直到办妥、销号清零，做到件件有结果）等平台资源整合，根据群众关心、关注的热点问题，定期分析梳理平台数据，及时调整充实服务内容，落实服务措施，努力解决好服务群众“最后一公里”的问题。4. 各街（镇）认真组织好社区换届选举工作，从年龄、学历、素质等多方面优化提升、科学配置社区干部，同时要加大社区干部培训力度，完善软硬件设施，进一步提高社区服务水平。5. 由副区长侯森牵头，尽快向市政府专题汇报，请市政府协调解决近年来新建公办幼儿园人员编制问题，推动新建公办幼儿园尽快投入使用，切实缓解适龄儿童入园难的问题。

四、研究加快财政支出进度有关事宜。

会议指出：2017年3月2日，针对山西省财政支出进度偏慢，资金沉淀较多，使用效益不高等问题，省政府办公厅专门下发了《关于加快财政支出执行进度提高财政资金使用效益的通知》，要求各地、各部门、各单位高度重视财政支出管理工作，加快财政支出进度、提高财政资金使用效益。同时，省配套建立了财政支出进度考核奖惩制度，由省财政厅负责逐月对考核对象一般公共预算支出累计执行进度由快到慢分类进行排队。从3月底迎泽区支出进度看，一般预算支出虽然达到计划进度，但是在全省119个县区中排名靠后，总体形势不容乐观，需要各部门、各单位高度重视。

会议议定：1. 原则同意区财政局起草的《关于加快财政支出执行进度提高财政资金使用效益的通知》，由区财政局根据会议所提意见和建议进一步修改完善后印发实施。2. 区财政局要加强财政资金监管，进一步规范财政支出，在确保各项支出依法、合规、有效的前提下加快支出进度，对不能按时支出的及时统筹调整，严禁不讲效益“突击花钱”，杜绝违规开支“随意花钱”，确保财政资金安全、高效使用。3. 由副区长薛凯牵头，区财政局、国税局、地税局及其他相关部门协调配合，全力以赴抓好协税护税，堵漏洞、促增量，切实做到应收尽收，确保财政收入持续增长。4. 各部门、各单位要提前谋划2018年重点项目、重点工程，为2018年财政预算编制打好基础。5. 由副区长侯森牵头，对之前有关市政重点项目向区财政借支的房屋征收款，尽快向市政府提出拨付请示，确保各项借款尽早归还。

【第9次常务会议】

2017年5月10日在区政府常务会议室召开。区长李慧主持，侯森、薛凯、魏毅、闫晓琴、岳旭强、陈晓华、范勇出席。

一、听取迎接中央环保督察工作汇报。

会议议定：1. 由副区长侯森牵头，环保分局负责，各部门、各单位全力配合，各司其职，各负其责，切实把环境保护各项工作抓紧抓好。2. 由副区长侯森牵头，全面整改各部门、各领域存在的标准不高、整改不彻底，问责不到位，部门职责不清等问题；各部门、各单位要对区域范围内相关行业进行全面彻底排查，针对发现的问题，按时限要求整改上报，切实做到第一时间反应、第一时间处理、第一时间上报。各有关部门和街（镇）要进一步加大督察组入驻地周边环境的综合整治，做到垃圾清运及时，清扫保洁到位，违规烧烤摊点坚决取缔。3. 各部门、各街（镇）要统筹推进各项工作，把迎接中央环保督察工作与“两学一做”学习教育常态化制度化结合起来，与“维护核心、见诸行动”主题教育结合起来，与城市管理全面提升行动结合起来，与全国文明城市创建结合起来，全面深入排查，倒逼问题整改，强化责任落实，建立长效工作机制，推动迎泽区环境质量持续改善。

二、研究迎泽区拟列入全市棚户区改造货币化安置有关事宜。

会议议定：原则同意将钟楼街片区、解放路周边、迎泽公园周边、迎泽东大街、油墨厂、幸福里、双塔南巷、双塔北路、晋龙捷泰、皇庙片区10个棚户区改造项目货币化安置方案上报市政府。副区长侯森负责，积极做好与市房地局等部门的对接，力争全部列入国开行融资计划。

三、听取1—4月全区经济运行情况汇报。

会议指出：2017年1—4月，迎泽区经济运行总体平稳，但发展形势严峻复杂，特别是固定资产投资、财政收入等指标增速趋缓，对迎泽区经济发展带来较大压力。

会议议定：1. 各街（镇）主要负责人要认真学习经济政策，掌握数据统计、经济运行基本知识，熟悉辖区企业状况，明确工作主攻方向；要认真研究和思考影响经济指标增长的深层原因，有针对性地解决经济发展面临的问题和困难。2. 各相关部门和单位要强化对企业的服务，针对投资下滑、新项目建设进度不快等问题，在巩固保持好原有企业的基础上，逐家走访投资大户，协调企业加大投资，实现稳定增长；要坚持分类施策，对5000万元以下项目开展拉网式排查，梳理后半年可能开工的项目，加快入统工作；对多年未开工的项目，分管副区长、各经济运行部门要深入一线，积极帮助企业解决问题，争取尽快开工建设。

四、研究老军营街办桃南一社区购买办公用房事宜。

会议议定：1. 原则同意老军营街办提出的以购买方式解决桃南一社区办公用房的意见，由副区长闫晓琴牵头，区民政局、老军营街办进一步对接协商，并尽快起草购买协议，区政府常务会议专题研究。2. 在城中村和棚户区改造中，要配套建设相应的医疗、文化、体育、社区服务中心、养老机构等公共服务设施，确保同步规划、同步建设、同步投入使用。

五、研究《区政府2013—2014年度财政决算及稳增长等政策措施落实情况审计报告》整改有关事宜。

会议议定：1. 各有关部门要高度重视，逐条对照市审计局对区政府2013—2014年度财政决算及稳增长等政策措施落实情况审计发现的问题和提出的整改建议，立即整改。2. 由副区长侯森负责，政府办牵头，区审计局、财政局全力做好审计整改落实，对落实不力的单位提出问责意见和建议。

【第10次常务会议】

2017年5月27日在区政府常务会议室召开。区长李慧主持，侯森、杨永生、薛凯、魏毅、闫晓琴、岳旭强、陈晓华、范勇出席。

一、研究《迎泽区安全生产目标责任考核办法》。

会议议定：原则同意区安委办起草的《迎泽区安全生产目标责任考核办法》和2016年安全生产目标责任考核结果，由区安委办根据会议所提意见修改完善后，提请区委常委会审议。

二、研究增加安全监管和保障性住房工作人员有关事宜。

会议议定：1. 原则同意以政府购买服务的形式为区安监局公开招聘10名工作人员，为区住建局公开招聘15名工作人员，用工合同期为一年，工资待遇按照相关规定执行。区安监局、住建局具体提出拟聘用人员标准要求，区人社局牵头组织对接招聘工作。2. 招聘的工作人员到位后，区安监局、住建局要严格签署政府购买合同，规范合同内容；要严格日常管理，加强工作考核，健全完善退出机制，确保招进来的人员能真正发挥作用。

三、研究解决五华塑胶公司职工养老保险有关事宜。

会议议定：1. 由区经信局、民政局在一个月内对五华塑胶公司目前存在的问题进行全面摸排，对利用五华塑胶公司现址建设区级公办养老院的可行性进行综合评估，之后提出明确的方案专题研究。2. 关于五华塑胶公司26名急需办理退休手续的人员养老保险、医疗保险本金事宜，由区人社局与市有关部门对接，协调缓缴滞纳金事宜。

四、研究财政资金使用事宜（采煤沉陷区安全评估经费）。

会议议定：1. 为兼顾采煤沉陷区治理和土地利用最优化，原则同意对新沟等7个村进行采煤沉陷区及影响区安全评估。采煤沉陷区及影响区安全评估要严格履行政府采购程序，通过公开招投标择优选定评估机构。区财政局严格审核、依规支付采煤沉陷区安全评估经费。2. 区发改局做好与市规划局、规划设计院的对接，最大限度地提高评估后土地的有效利用；要按照“全面铺开、重点突破”的原则，加快推进各项工作，确保按时间和进度要求完成采煤沉陷区治理任务。

五、研究清理政府外借资金有关事宜。

会议议定：1. 各位副区长要对照区财政局列出的政府外借资金清单，负责督促分管范围内有借款的部门，高度重视，多措并举，确保3个月内完成政府外借资金清理工作。2. 对区政府垫资的市政重点工程项目，由副区长侯森牵头，以2012年为时间分界，分别向市政府申请拨付资金。3. 由侯森副区长牵头，区审计局、财政局共同成立审计工作小组，对政府外借资金进行全面审计，对审计中发现的问题，依法严肃处理。

六、研究区政府法律顾问有关事宜。

会议议定：1. 原则同意聘用山西华炬律师事务所、山西鼎信泽律师事务所等11家律师事务所为区政府法律顾问库成员。2. 区推进依法行政工作领导组办公室要进一步完善部门选聘法律顾问办法，确保选用过程公开、公平、公正；要检点入围律师事务所严格按投标文件的要求，配备相应的律师、提供相应的服务；要加强日常管理，严格考核办法和退出机制，确保聘用的法律顾问单位能够充分、及时、保质保量提供法律服务。3. 原则同意区政府法制办聘用3家律师事务所，为区政府本级提供法律服务，每家律所各指派两名律师为各位副区长提供“一对一”法律服务，同时为其他未聘用法律顾问的部门和单位提供法律服务，顾问费用每家每年10万元。

七、通报区政府招待所有关事宜。

会议通报了区政府招待所2012年以来出租情况以及因承租方不履约引发的纠纷诉讼情况。

会议议定：由区政府办负责，协调区法院加快对强制执行时查封财物的评估，同时继续委托原来承办该案件的律师，对剩余的2015年6月1日至2017年5月16日期间的租金通过法律途径进行追讨，确保国有资产不流失。

八、传达省委常委、市委书记罗清宇对中央第二环境保护督察组交办群众反映问题的批示。

会议要求：各相关部门和单位要按照罗清宇书记的重要批示精神，突出抓好群众反映问题的整改，抓好已办结案件的“回头看”，抓好检查督查，确保群众反映的问题时时有如实答复、件件有明确着落，切实以整改的实际成效取信于民。

九、研究2017年防汛工作。

会议议定：原则同意区水务局提出的2017年防汛工作安排，区水务局根据会议所提意见修改完善后印发；区水务局要尽快筹划安排召开全区防汛工作会议，对今年的防汛任务、重点、措施全面安排部署。

【第11次常务会议】

2017年6月6日在区政府常务会议室召开。区长李慧主持。侯森、杨永生、薛凯、魏毅、闫晓琴、岳旭强、陈晓华、范勇出席。

一、研究迎泽区空气质量保障重点工作和扬尘污染治理工作。

会议要求：1. 各部门、各单位要加强组织领导，从政治上、思想上，行动上高度重视环境保护工作，不折不扣地落实好各项工作部署和要求，全力打好大气污染防治攻坚战。由环保分局牵头，尽快建立完善环境保护三级网格化监管制度，明确网格督察员，落实属地责任；要加大环保案件查处力度，对不按规定落实污染防治措施、违规排污的企业，一律高限处罚，该关停的关停，该搬迁的搬迁，决不姑息 2. 各部门、各单位要以中央环保督察转办群众反映的问题整改为契机，举一反三，认真整改同类问题。要做好工业企业环境污染整治、饮食服务行业油烟污染整治、“小散乱污”整治、空气质量跟踪监测分析、燃煤设施拆除整治和农村清洁供暖改造等6项重点工作，突出抓好建筑工地、拆迁工地、土方作业工地、渣土运输工地的扬尘治理，努力实现空气质量逐步好转。

会议议定：1. 各有关部门要按照职责分工，认真开展噪声污染整治，严查各类噪声扰民行为，努力为广大居民营造一个良好的工作、生活环境。2. 由区住建局牵头，负责辖区内建筑工地、拆迁工地扬尘污染综合整治工作，按照“五全一湿”标准严格进行检查，对不符合施工标准的一律停工整改。3. 由区城管局牵头，负责渣土运输车辆扬尘整治，从源头上规范渣土运输作业秩序，杜绝渣土车遗撒扬尘；同时，加大道路洒水抑尘和清扫保洁力度，多措并举解决道路扬尘问题。4. 区住建局和郝庄镇分别负责对城区和农村煤改电、煤改气户数进行再摸底，环保分局负责与市相关部门对接，力争全部纳入清洁供暖改造范围。5. 环保分局负责对接城南热源厂，督促加快推进清洁能源替代改造事宜，加大与市有关部门沟通，明确太原油墨厂关停和整体搬迁事宜。

二、研究《迎泽区农村环境集中整治行动实施方案》。

会议议定：1. 原则同意区农委起草的《迎泽区农村环境集中整治行动实施方案》，由区农委根据会议所提意见进一步修改完善后实施，待全市方案出台后，再进行调整和充实。2. 农村环境集中整治工作由郝庄镇总牵头，各有关部门配合并结合各自工作实际，制定本部门、本单位的分方案，区农委要做好与上级部门的对接，积极争取资金和政策支持。3. 郝庄镇要结合各村村情实际，一村一策制定整治方案，确保3个月内全面完成集中整治任务。4. 由区城改办负责，分类做好12个城中村环境整治，已拆除的9个村要尽快完成建筑垃圾清运，督促城中村改造施工企业对工地实行标准化围挡；今年计划改造的3个村，要加快融资，尽快启动整村拆除。5. 要将此次整治工作纳入全区目标责任考核范畴，严格落实责任，强化督促检查，对整改不到位、弄虚作假的，严格追究有关人员的责任。

会议还就其他事宜进行研究：

1. 区住建局负责与省、市相关部门对接，争取将松小线、水马路、南十方东延列入全市市政重点建设项目计划，尽快开工建设。2. 各位副区长要高度重视行政应诉工作，按照“管行业必须管案件”的要求，协调分管部门主动应诉、化解矛盾。各部门、各单位要按照“谁主办、谁应诉”的原则，进一步增强行政应诉能力，规范行政应诉行为，提高行政应诉质量；同时要不断提高依法行政水平，严格依照法定权限和程序行使权力，全面、正确、及时履行法定职责，严格规范公正文明执法，从源头上预防和减少行政争议的发生。3. 区法制办要进一步梳理区政府各部门法律顾问聘用情况，严格按照管理办法规范法律顾问工作，确保法律顾问真正发挥出在政府事务处理中的事前预防、事中监督、事后补救作用，不断提升政府依法行政工作水平。4. 各部门、各单位要对照主要经济指标任务，找差距、挖潜力，全力抓好项目建设、项目入库、企业入库等工作；对下月仍完不成指标任务的部门和单位，引入第三方核实，如情况不属实，启动问责机制，严格问责。

【第12次常务会议】

2017年6月21日在区政府常务会议室召开。区长李慧主持。侯森、杨永生、薛凯、闫晓琴、陈晓华、范勇出席。

一、听取迎泽区社会信用体系建设工作推进情况汇报。

会议要求：一是强化责任落实。二是完善考核机制。三是积极营造氛围。四是发挥好表率作用。

二、研究增加太原晋泽置业有限公司注册资本金事宜。

会议议定：1. 原则同意区财政安排3000万元资金给区开发公司，用于太原晋泽置业有限公司增加注册资本金；同意区资产经营公司以自有资金出资2100万元，用于太原晋泽置业有限公司增加注册资本金。2. 区财政局等部门要加强对区级融资平台的管理，强化资金使用监管，提高财政资金使用效益，确保财政资金安全。

三、研究人事任免有关事宜。

四、研究“村霸”问题专项整治工作。

会议传达了市委组织部、市纪委监委等七部门联合印发的《关于印发〈太原市“村霸”问题专项整治工作督办方案〉的通知》，对专项整治“村霸”问题进行了安排部署。

【第13次常务会议】

2017年6月28日在区政府常务会议室召开。区长李慧主持，侯森、杨永生、薛凯、岳旭强、陈晓华、范勇出席。

一、研究地质灾害防治工作。

会议指出：地质灾害防治工作事关人民群众生命财产安全，事关社会和谐稳定。6月24日四川茂县新磨村山体高位垮塌事件，代价极其惨痛，教训极其深刻。各有关部门和单位要深刻汲取教训，举一反三，各司其职，各负其责，全力做好迎泽区地质灾害防治工作。

二、研究关于全面推进河长制的实施方案。

会议议定：原则同意区水务局起草的《关于全面推进河长制的实施方案》，由区水务局根据会议所提意见修改完善后提请区委常委会审议。

三、研究电建公司老旧房及棚户区、新建南路45号院棚户区等两项改造工程房屋征收决定、公告、补偿方案。

会议议定：1. 原则同意电建公司老旧房及棚户区、新建南路45号院棚户区等2项改造工程房屋征收决定、公告、方案，由区住建局、桥东街办、老军营街办根据会议所提意见进一步修改完善，区法制办做好合法性审查。2. 桥东街办、老军营街办要做好与被征收单位的对接，把征收费用、征收专用账户设立、回迁安置房建设计划等基础性工作落实好；区住建局就补偿方案中货币补偿方式与市政府2016年60号文件不同的地方与市房地部门进一步对接确定后启动。3. 由老军营街办负责，将新建南路45号院棚户区改造工程项目的税务登记办理在区地税局。4. 由区住建局、财政局、老军营街办共同研究新建南路45号院棚户区改造工程项目保证金收取和管理等有关事宜，确保保证金足额收取、规范管理。5. 由老军营街办负责，核实煤化所宿舍开发征收相关情况。

四、研究新东峰汽车销售服务有限公司搬迁改造及汽车产业园建设有关事宜。

会议议定：1. 原则同意区资产经营公司提出的新东峰汽车销售服务有限公司搬迁改造及汽车产业园建设方案。由薛凯副区长牵头，组织区财政局、经信局、城改办、资产经营公司、法律顾问机构等相关部门和单位，进一步优化方案，细化进度要求，把新公司设立、基金发行、项目可研、土地摘牌等工作责任落实到人，卡死时间节点，以扎实措施加快推进项目开工建设。2. 由区经信局牵头，对新东峰汽车销售服务有限公司进行尽职调查。3. 区经信局、城改办、资产经营公司、太原国投长城基金管理公司、新东峰汽车销售服务有限公司等部门和单位，要围绕新东峰汽车销售服务有限公司搬迁改造及汽车产业园建设事宜统一算账，进一步优化工作环节，明确新公司重组方案，资金投入占比，管理机制设立，汽车产业园地下空间资产分割、管理，融资资金数额、利率、时限，国有资产收益等细节。

五、研究人事任免有关事宜。

六、传达“公车私用”治理工作有关文件精神。

七、传达学习习近平总书记视察山西重要讲话精神和6月27日全市干部大会精神。

会议要求：要认真学习贯彻习近平总书记系列重要讲话精神和治国理政新理念新思想新战略，要坚持把学习宣传贯彻习近平总书记视察山西重要讲话精神作为当前和今后一个时期的首要政治任务和做好各项工作的根本保证，进一步强化“四个意识”，坚定“四个自信”，统筹推进“五位一体”总体布局，协调推进“四个全面”战略布局，紧紧抓住机遇，勇于改革创新，果敢应对挑战，善于攻坚克难，扎扎实实做好改革发展稳定各项工作。各部门、各单位要全面准确把握、坚决贯彻落实习近平总书记对山西工作提出的总体要求和五项重大任务，按照省委书记骆惠宁、市委书记罗清宇的讲话要求，按照区委安排部署，全面推进当前各项工作任务，为中共十九大胜利召开营造良好环境。

【第 14 次常务会议】

2017 年 7 月 7 日在区政府常务会议室召开。区长李慧主持。侯森、杨永生、薛凯、魏毅、岳旭强、陈晓华、范勇出席。

研究迎泽公园改造二期工程房屋征收决定、公告、补偿方案。

会议议定：1. 原则同意迎泽街办起草的迎泽公园改造二期工程房屋征收决定、公告、方案和关于迎泽公园南湖游乐场游乐设施拆除通告，由迎泽街办根据会议所提意见进一步修改完善后印发，区法制办做好合法性审查。2. 关于迎泽公园南湖游乐场游乐设施拆除事宜，由迎泽街办、区住建局协调太原迎泽公园管理处，组织专业队伍进行拆除，确保安全。3. 副区长侯森牵头，进一步优化征收计划，倒排工期、责任到人，确保按市政府要求的时限完成征收任务。

【第 15 次常务会议】

2017 年 8 月 7 日在区政府常务会议室召开。区长李慧主持。侯森、杨永生、薛凯、魏毅、闫晓琴、岳旭强、陈晓华、范勇出席。

一、听取上半年全区经济运行情况的报告。

会议指出：上半年，各部门、各单位紧紧围绕区委、区政府工作部署和全年目标任务，始终把招商引资和项目建设作为推动经济发展的重中之重，工作措施扎实有效，各项目标任务稳步推进，取得明显成效。但也看到，经济社会发展中依然存在一些困难和不足，部分经济指标完成情况不乐观、招商引资的氛围不够浓厚、部分重大项目进展缓慢，各部门、各单位必须进一步增强推动发展的紧迫感、责任感和使命感，切实把思想和行动统一到习近平总书记视察山西重要讲话精神上来，紧紧围绕习近平总书记对山西工作提出的总体要求和五大任务，按照省委十一届四次全会、市委常委（扩大）会议的部署，全力做好稳增长、促改革、调结构、惠民生、防风险的各项工作，以优异的成绩迎接中共十九大胜利召开。

会议要求：1. 要加强对经济工作的领导。2. 要全力以赴抓好招商引资工作。3. 要加大项目推进力度。4. 要扭住安全稳定不放松。

二、听取2017年1—6月国民经济和社会发展计划执行情况的报告。

会议议定：原则同意区发改局起草的《2017年1—6月份国民经济和社会发展计划执行情况的报告》，由区发改局根据会议所提意见做进一步修改完善，副区长薛凯把关后，提交区人大常委会审议。

三、研究散煤治理和中央环保督察交办问题整改工作有关事宜。

会议传达了全市散煤治理和中央环保督察交办问题整改工作会议精神。

会议要求：1. 各部门、各单位要坚决贯彻落实国家、省、市关于生态文明建设和环境保护的各项决策部署，把散煤治理作为推进环境改善的重要抓手，进一步摸清底数，分类施策，保质保量完成各项工作任务。各街办（镇）要加快推进燃煤棚户区征收拆迁和清洁供热改造，力争9月底前完成房屋征收拆迁。环保分局、区发改局要加快推进农村地区“煤改电”、“煤改气”工作，主动与电力、燃气等市相关部门做好对接，确保按期完成改造；各相关部门和单位要高度重视环境监测点位周边环境，统筹做好清扫保洁、违法建设拆除、工地整治等各项工作。2. 要建立例会制度，安排部署相关工作，及时解决存在的困难和问题，要加大协调配合力度，形成齐抓共管散煤治理工作的强大合力；要做好宣传发动，营造浓厚氛围，积极争取广大居民群众和社会各界的理解和支持。3. 要全力做好中央环保督察交办问题整改工作，认真梳理整改情况，确保整改效果；各责任单位要深入开展整改“回头看”，通过建档留卡，强化执法记录，持续巩固整改成效；要加强与上级部门协调对接，及时沟通存在的问题，有序推进中央环保督察交办问题整改工作。

四、研究棚户区改造项目房屋征收决定、公告、补偿方案。

会议议定：1. 原则同意区住建局起草的燃煤棚户区改造项目房屋征收决定、公告、补偿方案，各街办（镇）作为项目征收实施主体，要严格法定程序，积极推进各辖区燃煤棚户区拆除改造，确保按照市委、市政府的规定期限完成征收任务。2. 原则同意庙前街办起草的桃园北路片区棚户区改造项目房屋征收决定、公告、方案，由庙前街办根据会议所提意见进一步修改完善，区法制办合法性审查后印发，待安置地点确定后再启动房屋征收工作。

五、研究区发改局、经信局增加工作人员有关事宜。

会议议定：1. 原则同意通过政府购买服务的形式，为区发改局补充5名工作人员，为区经信局补充10名工作人员，聘用期限两年。2. 区发改局、经信局提出拟购买服务人员的标准要求，区人社局具体组织招聘事宜，工资待遇按照管理办法规定执行。补充的工作人员到位以后，用人单位要严格日常管理，健全完善退出机制，确保招进来的人能真正发挥作用。3. 各部门、各单位要严格按照管理办法规定，加强对招录人员的管理和考核，坚决杜绝不到岗或冒名顶替等情况的发生；对人员录用和调出，区编办、财政、人社和各部门要及时掌握情况，做好薪酬待遇等对接工作。

六、听取2016年度财政决算及2017年1—6月财政预算执行情况的报告。

会议议定：原则同意区财政局起草的《2016年度财政决算及2017年1—6月财政预算执行情况的报告》，由区财政局根据会议所提意见修改完善后，提请区人大常委会审议。

七、听取2016年度本级预算执行和其他财政收支的审计工作报告。

会议议定：原则同意区审计局起草的《2016年度本级预算执行和其他财政收支的审计工作报告》，由区审计局根据会议所提意见修改完善后，提请区人大常委会审议。

八、研究区廉政教育基地项目建设有关事宜。

会议议定：原则同意由区政府办作为项目实施单位，尽快启动区廉政教育基地建设，区财政局按项目中标价拨付建设资金。区政府办要严格按照规定程序，加快推进施工招投标等相关工作；要按照大方、实用的原则，把好项目设计关；要加强施工监管，确保工程质量和施工安全。

九、研究《迎泽区贯彻落实〈法治政府建设实施纲要（2015—2020年）〉的实施方案》。

会议议定：原则同意区法制办起草的《迎泽区贯彻落实〈法治政府建设实施纲要（2015—2020年）〉的实施方案》，区法制办根据会议所提意见修改完善后，提请区委常委会审议。

【第16次常务会议】

2017年8月25日在区政府常务会议室召开。区长李慧主持。侯森、杨永生、薛凯、闫晓琴、岳旭强、陈晓华、范勇出席。

一、研究关于深化区属企业改革的实施意见。

会议议定：原则同意区经信局起草的《关于深化区属企业改革的实施意见》，由区经信局根据会议所提意见进一步修改完善后，提交区委常委会审议。

会议要求：要按照“统筹谋划、协调推进，分类施策、先行先试”的思路，积极稳妥推进区属企业改革。一是把握正确的方向。二是结合区属企业实际。三是积极营造改革氛围。四是正确处理改革与稳定的关系。五是强化国有资产监管。六是统筹协调推进改革。

二、研究迎泽区淤泥渣土处置场设置有关事宜。

会议议定：1. 原则同意按照全市规划，在迎泽区启动5处淤泥渣土场设置工作。由副区长岳旭强牵头，组织城管、水务、林业、安监、规划、国土、环保、郝庄等部门和单位对5处淤泥渣土处置场选址进行实地勘探。如勘探结果符合建设条件，各相关部门和单位要根据各自的工作职责，依法依规加快办理淤泥渣土场设置相关手续。2. 淤泥渣土场设置后，要加强日常监管，督促经营单位科学堆放，坚决杜绝滑坡等各类安全事故发生；要督促渣土场业主单位设置必备的喷雾降尘车辆和装置，及时推摊覆盖，并对出入道路进行硬化，确保不带泥上路、杜绝扬尘污染。3. 加快推进静脉产业园项目手续办理，减少垃圾环境污染，实现垃圾变废为宝、循环利用。

三、研究区聘计生协管员有关事宜。

会议议定：1. 原则同意区卫计局提出的将23名50岁以上的计生协管员清退的请示，区卫计局要精心组织，周密安排，耐心细致地做好被清退人员的思想工作，讲清讲透有关政策，确保清退工作依法依规、稳妥推进。2. 由副区长闫晓琴牵头，按照“科学配置、减员增资”的原则，组织区民政、卫计等部门对全区各类社区协管员进行摸底，提出社区协管员分类整合方案。待整合方案出台后，再确定补充计生协管员有关事宜。

四、研究迎泽地区医院与区国税局房产置换事宜。

会议议定：为满足迎泽地区医院“医养结合”工作需要，原则同意将区国税局解南87号三层306.7平方米房屋与迎泽区卫计局校尉营2号院北楼的三层、四层房屋等面积置换，区卫计局、国税局依规办理相关置换手续。

五、研究设立迎泽区小微企业创业投资基金有关事宜。

会议议定：1. 原则同意区财政局安排双创专项资金1200万元（其中，市级500万元，区级配套700万元）给迎泽国投公司，用于设立小微企业创业投资基金，引入太原国投长城基金管理公司完成该基金项目；迎泽国投公司将其中249万元增资给太原国投长城基金管理公司，用于太原国投长城基金管理公司增加注册资本金。2. 小微企业创业投资基金要坚持以支持辖区企业为主，财政、经信、科技、审计等部门要强化资金监管，确保财政资金安全；迎泽国投公司要依法参与基金管理和运作，加大融资力度，切实提高财政资金使用效益。

六、研究松庄城中村改造向山西省城镇建设投资有限公司购买服务事宜。

会议议定：根据市政府办公厅《关于太原市政府购买棚户区改造服务管理暂行办法的通知》精神，原则同意由区城改办牵头，区住建局作为购买主体，与山西省城镇建设投资有限公司签订购买服务合同，用于松庄城中村改造项目。项目总资金160364万元，其中，省农发行贷款128200万元，利率4.9‰，自有资本金配套32164万元，自有资本金由区财政局依规拨付。区财政局为购买服务资金的监管及拨付单位，太原信泽置业有限公司为用款主体。

七、研究将区招待所改建成区社会福利院有关事宜。

会议议定：1. 原则同意将区政府招待所机构编制、资产、人员整体划转至区民政局，由区民政局改建成区社会福利院。2. 由区编办牵头，区政府办、民政局、人社局配合，提出机构编制划转方案；区民政局提出整体接收方案，包括人员安置计划、接收后的改造方案等，之后再提交区政府常务会研究。

八、研究迎泽区机关事业单位劳务派遣用工管理暂行办法。

会议议定：原则同意《迎泽区机关事

业单位劳务派遣用工管理暂行办法》，由区政府办会同区财政局、人社局根据会议所提意见进一步修改完善后印发实施。

九、听取食品药品安全监管工作汇报。

会议要求：各相关部门和单位要深刻认识当前食品药品安全面临的严峻形势，要把贯彻落实习近平总书记关于食品药品监管“四个最严”的要求作为推进工作的重要指引，进一步增强责任感和紧迫感，始终站在保障民生、促进发展、维护社会和谐稳定的高度，紧紧抓住确保人民群众饮食用药安全这条主线，健全体系建设、理顺监管体制、广泛宣传教育、严格行业自律、开展集中整治，全力做好食品药品安全监管工作，确保百姓吃得安全、吃得放心。

会议就其他事宜进行研究。原则同意区财政拨付5000万元给区开发公司，专款用于太原信泽置业有限公司注册资本金。

【第17次常务会议】

2017年9月5日在区政府常务会议室召开。区长李慧主持，杨永生、薛凯、魏毅、闫晓琴、岳旭强、陈晓华、范勇出席。

一、研究成立迎泽区房屋征收办公室有关事宜。

会议议定：原则同意成立迎泽区房屋征收办公室，设在区住建局，主要职责为：负责国家、省、市房屋征收补偿安置法律、法规、规章、政策的宣传教育和贯彻落实；负责重点工程房屋征收公告、方案、决定的拟定；负责与重点工程上级业主单位、资金拨付部门的业务对接和资金申请工作；负责与重点工程涉及的市国土、规划、住建、城管、房管、规划设计院等业务部门的对接和问题协调工作；负责配合市建审中心和上级业主单位完成重点工程规划范围内各类建（构）筑物的调查摸底工作；负责对区相关部门和单位组织实施的重点工程房屋征收补偿工作进行业务指导；负责重点工程的进度跟踪、数据收集、汇总上报和档案管理工作；负责与重点工程回迁安置房建设单位的户型对接，起草重点工程回迁安置房分配方案及分配流程，并对回迁房分配进行业务指导；承担重点工程其他相关工作。

二、研究区便民服务中心、政务服务中心招聘人员有关事宜。

会议议定：1.原则同意为区政务服务中心补充5名聘用制工作人员，为区便民服务中心补充3名聘用制工作人员。2.区政务服务中心、便民服务中心要严格按照《迎泽区机关事业单位劳务派遣用工管理暂行办法》有关规定提出用人标准，区人社局组织实施；招聘人员到位以后，要严格按照管理办法规定，强化日常管理，加强对招录人员的管理和考核，坚决杜绝不到岗或冒名顶替等情况的发生。

三、研究对口援疆有关事宜。

会议议定：1. 原则同意区发改局提出的对援疆干部补贴等有关意见，由区发改局根据会议所提意见进一步修改完善后，区财政局、发改局联合行文。2. 各有关部门要按照省、市关于做好选派干部对口支援新疆工作的有关要求，选好对口援疆干部和人才，切实抓好对口援疆各项工作。

四、研究人事任免有关事宜。

五、研究深化统计管理体制改革的实施意见。

会议议定：1. 原则同意区统计局起草的《关于深化统计管理体制改革的实施意见》，由区统计局根据会议所提意见做进一步修改完善，副区长薛凯把关后印发实施。2. 原则同意区统计局以社会购买服务方式招聘 30 名专职统计员，由区统计局统一调配和使用，同时要逐步建立科学有效的日常管理和考核奖惩机制，确保其真正发挥作用。3. 区统计局要制定辖区限上企业入库目标，进一步细化统计内容，明确工作计划，确保应统尽统、应进必进。

六、研究小街巷交通乱象综合治理工作。

七、研究近期环保工作。

会议传达 9 月 5 日市委常委环保专题会主要精神。

会议要求：要提高认识，要突出重点，要加快燃煤棚户区房屋征收，要强化协调督导。

【第 18 次常务会议】

2017 年 9 月 21 日在区政府常务会议室召开。区长李慧主持，薛凯、闫晓琴、岳旭强、陈晓华、范勇出席。

一、研究《迎泽区 2017—2018 年秋冬季大气污染综合治理攻坚行动方案》。

会议议定：原则同意环保分局起草的《迎泽区 2017—2018 年秋冬季大气污染综合治理攻坚行动方案》，由环保分局根据会议所提意见进一步修改完善后，以区政府办名义印发实施。

二、研究迎泽区关于中央环保督察整改工作实行台账式管理事宜。

会议要求：针对迎泽区整改任务台账中确定的 34 个问题，各部门、各单位要严格按照台账分解的任务，提出整改措施清单，逐项检查分解细化，逐项制定整改措施，从严从快解决督察组提出的问题和迎泽区环境保护中存在的突出问题。督查部门要强化督查问责，建立整改工作调度机制，对中央环保督察组反馈意见整改情况进行跟踪督办，对整改工作措施不力、虚以应付、拒不整改或问题仍然突出、问题出现反弹的街（镇）和部门，严肃追究相关责任人的责任，确保督察工作取得实实在在的成效。

三、听取《迎泽区强化环保督察环境问题整改情况报告》。

会议指出：2017 年 4 月至年底，环保部强化督查反馈迎泽区共 23 个案件，虽然这些问题已经全部整改，但必须清楚认识到，在扬尘、“散乱污”企业治理等方面还存在一些差距和问题，各部门、各单位要引起高度重视，在今后的工作中认真进行整改，确保环保工作取得实效。

会议邀请环保部巡查组组长朱宏和杭小平、王晓楠两位环保专家出席，对迎泽区环保工作进行指导。朱宏就如何做好大气污染综合治理攻坚行动提出了三点建议。1. 要提高认识。2. 要落实责任，建立长效机制。3. 要强化舆论宣传和引导。

四、听取近期安全工作汇报。

会议要求：中秋、国庆将至，党的十九大即将召开，各部门、各单位要进一步绷紧安全稳定这根弦，全力抓好消防、危险化学品、施工工地、特种设备、人员密集场所、游园景区、学校、道路交通、防汛、食品药品、燃气等相关领域的安全隐患排查和整治工作，彻底消除各类隐患；要按照党政同责、一岗双责的要求，严格落实安全生产监管责任，把安全生产责任分解到人，落实到岗，做到职责明晰、任务具体、责任到人、工作到位、措施有效；要强化督导，督促企业严格落实安全生产主体责任，规范操作，减少失误，确保安全。各位副区长要带头开展好安全生产大检查督查活动，做到督查过程不打招呼，发现问题不留情面。同时，各部门、各单位要严格执行领导干部带班值班制度和关键岗位24小时值班制度，全面做好生产安全事故和其他紧急突发事件的信息报送和应急救援工作，确保广大人民群众度过一个欢乐、祥和、平安的节日，为党的十九大胜利召开营造安全稳定的社会环境。

【第19次常务会议】

2017年10月9日在区政府常务会议室召开。区长李慧主持，杨永生、薛凯、魏毅、闫晓琴、岳旭强、陈晓华、范勇出席。

一、研究青年路片区雨污分流改造项目房屋征收决定、公告、补偿方案。

会议议定：1. 原则同意迎泽街办起草的青年路片区雨污分流改造项目房屋征收决定、公告、补偿方案，由迎泽街办根据会议所提意见进一步修改完善，区住建局和法制办把关后印发实施。2. 迎泽街办负责对改造项目房屋征收所需资金进行测算，尽快向市政府提出资金申请；同步对接市建审中心出具建审报告，明确货币化安置标准，加快推进房屋征收工作。

二、研究人事任免有关事宜。

会议议定：同意提名免去侯森区政府副区长职务，拟任免职务按有关程序提请区人大常委会任免。

三、研究区专职消防队（消管中心）有关事宜。

会议议定：1. 为确保区专职消防队（消管中心）工作正常开展，明确公安迎泽分局为区专职消防队（消管中心）主管部门。2. 公安迎泽分局要加强对区专职消防队（消管中心）的管理，强化人员纪律教育和业务指导，健全完善人员管理考核机制，创新消防安全监管方式，全面推动区专职消防队（消管中心）各项工作再上新台阶。区人社局、财政局、采购中心等部门要严格按照相关规定，拨付工作经费，规范人员使用，提升装备水平，为专职消防队（消管中心）更好发挥火灾隐患排查和初期扑救作用奠定坚实基础。

四、研究水峪村城中村改造借款事宜。

原则同意区财政、区城改办分别借款1亿元和1.4亿元资金给水峪村委会，专款用于水峪村城中村改造整村拆迁，本次借款待水峪村城中村改造拆迁贷款到账后归还；区财政局、城改办要加强资金使用监管，确保财政资金专款专用、按期归还。

【第 20 次常务会议】

2017 年 10 月 22 日在区政府常务会议室召开。区长李慧主持，杨永生、薛凯、魏毅、闫晓琴、岳旭强、范勇出席。

一、研究《太原市迎泽区第六届社区居民委员会换届选举工作实施方案》、《太原市迎泽区第十一届村民委员会换届选举工作实施方案》。

会议议定：1. 原则同意区民政局起草的《太原市迎泽区第六届社区居民委员会换届选举工作实施方案》和《太原市迎泽区第十一届村民委员会换届选举工作实施方案》，由区民政局根据会议所提意见并对照市社区（村）换届实施方案进一步修改完善后，提交区委常委会审议。2. 由区民政局牵头，结合社区（村）“两委”换届选举工作，进一步摸清社区（村）干部待遇水平、工资结构等，形成专题报告，报区政府研究。

二、研究区社会福利院改建项目立项事宜。

会议议定：原则同意区社会福利院改建项目立项事宜，区民政局要严格按照法定程序进行项目报批。要按照标准高、功能全，设置人性化、智能化的原则，把好项目设计关；要加强施工监管，确保工程质量和施工安全；要根据福利院实际情况，尽快明确管理服务模式，推动区社会福利院有序运营。

三、研究区民政局招聘人员有关事宜。

会议议定：原则同意通过劳务派遣方式为区民政局补充 10 名工作人员，区社会福利院、郑村烈士陵园原使用的 6 名临时人员要通过劳务派遣方式理顺用工关系。区民政局负责提出用人标准和要求，由区人社局具体组织招聘事宜，工资待遇按照管理办法规定执行。人员到位以后，区民政局要加强管理和考核，确保其真正发挥作用。

四、研究《迎泽区重污染天气应急预案》。

会议议定：1. 原则同意环保分局起草的《迎泽区重污染天气应急预案》，由环保分局根据会议所提意见进一步修改完善后印发实施。2. 环保分局要根据有关要求，尽快选定新的空气质量监测点位代替莱园现有监测点位，并组织专业技术人员做好跟踪，加强数据收集分析，发现问题及时解决。3. 各部门、各街镇要全力做好“煤改电”、“煤改气”扫尾工作，主动对接涉及的企业和单位，积极创造无障碍施工环境，加班加点，倒排工期，争取 10 月 25 日之前全部完工。4. 对中央、省环保督察、巡查交办的案件，各部门、各街镇要按照“第一时间核实、第一时间整改、第一时间反馈、第一时间上报”的要求，全力做好整改工作，要深入开展整改“回头看”，持续巩固整改效果。

五、研究县乡医疗机构一体化改革有关事宜。

会议议定：原则同意区卫计局起草的全面推进县乡医疗卫生机构一体化改革实施方案，由区卫计局根据会议所提意见作进一步修改完善后，提请区委常委会审议。

六、研究“双创”资金使用有关事宜。

会议议定：1. 原则同意为 2015—2017

年省级认定的5家创业基地（智慧创客空间、创享都市创客空间、迎联智慧大健康产业科技孵化器、太原互联网+智慧产业园中小企业创业基地、太原互联网+智慧产业园）共补助资金120万元，为2016年4个“双创”项目（科技孵化器项目、智慧创客空间项目、电子商务双创基地项目、小微企业创业基地项目）共补贴资金1328.52万元。2. 区财政、审计等部门要加强对“双创”资金的监管，定期或不定期对专项资金使用情况进行抽查；区经信、科技、中小企业服务中心等部门要强化项目日常监管，做好项目质量、进度的跟踪、检查、监督和验收，确保财政资金使用安全、高效。

七、研究加强档案管理工作有关事宜。

会议议定：1. 原则同意通过劳务派遣方式为区档案局补充3名工作人员，区档案局负责提出用人标准和要求，区人社局具体组织招聘事宜，工资待遇按照管理办法规定执行。人员到位后，区档案局要加强日常管理和考核，确保其真正发挥作用。2. 原则同意为区档案局（馆）、档案工作目标管理达到省三级以上标准的区级机关事业单位、有干部人事管理权限的区级部门等三类，配有防火、防盗、防虫等安全要求档案库房的单位，在编在岗档案库房管理人员发放保健津贴，标准为每人每月132元。区档案、财政、人社等部门要做好相关人员的审核工作，确保不漏发、不错发。

八、研究寇庄南街72号（区法院旧址）办公楼使用有关事宜。

会议议定：鉴于太原市祥园物业管理有限公司承担涉军人员托底安置职责，原则同意将寇庄南街72号（区法院旧址）办公楼交由太原市祥园物业管理有限公司经营管理，相关经营收入归该公司所有。

会议还对其他事宜进行了研究。

会议议定：各相关街办要进一步细化康乐村、钟楼街、义乌小商品等片区征收方案，依法依规完善摸底、风险评估等前期相关手续，同时充分考虑征收过程中可能出现的困难和问题，待方案成熟后再启动。

【第21次常务会议】

2017年11月12日在区七楼人大会议室召开。区长李慧主持，杨永生、薛凯、魏毅、闫晓琴、岳旭强、陈晓华、范勇出席。

一、贯彻学习党的十九大精神，传达省委十一届五次全会和全市干部大会精神。

会议要求：要全面贯彻落实党的十九大精神，当好宣传员、规划员、施工员和监督员。1. 当好“宣传员”，迅速掀起学习宣传贯彻十九大精神热潮。2. 当好“规划员”，以十九大精神为指导科学谋划全区经济社会发展。3. 当好“施工员”，把中共十九大精神转化为推动政府各项工作的强大动力。4. 当好“监督员”，以党的全面领导为统领，进一步加强区政府系统党的建设。

二、研究《迎泽区贯彻落实国务院支持山西省进一步深化改革促进资源型经济转型发展意见行动计划》。

会议议定：原则同意《迎泽区贯彻落实国务院支持山西省进一步深化改革促进

资源型经济转型发展意见行动计划》，区政府办公室要根据会议所提意见进一步修改完善后，提交区委常委会审议。

会议就贯彻落实行动计划提出四点要求：1. 要强化主体责任，全面加强组织领导。2. 要强化协调配合，完善上下联动工作机制。3. 要强化社会参与，充分激发人民群众的无穷创造力。4.要强化作风建设，确保各项工作扎实推进。

三、听取前三季度经济运行分析。

会议指出：今年前三季度迎泽区经济运行总体平稳，但发展形势依然严峻复杂，特别是社会消费品零售总额、固定资产投资等指标增速趋缓，给迎泽区经济发展带来较大压力。各部门、各单位要清醒认识当前经济发展面临的严峻形势，转变工作思路，创新工作举措，千方百计挖潜促增，依法依规足额入统，全力以赴推动各项指标完成。

会议要求：1. 要全力以赴完成全年经济发展目标。2. 要全力推进重点项目建设。3. 要进一步加大招商引资力度。4. 要进一步强化税收指标入统。5. 要提前谋划明年的工作。

四、研究“两委”换届增加“两委”职数和工作经费有关事宜。

会议议定：原则同意区民政局提出的为社区“两委”增加职数的方案，由区民政局根据会议所提意见进一步修改完善后，提交区委常委会研究。

五、剖析甄强房屋强拆典型案例。

会议指出：近年来，随着大规模城市建设，迎泽区在取得房屋征收和基础设施建设巨大成绩的同时，也不可避免地引发了一系列矛盾和问题。特别是今年，到目前为止仅区政府为被告的行政诉讼案件已经达到 273 件，说明人民群众的法律意识和维权意识越来越强，也说明工作一定程度上还存在一些瑕疵和不足。

会议要求：各部门、各单位要深刻汲取甄强强拆典型案件教训，举一反三，坚决杜绝类似问题的再发生。在今后的工作中，要进一步树牢法治意识，特别是各部门的行政一把手，必须牢固树立法律至上理念，牢固树立严格依法办事、维护法治尊严的新理念，始终做依法行政的忠实崇尚者、自觉践行者和坚定捍卫者。要进一步坚持依法行政，无论是房屋征收，还是其他行业管理、行政执法等等，都要把法律法规作为指导、规范和推进工作的根本标准，把法治观念贯穿工作全过程，把政策法规贯穿工作各环节。要进一步规范行政程序，加强程序法意识，严格履行法定程序，特别是在拆除违法建设中，必须严格履行认定、通告、催告、决定等法定环节。要进一步落实法院判决，对于败诉的案件，各相关部门要按照法律规定，在法定期限内主动与原告进行对接，坚决落实法院判决，以实际行动维护政府公信力和司法审判权威。

六、关于争取太原市科技发展基金落地迎泽区有关事宜。

会议议定：1. 原则同意区资产经营公司出资 400 万元，以入股形式择优收购一家基金管理公司，承接太原市科技发展基金。2. 收购过程中，要严格按照政策法规的规定，完善相关手续，履行相关程序，做好合法性审查，同时，要强化资金监管，做好对拟收购公司的股权评估、股权结构设计等相关工作。

七、研究启动全区智慧交通平台及试点建设有关事宜。

会议议定：原则同意公安分局提出的智慧交通平台及试点建设项目方案，公安分局要根据会议所提意见对项目方案进一步修改完善后尽快启动实施。

八、研究人事任免有关事宜。

【第 22 次常务会议】

2017 年 12 月 2 日在山西饭店召开。区长李慧主持，杨永生、薛凯、魏毅、岳旭强、陈晓华、范勇出席。

一、研究《迎泽区 2017 年事业单位公开招聘工作方案》。

会议议定：1. 原则同意区人社局起草的《迎泽区 2017 年事业单位公开招聘工作方案》，由区人社局根据会议所提意见进一步修改完善后抓紧实施。2. 原则同意区人社局提出的招聘网上报名工作委托第三方机构组织实施的建议，区人社局负责对第三方机构资质等进行综合考察。

二、研究成立太原市迎泽区文化旅游发展有限公司事宜。

会议议定：原则同意成立太原市迎泽区文化旅游发展有限公司，区文化局根据会议所提意见，进一步核准公司名称、注册资本、机构设置、经营范围等，并明确公司发展思路和发展方向。

【第 24 次常务会议】

2017 年 12 月 27 日在区七楼人大会议室召开。区长李慧主持。杨永生、薛凯、魏毅、闫晓琴、岳旭强、范勇出席。

一、传达学习中央经济工作会议精神。

会议传达了中央经济工作会议精神和省委书记骆惠宁、市委书记罗清宇对贯彻落实中央经济工作会议的有关要求。

二、传达中办、国办《关于做好 2018 年元旦春节期间有关工作的通知》精神。

会议要求：一是扎实做好关心困难群众生活工作。二是切实保障节日市场供应和平稳运行。三是努力营造欢乐文明的节日氛围。四是保障春运安全高效便捷顺畅。五是全面压实落实安全生产责任。六是全力维护社会和谐稳定。七是更加严格正风肃纪。八是认真做好值守应急工作。

三、传达《市委、市政府关于进一步贯彻落实中央八项规定精神的实施细则》。

四、传达太原市中级人民法院《关于进一步加强和改进行政机关负责人出庭应诉工作的司法建议书》。

五、研究为区委党校、区直机关工委、信访局、宗教局补充劳务派遣人员有关事宜。

会议议定：原则同意通过政府购买服务方式，为区委党校补充 2 名劳务派遣人员，为区直机关工委补充 2 名劳务派遣人员，为区宗教局补充 3 名劳务派遣人员，为区信访局补充 10 名劳务派遣人员，区信访局同步解决好原临时用工人员遗留问题。

六、研究《关于城市管理全面提升工作情况的报告》。

会议议定：原则同意区城管局起草的《关于城市管理全面提升工作情况的报告》，由区城管局根据会议所提意见做进一步修改和完善，岳旭强副区长把关后，提请区人大常委会审议。

七、研究《关于双塔历史文化景区改造项目房屋征收情况的报告》。

会议议定：原则同意区住建局起草的《关于双塔历史文化景区改造项目房屋征收情况的报告》，由区住建局根据会议所提意见做进一步修改和完善，魏毅副区长把关后，提请区人大常委会审议。

八、研究《关于美丽乡村建设情况的报告》。

会议议定：原则同意区农委起草的《关于美丽乡村建设情况的报告》，由区农委根据会议所提意见做进一步修改和完善，岳旭强副区长把关后，提请区人大常委会审议。

九、研究《关于医养护一体化工作情况审议意见、建议落实情况的报告》。

会议议定：原则同意区卫计局起草的《关于医养护一体化工作情况审议意见、建议落实情况的报告》，由区卫计局根据会议所提意见做进一步修改和完善，闫晓琴副区长把关后，提请区人大常委会审议。

十、研究《关于2017年1—6月份国民经济和社会发展计划情况审议意见、建议落实情况的报告》。

会议议定：原则同意区发改局起草的《关于2017年1—6月份国民经济和社会发展计划情况审议意见、建议落实情况的报告》，由区发改局根据会议所提意见做进一步修改和完善，薛凯副区长把关后，提请区人大常委会审议。

十一、研究《关于2017年1—6月份财政预算执行、2016年本级决算和其他财政收支情况审计意见、建议落实情况的报告》。

会议议定：原则同意区财政局起草的《关于2017年1—6月份财政预算执行、2016年本级决算和其他财政收支情况审计意见、建议落实情况的报告》，由区财政局根据会议所提意见做进一步修改和完善，薛凯副区长把关后，提请区人大常委会审议。

十二、研究《关于2017年财政预算调整方案（草案）的报告》。

会议议定：1. 原则同意区财政局起草的《关于2017年财政预算调整方案（草案）的报告》，由区财政局根据会议所提意见做进一步修改和完善，副区长薛凯把关后，提请区人大常委会审议。2. 区财政局要进一步提高财政预算编制的科学性、准确性、实效性，认真做好2018年财政预算编制工作，切实提高财政资金运行的效率和效益。

十三、研究《关于2016年本级预算执行审计查出问题落实情况的报告》。

会议议定：原则同意区审计局起草的《关于2016年本级预算执行审计查出问题落实情况的报告》，由区审计局根据会议所提意见做进一步修改和完善，薛凯副区长把关后，提请区人大常委会审议。

十四、研究《关于区五届人大二次会议代表建议、批评和意见办理情况的报告》。

会议议定：原则同意区政府办公室起草的《关于区五届人大二次会议代表建议、批评和意见办理情况的报告》，由区政府办公室根据会议所提意见做进一步修改和完善，薛凯副区长把关后，提请区人大常委会审议。

政府办公室

【概述】 2017年，迎泽区政府办公室贯彻落实中共十九大和习总书记视察山西重要讲话精神，以习近平新时代中国特色社会主义思想为指引，围绕全区中心工作，做到业务工作与全面从严治党建设两手抓、同推进，完成各项工作任务。

【政务服务】 2017年，迎泽区政府办公室深化行政审批改革，主动承接梳理取消下放事项，做到真正接住、管好，全年取消、承接下放事项30项；打造“六最”营商环境，推行“双随机一公开”抽查机制，完成 “一单两库一细则”编制，实现“五证合一、一照一码”全覆盖，市场主体开办环节大幅压减，开办时间大幅减少；依托区、街道（镇）、社区（村）三级政务服务体系，启用迎泽区服务群众工作信息系统，实现数据多跑路、群众少跑腿、服务群众零距离。

强化便民服务。高标准搭建全区综合性指挥平台，完善数字城管指挥中心职能，优化城市管理工作机制，全年受理案卷67869件，按期结案率97.92%；畅通各类社情民意热线，办理求决、求助、咨询来电5882件；加大巡查督办，发现、上报各类问题14224件，现场核查、督办问题28件，提高中心派单准确率。

提升信息服务。坚持“公开为常态、不公开为例外”原则，依法依规公开信息，全年内外网发布会议纪要、文件100余件；注重全区工作动态，扩大信息收集范围，提高信息编写质量，通过OA政务平台，向市政府政策研究室报送各类政务信息200余条，采纳98条，确保上级领导部门及时掌握本级政府工作动态。

规范政府采购。规范采购行为，提高政府财政资金效益，促进廉政建设，通过公开招标、竞争性谈判、询价等方式，完成招标项目采购127批次，公开招标38批次，竞争性谈判招标54批次，竞争性磋商招标27批次，货物类协议采购281批次，全年中标金额26149万元，为财政节约资金3209万元。

规范档案管理。选派专人对办公室1996年以来的工作档案进行全面整理、分类和归档，打造标准化档案室，启用电子录入系统，高效利用办公资源，安装密集架等设施，增加档案存放的利用率，缓解办公资源紧张的局面。

【参谋辅政】 2017年，迎泽区政府办公室办文办会。按照精简、高效、规范的原则，全年制发各类文件477件，完成政府工作报告、经济工作会议、民主生活会等重要会议文字材料起草工作。精心组织，完成区政府常务会、区长办公会、各类电视电话会议等重要会议的服务工作，起草、下发各类会议纪要，加强会后督促落实，提高会议实效。

抓好综合协调。发挥办公室承上启下、协调内外的桥梁纽带作用，帮助各部门解决工作中出现的问题，受到各部门的好评。全年处理各类请示报告100余件，来文阅办件2000余件，接派市级会议通知78余次，发送区政府及办公室文件800余份，传送文件日均50余份。

【依法行政】 2017年，迎泽区政府办公室参与重大行政决策合法性审查，全年审查政府各类重大合同10余份，审查房屋征收补偿方案7份，提出法律建议书30余份。应对行政诉讼激增形势，全年协调参与各类应诉300余起。制定出台《法律顾问管理办法（试行）》《法律顾问考核办法（试行）》和《迎泽区政府部门选聘法律顾问办法》，以公开招投标形式设立政府法律顾问库，实现政府法律顾问全覆盖。

【效能建设】 2017年，迎泽区政府办公室推进三基建设。积极与编办对接，全面做好基础性资料编制工作，对政府各职能单位的基础性资料进行初审工作；高标准制定政府办及下属各事业单位的工作目录、工作运行流程图，编制印发管理手册、应知应会手册和便民服务手册等资料，全面修订政府办内部制度，明确岗位职责，规范制度管理。

启用13710督查督办系统。深化督查体制改革，按照省、市推进“13710”信息督办系统建设的相关要求，出台工作制度及工作激励积分办法，对全区各终端站点进行了培训和实操演练，区、部门、街办（镇）全面启用督办系统，全年接收上级督查事项29件，完结事项26件，本级安排督查事项44件，完结事项39件。

强化建议提案落实。重视人大代表建议和政协委员提案办理工作，通过科学分类、登记梳理、交办答复等流程，明确办理责任人，办理时限，办理“三沟通”等工作环节，改变“重答复、轻落实”的现象，全年办理区人大代表建议、政协提案223件（其中，人大代表建议120件，政协提案123件），满意率100%。

加强应急管理。完善应急预案体系，对全区总体应急预案、专项和部门预案等54项预案进行修订；加强应急物资储备管理，加大重要时间节点应急工作抽查、检查、指导等力度，组织开展一系列应急演练和应急培训，参与“元宵节”灯会、“圣诞节”商业街区应急安全保障等工作，应急保障能力加强，全年总值班室受理紧急突发事件1743件，安排处置。

史志工作方面，出版2015年和2016年的年鉴，制定迎泽区地方志事业（2017—2020）发展规划，初步完成区志资料收集任务。机关后勤工作方面，做好对物业公司机关食堂的监督管理，加强机关楼院的清扫保洁、治安保卫、消防安全、食品安全及办公设施设备日常维护等工作，保障机关工作的运转。

【党的建设】 2017 年，迎泽区政府办公室加强思想政治建设。学习习近平总书记系列重要讲话，习近平总书记视察山西时的重要讲话精神，及时传达落实党中央和省委第十一届五次全会、市委第十一届三次全会和区五届二次党代会决策部署，理解治国新理念新思想，紧跟形势、分析任务、解决问题；推进“两学一做”学习教育常态化制度化，开展维护核心、见诸行动主题教育，制定学习计划，确定学习内容，合理选择学习方式，确保学习教育有计划、有步骤地推进；坚持“三会一课”发挥堡垒作用，开展“学雷锋”“缅怀革命先烈”“支前精神红色教育”等主题党日活动。

加强作风建设。开展服务窗口专项整治，出台执行《服务承诺制度》《行政审批事项办理规定》《督查制度》《日常行为规范》等制度；加强政务公开，实行首问责任制、一次性告知制、限时办结制、工作纪律、AB 岗制、服务监督等内容，提升服务水平和对外形象；廉政警示教育基地建设项目，利用政府八楼空间，规划建设党员教育展厅、视频会议室和报告厅；发挥群工系统运用“互联网+”党建功能。

加强党风廉政建设。把加强党风廉政建设和反腐败工作作为重大的政治责任和基础性的工作，纳入到日常工作中，贯彻落实国家、省、市反腐倡廉建设相关文件精神，全年会议研究党风廉政建设和反腐败工作 14 次，开设廉政专题党课，组织《条例》《准则》专题学习，开展谈心谈话活动，做到全面从严治党建设与各项工作同研究、同部署、同检查、同落实。坚持民主集中制原则，重大事项、重要部署均要通过主任办公会议、总支会议、全体会议等进行集体研究；执行党内民主生活会制度，加强党内监督，积极开展批评与自我批评，班子成员主动参加各支部组织生活，听取党员、群众的意见，做到防微杜渐。推行政务公开，畅通政务内、外网等公开渠道，落实班子成员“一岗双责”，贯彻落实中央“八项规定”；恪守纪律规矩，维护党内法规，执行权力运行监督机制，坚持“三重一大”，如实填报个人事项，严守政治规矩，廉洁自律，恪尽职守，自觉接受监督。

应急管理

【概述】 2017 年，迎泽区贯彻落实上级有关加强应急管理工作的指示精神，加强应急工作组织领导，统筹规划，全面履行职能，提高保障公共安全和处置突发事件的能力，预防和减少自然灾害、事故灾害、公共安全和社会安全事件及其造成的损失，对做好新形势下应急管理工作进行尝试和探索，完成各项工作任务。

【组织领导】 2017 年，迎泽区根据人员调动及岗位调整、任务分工等实际，全面加强各部门、各街办（镇）应急工作的组织领导。发生突发事件的第一时间，区级分管领导、驻地单位一把手及相关职能部门领导立即赶到现场，进行安排部署、协调处理，遏制突发事件蔓延，将损失降到最低。

【应急预案】 2017年，迎泽区为应对各类突发事件，按照上级要求，结合实际，针对不同突发事件的性质、特点，制订和完善适用于本地区、本级别的相应预案。区应急办下发《关于加快推进应急预案修订工作的通知》（迎政办发〔2017〕61号），督促各部门完善应急预案修订工作。迎泽区制定《迎泽区突发事件总体应急预案》1个，25个专项应急预案，21个部门应急预案，7个街镇总体应急预案。为确保“平安夜”、“圣诞节”节日安全、有序，区应急办制定《迎泽区2017年“圣诞节”商业活动安全应急预案》。

【应急值守】 2017年，迎泽区落实应急值班制度。高度重视应急值守工作，落实24小时值班度、领导带班、双人值班等工作制度，加强节假日及重大节日、敏感时期值班值守工作，确保突发事件第一时间发现、第一时间应对，做到反应迅速，行动果断，处置及时。全年，接收、办理各类突发、会议通知、舆情快报1700余件。健全突发性事件快速反应机制。完善全区各应急网络单位通讯录，要求各部门负责同志保证通讯工具24小时开通，畅通信息沟通渠道，掌握信息动态。对容易形成突发事件的各类隐患问题，按照“主管负责”和“辖区负责”的原则，落实责任措施，进行处置。

【信息报送】 2017年，迎泽区执行突发事件信息报告制度。建立完善信息报送机制，一旦出现群体性事件和突发事件，报告两办主任及相关区级领导，通知事件涉及相关部门主要领导，绝不允许迟报、误报、漏报等现象。

【物资储备】 2017年，迎泽区为确保突发事件发生后应急物资准备充足，最大限度地减少生命和财产损失，维护市场及社会稳定，针对性地对防汛物资、救灾物资、森林防火等物资、装备进行补充，实行专人专库管理，区商务粮食局与太原市唐久有限公司签订粮油应急供应协议，为迎泽区应急粮油提供保障。为加强应急物资调配，摸清应急救援装备等储备情况，对全区各重点应急网络单位摸底统计，落实应急物资储备地点和管理人员。确保突发事件发生时，物资、装备调拨到位。

【风险隐患排查】 2017年，迎泽区多次组织全区各街办（镇）、各有关部门按照职责分工，按照“全覆盖、零容忍、严执法、重实效”的要求，落实针对性措施，对各类风险和隐患全面排查。积极开展汛前排查，对全区河道、水库、淤地坝、在建水利工程、地质灾害隐患点、林木、道路、桥梁等进行拉网式排查，发现隐患10余处，及时登记备案并在汛期进行处置；立足安全生产，加大人员密集场所的检查力度，全面排查餐饮场所、娱乐场所、网吧等人员密集场所，主要针对液化气、灭火器、消防通道等隐患问题，堵塞安全漏洞，排除安全隐患；开展道路交通安全检查工作，抓好道路交通安全隐患的排查治理和源头管控，防范和遏制重特大事故的发生；

加强对辖区危险化学品经营、运输等环节的安全检查，严格查处、规范危险化学品等危险品市场经营行为，打击危险化学品的非法储运、销售行为；结合当前开展的安全生产大检查和“反三违”专项工作，加强对辖区重点区域、群众文化体育活动场所、车站等人员密集场所的检查监控；加大对各类无证照违法生产经营行为的查处、取缔，进行集中整治和打击。

【应急保障】 2017年，迎泽区加强应急救援能力建设。创新实施消防“微型站”建设全覆盖，全区90个社区（城中村）和160家消防重点单位全部建成“微型消防站”，受到公安部好评；加大财政应急资金投入。财政拨款处置甲醇窝点安全隐患资金10万元；民政、人社、信访局涉军人员安置信访经费3000余万元；防汛应急资金、森林防火通道工程资金人防办应急建设管理费、卫生应急工作经费、公安迎泽分局应急处置费共计500余万元。为应急救援工作提供保障。完善应急避难场所建设。针对应急指示牌后期维护问题，工作人员对迎泽区74个应急避险场所的190处应急避险指示牌进行巡查摸排，发现指示牌缺失41处，弯折23处，脏污34处，牌面开裂、字迹不清2处。工作人员分批处理，对于缺失需补办的，向区政府打报告，申请经费及时处理。

【宣传教育】 2017年，迎泽区利用广播、报纸、网络、微博、微信等媒介，宣传突发事件应对法和防灾减灾、应急避险、自救互救的基本知识，提高公众安全意识、增强逃生自救能力。各街办（镇）、各部门围绕“防灾减灾日”“消防宣传日”“安全生产月”等专题活动，组织开展宣传宣教活动，全年累计开展讲座、应急知识培训90余次，发放宣传手册、明白卡、宣传页等4万余份，增强大众安全防范意识和避险自救能力。

【形势分析及对策】 2017年，迎泽区自然灾害类突发事件趋势及对策。天气变化多端，极端天气频繁，暴雨、冰雹、雪灾、地质灾害等灾害多发并发。迎泽区郝庄镇有19个行政村，地处丘陵地带，东高西低，东部山区土地贫瘠，山坡地、沟弯地占90%，致使农作物生产对气候变化依赖度较高。主要对策：开展防汛、地质灾害、地震应急大检查、大排查、找准存在问题，消除风险隐患。结合自然灾害发生趋势，有针对性地做好防控工作。发布预警信息，提高灾情预警预报能力。针对汛情发生发展态势，提早做好汛前预防工作。抓好队伍建设和抗灾物资储备。提高自然灾害处置组织指挥能力和防灾队伍的协同作战能力。加大抗灾设施设备和救灾物资储备力度，做好防灾抗灾救灾工作准备。

事故灾难类突发事件趋势分析。生产经营安全事故。在低位平稳中运行，保持不发生较大安全事故。此类事故将造成人员伤亡和财产损失，社会影响大，必须严加防范；交通安全事故。道路交通事故仍将处于高发期，越来越多的人加入“有车族”，驾驶员的素质参差不齐，机动车车祸将处于高发趋势。火灾事故。火灾事故发生几率较大。辖区较大规模商城及娱乐场所较多，且居民住宅火灾事故发生频率较高，此类事故危害范围广，损失较大，必须防范。主要对策：加强应急宣传活动。通过LED显示屏、报刊、微博、微信等平台，加大应急知识宣传力度，提高群众应急防范意识和自救能力。推进重点行业安全专项治理。高度重视商场、旅馆、娱乐场所、学校、工地、企业等安全防范和应急演练，杜绝群死群伤事故。提升安全生产应急救援能力。加快事故灾难综合应急救援队伍、专家队伍和以重点企业为依托的专业应急救援队伍建设。加强区域应急救援能力建设，定期开展演练，提高应急响应和处置能力。

公共卫生事件类突发事件趋势分析。公共卫生类重点关注的传染病、禽流感、流行性感冒等，重点关注场所为学校机构；食品药品安全风险增加，由于管理不规范、假冒伪劣产品充斥市场，随着外卖市场火爆，网络食品销售存在隐患，有发生食品药品安全突发事件的可能性。主要对策：改善学校卫生状况。改善学校中小学的卫生状况，在学校建立长期的每日晨检和缺勤缺课追踪制度，及时发现和控制传染病疫情。加强餐饮服务食品安全监管。加大学校食堂的监督检查力度，完善餐饮服务环节重大食品安全事故应急机制，防止食品安全事故发生，强化集体性中毒处置工作，应对食物中毒事件。

社会安全事件类突发事件趋势分析。近年来，群众维权意识增强，企业劳资纠纷、住房补贴、城中村拆迁等，信访维权事件较为频发，群众诉求不能及时化解易演变为群体性事件影响社会稳定；尽管街道社会治安呈良性发展趋势，但隐患依然存在。主要对策：坚持情报信息研判，完善重大事项社会稳定风险评估机制，加强网络舆情监控，确保“发现得早、控制得住、处置得好”。加强与派出所联系，确保在发生暴力犯罪、恐怖袭击事件、群体性事件、治安事件时警力赶到现场开展工作。加大应急网络建设，强化监管手段，落实措施，掌握市场动态，保障社会公共安全。（周晋红）

政务服务

【概述】 2017年，迎泽区政务服务中心（以下简称政务中心）以“建设一流服务中心、打造一流服务窗口”为目标，创新服务方式，拓宽服务领域，改进工作作风，提高审批效能。

【党风廉政建设】 2017年，迎泽区政务中心落实党风廉政建设责任制，加强廉政文化建设。组织党员参加党风廉政学习讨论会20余次，工作人员集体学习40余次，撰写学习心得，参加市委宣传部主办的“担复兴大任，做时代新人”演讲11场。注重廉政风险排查、业务制度建立、业务流程控制，设立“无审批部门乱摊派”服务承诺书，确保党风廉政建设各项任务落到实处。

【行政审批改革】 2017年，迎泽区政务服务中心根据《太原市迎泽区人民政府关于落实取消和下放一批行政职权事项的通知》，开展一次性告知单和行政审批系统校对工作，全年印制《一次性告知单》5835份，承接下放事项8项，取消事项22项；在工作进展过程中，反复进行事项信息的校对，建立取消、下放行政职权目录，动态管理制度，明确交接职责，对下放行政职权事项的承接部门核实登记留档，规范下放事项审批流程，实现行政审批系统事项准确无误，并对承接部门，承接事项的整体运行情况，开展监督检查，加强事中事后监管，防止出现管理真空，促进行政审批提质增效，确保上级下放行政审批事项承接。全年共受理行政审批及公共服务事项481999件，比上年增长302309件，同比增长率166%。群众满意度评价达到100%。配合工商、质监、税务、人社、统计等职能部门开展“五证合一、一照一码”登记制度改革，全年共办理变更事项8295项，新办主体3865户；全面清理非行政审批事项、行政事业性收费和规范性文件，整合体系，细化权责，落实“事项清理”工作；全面落实“政务公开制”，利用门户网站公开相关政策、法规，公示行政审批服务事项，全年共公布政策法规80余条，发布工作动态168条，刊发简报46期。落实“放管服效”改革，打造“六最”营商环境。将各进驻单位报送的改革动态信息汇总成55份综合材料上报市编办、市政务办；将区编办、工商联、法制办共18家责任单位报送的信息周报整理归纳，汇总成20份综合材料上报市政务办。

【事项清理】 2017年，迎泽区政务中心加强事项清理。非行政许可事项清理。政务中心对照相关文件并与区编办沟通核实，全面清理非行政审批事项。经整理核实，2017年度中心不存在未经批准将应取消的非行政许可审批事项转为行政许可审批事项或政府内部审批事项。

行政事业性收费清理。根据省财政厅和发改委联合印发的《关于清理规范一批行政事业性收费有关政策的通知》文件要求，对取消或停征的事项进行清理规范，第一时间组织宗教局、住建局、卫计局、农委、质监分局、国土分局、婚姻登记、环保局、文化局、公安分局、交通局、水务局、食药监局、林业局、发改局等15家责任单位进行对接，按照规定执行，做好取消或停征行政事业性收费项目的梳理，对本次清理行动态度坚决，内容明确，竭力减轻企业和个人负担，促进实体经济发展。

规范性文件清理。贯彻落实《国务院办公厅关于进一步做好“放管服效”改革涉及的规章规范性文件清理工作的通知》和省、市《关于进一步做好“放管服效”改革涉及的规章规范性文件清理工作的通知》要求，政务中心协同迎泽区法制办，对2000年以来与国务院行政审批制度改革、商事制度改革、职业资格改革、投资体制改革和行政审批中介服务事项等改革中的相关规定，针对所有现行有效的规范性文件在清理中均逐件排查并提出有效、废止或修改意见，为“放管服效”改革做好法制保障。

【政务公开】 2017 年，迎泽区政务中心政务公开。电子监察审批网络系统。入驻中心的 30 个部门单位依托《太原市行政审批管理信息系统》进行办公，细化完善办事流程。对集中办理的行政审批事项统一规范准予或不予行政许可决定书等书面凭证，并在网络系统上规定办理模式和办理流程。根据“一事项一流程”的原则应用行政监察审批系统软件，对各行政审批事项的受理、承办、审核、批准、办结等环节进行红黄灯实时监控。

门户网站建设。推进政务公开、办事公开，借力上级部门统一规划，开辟区级政务服务中心门户网站和区级服务群众工作信息系统门户网站，相对人均可通过页面进行信息注册与工作人员线上互动。

按照市政务办部署要求，迎泽区在行政审批管理信息系统后台研发同时，设计制作区（县）级前台页面，即区级政务服务中心门户网站，公开相关政策、法规，将行政审批服务事项分门别类地进行公示，包括申请条件、法律依据、提交资料、收费情况、现场勘查、审批时限、办理流程等，并对事项中涉及表格部分提供下载模块，方便群众厅外准备、厅内办理，缩短等候时间和补正确认。随时进行 Flash 新闻实时更新，主动接受各方面监督，公布政策法规 165 条，发布工作动态 336 条，刊发简报百余期。

按市委组织部工作安排，迎泽区作为试点城区研发建设区级服务群众工作信息系统门户网站，包括事项反映、民事代办等 11 个功能板块，结合行政审批公共服务事项内容，安排专人实时参与后台答复工作，对有关市场主体开展经营活动中涉及的行政许可，以及辖区居民享受社会保险、优惠政策等一系列问题进行解答，并建立复查审核机制，办理完毕的事项采取双随机进行抽查复核，发现办理有瑕疵、解决不到位的情况主动予以修正并反馈当事人。

【群工系统】 2017 年，迎泽区政务中心推进“迎泽区服务群众工作信息系统”工作。迎泽区服务群众工作信息系统于 2017 年 4 月 12 日上线运行，依托区、街道（镇）、社区（村）三级政务服务体系，实现上下联系、联通、联动。全年共受理事项 37213 件，办结事项 37124 件，办结率为 99.8%。中心组织六街一镇、社区（村）人员培训 30 余场，培训人数 3000 余人；印发群工简报 16 期，月通报 6 期。每周在立屏更新中央、省以及市相关时事政治、惠民信息，充实模块数据。公布民事代办 300 余项、惠民政策 35 条、村居公开 811 条（其中，党务公开 587 条，财务公开 36 条，政务公开 93 条，服务公开 95 条）、党员 e 站 643 条。“群工系统”版块升级，新增“基层党建”“党员报到”“党员 e 站”板块，完善平台功能、优化运行机制、强化督查考评，迎泽区“互联网+党建”平台现初见成效。

【服务监督】 2017 年，迎泽区政务中心履行动态监督体系，新建“迎泽区政务服务中心受理投诉制度”，新增微信公众号投诉方式，形成高效投诉处理机制；对各进驻部门窗口考勤进行周、月、季度和年度统计并以简报进行通报，全年共收到群众表扬信7封，锦旗3面，召开首席代表例会46次，刊发简报46期。

【文明城市创建】　2017年，迎泽区政务中心推动落实全国文明城市各项工作任务，提升创建质量水平，加大宣传力度、优化服务质量、完善服务设施，制定完善规章制度共32项，号召全体员工及办事群众参与创城工作。全年向市、区共报送创城信息100余条，递交创城阶段性汇报、创城自查报告等10余篇，确保创城任务完成。健全投诉处理机制，接受社会监督。对窗口办事人员的管理监督，形成高效的投诉处理制度。开展“文明示范岗”创建活动，通过制定创建“文明示范岗”的标准、步骤以及目标，评选出最佳“文明示范岗”窗口。

政务信息

【概述】　2017年，迎泽区政务信息中心围绕政府治理和公共服务的改革需要，以最大程度利企便民，让企业和群众少跑腿、好办事、不添堵为目标，推进政务信息系统整合共享，按照“互联网+政务服务”总体方案和“内外联动、点面结合、上下协同”的工作思路，做好顶层设计。按照“五个统一”的总体原则，推进政务信息系统整合共享，避免各自为政、自成体系、数据壁垒、重复投资、重复建设，避免政务数据重复采集。按照市政府关于《太原市政务信息系统整合共享》工作安排，完成迎泽区基本情况报送工作。

【“13710”督办系统】　2017年，迎泽区政务信息中心对省、市政府全体会议、常务会议、省（市）长办公会、各类专题会议以及、省（市）长和副省长（副市长）布置的专题工作中涉及到迎泽区的工作任务，和区政府全体会议、常务会议、区长办公会、各类专题会议安排的工作任务，落实“13710”工作制度。“1”即当天要研究部署；“3”即3天内要反馈办理情况；“7”即一般性问题原则上7天内要落实解决；第二个“1”即重要问题包括一些复杂问题要在1个月内落实解决，确实解决不了的，要拿出解决的时间点和方案；“0”即所有事项都要跟踪到底，销号清零，确保件件有结果。完成省级“13710”电子台账督办系统与市、县两级系统的互联互通。对省、市政府下达的“13710”电子台账任务，区政府办公室综合科在第一时间通知各相关部门予以办理。各承办单位及时向区政府办公室综合科报送电子台账任务办理和落实情况。

【政府信息公开】　2017年，迎泽区政务信息中心为推动基础工作全面进步，引导全区机关事业单位履行职责，全面深化改革，提升管理水平，按照上级要求，完成区信息中心的管理手册、工作目录、应知应会手册的编写工作。

【信息系统管理】　2017年，迎泽区政务信息中心协调网络建设单位对迎泽区区直机关驻地的网络拓扑改造工作进行摸底和重新规划设计，为2018年迎泽区网络升级改造奠定坚实基础。全年完成迎泽区各类网络故障处理192起。（王　磊）

便民服务

【概述】　2017年，迎泽区便民服务中心围绕中心工作，创新工作思路、完善工作机制、改进工作作风，在案卷办理质量、市民满意度、人居环境优化等方面取得新成效。总值班室受理紧急突发、信访事件1743件，安排处置，无一迟报、漏报、瞒报；数字化城乡管理信息系统共受理案卷67869件，按期结案率97.92%、一次完成率98.39%、结案率94.24%；“12345”市政府便民服务热线接听、办理各类来电5274件；巡查督办工作组共发现、上报各类问题14224件，现场核查、督办问题28件，提高中心派单准确率；受理省、市委社情民意转办件，及省、市政府网名留言618件，办结率100%；接听、记录群工系统来电142件。

【党建工作】　2017年，迎泽区便民服务中心将党员学习扩大到便民服务中心全体工作人员，利用每周例会，集中学习中共十八届六中全会精神及《中国共产党章程》，执行《关于新形势下党内政治生活的若干准则》和《中国共产党党内监督条例》，平时利用工作间隙，自学《习近平的七年知青岁月》等，并以小组为单位，交流读书、学习心得；推进“两学一做”学习教育常态化制度，落实中央八项规定精神，营造积极向上、廉洁和谐的工作环境。

【管理体系】　2017年，迎泽区便民服务中心整合资源，高标准搭建全区综合性指挥平台。在综合值守应急、数字城管、“12345”便民服务热线、社情民意等工作的基础上，将全区服务群众工作热线、区大气网格化监管工作纳入便民服务中心日常运行管理体系。作为服务群众工作系统的电话接听、记录窗口，沿用“我们为您解忧愁”服务热线“4044009”的原始号码，弥补部分市民不会使用微信、网络反映问题的弊端。对市民反映问题，可以解答的现场解答，需部门处置答复的准确记录、及时派单，确保市民反映的每一个问题都得到及时、高效解决；区大气网格化监管工作直接利用便民服务中心现有计算机、液晶显示大屏、高速网络等设备，避免资源重复配置，便于领导、工作组视察、调研。2017年，便民服务中心迎接省、市、区各级领导参观、调研10余次：7月11日，昆明市政府市长热线电话办公室一行11人，到中心学习考察；8月31日，市委宣传部领导到中心了解群工系统工作情况；9月28日，市委党校县处级领导培训班老师、学员到中心考察数字城管工作；11月23日，省人大领导一行40人到中心调研。均对便民服务中心的工作模式及成绩给予肯定。

【报告形式】　2017年，迎泽区便民服务中心实行书面报告与短信报告相结合。为弥补文字报告周期长的不足，坚持短信报告制度。通报紧急突发和信访事件时，将问题发短信至各处置单位党政、分管、包片领导及区委、区政府主要领导，使此类问题在第一时间得到有效处置。如在十九大召开期间，总值班室累计向各级领导发送信息、维稳情况、日常零报告等2万余条，完成大会期间的值守应急任务。对于紧急突发或信访事件，先电话或短信报告，后续书面情况说明，全年累计上报书面值班信息110期；对城管工作中推诿扯皮或处理难度较大，经过多次协调仍无进展的问题，由中心以短信形式报告相关单位主要领导，如仍无法解决，书面报告分管副区长。

【督办处理】 2017年，迎泽区便民服务中心对于实行共性问题，实行上报领导与一般问题现场督办相结合。4月，太原市开展城市管理提升行动以来，数字城管案卷的处置、回退、延时及缓办标准严格，部分城管问题的办理因无法达到新标准而超期，使迎泽区数字城管全市排名一度下滑至第四。便民服务中心三次向市数字城管指挥中心领导、区长及分管副区长上报调研报告，说明城管工作如违法建设、私设停车场、老旧居民楼等问题的处置瓶颈及存在问题，得到各级领导批示后，立即执行，提高案卷的办结率；便民服务中心与区城管监督大队共同探讨，制定《迎泽区疑难问题现场督办方案》，要求有部门之间相互推诿问题，立即转入督办程序，相关部门责任人、区城管指挥中心、区城管监督大队共同到现场，认定责任、确定处置时限，并签字确认，将督办结果纳入三级平台月考核；经现场督办，确定无部门处置的问题，由城管监督大队应急处置。2017年，现场督办各类问题3次，应急处置城管类问题30余件。

对于疑难问题，实行中心催办与领导督办相结合。“中心催办”，即中心受理人员对交办至相关工作部门的案卷实行跟踪服务，了解掌握办理情况。若承办部门未按时答复或虽有答复但办理质量不高，由受理人负责催办或发回重办。2017年，迎泽区12345便民服务热线办理群众满意度始终排在全市首位，社情民意工作办结率达100%；“领导督办”，即对于长时间无答复或虽有答复无最终处理意见，需要多部门协调解决，经中心人员多次催办仍然没有圆满结果的问题，以《情况说明》的形式上报区有关领导，由其出面进行督促、协调。如：2017年6月，就部分数字城管案卷未处置的问题，区委副书记、区长李慧召集各有关部门及街办（镇）进行专题研究，并在会上制定相应解决方案。截至2017年，中心共向区政府上报《情况说明》12件。

【档案管理】 2017年，迎泽区便民服务中心实行专人日常规整与定期整理相结合。各类文件分类存放，安排专人定期整理。由专人负责所有文件的存放、整理、查阅，分类存放各类文件、档案。需要借阅文件时，须经管理人员准许、登记后方可查阅；涉及个人信息的废弃文件及时销毁，防止外泄；机密文件专门存放。

【队伍建设】 2017年，迎泽区便民服务中心坚持三不放松。一是坚持业务培训不放松。每周召开工作例会，总结一周工作情况及遇到的热点、难点问题，并进行分析，对工作中存在的不足进行改进；二是坚持日常考核不放松。根据工作内容的增加与调整，中心完善各项规章制度。重新修订工作职责、管理制度以及工作人员考核办法，奖优罚劣，扩大奖励范围，激发大家工作积极性，形成良性竞争；三是坚持轮讲活动不放松，在中心例会上，每名工作人员选取和日常工作联系密切且个人擅长的内容，轮流讲授，内容涉及法律知识、公文写作、工作礼仪、职场健康等，提升工作人员整体素质的同时，为大家提供一个展现自己、提高自己的平台。

重视心理建设。针对中心人员年龄偏低，刚步入社会，心理承受能力不高，难以适应中心繁琐、压力大、责任重的日常工作，专门聘请专业心理咨询公司，开展一对一心理咨询，从人生观、价值观，工作价值到个人情感、育儿困惑方面，给大家答疑解惑；加强保密意识。中心承担着区委、区政府值班工作，经常接到市委市政府发来的传真，上有各级领导批示，在受理信访事件时，也会涉及个人详细身份信息，如思想不够重视，容易发生泄密事件，便民服务中心专门召开工作会议，明确规定，不得通过拍照、抄写、复印等形式，外泄各类相关信息。

中心始终坚持外树形象、内强素质。“请进来”，聘请彩妆形象设计师来中心为大家讲授、示范职业穿着与妆容；聘请发型设计师为每一位员工量身打造职业发型；聘请专业摄影师讲授工作摄影技巧及后期照片制作。“走出去”，安排大家轮流参加市数字城管指挥中心、区政府办等单位组织的各类学习和培训，并在将所学知识在中心例会中向全体人员传授。 （王 静）

政府采购

【概述】 太原市迎泽区采购中心成立于2004年，隶属于区财政局管理，为全额拨款事业单位（参公）。2010年隶属关系变更为区政府办管理，规格副科级，编制5名，用编制3名。2017年，主要承担的工作包括：全区行政事业单位的办公设施、用品、公用设施、公共服务，通过招投标方式集中购置；日常办公用品的购置，通过协议采购方式完成。

2017年，迎泽区政府采购中心按照省、市要求，在指定网站及时向社会公布招标公告、评标结果，同时，利用区政府门户网站，发布与政府采购有关国家、省、市文件和各项规章制度。加大对协议供货商的管理，督促其定期在网上更新价格、参数和型号，确保招投标、协议供货等采购信息的真实、准确、可靠。

【采购招标】 2017年，迎泽区政府采购中心围绕“依法采购、优质服务、规范操作、廉洁高效”的服务宗旨和“重规范、重服务、重效率”的工作思路，按照“规范采购行为，提高政府财政资金效益，促进廉政建设”的目标要求，通过公开招标、竞争性谈判、询价等方式，完成招标项目采购127批次，涉及货物、工程、服务三大类采购项目，中标金额12768万元，较采购预算14351万元，节约资金1583万元，节约率11.03%。公开招标38批次，其中有14批次为招入围单位，中标金额7880万元，较采购预算8947万元，节约资金1067万元，节约率11.93%；竞争性谈判招标54批次，中标金额1572万元，较采购预算1769万元，节约资金197万元，节约率11.14%；竞争性磋商招标27批次，中标金额622万元，较采购预算649万元，节约资金27万元，节约率4.16%；邀请招标1批次，中标金额2561万元，较采购预算2848万元，节约资金287万元，节约率10.07%；询价招标2批次，其中有1批次招折扣率，中标金额61万元，较采购预算63万元，节约资金2万元，节约率3.17%。单一来源招标2批次，其中有1批次招服务项目，中标金额61万元，较采购预算63万元，节约资金2万元，节约率3.17%。

【货物类协议采购】 2017年，迎泽区政府采购中心共完成货物类协议采购281批次，采购金额685万元，较采购预算731万元，节约资金46万元，节约率6.29%。

（刘晓明）

交通运输管理

【概述】 2017年，迎泽区交通管理局内设办公室、业务科。下属太原市迎泽区交通运输局路政管理所、太原市迎泽区道路运输管理所两个事业单位。行政在编人员7人，事业单位人员24人。

主要职能是执行国家及省、市有关交通运输法规，落实相关政策。负责全区农村公路及其设施的建设、养护、治超和路政管理工作；负责全区交通运输行业中道路货物运输企业及经营户、客运（旅游客运）企业、汽车维修企业、物流市场、驾校及网约车管理的行政监管服务。2017年开展307国道至占道公路改造工程（接柳占线公路）的前期工作，完善项目建议书、工程可行性研究报告、设计方案等工作；道路运输管理工作继续以维护良好道路运输市场秩序为主线，以提供良好服务为抓点，加强安全生产为中心，全面推进货运、客运、汽车维修、驾校管理等各方面工作。

【运输企业】 2017年，迎泽区有物流市场2个（不含代管民营区松庄、郝家沟处4个），普通货物物流企业43个（不含代管民营区松庄、郝家沟处206个）；营运货车在档3225辆，新增380辆，吨位数29095.719吨；营运客车在档609辆。其中，运营旅游客车285辆、班线客车324辆，延续更新车辆35辆；一、二类汽车维修企业19个，三类汽车维修企业有25个；驾驶员培训学校8个；政府公示合法货运源头监管企业8个。其中，物流运输企业4家、混凝土搅拌站3个、石料厂1个。

【运输管理】 2017年，迎泽区交通管理局加强对道路运输经营企业及车辆的管理服务工作，通过加快许可审核流程、缩短办理时间，开展对企业的上门审核，使运输经营者办事方便快捷。全年营运货运车辆等级评定微机录入1504台次，全部建立管理档案，完善货物运输管理数据库。客运车辆发放旅游客车标志牌4197台次，全年无休假为客运企业提供服务；开展专项活动，进行城市管理全面提升工作，对货运物流市场环境秩序进行整治、驾校练车场所整治、查处邮政大厦春节非法客运点、五一东街非法长途车集客点、治理超限超载车辆专项行动等；开展打击非法道路运输营运活动，维护市场秩序。上路稽查1440人（次），检查车辆7000余（次），查处违规道路运输案件198起，有力地维护运输市场秩序。

【养护工作】 2017年初，迎泽区交通管理局年初清理冰雪路面里程累计200千米，出动160人次，洒融雪剂30吨；年内清理道路淤泥460立方米，砌筑防撞墙两次共95米。清理路肩1万平方米，拉运土方200立方米，清理水渠3000米，制作反光镜2块，新增减速带100米，共计投资约10万元；在农村环境综合整治活动中，投入30万元用于粉刷墙面、施画标识、标线，清理垃圾、淤泥、排水沟等工程。

【重点工作】 2017年，迎泽区交通管理局为“完善东山地区路网建设，实施松小线观家峪至观枣线段、国道307至柳占线公路改造”：307国道至占道公路改造工程（接柳占线公路）。该公路为迎泽区乡级公路，原里程为5千米，建议改造后连通柳占线，里程8千米。公路设计采用三级标准，时速30千米，路基宽7.5米，路面宽6.5米，采用沥青混凝土路面，水泥稳定碎石基层。估算投资2000万元，项目建设工期三年。完善项目前期工作，包括项目建议书、工程可行性研究报告、设计方案等。松小线观家峪——观枣线段公路建设工程。该公路里程1.5千米。公路设计采用三级标准，时速30千米，路基宽7.5米，路面宽6.5米，采用沥青混凝土路面，水泥稳定碎石基层。估算投资375万元。由于该项工程涉及市政府市政工程改造项目，项目取消实施。（毕燕江）

治超工作

【概述】 2017年，迎泽区治超工作按照省、市治超工作的总体安排部署，全面贯彻落实市治超工作会议精神，围绕区政府工作目标和工作重点，坚持“政府主抓、部门联动、属地管理”的工作格局，贯彻国家五部委《关于进一步做好货车非法改装和超限超载治理工作的意见》，把治超工作作为道路交通安全工作的重要内容，抓好源头治理和路面管控，逐步完善治超长效机制，治超工作取得阶段性成果。

【党风廉政建设】 2017年，迎泽区治超办始终把党风廉政建设工作作为“一把手”工程，放在突出位置切实抓好抓实，把党风廉政建设“两个责任”的全面落实贯穿到治超各项工作之中。以领导班子为中心，组织召开专题会议，分析研究党风廉政建设各项工作，落实《治超办议事规则》，“一把手”不直接分管财务、干部人事、物资采购等具体工作落实。落实《迎泽区治超办关于落实党风廉政建设主体责任清单（试行）》《迎泽区治超办关于落实党风廉政建设监督责任清单（试行)》，按照落实两个责任的安排，采取周二集中学习和日常自学相结合方式，集中学习十九大重要内涵和精神实质。改进工作作风，落实廉洁自律各项规定，修订完善《太原市迎泽区治超办机关工作标准》《太原市迎泽区治超办机关干部考勤制度》等规章制度，完善汇编《治超办三基建设资料汇编》。

【“两学一做”】 2017年，迎泽区治超办通过微信平台开展“两学一做”知识竞赛活动；9月27日，区直机关工委、区交通局、区治超办组织党员干部到文水县刘胡兰纪念馆参观学习，进行爱国主义精神、革命理想信念再教育；开展向黄大年等先进模范学习、重温入党誓词、学党章佩党徽等活动；制作宣传展板。

【组织协调】 2017年，迎泽区政府高度重视治超工作，区治超办组织、协调各成员单位，分工明确，狠抓落实，初步形成领导组织有力、部门配合密切、齐抓共管的工作机制，组织召开2017年度治超工作会议，制定下发《太原市迎泽区2017年度治超工作要点》《关于开展辖区货运源头企业及建筑工地摸底调查的通知》《太原市迎泽区治超办关于在全区范围开展安全生产大检查的实施方案》《2017年度迎泽区治超督查工作计划》等文件，全面安排落实治超工作。

【科技治超平台】 2017年，迎泽区治超办规范运行科技治超平台，科技治超水平提高。治超信息监控平台建设，签订维保合同；源头企业客户端5家源头企业；通过远程视频监控平台、货运源头运输IC卡，对源头企业远程监控，初步实现源头企业信息化，科技治超水平提高；遵守科技治超平台值守工作规范。

【路面稽查】 2017年，迎泽区治超办强化交通、交警等部门间的协作与配合，执行《关于成立迎泽区治超联合督导组和稽查队的通知》精神，通过对郝庄地区重点路段、建筑工地超限超载等专项治理行动，始终保持路面执法高压态势，组织稽查小队，采取高频度流动稽查的方式，在辖区县乡公路内实施24小时不间断巡查，执行统一的超限超载认定标准，坚持卸载以消除违法状态，突出重点打击恶性超限超载行为，开展动静结合式的集中整治，组织交通、公安、交警等成员单位开展联合执法行动，采取日常巡查和夜间联合巡查的方式，共组织督查或联合巡查100余次，交警、交通等单位共出动稽查人员5300余人次，查处货运车辆闯禁行1810起、超载车辆2辆，全区超限超载率控制在0.1‰以内。

【源头治理】 2017年，迎泽区加强社会监督，形成政府、企业、社会齐抓共管治理超载的格局。区政府办对辖区8家货运源头企业情况公示，并设举报电话和邮箱以社会公众监督；2月，下发《关于开展辖区货运源头企业及建筑工地摸底调查的通知》40余份，组织公安、交通、经信、工商、国土、环保、质监等成员单位通过联合巡查行动，依法打击和取缔非法货运源头；转发工业和信息化部《关于开展货车非法改装专项整治行动的通知》，组织经信、工商、质监，交通、交警等成员单位加大对货车非法改装企业打击力度；区交通局、区城管局对辖区源头企业实行驻站管理，对重点货运源头单位巡查每周不少于1次，非重点货运源头单位巡查每月不少于2次，对实施进驻及取得无“双超”信用企业称号的货运源头单位每月不少于1次，开展巡查工作，并对违规车辆责令整改。

2017年9月以来，根据市治超办《关于对重点路段进行集中整治的方案》的要求，结合区政府“安全生产大检查”行动，区治超办协调交通、城管、交警、公安等有关部门对辖区内货运源头企业、路面情况等专项检查和整治。结合省治超办对太原市治超工作的督导检查，提出的治超工作具体要求，区治超办组织区交通运输局、区城管局、交警一大队、交警二大队、公安迎泽分局等相关单位25人组成2支治超联合巡查队对东中环和建设路拉运沙土、石料的货车集中整顿，严查超载车辆。在两轮专项活动中出动执法人员193人次，执法车辆70余辆，检查各类货运车辆235车次，查处超载车辆1台。

【安全生产】 2017年，迎泽区树立安全发展理念，落实《安全生产条例》，强化“红线思维”，“坚持安全第一、预防为主、综合治理”的方针，加强安全生产宣传教育，深化“安全生产大检查”、“安全生产月”等大型安全活动，防范和遏制重特大事故发生。辖区内未发生因超限超载引发的交通事故，完成省际互检、省级、市级、区级对于区治超办的安全检查工作。

【宣传教育培训】 2017年，迎泽区治超办在全区范围有针对性地对货运业主和驾驶员开展治超工作法律法规宣传教育，利用微信、工作简报等平台对治超专项行动宣传，对成员单位主要负责人、分管负责人及工作人员、各建筑工地主要负责人100余人进行宣传，专题组织学习省政府223令、224号令和《山西省人民政府关于进一步加强治理非法超限超载工作的通知》等文件精神；区治超办在重点路段和“城中村”改造工地，悬挂标语条幅，发放治超宣传材料500余份，宣传超速、超载、超限、非法改装车辆以及“三无”黑车的危害性，营造全社会治理超限超载的浓厚氛围。

中国人民政治协商会议太原市迎泽区委员会

ZHONGGUO RENMIN ZHENGZHI XIESHANG HUIYI
TAIYUANSHI YINGZEQU WEIYUANHUI

全体委员会议

【政协迎泽区第五届委员会全体会议】 2017年2月21日至23日，中国人民政治协商会议第五届太原市迎泽区委员会第二次会议在山西饭店举行。

会议期间，中共太原市迎泽区委、区人大、区政府等领导出席会议，区委书记冯原平作重要讲话。委员们以高度的政治责任感和使命感，围绕建设省城首善之区的发展目标，就全区经济社会发展的重大问题、关系群众切身利益的实际问题和人民政协事业发展中的重要问题深入协商讨论，建言献策。会议听取并赞同区长李慧所作的政府工作报告，赞同区人民法院工作报告、区人民检察院工作报告以及其他报告。会议批准张志勤代表政协第五届迎泽区委员会常务委员会所作的工作报告，批准王晓燕代表政协第五届迎泽区委员会常务委员会所作的提案工作报告。会议风清气正，完成各项议程，是一次集思广益、求真务实、民主团结、共谋发展的大会。

会议认为，五届一次会议以来，区政协全面落实区委各项决策部署，坚持团结和民主两大主题，围绕中心，服务大局，团结社会各界力量，履行职能，推进工作创新，加强自身建设，为建设省城首善之区作出了积极贡献。

会议强调，2017年是实施“十三五”规划承前启后的关键之年，也是迎泽区抢抓机遇、争先进位，建设省城首善之区的攻坚之年。区政协要围绕中共太原市迎泽区委五届二次全会的总体思路和工作重点，把服务转型示范区建设与创新驱动、转型升级有机结合作为第一要务，履行政治协商、民主监督、参政议政职能，发挥协调关系、汇聚力量、建言献策、服务大局的作用，为把迎泽建设成更具实力、更富活力、更有魅力、更加宜居、更加幸福的省城首善之区贡献新的力量。

会议号召，政协各参加单位和全体政协委员，要紧密团结在以习近平同志为核心的中共中央周围，在中共太原市迎泽区委的坚强领导下，不忘初心，继续前行，撸起袖子加油干，扑下身子抓落实，为努力开创迎泽政协事业新局面，谱写迎泽创新发展新篇章做出新的更大的贡献，以优异成绩迎接中国共产党第十九次全国代表大会召开。

常务委员会议

【五届四次常委会议】 2017 年 2 月 15 日上午，中国人民政治协商会议太原市迎泽区第五届委员会第四次常委会议在迎泽区人大会议室召开。会议应到常委 40 人，实到 30 人。会议由区政协主席张志勤主持。

会议主要有三项议程：第一项议程：协商讨论通过五届二次会议有关事宜；第二项议程：协商讨论通过区政协常委会工作报告（草案）、提案工作报告（草案）和政府工作报告。第三项议程：表决通过戎凯旋辞去委员职务的决定，同意补选柴小丽为区政协委员职务。

【五届五次常委会议】 2017 年 2 月 21 日下午，中国人民政治协商会议太原市迎泽区第五届委员会第五次常委会议在山西饭店小会议厅召开。会议应到常委 40 人，实到 31 人。会议由区政协主席张志勤主持。

会议有两项议程：第一项议程：听取各组对政协常委会工作报告、提案工作报告和领导讲话的讨论情况汇报；第二项议程：协商讨论区政协五届二次会议有关决议（草案）。

【五届六次常委会议】 2017 年 2 月 22 日下午，中国人民政治协商会议太原市迎泽区第五届委员会第六次常委会议在山西饭店小会议厅召开。会议应到常委 40 人，实到 33 人。会议由区政协主席张志勤主持。

会议有两项议程：第一项议程：听取各组对迎泽区政府工作报告及其他报告的讨论情况汇报；第二项议程：听取各组对政协五届二次会议政治决议（草案）和其他有关决议（草案）的讨论情况汇报。

【五届七次常委会议】 2017 年 4 月 12 日上午，中国人民政治协商会议太原市迎泽区第五届委员会第七次常委会议在山西饭店晋贤楼一层会议室召开。会议应到常委 40 人，实到 25 人。20 位委员应邀列席会议。会议由区政协主席张志勤主持。

会议主要有两项议程：第一项议程：协商讨论 2017 年工作要点；第二项议程：协商讨论王宏伟常委起草的《迎泽区建设“首善之区”文化发展课题研究方案》。

【五届八次常委会议】 2017 年 7 月 19 日上午，中国人民政治协商会议太原市迎泽区第五届委员会第八次常委会议在山西饭店晋贤楼一层会议室召开。会议应到常委 40 人，实到 33 人。20 位委员应邀列席会议。会议由区政协主席张志勤主持。

会议主要有三项议程：第一项议程：学习观摩纪录片《总书记在山西》；第二项议程：专题学习民族宗教知识，由山西省民族宗教局处长尚庄红解读；第三项议程：审议通过任命吴鹏为政协办公室主任，芦建珍为区政协主任科员职务。

【五届九次常委会议】 2017 年 10 月 31日

上午，中国人民政治协商会议太原市迎泽区第五届委员会第九次常委会议在山西饭店晋贤楼二层会议室召开。会议应到常委40人，实到30人。20位委员应邀列席会议。会议由区政协主席张志勤主持。

会议主要有四项议程：第一项议程：传达学习中国共产党第十九次全国代表大会精神；第二项议程：传达学习中共山西省委《关于完善工作机制加强人民政协协商民主建设的意见》；第三项议程：议定表彰优秀政协委员及优秀提案和提案办理先进单位、先进工作者及反映社情民意先进个人的有关事宜；第四项议程：举办大数据专题知识讲座，由山西省智能大数据产业技术创新研究院专家高育新教授讲解。

迎泽区政协2017年大事记

2月21日至23日　政协迎泽区第五届委员会第二次会议在山西饭店举行，会议批准张志勤代表政协第五届迎泽区委员会常务委员会所作的工作报告，批准王晓燕代表政协第五届迎泽区委员会常务委员会所作的提案工作报告。

3月7日　邀请省戏剧研究所副所长王越到政协机关就柳巷、钟楼街建设设计到太原本地戏剧文化方面的因素进行深入交流，王越认为在钟楼街的建设过程中应当考虑太原本地文化符号，需恢复和再建一些相关的历史遗迹，为建设钟楼街提供观点和思路。

3月8日　政协主席张志勤带领政协机关各委室主任及部分政协委员到市文联进行调研座谈，会上就双塔景区、柳巷—钟楼街商圈建设所涉及的文化方面的因素进行交流并交换意见。

3月21日　政协主席张志勤带队与机关部分委员实地调研食品街大中剧场建设有关情况，查看有关历史资料，询问有关大中剧场的运行情况，对钟楼街的建设了解并提出意见和建议。

3月23日至31日　配合迎泽区两参人员慰问工作，区政协共涉及25家单位、32人，经过政协的努力，涉及维稳人员一全部进行文件传达和维稳督促工作。

4月15日　政协主席张志勤带领政协班子及部分委员在山西饭店召开迎泽区政协“钟楼街历史街区文化发展”“双塔历史文化景区”课题座谈会，邀请原市政协副主席王继祖讲解有关迎泽区的历史传统文化，区文化局丁永爱参加。

4月17日　政协主席张志勤一行深入钟楼街百年茶庄乾和祥、钟楼街100号和120号民居察院旧址等地调研。

4月18日　政协主席张志勤带领政协办公室一行人深入泰山庙、柳巷街道办事处驻地单位等实地调研。

5月8日　政协主席张志勤及孟晋林、芦建珍、赵永刚等一行人到杏花岭区广誉远国医馆参观学习。

5月16日　政协主席张志勤带领政协机关部分人员到太原纯阳宫实地调研，后又去铁路小区查看贡院北墙。

5月18日　迎泽区政协主席张志勤带

领部分政协党支部党员参观迎泽区委宣传部、文联及文化局联合举办的“书画名家邀请展”。又带队前往校尉营小学进行走访座谈，区政协委员、校尉营小学校长陈晔对张志勤一行接待并进行汇报。

5月28日　六一儿童节来临之际，区政协副主席王素云带队走访政协委员、校尉营小学校长陈晔，并与该校师生共庆节日。

6月9日　迎泽区政协在山西饭店召开社情民意信息工作培训会，邀请市政协原社情民意中心主任王晓光对区政协各委委员、特邀信息员、机关全体干部进行专题培训，强化迎泽区的社情民意工作。

7月20日　按照五届政协领导领办提案负责制的工作要求，副主席赵利军就负责领办的37号提案的办理落实情况，召集区政府办、区住建局、区商务局和庙前街道办事处等相关办案单位的主要负责人、提案者及部分法律和物业管理方面的政协委员一起，在区政府七楼人大会议室召开面对面的协商督办会，共同商讨提案办理落实中的问题。会上，各参会代表发表各自的意见，经过共同协商，就成立乡海大厦业主委员会的程序和具体实施办法达成一致意见。

9月1日　迎泽区政协副主席王素云带领学习文史委主任郑雪静和部分政协委员来到清真寺内与太原市回族群众和外地务工少数民族同胞及各国友人共度穆斯林群众传统节日—古尔邦节。

9月8日　迎泽区政协主席张志勤带队组织机关干部和部分委员对迎泽区宗教场所管理情况进行调研。委员们实地察看大觉寺、三清观，了解迎泽区宗教场所的悠久历史和现实情况，就宗教场所管理、历史文物保护等情况开展座谈与讨论，对迎泽区宗教工作取得的成绩给与肯定和评价，对存在的问题查找不足、共商对策。经多次修改后，形成《区政协关于对我区宗教管理情况的视察报告》于9月28日报送区委、区政府及有关部门。

9月26日　迎泽区政协主席张志勤以及副主席赵利军、王晓燕、裴存锁、王素云与机关干部和部分委员一起到红马甲集团，对迎泽区家政服务企业发展情况进行调研。委员们肯定企业在帮助吕梁贫困地区加强劳动力技能培训、扩大社会就业、实现地区脱贫方面取得的成绩，针对企业存在的不足和问题提出比如利用现代信息化手段提升企业管理水平、实现发展的建设性意见。

10月11日　迎泽区政协按照习近平总书记提出的“精准扶贫”要求，结合区帮扶娄烦县静游镇脱贫工作实际，组织医卫届农工党部分委员前往该镇岭底村进行义诊活动，受到广大村民的一致好评。同时，结合迎泽区开展的“脱贫攻坚在行动”活动主题，向静游镇捐赠价值10万元的图书和学习用品。

11月9日　迎泽区政协主席张志勤，副主席裴存锁、王素云及机关干部和部分委员调研迎泽区中小学校教育信息化建设情况，提出迎泽区教育要由基本均衡向优质均衡发展，确保“村里城里一个样”，同城教育、共享阳光。

群众团体

QUNZHONG TUANTI

迎泽区总工会

【概述】 2017年，迎泽区总工会行政编制4人，实际在职5人；迎泽区总工会主席：尹晓平（区人大常委会副主任兼副处级），常务副主席：6月底以前杜海旺，7月以后孟秀丽，副主席：雷晓英；工勤编制1人，实际在职1人；离退休人员8人。内设科室：办公室、困难职工帮扶中心。

2017年，迎泽区总工会加强“三基”建设，推进改革发展实践，引导广大职工发扬“工匠”精神，在建设省城“首善之区”战略中充当先锋、担当重任、建功立业。新建基层工会组织30个，吸收工会会员2347名；被太原市总工会授予“太原市职工‘五小’岗位创新竞赛优胜单位”，2名职工获三等奖，7条提案被评为“太原市优秀职代会提案”三等奖；开展“送温暖”活动，对1家特困企业、406名困难职工、34名困难劳模进行多种形式慰问，帮扶资金达35.85万元；开展“情系职工、清凉一夏”活动，慰问资金达25万余元；新建“爱心驿站”3处；新成立“职工文体活动义务辅导站”3个；引深“金秋助学”活动，9名困难职工子女领取助学金4.5万元；开展女职工特病保险工作，1828人参保，投保金额54660元；实施第十三期职工医疗互助工程，8274名职工参加，收缴互助金297864元；救助110名符合条件的患病住院职工，领取互助金253711元。

【帮贫助困】 2017年，迎泽区总工会做好解困脱困工作，对在档的困难职工档案进行核实、清理和补充，做到“六清”。开展“送温暖”工程，两节期间，区总工会对1家特困企业、406名困难职工、34名困难劳模采取多种形式进行慰问，帮扶资金达35.85万元。开展“情系职工、清凉一夏”活动，慰问冒着高温酷暑坚持工作的一线职工，送去绿豆、冰糖等解暑防暑物品，慰问资金达25万余元。完成对口援疆工作任务，与新疆五家渠市103团工会对接，援助经费5万元。引深“金秋助学”

活动，资助9名困难职工子女，助学金额4.5万元。在桥东街办、迎泽街办及非公企业来福集团，新建“爱心驿站”3处，配置微波炉、热水器、消毒柜等设备。组织实施第十三期职工医疗互助工程，发放宣传袋1800个，宣传册3000本，8274名职工参加，收缴互助金297864元。救助110名符合条件的患病住院职工，领取互助金253711元。

【选树典型】　2017年，迎泽区总工会弘扬劳模精神，营造尊重先进、学习先进、争当先进的良好氛围。五一表彰活动中，太原市城乡执法局迎泽区分局被授予“山西省五一劳动奖状”，王俊杰同志被授予“太原市五一劳动奖章”；山西省总工会表彰先进活动中，评选表彰1个省模范职工小家、1个省先进乡镇街道工会、1名省优秀工会积极分子；太原市总工会表彰先进活动中，评选表彰5个市模范职工之家、4个市模范职工小家、3名市优秀工会工作者、5名市优秀工会积极分子。

【工会组建】　2017年，迎泽区总工会做好工会组建和会员发展工作，扩大工会组织覆盖面，开展第八个“工会组建月”和第三次“农民工入会”集中行动中，新建工会组织30个，吸收新入职工会会员2347名，其中：农民工991人。

【安康杯竞赛活动】　2017年，迎泽区总工会开展以“安全培训提素质、班组管理强基础”为主题的“安康杯”竞赛活动。结合“总结提高年”活动，在全区工会组织和广大职工中，开展“安全生产月”、“查隐患·防事故”等一系列群众性安全生产竞赛活动。406名职工参加“看图识隐患”答题、组队参加“太原市职工职业安全健康知识竞赛”。

【民主管理】　2017年，迎泽区总工会加强民主管理工作，发挥职代会制度在推进改革发展稳定中的独特作用，引导职工立足岗位，在优化管理中献计献策。开展评选“职代会优秀提案”活动，收到提案60条，审核筛选出14名职工的提案参加“太原市优秀职代会提案”的评选，7条提案被评为三等奖。

【女职工工作】　2017年，迎泽区总工会在全区女职工中开展女职工特病保险工作，共有1828人参保，投保金额达54660元。

【经济技术活动】　增强全区广大职工的创新能力，开展“五小”岗位创新竞赛活动。被太原市总工会授予“太原市职工‘五小’岗位创新竞赛优胜单位”；第三实验小学教师李颖的小学英语课程课件小创作和桃园南路小学教师任丽红的教育创新改革——“二二一模式”下预习卡学习方式的研究，获太原市职工“五小”岗位创新竞赛三等奖。

【“工资集体协商月”活动】　2017年，迎泽区总工会开展“工资集体协商月”活动，共签订综合集体合同和工资专项集体合同452份，覆盖企业3929个，覆盖职工31056人。

【职工素质建设工程】　2017年，迎泽区总工会开展文体娱乐活动，让职工运动起来，使身心得以休息和调整、身体素质得以增强和提高。

8月，举办“职工文体活动义务辅导站”成果展演，遴选出5个精品节目参加市总展演，3个辅导站被评为“太原市优秀职工文体活动义务辅导站”，新增建3个辅导站。

组织职工参加“网聚职工正能量、争做中国好网民”主题活动、第五届“书香三八”读书活动、“工业互联网与智能制造”技术交流活动、山西省妇女儿童书法展、“中国梦·劳动美”全省第二届职工微影视大赛、“幸福龙城、美丽太原”省城职工微摄影比赛、“喜迎十九大、展示新风采”省城职工微书法比赛，共报送参赛作品112副。

组队参加太原市第十一届运动会暨第六届全民健身节（成人组）的乒乓球、羽毛球、扑克牌比赛，取得羽毛球团体赛冠军、扑克牌双升赛第二名；在职工运动会趣味项目比赛中，取得同舟共济项目赛第四名。

12月举办“时代新人说”主题演讲比赛，直播点击量达到2.6万多次。使“学习时代新人、争当时代先锋”，在职工群众中成为一种流行新风尚。（孟秀丽）

中国共产主义青年团迎泽区委员会

【概述】 2017年，中国共产主义青年团太原市迎泽区委员会（简称团区委）有行政编制4名，工勤编制1名，实有5名。下辖区少先队工作委员会。团区委书记彭熠玮。主要职责：领导全区共青团工作；领导和指导全区青少年社会团体工作；承担区委、区政府和有关方面委托的青少年工作事务，参与民主管理和民主监督。参与协调处理各种与青少年利益相关的工作；组织全区团员青年在社会主义市场经济体制的进程中发挥先锋和突击队作用；负责全区团的组织建设，协助党组织管理、选拔和培训团的干部；负责未成年人的保护工作；负责指导并组织全区青少年的思想理论教育、宣传文化活动和活动阵地建设，培养、选拔、表彰并推荐优秀青年；受区委的委托，依照《中国共产主义青年团章程》领导全区少先队工作。

2017年，新一届团区委围绕强“三性”和去“四化”的总要求，以“基层团组织建设年”为主线，以共青团改革为抓手，牢记职责使命，聚焦中心任务，致力改革创新，狠抓工作落实，强化共青团组织青年、引导青年、服务青年和维护青少年合法权益各项职责要求，以建设省城首善之区为目标不断凝聚青年力量。

【团区委第五次代表大会】 2017年1月17日，青年团太原市迎泽区委员会第五次代表大会在铁道大厦举行。团市委副书记章晓煜，团市委维权部部长武慧文，区委书记冯原平，区委副书记、区长李慧，区政协主席张志勤，区委常委、区委办主任曹炬，区委常委、组织部长赵树文，区委常委、区纪委书记李锦，区政府副区长闫晓琴，区各群团组织领导，区直属党工委分管共青团工作的领导莅会。会议听取并审议张晋松代表共青团太原市迎泽区第四届委员会作题为《坚定理想信念　勇担光荣使命　为建设省城首善之区而努力奋斗》的工作报告。章晓煜代表共青团太原市委致贺词，冯原平作重要讲话。大会选举产生共青团太原市迎泽区第五届委员会委员21名、候补委员9名。下午，召开共青团太原市迎泽区第五届委员会第一次全体会议，选举产生常务委员7名、书记1名、副书记5名。彭熠玮当选为共青团太原市迎泽区第五届委员会书记，张晓宇、任柯华、张钰、徐静漪、赖梓恩当选为副书记。

【暖冬行动】　2017年1月20日，团市委、团区委、区民政局和区慈善会共同开展2017年“共青团和你在一起——暖冬行动”活动。共慰问困难学生20名，发放慰问金6000元。参加慰问活动的有团市委副书记章晓煜、团市委维权部部长武慧文，市团校校长范占方，团区委书记彭熠玮、副书记张晓宇，区民政局副局长郑刚。

【学雷锋宣讲活动】　2017年3月2日，团区委、区教育局、区少工委主办的“学习雷锋好榜样　城市提升我先行”学雷锋宣讲活动在滨河小学启动。团市委副书记杜志强，迎泽区委副书记杨敦勤，区政府副区长闫晓琴，区教育局局长杨练兵，团区委书记彭熠玮，团区委副书记、区少工委主任张晓宇等出席启动仪式。这次活动，特聘被誉为“童话男神”的小酷哥哥为“迎泽区少先队校外辅导员”，在全区32所小学开展“学习雷锋好榜样，城市提升我先行”学雷锋宣讲活动，首次将雷锋精神融入到童话故事中。

【五四主题团日暨入团仪式集中示范活动】
2017年5月3日，团市委主办、团区委和区教育局承办的“不忘初心跟党走”太原市五四主题团日暨入团仪式集中示范活动在彭真生平暨中共太原支部旧址纪念馆举行。市委副书记、政法委书记任在刚，迎泽区委书记冯原平，区委副书记杨敦勤，团市委副书记杜志强、章晓煜、李琦，市少工委主任马斌，迎泽区政府副区长闫晓琴等出席。青春喜迎十九大，不忘初心跟党走。在五四运动98周年暨建团95周年之际举办本次活动，是为推进共青团改革，落实从严治团要求，增强团员的先进性和光荣感，团结引领广大青少年听党话、跟党走，以奋发向上的精神状态迎接中共十九大召开。

【“快闪”活动】　2017年5月13日，团区委、区文化局在太原市并州路附近的中正天街开展主题为“谱迎泽青春之歌，做省城首善青年”的“快闪”活动，展示迎泽区青少年积极向上的精神风貌。活动中，年轻人向市民分发倡议书签，为城市管理全面提升行动助力，呼吁大家争做交通秩序的遵守者、环境卫生的维护者、公共设施的保护者、城市文明的引领者、城市管理的参与者。

【“悦然行动”关爱自闭症儿童爱心公益活动】　2017年5月27日，端午节和留意儿童节前夕，团区委在美之木特殊儿童康复训练中心开展关爱自闭症儿童活动，与这些被称作“星星”的孩子一起动手包粽子，消除他们与人沟通的障碍和对陌生人的怯意，并为他们送上区政协委员们的捐款和爱心人士捐赠的衣物。

【第二届迎泽青年创新创业大赛】 2017年7月18日，“青创优客工场杯”第二届迎泽青年创新创业大赛在太原青创优客工场举行。区委副书记杨敦勤、团市委副书记杜志强、副区长闫晓琴等出席。大赛选送的“综合型互联网体育平台”在区赛、市赛、省赛、国赛中均获得一等奖。该次大赛旨在营造勇于创业、乐于创业、善于创业的浓厚氛围，帮助青年实现创业梦想，以创业带动就业，以创新引领发展，为迎泽区产业升级优化提供新动能，增强迎泽发展的核心竞争力。

【青年志愿者公益骑行活动】 2017年8月20日，团区委、区民政局和OFO小黄车在南宫广场联合开展“文明骑行、文明停放，从我做起”青年志愿者公益骑行活动，为太原市创建全国文明城市加油助力。共有200余名志愿者参与文明骑行活动，骑行结束后志愿者将车辆整齐停放在画线停车区域内，随后沿路整理乱停乱放车辆，开展文明劝导志愿服务，规劝乱停乱放、闯灯逆行、占道行驶、恶意损坏共享单车等不文明现象，并向市民发放文明交通倡议书，号召市民文明骑行、文明停放，摒弃各种不良行为，文明骑行文明停放从我做起，从现在做起，做文明骑行的参与者、宣传者和监督者。

【创建全国文明城市宣传活动】 2017年8月25日，团区委组织全区600余名青年志愿者身着统一服装，在五一广场、火车站、柳巷、食品街、中正天街、朝阳街等60余个人流密集场所开展创建全国文明城市集中宣传活动。志愿者们通过为向过往市民宣传社会主义核心价值观和创建文明城市，来提高市民的知晓率与参与率，并邀请大家纷纷在签名册上签名并提出自己宝贵意见，鼓励和引导广大市民参与文明城市创建，自觉投身到太原市创建全国文明城市的工作中来，为太原市创建全国文明城市加油助力。

【“我是光荣的少先队员”主题队日活动】 2017年10月13日，团区委、区教育局、区少工委在第三实验小学举行“我是光荣的少先队员”主题队日活动。团省委书记黄巍，省教育厅高校工委副书记常乃军，省少工委主任马慧健，迎泽区委副书记杨敦勤，迎泽区教育工委书记、局长杨练兵，团区委书记彭熠玮等及第三实验小学的全体师生参加。建队日期间，团区委、区教育局、区少工委加大少先队改革力度，以增强少先队组织的先进性和少先队员的光荣感为重点，开展活动，激励教育广大少先队员“从小学习做人、从小学习立志、从小学习创造”，做共产主义事业的接班人。

【十九大精神基层宣讲活动】 2017年11月13日，团省委书记黄巍到迎泽区老军营街道新南二社区的社会工作创新发展基地，进行中共十九大精神基层宣讲。20余名来自公益组织和社会组织的青年代表结合自身工作实际分别就学习中共十九大精神的心得体会作交流发言，并表示将在今后的工作中立足岗位，践行十九大精神，为推进省城首善之区建设贡献青春智慧和力量。

【公益课堂】 2017年11月23日，团区委为加强科普教育，让学生体验“虚拟现实及人工智能”的公益课堂在太原三十七中开讲。此次公益课堂，由团区委主办，将VR现代科技现代前言的综合体带入校园，让体验者从实际操作中获得科普教育知识，打造学校科技特色。

【青年干部培训】 2017年11月30日，团区委、区教育工委、区委组织部、区人社局在双西小学举办为期一天的“不忘初心，牢记使命”青年干部培训。邀请山西农业大学和太原师范学院教授为全区青年干部、青年教师160余人宣讲中共十九大精神和习近平新时代中国特色社会主义思想。开班仪式上，团区委书记彭熠玮带领全体参训学员宣誓。这次培训既是迎泽区青年干部和青年教师学习宣传贯彻中共十九大精神的一项重要举措，也是提升大家思想政治水平和工作能力的一项重要工作。

【预防艾滋病宣讲活动】 2017年12月1日，团区委在第30个世界艾滋病日，为宣传和普及预防艾滋病的相关知识，提高中学生预防艾滋病知识的知晓率，消除对艾滋病感染者的歧视，团区委在太原三十六中、三十七中、三十九中、四十五中等学校开展“青春健康小课堂——预防艾滋病宣讲活动”。

迎泽区妇女联合会

【概述】 2017年，太原市迎泽区妇女联合会（以下简称迎泽区妇联）宣传和落实党的路线、方针、政策和妇女工作的方针、任务，维护妇女儿童合法权益，承办区政府妇女儿童工作委员会办公室工作，做好妇联基层组织建设工作，发挥妇女“半边天”作用。迎泽区妇联下设发展部和维权部，2017年编制7人，实有5人。

【基层组织建设】 2017年，迎泽区妇联经区委常委会研究通过，出台《迎泽区妇联改革实施方案》，全面推进迎泽区妇联组织创新和工作创新。为加强基层妇联带头人队伍建设，吸纳优秀女性参与妇联工作，根据省市妇联的要求，召开迎泽区妇联二届五次执委会，现区妇联有兼职副主席6名，常委13名，执委37名。加大街镇妇联建设力度。2017年重点解决街道妇联专项工作经费，并制定下发《迎泽区街镇妇联区域化建设实施方案》。街镇妇联的兼职副主席由原来的11人增加为30人，常委由20人增至55人，执委由53人增至229人。各街镇建立或正在建立区域化妇联工作联席会议制度和轮值主席制度等，由此推动妇女组织活动开展、资源使用和力量调配等方面的整合联动。随着第十一届村委换届和第六届社区换届，区妇联坚持“专职专选、定位产生”制度，连续三届实现村村都有女委员的目标要求。并安排部署，每个社区选举主席1名，一般由书记兼任，兼职副主席4名，其中1名常务副主席主抓妇联工作，社区妇联执委由15人组成，全区95个社区和18个村妇联换届完成。社区妇联兼职副主席452人，执委1695人。村妇代会全部改建成妇联，村妇联主席均为村两委成员，现村妇联兼职副主席72人，执委270人。加大“妇女之家”和“儿童之家”建设力度。全区114个社区（村）均建立“妇女之家”，其中市级妇女之家示范点34个。自2014年编制印发区妇联工作台账以来，运转良好，实现基层“妇女之家”工作规范化建设。2017年8月，紧跟妇联改革步伐，区妇联制作《妇联干部工作志》，下发至全区的1800名妇联干部手中，随时记录了解到的妇情民意、所思所想，为基层妇联干部开展工作创造必要的条件。加强线上线下“妇女之家”建设。新形势下，各级妇女之家运用网络和新媒体拓展妇联工作，据统计，全区各级妇联建QQ群38个，微信工作群128个，联系人数达1.27万余人，微信公众号21个，关注人数达7800余人，建立2个微博。建立稳定有效的联系渠道，延伸妇联组织的工作和服务领域。2017年6月9日，接受全国妇联宋秀岩主席一行的以“区域化建设”为主题的调研，得到宋主席“这里工作扎实、队伍健全、作用发挥得好”的好评。在省妇联的改革推进会后，迎泽区召开专门会议，落实会议精神，组建妇女小组717个。其中，网格型妇女小组681个，功能型妇女小组36个。

【基本能力建设】 2017年，迎泽区妇联开设女性文化学堂，提高妇女素质。按照增“三性”、去“四化”的要求，培训经费向基层倾斜，创新培训形式，全年三级妇联举办61场女性文化学堂及巾帼创业就业培训。开展培训，提高妇联干部素质。组织全区街镇、社区村的新任妇联干部100多人参加培训。举办区妇联新任执委培训会，旨在新执委了解情况、结合自身特点，找准结合点，发挥作用。采取以会代训的形式，组织大家学习，研究乡镇（街道）妇联区域化建设的思路及眼下需要开展的工作，提高各级妇联干部的改革意识。三次组织基层妇联干部35人次参加省市培训班，加强迎泽区基层妇联维权干部队伍建设。利用三八维权月的时机，区妇联邀请巾帼法律志愿者深入街镇开展讲座，提高全区妇联干部的法律意识和调解能力。

【扶危济困】 2017年，迎泽区妇联累计慰问人员达125人，慰问价值10万余元。元旦期间与“两参”人员开展帮扶结对活动，慰问双拥参战人员；三八妇女节开展走访慰问活动，共慰问基层贫困妇联干部9人；六一儿童节慰问贫困学童95人；中秋节前夕慰问“两癌”贫困妇女17人；11月，慰问特困妇女、儿童3人。发挥桥梁作用，为迎泽区妇女儿童争取上级部门的支持及救助。有74人得到救助金额达10多万元。其中，为2名贫困大学生争取到“葵花助学”奖学金，大学四年每年5000元，2名得到市妇联的助学款各1000元；为迎泽区5名特困妇女争取到市妇联特困救助金各3000元；年底包括贫困复转退役军人家属、好军嫂等 8 类 65 名妇女儿童得到市妇联救助。

迎泽区科学技术协会

【概述】 2017 年，迎泽区科学技术协会（简称区科协）为参照公务员管理的事业单位，编制 6 人（含工勤 1 人），实有人数 4 人，较上年财政供养人员增加 1 人，系公务员招录考试进入。2017 年，区科协以深化“两学一做”专题教育为契机，围绕区委、区政府“建设省城首善之区”的目标，以提高全民科学素质为重点，全面贯彻《全民科学素质纲要》，落实省市全民科学素质工作精神，按照“政府推动、全民参与、提升素质、促进和谐“的指导方针，各有侧重地开展全民科学素质工作，初步形成强化科普合力、开创全区科学素质工作的良好局面。2017 年，迎泽区科协科普益民工作获“太原市科协科普益民先进单位”称号。

【科普益民计划】 2017 年，科学技术协会开展省、市、区三级科普示范社区创建活动。根据省级科普示范社区的标准，在全区六街一镇广泛开展创建活动，根据年初计划新创建省级优秀科普示范社区 1 个（迎泽解南一社区）、科普示范社区 4 个（老军营街办老军营小区第一社区、迎泽街办南内环二社区、解一社区、柳巷街办校尉营社区）、市级 7 个（文庙街办五龙口社区、文庙街办双塔寺二社区、庙前街办新建路一社区、柳巷街办校尉营社区、郝庄镇朝阳一社区、老军营街办老军营小区第一社区、迎泽街办南内环二社区），市级科普示范街道 1 个（老军营街道办事处）。区级 7 个。截至 2017 年，创建全国科普示范社区 1 个，省级优秀科普示范社区 1 个，科普示范社区 5 个，市级科普示范社区 19 个，区级科普示范社区 32 个。

推进实施科普益民计划，开展“科普中国百城千校万村行动”。加强科普阵地建设，对全区 160 余处科普宣传栏、宣传画廊加强管理进行定期维护定期内容更换，将科普宣传由街巷逐步向居民楼院、楼道延伸，除偏远的街村基本做到各社区的全覆盖，让群众足不出户就受到教育。在宣传内容上，结合区中心工作力求贴近百姓生活的各类科普知识，图文并茂，生动活泼，定期更换，深受群众欢迎。在铁匠巷社区的后铁匠巷街新建长 130 米的科普文化长廊。根据中央省市科协安排要求，各级财政下拨近 20 万用于落实“科普中国·百城千校万村行动”在全区六街一镇建起 6 个科普社区 e 站示范点，2 个校园 e 站示范点，在今后几年内将以点带面全部覆盖，推进科普信息化建设，提高国家科普公共服务能力。

开展科普宣传活动。在人流量大的商业区开展大型集中宣传和以社区为单位的小型宣传点相结合，宣传版面展示和编印科普宣传资料下发给居民群众相结合，集中健身讲座和组织具体服务活动相结合等等，开展科普进社区与市民教育相结合，以社区科普学校为基地，利用爱国主义教育基地、文化活动中心、科普阅览室、科普橱窗，社区网站经常开展学习、讲座、展示交流等活动，为社区居民灌输科普知识。

【科普宣传】 2017年5月14日至21日，迎泽区科学技术协会根据上级安排，在全区范围内组织开展以“创新引领　共享发展”为主题的科技周，宣传《科学技术普及法》《科学技术进步法》《促进科技成果转化法》；在科普示范社区开展群众性系列科技活动：组织干部群众观看由科协和科技局，电视台录制的太原创新发展纪实《人才的力量》上中下等展示和宣传太原市科技发展取得的成就和前景；科技下乡科技咨询，聘请农大教授深入郝庄镇乡、村的田间地头为农民现场讲述如何科学养殖提高产量，防病虫害知识；开展“尚德守法　共治共享食品安全”的食品安全进社区，进校园宣传活动，为学校捐赠《食品安全365》图书3000多册；核科普进社区，在庙前南海二社区组织居民与清华学子及科研技术人员面对面交流释疑解惑，播放核科普动漫、核科普知识视频、发放核科普宣传册和书籍，旨在让群众了解核感受核魅力；编印《互联网+时代的智慧生活》《提高公民科学素质》以及科普读本、科普小知识宣传册2万余册免费发放居民群众。

组织开展好科普日（周）宣传教育活动。9月16日至22日，按照省市科协的安排，推动“创新、协调、绿色、开放、共享”的发展理念，以“创新驱动发展，科学破除愚昧”为主题，举办“全国科普日（周）”暨“科普三晋”系列活动，采取知识竞赛、科普大篷车巡展、展板展览、有奖答题、科普讲座、咨询服务、赠送资料等多种形式，面对面宣传，营造讲科学、爱科学、学科学、用科学的浓厚氛围。关注社会和广大市民关心的热点疑点，选择赠送科普画报、邀请市民实地参观、组织科技专家现场咨询、编印专门读本等方式，及时开展宣传。内容丰富、形式多样的科普活动满足社会需要，参与公众累计超过30万人次。在全国科普日期间，按照省、市科协的统一部署，区科协开展以“保护生态环境，建设美丽迎泽”等为主题的各项科普系列活动。组织干部群众学习《全民科学素质行动计划纲要》《科学技术普及法》，提高认识，树立科学思想，了解必要的科学技术知识，增强公民的科学素质。组织发动各街道、镇及相关部门结合实际，因地制宜在社区内设小型宣传活动点，开展宣传活动。发放科普宣传资料，利用辖区内的墙报、宣传栏，通过张贴标语口号、挂图等不同形式进行宣传。区科协聘请有关专家，举办科普知识讲座，组织部分机关干部、街道、社区居民群众近千人开展科普知识有奖答题活动，通过答题使他们了解和掌握一定的科学知识。组织动员科普示范社区，带头开展贴近居民实际的保护生态环境、垃圾分类等环保方面的科普知识宣传，开展社区科普益民行动。组织机关干部、社区居民观看《科普每一天》《人才的力量》电教片。印制《提高全民科学素质读本》《崇尚科学反对迷信》《青少年科普读本》《互联网+时代的智慧生活》等3余万册，免费发放到机关、街道、社区干部群众手中。

开展“崇尚科学，防范邪教”宣传活动。根据山西省反邪教协会的有关文件要求，在9月开展防范邪教宣传月活动，要求此项活动进社区、进校园、进农村，9月19日在迎泽区第三实验小学举办启动仪式，组织学校师生参观反邪教展板，发放反邪教宣传资料，捐赠《米涂遇邪知返记》动画光碟及图书，并进行现场讲座，得到学校师生欢迎。在庙前南海二社区、迎泽解一社区开展相关的参观展板、讲座等活动。

为保护基层科普工作人员身体健康，关心服务基层，与太原慈善总会、太原玛丽医院携手为全区各街道、社区一千多名基层科普工作者免费义诊、体检。

【科技创新大赛】 2017年，迎泽区科学技术协会组织参加山西省市第32届青少年科技创新大赛，报送科技幻想绘画、科技实践活动论文和科技项目小发明等一大批作品，共收集作品628件。其中，少儿绘画作品479件、手工制作79件、教师作品70件，远超上年。经过筛选，聘请专家初评，向省市选送215件优秀作品。对活动组织突出的学校和老师以及优秀作品进行表彰。在32届大赛中迎泽区选送的140件作品中获市级小发明一等奖5名，二等奖7名，三等奖3名。绘画一等奖16名，二等奖36名，三等奖56名。省级学生绘画一等奖3名，二等奖9名，三等奖4名。宋庆龄少儿发明家一等奖7名，二等奖3名，三等奖3名，国家级绘画三等奖3名。获市优秀组织奖。

发挥共建优势，整合社会资源，与驻区中医医院配合，连续三年在全区小学校开展校园护眼体检、讲座、对眼有问题的孩子进行跟踪服务活动。（史　珉）

迎泽区工商业联合会

【概述】 2017年，迎泽区工商联围绕区委、区政府的中心任务，发挥职能作用，加强自身建设，推动各项工作再上新台阶。

【第四次会员代表大会】 2017年2月20日，迎泽区工商业联合会（总商会）第四次会员代表大会在山西饭店晋缘楼二层会议室召开。市委统战部副部长、工商联党组书记王贵云，市工商联副主席白建红出席。区四大班子领导、全区各单位、各部门负责人应邀出席开幕式。大会选举产生第四届执行委员会委员67名，常务委员27名，执行委员会主席1名，常务副主席1名、副主席10名。总商会会长1名，副会长8名。完成换届任务。

【四届一次主席会议】 2017年4月1日，迎泽区工商联四届一次主席（会长）扩大会议在太原东都服装批发市场11层会议室召开。区工商联（总商会）主席（会长）、副主席、副会长、常委参加会议，市委统战部副部长、工商联党组书记王贵云，区委常委、统战部部长王国栋，区政府副区长薛凯，区发展改革局局长张健康，商务局局长胡红民，统计局局长宋衍立应邀出席会议。会议由区工商联党组书记、常务副主席刘娜主持。会议通过工商联相关工作职责、制度及轮值主席制度，区工商联主席（会长）王天明安排近期工作，区政府副区长薛凯、区发展改革局局长张健康、商务局局长胡红民、统计局局长宋衍立就迎泽区一季度经济形势进行通报分析，并就如何做好下一步经济工作与企业家交流。

【轮值主席第一次会议】 2017年4月21日，迎泽区工商联举办、会员企业太原市惠源昌物资有限公司、山西绿得食品总汇有限公司承办的迎泽区工商联轮值主席第一次会议暨上市企业经验交流座谈会在锦麟东方酒店15层会议室举行。40余名会员企业负责人参加会议，会议由区总商会副会长、太原市惠源昌物资有限公司副总经理蔡杰，区总商会副会长、山西绿得食品总汇有限公司董事长赵玉娥主持。桥东街道党工委书记樊世勋应邀出席会议。

【专题讲座】 2017年5月19日，迎泽区政协、区工商联联合举办，会员企业山西领先大屏文化传媒集团有限公司、山西蓝泰物业管理有限公司承办的迎泽区助力企业发展 建设首善之区财税金融专题知识讲座在大中市3层会议室举行。区政协经济界委员、工商联会员企业负责人60余人参加会议，会议由区工商联副主席、山西领先大屏文化传媒集团有限公司董事长宋文斌主持。区政协主席张志勤，区委常委、统战部部长王国栋，区政府副区长陈晓华，区政协副主席赵利军应邀出席会议。会议邀请区财政局副局长李斌玲就PPP项目进行解读，平安银行小企业金融部规划经理岳飞飞、私人银行部产品经理潘琦芳就平安银行中小企业信贷政策和私人银行财富权益进行讲解，邀请浙江宁波大榭开发区财税局局长叶奇丹交流企业财务、税务规划，迎泽区中小企业会计学会副会长胡建雄就企业财务、税务常见的问题与大家进行互动。

6月30日，太原市酩雅轩商贸有限公司和山西中鲁集团承办的迎泽区工商联（总商会）轮值主席会议暨新思维、新模式、新金融专题讲座在邮电大厦3层会议室举行。工商联会员企业负责人80余人参加会议，会议由太原市酩雅轩商贸有限公司副总马修坤主持。区委统战部副部长白志勇应邀出席会议。会议邀请云生态易生活模式创始人、山西易货贸易企业集团董事长李钢作易物思维中的思维模式讲座，为广大企业家朋友介绍易物的理念和思维模式，并详细介绍相关的易物案例。山西九鼎德胜企业管理咨询有限公司董事长陈刚就大家关心的“企业越来越难做，我们怎么办？资产如何保值？金融问题出在哪里？”等问题与大家进行交流。随后太原市酩雅轩商贸有限公司代表就“企业不良资产的处理”，山西中鲁集团代表就“电商孵化及云仓”进行项目推荐，并与相关企业达成合作意向。

9月15日，迎泽区工商联在天一宫组织召开“跟党走，谋发展，做贡献”主题实践活动及“学习习总书记视察山西重要讲话精神，提升企业竞争力”专题讲座。工商联会员企业负责人100余人参加会议，会议由轮值主席、区工商联副会长、太原缘之续酒店管理有限公司董事长赖梓恩主持。轮值主席、区工商联副主席、山西厚德建设投资有限公司董事长郭旭光向大会致辞。区政协主席张志勤，区委常委、统战部部长王国栋，区政府副区长薛凯，区委统战部常务副部长白志勇应邀出席会议。会议邀请山西财经大学振东管理研究院院长、山西省教学名师宋瑞卿作题为“学习习总书记系列讲话精神，提升企业竞争力”辅导报告，并围绕学习习总书记视察山西重要讲话精神，如何提升企业竞争力进行互动交流，并结合企业自身进行项目推荐。

11月24日，迎泽区工商联在锦麟东方酒店15层会议室召开“学习贯彻中共十九大精神，推动实体经济健康发展”专题讲座。工商联会员企业负责人70余人参加会议，会议由轮值主席、区工商联副会长、山西红马甲集团有限公司董事长周全有主持。山西中正房地产开发有限公司副总经理滕向东向大会致辞。市工商联副主席白建红，区政协主席张志勤，区委常委、统战部部长王国栋应邀出席会议。会议邀请山西财经大学工商管理学院院长卫虎林教授作题为“学习贯彻中共十九大精神，推动实体经济健康发展”专题讲座，到会的民营企业家围绕如何学习贯彻中共十九大精神，企业面临的困难、存在的问题及如何推动实体经济发展进行互动交流。会上，还有5家企业进行项目推荐。

【法律服务】 2017年10月17日，迎泽区工商联法律服务入企入会活动在鼎元商会9层会议室举行。区工商联党组书记、常务副主席刘娜，盛科集团董事长张健，党委书记张素文，鼎元商会会长王培芝出席活动，驻厦企业30余人参加活动。此次活动旨在拓宽法律服务企业渠道，发挥律师服务经济社会发展的职能作用，帮助会员企业运用法律手段加强经营管理，预防和化解经营风险，维护会员企业的合法权益。该次活动，邀请华炬律师事务所4位律师组成律师团，就企业如何进行融资、税务规划及人力资源管理与劳动法如何进行无缝对接进行讲解。对民营企业运用法治思维与法治方式深化企业改革，对外守法经营和诚信经营，对内健全完善法律机构和职能，做好法律风险控制，使企业家享受到公平公正的法治带来的红利等问题，运用翔实的案例进行深入浅出地阐述。

（安俊亮）

迎泽区文学艺术联合会

【概述】 2017年，太原市迎泽区文学艺术界联合会（简称区文联）机关编制8名，实有5名。其中，主席1名、副主席2名。

2017年，区文联落实习近平总书记在文艺工作座谈会和全国十次文代会、九次作代会上的重要讲话精神，推进“两提一争”大讨论活动，弘扬社会主义核心价值观，坚定文化自信，调整履行新职能，加强思想引领，团结带领全区广大文艺工作者，深入生活、扎根人民，坚持以人民为中心的创作导向，以纪念《讲话》发表75周年等重大活动为契机，围绕全区中心工作，组织开展一系列展演展览展示活动，为推动迎泽区文艺事业的繁荣发展奠定基础。

【区美协文化惠民基层行】　2017年2月15日，迎泽区美协组织12名书画家到晋中市经济开发区南砖井村，为村民送文化到基层。书画家们挥毫泼墨，以文会友，雍容华贵的牡丹图、潇洒飘逸的草书、精彩传神的国画、脍炙人口的诗文跃然笔下，把南砖井村的活动室装点得芳韵备至。书画家们现场为村民画一幅丈二国画《惠风和畅》和30幅国画作品、40幅书法作品，并且为爱好书画的村民进行书画辅导和作品点评。

【区音协文化惠民演出】　2017年2月17日，迎泽区音乐家协会“新春万里唱东风”合声未央艺术团在太原市群众艺术馆五层剧场举行文化惠民专场演出，丰富百姓文化生活。众多艺术家纷纷登台，以舞蹈、独唱、朗诵、钢琴独奏等方式，为观众送上贴近生活、贴近群众、充满正能量的精彩文艺节目。

【区美协采风写生】　2017年，迎泽区美协为纪念毛泽东同志《在延安文艺座谈会上的讲话》发表75周年，筹备以优秀的作品举办精品书画展览。3月下旬，区美协由裴希敏、刘铜明带队共7人，到阳曲镇西岗村，到老百姓的家园、田地、果林等地收集创作素材。经过几天的采风活动，画家们收获颇丰，以油画、国画、水彩画、素描等绘画形式多角度地展现西岗村的自然与人文之美。

【双塔牡丹节书画展】　永祚寺双塔被誉为太原城的标志。双塔之下便是有“小洛阳”之称的永祚寺牡丹园，园内有十余株明代所植的紫霞仙异常珍贵。又引进和培植近千株牡丹。2017年4月25日，迎泽区文联举办“双塔牡丹节”书画展。区文联依托地域资源优势，组织书法家协会和画家协会推出描绘花中之王牡丹的书画精品佳作，以牡丹为题材，共展出风格迥异的作品80余幅。书画诗词应有尽有，工笔写意流派纷呈，与满园千姿百态的花朵花蕾相辅相成，彰显出迎泽区地域文化特色。永祚寺牡丹书画展成为每年牡丹节重要组成部分及永祚寺景区重要的旅游资源。

【书画名家邀请展】　2017年5月15日，区文联在迎泽区美术馆举办纪念毛泽东“在延安文艺座谈会上的讲话”75周年书画名家邀请展。

【文化进社区书画展】　2017年8月8日，迎泽区委宣传部、区文联、区美协、区老军营小区三社区共同举办的迎泽区文化惠民活动“文化进社区书画展”在老军营小区三社区拉开帷幕。这次书画作品展是迎泽区委宣传部、区文联文化惠民基层行系列活动之一，来自迎泽区的书画家及书画爱好者创作作品66幅，从不同角度讴歌时代变迁，诵吟社会和谐，展示迎泽之情。作品或大气磅礴、直抒胸臆，或舒缓细腻、娓娓道来。为把活动推向深入，区文联邀请山西省著名书法家朱熖的入室弟子、迎泽区书法家协会理事康世春为大家讲解中国书法的演变过程、学习书法的常规知识以及应该注意的误区，让大家体会到中国书法文化的魅力。迎泽区美协理事、花鸟画家杜莎围绕笔墨纸砚给大家讲解中国画画法与技巧，两位老师现场挥毫泼墨，与观摩学习的居民群众进行现场展示与交流。

【喜迎十九大书画展】 2017年8月25日，区纪委监委、区委宣传部、区文联主办的“不忘初心·砥砺前行——迎泽区喜迎党的十九大胜利召开书画展”在南宫开幕。参展作品160余幅。书法作品种类齐全，风格迥异。

【文物建筑摄影展】 2017年9月8日，区委宣传部、区文联共同主办的“最美迎泽”迎泽区文物建筑摄影展在太原市工人文化宫开展。迎泽区内散落着古遗迹、古建筑、近现代建筑共97处，每一处人文景观都是特定历史条件的产物，都蕴含着魅力迎泽丰富的文化内涵。

【支教活动】 2017年9月30日，区文联受万柏林区瓦窑小学邀请，举办“瓦窑小学喜迎十九大走近书画家主题活动”。区美协副主席刘峻岭、副秘书长苗静一行6人到瓦窑小学进行书画教学支教。书画家们为全校一至六年级所有班级上课，教学内容包括硬笔书法、剪纸、色彩、国画、软笔书法及素描。为每个班级赠送书画作品。 （赵欣铃）

迎泽区归国华侨联合会

【概述】 太原市迎泽区归国华侨联合会（简称区侨联）成立于2011年2月，是由归侨、侨眷组成的人民团体，为正科级全额拨款事业单位，隶属太原市迎泽区委、区政府管理。核定事业编制3名，2017年实有在编人员2人。区委统战部副部长兼区侨联主席，占统战部编制。无内设机构。侨联主席李红。

主要职责：宣传党和国家侨务工作的方针、政策、研究提出区侨联工作发展规划和工作计划，组织实施区归侨、侨眷代表大会、委员会、常务委员会的决议、决定，接受上级侨联的指导。依法维护归侨、侨眷的合法权益和海外侨胞在国内的正当权益；反映归侨、侨眷和海外侨胞的意见和诉求，参与起草涉侨法律法规草案；为侨联组织和归侨、侨眷、海外侨胞提供法律咨询与服务。广泛团结和动员归侨、侨眷投身中国特色社会主义建设事业；加强同港澳侨团的联系，与海外华侨、华人在经济、科技、文化和社会福利等方面进行交流与合作；努力为归侨、侨眷兴办企事业和海外侨胞来并投资服务。密切与广大归侨、侨眷、海外侨胞及社团的联系，了解侨情民意，加强沟通，化解矛盾；加强归侨、侨眷的法制教育和思想道德教育，宣传归侨、侨眷的先进事迹和海外侨胞的爱国爱乡精神；办好侨联系统的侨刊侨讯等文化宣传阵地；开展海外文化、学术交流和联谊活动；为归侨、侨眷和海外侨胞在国内兴办文教卫生和其他社会公益事业服务。配合有关部门做好人大、政协的归侨、侨眷代表、委员人选的推荐和人事安排工作，为他们履行参政议政和民主监督提供服务。做好侨务对台工作，配合有关部门进一步拓展与台湾同胞的联系渠道；协助做好海外侨胞的爱国统一战线工作。加强侨联自身建设，做好培养、推荐、选拔归侨、侨眷干部工作。围绕党和政府的中心工作，开展涉侨的相关工作；按照《中国侨联章程》要求，办好侨联所属企业。2017 年，区侨联履行侨联职能，加强自身建设，开展各项惠侨活动，开创迎泽区侨联工作新局面，完成各项工作任务。

【对外交流】 2017 年，迎泽区侨联主动对接省市侨联工作任务，加强与兄弟县区侨联组织的交流借鉴，创新工作体制机制，组织建设和干部队伍建设力度加大。多次组织侨联干部参加全省乃至全国侨务系统干部培训班，赴广东、厦门、石家庄等地学习考察。7 月，区侨联选派 2 名优秀初中英语教师赴韶关参加由香港惩教社教育基金会主办的暑期英语学习交流活动。选派教师参与各种学习研讨和互动交流，学到先进的英语教育理念和教育方式，与各地英语教师建立起专业联系，展现迎泽区英语教育水平和教师风采。同月，组织侨企赴武汉参加“万侨创新，共享发展”为主题的华人华侨创业发展洽谈会，为企业搭建平台，促进企业发展壮大。9 月，区侨联代表太原市侨联组织 4 家侨企赴石家庄参加 2017 年中国·石家庄国际投资合作洽谈会。迎泽区企业重点参与国际投资合作推介会、现代服务业合作洽谈会。

【惠侨护侨】 2017 年，迎泽区侨联春节端午等传统节日对归侨侨眷进行慰问。端午节前在劲松社区举行“浓情端午粽是情四海侨民一家亲”活动，走访慰问孤寡和有重大疾病的老归侨侨眷，将爱心粽送到家中；中秋节前为部分患有重大疾病的归侨侨眷送去慰问金，为 21 名孤老归侨侨眷送去米面油。

困难归侨侨眷技能培训。组织部分家庭困难的归侨侨眷参加山西省归侨侨眷职业技能培训班，帮扶贫困归侨侨眷实现自谋职业、自主创业和自我发展。

弘扬主旋律，推动辖区侨胞、侨属精神文明创建。中秋节、国庆节期间，青二社区侨胞之家举办主题为“迎中秋庆国庆喜迎十九大做文明太原人”文艺汇演。

开展健康体检和眼科普查工作。区侨联与太原爱尔眼科医院在迎泽街道青二社区“侨之家”举办“侨爱心·光明行·进社区”活动，为贫困归侨侨眷及部分社区居民免费进行视力检测和白内障筛查，并联合爱尔眼科医院帮助确诊的患者安排医治，把“侨爱心·光明行”公益活动做到实处。11 月，组织辖区部分 60 岁以上的老归侨参加市侨联与市外侨办开展的 2017 侨爱送温暖健康体检活动。

【侨胞之家】 2017 年 9 月 8 日，迎泽区侨联、迎泽街道青二社区、老军营街道劲松社区被市外侨办、市侨联、市人大民侨委、市政协港澳台侨委“四侨”部门授予全市创建的首批“侨胞之家”。

【世界比赛】 2017年，迎泽区侨联组织参加第三届世界华人华侨摄影大赛和第十八届世界华人学生作文大赛，获一等奖2名，二等奖2名，三等奖13名。

【侨务讲座】 2017年，迎泽区侨联开办迎泽区“侨之家”讲堂，面向全区侨务工作者及广大归侨侨眷，举办各类知识培训班。9月14日，邀请市侨联副主席郑勇到迎泽区进行侨务知识专题讲座。全区归侨侨眷、留学生家属、街道及社区侨务工作者60余人聆听讲座。在老军营劲松社区、文庙双塔二社区家长学校举办《好习惯 好成绩 好前程》《儿童智力发展与培训》讲座。

【侨务宣传】 2017年，迎泽区侨联利用市委统战部、省市侨联网络及区新闻网、微信等信息平台，加强侨情资源共享与整合。2017年，省侨联网站采用信息2篇，市侨联网站采用信息6篇，《太原统一战线》杂志采用信息1篇，《迎泽之窗》采用4篇。以贯彻落实《中华人民共和国归侨侨眷权益保护法》及两个实施办法为重点，在街道社区创建8个迎泽区侨法宣传角，制作侨法宣传专题版面、印制宣传资料，开展侨法宣传及法律服务进社区、入侨企活动，加强侨法宣传力度和普及度。

（王飞飞）

迎泽区红十字会

【概述】 迎泽区红十字会为副科级建制，事业编制3名。会长王国栋（区委常委、区政府副区长兼任），常务副会长黄铁明（正科），副会长高鸿（副科）。

迎泽区红十字会职责为贯彻落实《中华人民共和国红十字法》《山西省红十字条例》；开展备灾救灾工作和募捐活动，参与突发事件受害者的救助工作；普及初级救护和防病知识，参与推动无偿献血、非血缘关系造血干细胞捐献和志愿捐献遗体及器官（组织）登记工作；开展人道领域内的社会服务和社会公益活动，开展红十字青少年活动，宣传《国际人道主义法》。

2017年，迎泽区红十字会加强自身建设，履行政府人道助手的职责。启动由政府倡导、红十字会组织实施的“博爱一日捐”常态募捐活动。开展博爱助医、博爱助学、博爱助困、“博爱送万家”系列救助活动。参与无偿献血的宣传、动员、组织工作；组织纪念“世界红十字日”“世界急救日”“世界艾滋病日”等主题活动；开展《中华人民共和国红十字法》、防震减灾、造血干细胞捐献、遗体及器官（组织）捐献等宣传活动；开展应急救护进学校、进机关培训活动。全区红十字事业得到进一步发展。

【红十字会应急救护大赛】 2017年8月4日，迎泽区红十字会代表队参加由太原市红十字会主办的第一届社区红十字会应急救护大赛预赛，在决赛中获得团体二等奖。

【博爱一日捐活动】 2017年6月20日迎

泽区召开“博爱一日捐”暨无偿献血工作会议，部署“博爱一日捐”及无偿献血等工作。全区各党政机关和企事业单位参与募捐活动，共接收捐款146775.1元。

【“博爱送万家”活动】 2017年1月20日，受迎泽区副区长、红十字会会长闫晓琴委托，黄铁明一行，到迎泽街道3名贫困家庭走访慰问，送去米、面、油等慰问品和500元慰问金。2017年“博爱送万家”活动，共计送出价值99200元慰问物品和慰问金，惠及1740多户城乡低保、特困家庭。

【博爱助医、助困、助学活动】 2017年，迎泽区红十字会关爱困难群体，对因大病、意外等导致贫困人员进行人道主义救助，博爱助医2人、助困3人共计救助金额19000元；博爱助学大学生2名，助学金额6000元；慰问贫困山区3755元。

【红十字博爱周活动】 2017年5月8日是第70个“世界红十字日”，新修订的《中华人民共和国红十字会法》颁布实施。当天，全区开展宣传活动。各会员单位以宣传板面、横幅形式向群众宣传《中华人民共和国红十字会法》以及红十字运动精神，现场向群众发放有关献血、遗体器官捐赠、造血干细胞捐献以及应急知识宣传小册子5000余份，讲解心肺复苏、气道梗阻等初级卫生应急救护知识技能。区产科医院、区妇幼所等会员单位的义诊服务队开展健康咨询、义诊。

【应急救护培训进校园活动】 2017年，迎泽区红十字会开展红十字应急救护培训进校园、进机关活动。9月21日、9月22日，分别在小五台小学和建设路小学，为高年级学生举办“应急救护知识公益讲座”。11月3日，走进太原市第三十中学，对400余名高一新生集中培训。10月13日，走进迎泽区法院，对法院的100余名工作人员普及性应急救护技能培训。应急救护培训采取理论授课和实际操作相结合方式进行，培训中，老师现场操作并讲解如何给生命垂危的病人做心肺复苏、人工呼吸。

【“世界急救日”宣传活动】 2017年9月9日，迎泽区红十字会在郝庄镇中心卫生院开展以“三教一送”（即送上一堂课、送上一本书、送上一次宣传活动、教会一项救命技术）为主题“世界急救日”宣传活动。活动通过悬挂主题横幅、播放电子显示屏、设立咨询台、发放宣传资料等方式，向过往群众宣传中暑、溺水、异物梗阻的急救方法，郝庄镇中心卫生院医生柴海娟向周围群众演示心肺复苏基本操作，并手把手指导。活动共发放宣传资料1000余份，受教育群众达500余人次。

【“世界艾滋病日”宣传活动】 为纪念第30个“世界艾滋病日”，11月30日至12月6日迎泽区红十字会与迎泽区疾控中心联合开展主题为“共担防艾责任，共享健康权利，共建健康中国”活动，辖区内25家医疗机构、社区服务中心、乡镇卫生院的医护人员向参加活动的7所中学的师生和过往群众讲解预防艾滋病知识。

（高　鸿）

迎泽区残疾人联合会

【概述】 2017年，太原市迎泽区残疾人联合会（简称区残联）参照公务员编制5人，实际在职4人；下设事业编制单位区残疾人就业服务所，人员2人，实际在职2人。残联离退休人员1人。残联办公科室有：办公室、康复办公室。

主要职能：宣传、贯彻有关残疾人事业的法律、法规、规章和政策；沟通残疾人与政府之间的联系，宣传残疾人事业，动员社会理解、尊重、关心、帮助残疾人；承担同级人民政府委托的工作，发展残疾人事业；指导、管理本地区各类残疾人群众组织，推进残疾人工作；法律、法规和章程规定的其他职责。残疾人劳动就业服务机构，具体负责按比例安排残疾人就业的组织、管理和服务工作，其主要职责是：负责残疾人的待业调查、就业登记、能力评估、职业培训、就业介绍和管理残疾人就业保障金；组织残疾人开办集体企业，从事个体经营；为农村残疾人生产劳动提供服务。

【发放“护理补贴”工作】 2017年，迎泽区残联落实省政府对重度残疾人发放“两项补贴”政策。2017年迎泽区“护理补贴”发放标准为每人每年720元；受益人员为一、二级残疾人及三、四级精神残疾人（太原市其他城区没有三、四级精神残疾人）。

2017年4月区残联下发《关于对迎泽区重度残疾人“护理补贴”摸底的通知》，按照文件要求，组织郝庄镇及各街办残联开展摸底工作，2017年有一、二级残疾人3222名，三、四级精神残疾人70名。残联组织工作人员对这些残疾人资料整理核实，根据资金配套到位情况及时发放到残疾人银行卡里，总计发放“护理补贴”2328240元；发放2016年新增的128名重度残疾人的“护理补贴”40620元。

【助学活动】 2017年，迎泽区残联开展助学活动。助学分为两部分：对考入高中、大专及本科院校的残疾人子女和残疾学生进行一次性救助，救助金额：高中1000元、大专3500元、本科4500元；针对双残家庭中正在上大专及本科院校的残疾人子女和残疾学生进行持续救助，救助金额同上。

2017年4月，区残联下发《关于对今年参加中高考残疾学生和残疾人子女进行摸底的通知》。7月，下发《关于开展二〇一七年“金秋助学”活动的通知》。9月，开始对符合条件的学生给予相应的助学金发放。全年共为65名学生发放助学金21.75万元（其中：高中生16名救助金额总计1.6万元、大专生19名救助总计金额6.65万元、本科生30名救助金额总计13.5万元）。助学金的发放保证了残疾学生和残疾人子女不因家庭经济原因失学，提高残疾人适应社会的能力。 （强玉梅）

军 事

JUNSHI

人民武装

【概述】 迎泽区人武部始建于1959年4月，前身为南城区人民武装部，隶属于太原军分区。1986年6月改为地方建制，1996年4月收归军队建制。1998年1月，太原市行政区划调整，南城区改称迎泽区，南城区人武部改称迎泽区人武部。2017年5月，根据山西省军区下发的《中国人民解放军省军区系统暂行编制表》，区人民武装部随太原警备区转隶中央军委国防动员部，仍为正团级，设部长、政治委员、副部长。下设军事科、政治工作科、保障科，编制10人（现役4人、文职人员6人）。

2017年，人武部坚持以强军目标为统领，以迎接中共十九大，学习贯彻十九大为主线，以党委年度工作部署为依据，凝心聚力，真抓实干，争创一流。完成年度各项工作任务，人武部全面建设水平提升。

【十九大精神学习贯彻】 2017年10月中旬至12月，迎泽区人武部把学习宣传贯彻十九大精神作为政治任务，组织全体人员采取精读、抄写十九大报告，交流学习心得体会和理论要点考核等方法，掀起学习宣传贯彻十九大精神热潮。11月20日，邀请省国教办副主任张培荣为全体官兵做十九大报告强军篇专题授课辅导，使大家对习近平主席新时代强军思想有更深入理解。12月6日至7日，军事科参谋刘海涛带队参加警备区组织的“十九大知识竞赛”，获团体第二名的成绩。

【兵员征集】 2017年3月至9月，迎泽区人武部把征兵工作作为重要任务来抓。开展征兵宣传，印发征兵宣传手册5万余份，在全区89个社区和22个行政村张贴发放，并采取上门入户、走进校园、开展广场征兵宣传活动等形式，营造“一人参军、全家光荣”社会氛围，适龄青年应征报名。通过初检初审，上站体检。坚持把廉洁征兵贯穿始终，向每位参检人员发放廉洁征兵卡，设立廉洁征兵举报信箱，公示举报电话，严防违纪现象发生。严把体检、政审、定兵关，为部队输送合格新兵。

【开展国防教育】　2017年8月至10月，迎泽区人武部以庆祝建军90周年为契机，开展国防教育活动。在台骀山国防教育主题公园，以“传承红色基因弘扬国防文化”为主题，开展为期2个月的图片展，观展人数2万多人，并向省国教办申报该单位为国防教育基地。“八一”建军节期间，组织协调山西省艺术职业学院，以“铁血军魂”为主题，进校园、进社区、进广场开展9场国防教育文艺演出，增强人民群众的国防意识。被太原警备区表彰为“国防教育先进单位”。

【民兵应急队伍】　2017年清明节期间，组织民兵应急队伍30人，在东山进行24小时防火巡逻。4月3日，郝庄镇外麻地沟发生森林火灾，着火面积约50亩，出动民兵应急队员60人，携带便携式水枪、灭火弹、铁锹等灭火工具，迅速赶到现场，经过5小时奋战，将大火全部扑灭。9月10日，在太原市举行国际马拉松赛时，出动民兵应急队员300人，配合公安部门完成警戒执勤任务，受到军地领导好评。

【安全管理】　2017年7月至9月，为迎接十九大胜利召开，根据太原警备区下发的《安全工作检查考评细则》，迎泽区人武部狠抓安全管理工作落实。成立安全领导小组，部长、政委亲自抓，各科室安排专人负责；落实中央八项规定、军委十项规定和中央军委根除违规喝酒“十一条禁令”，坚决纠治官兵身边“微腐败”问题；每月进行安全教育和形势分析，以人、车、枪、弹、密为重点，拉网式进行检查，发现问题隐患并进行整改，确保全部上下安全稳定。

【专武干部训练】　2017年11月12日至16日，组织12名专武干部参加警备区组织的专武干部集训，集训考核获得团体第三名。11月27日至28日，太原公交控股集团有限公司专武干部薛晨龙参加省军区组织的专武干部训练考核，取得个人第三名。2017年，人武部被太原警备区表彰为“专武干部军事训练先进单位”。

【精准扶贫】　2017年1月至8月，按照警备区和区政府统一安排部署，迎泽区人武部开展精准扶贫工作。投资7400元对警备区统一安排的重点帮扶对象——娄烦县康家沟村军属贫困户段补儿家庭进行帮扶，帮其建成小型粮食加工厂。在迎泽街办解放路一社区组织开展“圆贫困儿童六一心愿”活动，共花费2800元，为6名贫困儿童购买书包、笔记本等学习用品。春节、八一期间，筹资3.65万元，慰问100户困难军烈属、伤残军人，送去米、面、油等。

（田　源）

人民防空

【概述】　2017年是全面提升人民防空“战时防空、平时服务、应急支援”使命任务能力关键之年。迎泽区人防围绕“平时作用大，战时能力强”建设目标，推进工作转型，深化人防融合式发展和军事斗争准备，完成各项工作任务。

【应急设施设备】　2017年，迎泽区加强小山沟疏散基地医疗功能区基础配置，新增AED应急除颤仪，配置视频在线监控系统，全面提升疏散基地应急保障能力。投资30余万元购置应急包、应急装备柜，配发到迎泽街办解南一社区、柳巷街办开南二社区、文庙街办五龙口三社区、区开发公司、山西盛科集团，夯实应急基础设施、设备建设工作。为城区配置电声防空警报器，实现警报音响全覆盖，并于2017年5月至7月，对辖区警报器维管工作进行全面检查，确保“9·18”纪念日警报试鸣成功。

【防灾应急指挥平台】 2017年，迎泽区以“平时作用大，战时能力强”为目标，依托省市人防指挥通信系统，启动本级战备数据库建设，投资100余万元，筹建区级人民防空防灾应急指挥平台，日常用于疏散基地、建筑工地的安全监管、人员训练，急时用于应急保障。

【早期人防工程监管】 迎泽区现有早期人防工程建于1965年至1985年，针对辖区早期人防工程现状，落实人防工作主体责任，2017年，累计签订年度安全责任书50余份，累计出动300余人次，开展春季普查、汛期排查、定期巡查工作，做到隐患排查到位、整改通知到位、隐患治理到位。加固改造双西人防地面伪装房、并州东街洞天旅馆、老军营小区口部管理房等公共人防工程，有效提升辖区早期人防工程的平战结合能力。

【宣传教育】 2017年，迎泽区利用“迎泽人防”微信平台、小山沟人防疏散基地、警报器设点单位、建筑工地等宣传阵地，开展人防宣传教育“五进”工作，形成“互联网+疏散基地”的人防宣教大格局。4月，组织太原市36中师生在小山沟疏散基地开展植树活动，并对参与活动的师生进行国防教育；5月11日，迎泽区住建局、防震减灾局在迎泽街道解南一社区开展“防空防灾应急疏散演练”；8月1日至10月30日，在小山沟人防疏散基地开展建军90周年图片展活动；11月10日，迎泽区首支社会组织党支部——山西越野一族救援队党支部在小山沟疏散基地成立；12月1日，迎泽区委组织部、宣传部、住建工委、山西越野一族救援队党支部在小山沟疏散基地开展“关爱生命，紧急救援”主题党日活动。十九大召开后，在各个建筑工地创新安放蓝牙发射器，使发射器附近，方圆0.3千米的范围内人群，可以通过手机微信摇一摇方式，获取最新政治理论、安全知识。

消　防

【概述】 2017年，迎泽消防大队按照“夯实基础、紧盯主业、强化责任、拼在前列”工作总基调，抓重点、解难点、增亮点，消防工作和部队建设稳步推进，多项工作有特色、有创新、有突破。全区火灾形势高度稳定，4项指标稳中有降，火灾起数连续三年下降，没有发生有影响的火灾事故。狠抓监督执法工作，7项执法数据同比提升35%以上，监督执法覆盖面逐步扩大。区委区政府对消防工作重视程度提高，行业部门落实监管责任的意识增强。各类专项整治持续发力，消防安全隐患突出区域、重大火灾隐患整治突破瓶颈，攻坚克难能力增强。坚持从严治警不放松，部队内部稳定，没有发生安全责任事故和严重违法违纪案件。消防宣传工作贴近实际、亮点频出，“全民消防我代言”活动氛围浓厚。消防大队被省消防总队评为“全省先进基层党组织”“全省宣传工作先进大队”，大队3名人员在中共十九大安保工作中被支队记功嘉奖，全年评选先进党务工作者1名、优秀党员1名、业务标兵2名、嘉奖8名、红旗驾驶员2名、优秀合同制消防员2名，优秀合同制文职1名。

【责任落实】 2017年，迎泽区委、区政府与六街一镇和15个行业部门签订消防安全责任书，将消防工作纳入区政府安全生产目标责任考核。推进行业消防安全标准化管理工作落实，提升行业部门消防安全管理水平。建立定期约谈制度，全年约谈消防安全重点单位2000余家次，相关企业负责人、管理人3000余名。推动居民家庭、小旅馆、群租房、“三合一”等场所安装简易喷淋和独立式感烟火灾探测报警器，安装1000余个。

【指导培训】 2017年，迎泽消防大会联动多个警种，4次组织专人深入各派出所对《山西省警综平台消防监督模块》操作使用、消防监督执法规范进行实地指导培训，连续三年全区派出所警综合平台业务在全市名列前茅；在迎接十九大、忠诚保平安“1+8”行动期间，大队成立专项督导组，指导派出所对列管单位进行重新摸排，对120名民警进行高层建筑、电气火灾综合治理的专项培训，完成十九大消防安保，全局4位民警被市局记功嘉奖。2017年，各派出所按照属地管辖、应管尽管原则，对列管的“九小场所”、居民委员会、居民住宅区的物业服务企业、有固定经营场所且具有一定规模的个体工商户、“消防安全九种规模小场所”进行摸底排查，桥东派出所、文庙派出所在小旅馆、日租房的整治中措施有力，文庙派出所在源中心的整治中，监督检查的同时做好入户宣传；迎泽派出所、老军营派出所在群租房整治中有措施、有办法；郝庄派出所、长风东派出所在彩钢板违章建筑的整治中发挥主力，消除一批彩钢板消防安全隐患；柳巷派出所、庙前派出所在整治“九小场所”工作中主动作为，开展“回头看”行动，为确保商圈消防安全形势稳定奠定基础。

【消防执法】 2017年，迎泽区消防大队整治隐患，确保火灾形势高度稳定。火灾“四项指标”稳中有降。2017年，全区共发生火灾152起，死亡0人，受伤4人，直接财产损失419798元，过火面积2974.0平方米，火灾起数3年连降55.7%，亡人数下降100%，直接财产损失下降96%。全区没有发生有影响的火灾事故。2017年，消防大队共检查单位5811家同比上年上升29.6%，发现火灾隐患8996处同比上年上升58.4%，督促整改火灾隐患8929处同比上年上升57.9%，下发责令改正通知书5310份同比上年上升27.5%，责令三停56家同比上年上升58.4%，处置举报投诉261起，同比上年下降23.9%。派出所共检查单位18633家，下发责令改正通知书3998份，拘留134人。在“小南关、康乐、菜园、中正天街、清馨雅苑、源中心、郝庄”七大消防安全隐患突出区域的整治中，分局政委王璠带队到隐患区域调研，组织街镇、行业部门召开协调会，制定针对性整治方案，指挥开展排查整治。全区各级各部门坚持超前部署，相互联动，采取超常排查、督改、约谈、宣传等措施确保工作落地见效。对“清馨雅苑”小旅馆、日租房、家庭旅店“地毯式”排查。各部门、各单位联合检查小旅馆等各类场所130家，现场查封36家，责令限期整改32家，张贴通告40余份，悬挂条幅114条，张贴安全用电用气电动车存放规范200余份。在隐患“回头看”中，复查各类场所32家，现场督促整改隐患18处，对拒不整改隐患继续经营的4家场所进行联合查封。集中整治小南关“群租房”、菜园“九小场所”。在菜园重点围绕出租房及“九小场所”违规住人、违规用火、用电、用气安全、堵塞消防通道、违规停放电动车等隐患开展检查。各单位共联合检查单位166家，张贴公告80余份，清理垃圾杂物13处，对“双西商城”“136棋牌馆”等多家安全隐患单位进行联合查封，对位于小南关的安全隐患较大的北大青鸟培训学校群租房进行查封，责令搬离所有学员。在迎泽小南关片区整治中发现小南关地区共有3层到7层不同高度的自建楼房128栋，整体出租开设日租房的9栋，其余房屋除自住外全部出租。这些房屋防火间距不足，电线私拉乱接、堆放杂物堵塞通道现象严重，街办向区政府打报告，拟计划多部门进行综合治理。对驻扎在小南关的消防管理站进行培训，指导管理站制定消防巡查区域图、防火巡查制度、指导配备各类消防器材，配发各类宣传资料。集中整治康乐片区居民区及经营场所。对81个居民院落、257家商户进行入户检查及宣传，对239家自建群租房，55栋高层建筑，114个院落81个车棚进行检查，对4家废品收购站进行取缔，对1家无证经营的烧烤店进行查封。对无物业监管的楼院开展“三清三关”，共清运旧沙发、旧柜子、易燃纸片等杂物共计453车次。治理文庙地区重大火灾隐患。文庙街办针对火灾防控工作展开行动，摸清底数、突出重点，做好隐患排查和排除工作，共排查出火灾隐患476处，完成整治146处。源中心F座公寓楼火灾安全隐患问题由来已久，一直未得到有效彻底的解决，加上其紧邻太原火车站的区位优势，日租房、小旅馆居多，存在重大安全隐患。针对其存在居改商、未配备有效消防安全设施、安全通道堵塞占用等诸多隐患，文庙街办联合公安、消防、执法多部门联合采取行动，共取缔关停85家小旅馆和日租房；行政拘留拒不配合的经营户5人；拆除违法广告牌30余块、其他小广告200余处。截至2017年底，大部分业主恢复居住功能，10余家房主进行内部装修，恢复原有内部结构；对私搭乱建的建筑进行拆除，私搭乱接的线路进行整改和规范，地下车库内12家冷库全部拆除；清理楼内杂物、垃圾百余吨。公寓楼安全通道完成清理，对内部消防设施改造施工，周边整体环境明显改观。二十多年的顽疾市场彻底拆除。五龙口中横马路市场自发建成20多年，大部分是违建，而且占压燃气管线，存在重大的消防安全隐患，对周边居民环境影响较大。文庙街办联合公安、执法、消防、食药监、工商等多部门共出动500多人次、多辆大型机械集中对该市场进行拆除，涉及101户3700平方米。整治过程中，街办先期下发违建拆除通知书，通知经营户尽快搬离；拆除期间安排搬运公司为经营户搬家；针对拆除完毕后各项问题，聘请专业律师在社区内与市场管理方协调，把未到期的租金退还给经营户，针对还未找到落脚点的经营户，协调并安排他们免费在山右巷综合市场进行过渡经营。经过整治，该区域彻底拆除。摸排中正天街各类经营场所。联合检查组共摸排出餐饮、商店等各类经营场所149家，迎泽消防大队派出专项工作组到中正天街开展消防行政审批资料准备培训，现场受理行政审批业务服务业主，圣诞节期间对中正天街进行了夜查。集中整治郝庄彩钢板建筑。按照区委区政府的统一部署，多部门联合开展彩钢板专项整治。共摸排彩钢板建筑308处，面积约为1.6万平方米，拆除43处约3万平方米。各类专项整治持续发力，消防安全环境得到净化。2017年，全区开展“迎接十九大　奋战一百天　忠诚保平安”消防专项行动、冬春火灾防控、夏季消防检查等多形式的火灾隐患整治工作，部署电气火灾、高层建筑、居住出租房、彩钢板违章建筑和电动车消防安全管理等一系列专项治理工作，对投入使用的414栋高层建筑进行摸底排查约谈高层建筑物业单位，设立高层楼长378名，建成高层微型消防站367个。电动车综合治理中完成排查小区251个，建设集中停放车棚287处，安装集中充电设备92处。五龙口中横马路市场形成多年，有经营蔬菜、水果等商户98家。市场人员密集、门面林立，经营房屋大多由泡沫彩钢板搭建，市场内部用火、用电、用气混杂，没有配备任何消防设施，加上市场正好建在燃气管道上面，属于严重违规占压，一旦发生燃气泄漏，发生火灾或爆炸事故，消防疏散通道还严重堵塞，后果不堪设想。除消防、燃气安全隐患外，市场人员流动性大，其中不乏“菜霸”“路霸”，所销售的食品来源不明，社会治安及食品安全隐患频现。迎泽消防大队、区消管中心在多次实地检查基础上，针对五龙口中横马路市场存在的安全隐患，及时提请区委、区政府开展多部门联合整治行动。各部门严格执法底取缔拆除此处违规经营多年的隐患“顽疾”，拆除违章彩钢板面积约2000平方米。紧盯主业、发挥主力，确保辖区消防安全重点单位平安。迎泽消防大队推动全区消防工作开展，紧盯主业对全区消防安全重点单位进行重新界定，重新确定重点单位321家，建立微型消防站375个，形成区域联防34个，建立召集全区20余家大型商场在铜锣湾国际购物中心召开消防安全标准化管理观摩会。在食品街、中正悦湾建成消防宣传示范街、示范社区。十九大安保期间，对迎泽大街两侧32家高层建筑进行联勤联训。联合区住建局召开在建工程施工现场、临时用房消防安全排查整治工作部署会，全面部署冬季在建工程施工现场消防安全治理。精准施策，警力前移，完成各项安保工作。在全国“两会”“一带一路”高峰论坛、厦门金砖国家领导人会晤、北戴河暑期保卫、圣诞节、元旦特别是中共十九大期间，大队官兵坚持一天压着一天过，一仗接着一仗打，高质量完成了安保任务。安保中迎泽消防大队紧盯不放心场所，采用提升巡查等级、强化蹲点驻守、实施错时检查等严管严控措施，确保实现“三个不发生”目标。在十九大安保期间，迎泽大队下发警力前移、严防死守不放心区域的方案，提升日常巡护等级，督促柳巷、服装城商圈每个单位在每个防火分区设立两名专职疏散引导员，组织微型消防站队员进入战备状态，开展实装巡查；广场中队、庙前中队派驻人员车辆进行动态巡护，对商圈周边水源进行熟悉，与微型消防站队员进行联勤联训，提升各类险情处置成效。迎泽大队消防监督员与辖区公安派出所民警派驻民警进行死看死守，全天候监督整改消除火灾隐患，保障十九大期间商圈的绝对安全可控。

【服务群众】 2017年，迎泽区消防大队持续在“创满意”上发力。走访各街镇、企事业单位2720余人次，听取社会各界对消防工作的意见和建议120余条。响应、推进“让数据多跑路”改革，解决群众反映强烈的消防行政审批问题。在窗口服务优质高效基础上，延伸窗口服务，着力实现办事群众到消防窗口办事“最多跑一次”目标，优化执法服务、压缩审批时限、实施合并办理、容缺受理，打造服务型、阳光型、廉洁型、宣传型“四型”窗口。

【消防宣传】 2017年，迎泽区消防大队坚持“以宣促防”，聚焦“全民参与”，推动在全区开展消防宣传“八进”活动，联合教育局开展第五届“我心中的消防”儿童消防作文、绘画有奖竞赛活动，引发全民参与热潮。推进“全民消防我代言”大型公益行动，邀请全区各行各业知名人士为消防代言，扩大消防宣传覆盖面和影响力，在全区上下营造“消防共建、平安共享”氛围。（成　琳）

法治政府建设

【概述】 2017年，迎泽区把依法行政作为贯穿政府工作的主线，完善工作机制，规范行政行为，增强政府公信力和执行力，推进政府法制和依法行政工作。

【行政审批制度改革】 2017年，迎泽区新承接权力事项8项，取消4项，均落实到位。完善行政审批平台建设。依托市级信息平台，辅设行政监察审批模块，对各行政审批事项的受理、承办、审核、批准、办结等环节进行实时监控，实时掌控承诺件办理进度，透明审批权力行使，提高办事效率。全面落实“两集中、两到位”行政审批制度改革工作。1月至10月，受理事项286113件，办结286121件，梳理行政审批服务事项300余项。

【工商注册登记制度便利化】 2017年，迎泽区推行“五证合一”，放宽市场准入，简化办事程序，2017年1月至10月新设立企业3865户，企业变更事项8295项。促进工商注册登记制度便利化，实行登记注册双告知制度。建立健全登记注册、行政审批、行政主管相互衔接的市场监管机制，实现有关部门依法履职信息互联互通、齐抓共管。

【权责清单编制】 2017年，迎泽区严格落实“六权治本”要求，推行权力清单、责任清单制度，明确政府及政府部门的职能、法律依据、实施主体、职责权限、管理流程、监督方式等事项，消除权力设租寻租空间。2016年区级行政权责清单及“一表两图”编制工作基本完成，并经专家评审、区政府常务会和区委常委会研究通过并向社会公布。建立权责清单动态调整机制，出台《迎泽区权责清单动态管理办法》，根据法律法规立改废释、审批制度改革、机构和职责调整、管理任务变化等情况，及时调整区级行政权责清单。2016年至2017年11月，共有8个单位15项权力事项涉及动态调整，行政职权事项动态调整长效机制有序运行。

【规范性文件管理】 2017年，迎泽区加强规范性文件监督管理。按照法定权限和程序制定规范性文件，全面执行规范性文件“三统一”“两编号”“双汇报”制度，审查把关，坚持合法性与可行性并重原则，提高发文科学性和实效性。健全和完善规范性文件备案登记、备案审查、情况统计、情况通报和备案责任追究等制度，做到有件必备、有件必审、有错必纠。建立健全规范性文件公开制度，对涉及公民、法人和其他组织权利义务的规范性文件，迎泽区均在政府门户网站上公开发布。强化规范性文件动态管理机制，对规范性文件实行动态化、信息化管理。2017年，迎泽区未制定规范性文件。

建立规范性文件清理长效机制。根据国务院、省、市《关于进一步做好“放管服效”改革涉及的规章、规范性文件清理工作的通知》要求，迎泽区高度重视，部署并要求各部门对本部门起草或实施的文件进行清理，2000年至2017年迎泽区文件共有1773件，拟继续保留471件，拟废止1302件。

【行政决策制度建设】 2017年，迎泽区健全依法决策机制。制定《关于健全重大行政决策机制的意见》，明确重大决策的决策主体、事项范围、必经程序和法律责任，通过刚性约束切实规范决策流程。

执行专家论证和风险评估质量。完善重大行政决策公众参与制度，建立健全重大行政决策公开征求意见、民主协商制度。出台《建立健全重大决策社会稳定风险评估机制的实施办法（试行）》，规范迎泽区重大决策社会稳定风险评估工作。在城中村、棚户区改造过程中，推进前期摸底、制订方案、广泛征求意见、客观评估风险、组织评估论证、加强风险管控等工作，从源头上预防和减少社会矛盾。

落实重大决策合法性审查机制。贯彻执行《迎泽区重大行政决策合法性审查规定》，建立健全行政机关重大行政决策合法性审查机制，未经合法性审查或经审查不合法的重大行政决策，不得提交会议讨论。在城市管理、征地补偿安置、城中村改造等重大决策中，区法制办均提出建议和意见，并审查房屋征收公告、决定、方案共7份，为项目实施提供法律保障。

健全政府律师顾问工作制度。发挥政府法律顾问在推进依法行政、建设法治政府中的作用，制定出台《迎泽区政府法律顾问管理办法（试行）》和《迎泽区政府法律顾问考核办法（试行）》，明确政府法律顾问如何进、如何用、如何出。通过政府采购的方式确定11家律师事务所，建立政府法律顾问库。印发《迎泽区政府部门选聘法律顾问办法的通知》，规范政府各部门选聘法律顾问的程序。截至2017年6月，区政府各部门全部聘用法律顾问。

落实集体讨论决定。作出重大行政决策必须经政府常务会议或区长办公会议研究讨论，国民经济和社会发展第十三个五年规划、2017年财政预算以及其他重大财政资金的使用、人事任免、涉及民生的城乡建设、社会保障、劳动就业、住房保障、文化教育、医疗卫生、食品药品安全、环境保护、公共安全和社会稳定等重大事项全部纳入区政府常务会议或区长办公会议研究。2017年，迎泽区召开政府常务会议21次、政府全体会议1次、区长办公会议27次，研究三重一大事项近百项。建立重大行政决策档案管理制度。

严格行政决策责任追究。推行重大行政决策后评估和实施情况跟踪反馈制度，落实重大行政决策责任追究制度。重大行政决策实施后，综合运用科学、系统、规范的评价方法，及时了解实施情况，并对决策执行后效果做评定，对决策严重失误或依法应该及时作出决策但久拖不决造成重大损失的、严格追究相关责任人法律责任。

【行政执法管理】　2017年，迎泽区深化行政执法体系改革。探索跨部门综合执法，整合现有体制下的执法队伍，减少行政执法队伍种类。理顺城市管理执法体制，建立健全执法配套制度，加强综合执法机构和队伍建设，提高执法和服务水平。

完善行政执法程序。完善行政裁量权基准制度，落实《太原市规范行政裁量权规定》，逐步细化行政裁量标准。完善执法流程，健全配套制度，规范执法行为，提高行政执法效能和执法水平。贯彻落实关于“完善执法程序，建立执法全过程记录制度”的要求，印发《关于建立行政执法全过程记录制度的通知》，要求各行政执法部门结合各自实际，制定和推行本部门行政执法全过程记录制度，并对执法记录方式、记录要求、告知要求、保管要求等做出明确规定。全区19个单位均建立行政执法全过程记录制度，配备执法设施设备，提升执法质量，推进案件审理制度化、规范化。

创新行政执法方式。建立健全行政执法事前、事中、事后公开机制，推动行政执法机关公开职责权限、执法依据、裁量基准、执法流程、执法结果、救济途径等事项，依法及时向社会公开有关行政执法信息。严格执行重大执法决定法制审核制度，对列入重大执法决定范围的行政审批、行政处罚、行政强制等执法事项，在实施依据、认定事实、履行程序、适用法律等方面，要求各执法部门未经法制机构审核或者审核未通过的不得作出决定。有效整合数字执法平台资源，把区中心的数字城管平台引入火车站管委会数字平台，接入迎泽区6个街道办事处全部的115路监控，全天候无死角地配合执法人员日常巡逻，发现管辖区域中出现的各种违章、违法占道经营、“伸舌头”等问题，及时处理智慧城市管理信息系统移交的案卷，实现发现问题、处理问题、反馈问题数字化、智能化。健全完善文明执法相关制度，推广运用说服教育、劝导示范、行政指导、行政奖励等非强制执法手段，严格规范行政执法言行，促进规范执法和文明执法。

落实行政执法责任制。加大执法监督力度，健全执法评议考核机制和责任追究制度，完善投诉举报、情况通报等制度，杜绝对执法活动的干预，防止和克服利益驱动。加强对行政执法的日常监督，组织开展行政许可案卷评查工作，对具有行政许可审批权的单位进行专项检查，重点检查涉及经济发展、安全生产和民生保障等重要领域的行政许可案卷，发挥执法责任制规范行政执法行为的重要作用。

严格行政执法人员管理。加强对持证执法人员的管理力度，实行行政执法人员持证上岗和资格管理制度，年初开展执法证件年度审核注册工作，迎泽区有持证人数409人，所持证件全部通过年检。建立行政执法人员考核制度，健全纪律约束机制，加强职业道德教育，强化行政执法培训，提高执法人员素质和执法水平。

行政执法行为合适适当。严格执行重大执法决定法制审核制度，要求各执法部门未经法制机构审核或者审核未通过的不得作出决定。依法规范行政裁量权，细化量化行政裁量标准，迎泽区各行政执法单位严格执行上级行政机关行政裁量权基准和程序规则。创新行政执法方式，在执法过程中推行柔性执法方式，将教育与处罚相结合，疏导与整治相结合，使行政执法制度化、规范化，2017年未发生因行政执法行为不当引起的行政复议或诉讼案件。

【行政复议】 2017年，迎泽区开展行政复议工作。加大行政复议体制机制创新力度，继续推进行政复议委员会试点工作，提升行政复议工作水平。2017年，依法审理行政复议案件12件，驳回行政复议申请1件，撤回申请2件，维持8件，未结案1件，基本做到定纷止争、案结事了。

健全行政复议审理机制。加大听证审理力度，5月受理的一起涉及违建的案件，依申请举行听证会，申请人和被申请人均进行陈述、举证和辩论。对复杂疑难的行政复议案件，委托法律顾问出具法律意见书，采纳法律顾问意见建议，确保案件得到正确公正处理，提高案件办理质量。拓宽行政复议申请渠道，建立网上受理平台。

加强行政复议能力建设。推动行政复议工作规范化建设，落实办案场所和有关装备保障，设立行政复议办公室，行政复议经费列入本级政府预算。加强行政复议教育培训与学习交流，参加省法制办在长治太行干部学院组织的山西省行政机关复议诉讼培训，提升行政复议人员业务水平。

【行政权力监督】 2017年，迎泽区接受党内、人大、政协、司法监督。接受区人大法律监督和区政协民主监督，听取各民主党派、工商联和人民团体、无党派人士意见，对区人大五届二次会议人大代表提出的各项建议，进行办理、回复，办理人大代表建议、政协委员提案共244件。自觉接受司法、监察等部门的专项监督，建立健全行政机关负责人出庭应诉制度，制定《迎泽区行政机关负责人出庭应诉工作暂行规定》，各部门认真应诉，尊重并执行法院生效裁判，判决裁定依法执行率达到100%。

依法实施层级监督、强化审计监督。健全内部层级监督机制，出台《迎泽区人民政府内部层级监督制度》，监督主体、内容、方式及程序得到规范。加大行政执法行为监督力度，有效规范行政执法行为。

配合区档案局开展档案执法检查，通过听取部门工作汇报、检查档案资料，及时反馈检查中发现的问题，有针对性地提出整改意见和建议。强化审计监督工作。深化本级预算执行审计，把体质增效和厉行节约贯穿始终。深化经济责任审计，强化对权力运行的监督。深化政府重大投资项目审计，提高政府投资效益。完成审计项目11个，待完成经济责任审计5个。

接受社会监督和舆论监督机制。设立公开举报电话、建立信访接待制度，做好公民、法人和其他组织的投诉、举报办理工作。接受新闻舆论和群众的监督，建立舆情信息员队伍，收集反馈社情民意。对区域内舆情信息按时处理和回复，对可能产生重大舆情事件，由区委、区政府主要领导批示，有关部门查处和整改，取得较好效果。

【政务公开】 2017年，迎泽区推进政务公开。加强对政府信息公开工作的领导和制度建设，成立迎泽区信息安全工作领导组，印发《2017年政务公开工作要点》《信息公开审查与保密制度》《信息公开责任追究制度》等配套制度，完善政府信息主动公开、保密审查、责任追究等机制，全年公开各类信息1273条。加强互联网政务信息数据服务平台和便民服务平台建设，提高政务公开信息化、集中化水平。

依法主动公开政府信息。编制更新政府信息公开指南和目录，规范政府信息公开的内容、程序、工作机制和保障措施，使行政机关的职责权限、办事程序、办事结果为群众知晓，建立政府和群众之间规范、系统、稳定沟通渠道；完善政府信息公开平台建设，完善政府网站部门公开栏目及功能，对权力运行各环节要素及财务预算、支出等重点事项进行及时公开，促进各项工作的公开透明。

完善电子政务。依托《太原市行政审批管理信息系统》平台建设，根据“一事项一流程”原则辅设行政监察审批模块，对各行政审批事项的受理、承办、审核、批准、办结等环节实时监控，掌控承诺件办理进度，透明审批权力行使，提高办事效率，方便企业和群众，实现服务型政府阳光、高效的理念要求。

【依法行政工作保障】 2017年，迎泽区加强依法行政组织领导。区政府根据人员变动及时调整推进依法行政工作领导组，明确由分管副区长任组长，各相关单位负责人为成员，做到人员变动，组织不乱，工作不断。建立常务会议定期研究法制工作等制度，每半年听取一次依法行政工作情况汇报，研究解决在法治政府建设中存在的困难和问题。

安排部署依法行政工作。在充分调研、科学论证、广泛听取意见基础上，制定出台《迎泽区2017年依法行政工作计划》《2017年政府法制办工作要点》，对依法行政工作任务进行分解，具体实施步骤，明确保障措施，为迎泽区全面推进依法行政工作奠定基础。

强化考核评价和督促检查。把依法行政考核纳入各部门年度考核体系，制定

《迎泽区依法行政工作考核办法》，区财政列支专项费用作为考核经费，2017年对30家单位兑现考核奖励40万元，激励各部门抓依法行政的工作积极性。制定《迎泽区法治政府建设指标体系（试行）》，细化量化法治政府建设各项工作任务。

集中开展法治宣传活动。发挥报刊、广播、电视、电子屏等大众传媒作用，播放依法行政宣传标语和相关知识，使宣传工作达到一定深度和广度，并设立投诉电话和信箱，倾听群众意见和建议。以执法人员为重点，组织全区29个单位574人参加《法治政府建设实施纲要》知识问答竞赛活动，提高行政执法人员学法用法积极性及自觉运用法律实施行政执法的技能。

【队伍建设】 2017年，迎泽区坚持和完善领导干部集体学法、法制讲座、法律培训制度，结合实际，制定领导干部年度学法计划，组织实施，促进领导干部学法经常化。2017年，区政府常务会议安排集中学习（研究）宪法制度、依法行政相关知识和有关工作各1次。组织法制办工作人员参加省、市法制办在省委党校、市委党校和浙江大学举办的依法行政工作培训班，充实依法行政理论知识。注重工作实务培训，举办全区行政执法规范化培训，邀请法务专业人员围绕全面落实依法治国与加强依法行政进行讲解。

政法委与综治

【概述】 2017年，迎泽区委政法委学习贯彻习近平总书记系列重要讲话精神，增强“四个意识”，强化责任担当，将做好中共十九大安保维稳工作作为首要政治任务来抓，推进平安迎泽、法治迎泽和过硬队伍建设，为中共十九大召开，为建设省城首善之区创造安全稳定的社会环境、公平正义的法治环境和优质高效的服务环境。

【十九大安保维稳任务】 2017年，迎泽区委政法委完成十九大安保任务，最大限度地消除各种风险隐患和现实影响，实现“三个坚决防止”“三个不发生”目标，为中共十九大召开创造安全稳定的社会环境。做好情报信息搜集、研判工作，全面掌握全区重点人、事、物动态，把握安保工作主动权。开展反恐怖工作，最大限度杜绝暴力恐怖袭击事件发生。开展重点人员稳控工作，实现重点人员“零非访”“零滋事”总体目标。实行派出所所长挂职任所属街镇党（共）委副书记机制，发挥基层派出所在区域共建中互联互动作用，加强城区社会治安综合治理。对重点人员，逐一建立台账，包案到人，明确责任，压实“五包一”稳控责任。开展消防、交通及重点场所隐患风险排查工作。开展行业系统消防安全检查及文明交通综合治理，突出加强对太原火车站等重点场所风险隐患排查整治，确保不发生公安安全监管事故。推进严打整治行动，全面稳定社会治安秩序，进行枪支弹药、爆炸、剧毒、放射等危险物品排查管控，实现“零流失、零炸响、零进京”目标。

【平安迎泽建设】 2017年，迎泽区增强政治警觉性和政治鉴别力，维护国家政治安全。发挥好国安信息员作用，开展国家安全业务基础调研，夯实人民防线网络建设。“4·15”国家安全宣传教育日及“11·1”反间谍法颁布三周年进行国家安全宣传，发放宣传资料2万余份，受教育人数近2万人。在涉及国家政治安全方面加强防控，利用人民防线，做到信息畅通，及时发现苗头。在重大节点特别是十九大期间，未发生一起涉及国家安全的事件，完成首都护城河任务。

做好各类矛盾风险排查防范化解管控工作，维护社会大局稳定。落实《矛盾纠纷多元化解工作机制建设实施办法》和《考核细则》要求，发挥人民调解组织职能作用，建立健全矛盾纠纷联调体系，成立区矛盾纠纷排查信息中心1个，街（镇）信息中心7个，在街（镇）、社区（村）及驻地单位、居民楼院均设立矛排工作稳定情报信息员，选聘信息员243名；建立各类调委会263个，调解人员985人；在六街一镇组建调解小组768个，义务调解员1900人；建立行业性、专业性调委会18个，在册调解人员61名。截至2017年10月底，全区共排查各类矛盾纠纷1954起，调处1848起，调处率94.5%，其中重大矛盾纠纷12起，调处2起，10起待完成调处（属于配合省市责任单位的10起），通过联调方式化解矛盾纠纷1843起。

完善社会治安防控体系，提升平安迎泽建设水平。保持严打高压态势。坚持“严打”方针不动摇，开展“社会治安风险隐患大排查大整治”，强化对涉稳、涉公共安全案件、命案、黑恶势力犯罪、暴力犯罪案件侦破力度，提高打击新型犯罪能力，增强人民群众安全感。强化对热点问题难点地区治安的治理解决。坚持重要敏感时期超常规整治、常态条件下滚动排查整治的工作机制，完善对“黄赌毒”等突出治安问题和火车站等治安复杂场所治理解决，严防反弹回潮；健全枪支弹药、民爆物品等安全隐患排查治理机制，最大限度预防和减少重大突发事件和公共安全事故发生。1月至10月，共查处各类治安案件24716起。破获刑事案件2230起；区检察院受理提请逮捕案件682件993人；批准逮捕557件771人；受理审查起诉案件825件1325人；提起公诉762件1083人，无一错捕、错诉。区法院受理各类案件11650件，审结7328件，结案率62.1%。

开展平安建设工作。开展多种形式平安创建活动。推进社会服务管理体系建设，加强基础力量建设，发展壮大以网格员、信息员、内保力量、平安志愿者等为主体的群防群治队伍，继续深化“一村一警”联系走访活动和“一村（社区）一法律顾问”工作，推动形成专群结合、群防群治的良好局面。加强治安重点整治力度，提高社会治安防控能力。排查出租房屋5017家次；小旅馆、小网吧、小废品收购场所等“九小场所”1070家次；大中专院校、中小学校、幼儿园113所。通过排查整治，辖区内全部“九小场所”分为四类进行整顿管理，“九小场所”规章制度健全、执法监督加强、经营秩序改善、“黄赌毒”等社会丑恶现象蔓延势头得到遏制，达到“五个不漏”标准。加大严重精神障碍患者管理工作。截至2017年底，全区登记在册的严重精神障碍患者2428人，在管2021人，非在管275人，死亡72人，失访60人；报告率3.87‰。录入全国公安重型精神病人数据库人员472人名单，并委托区卫计局对名单中人员逐人进行登记评估，评估确认三级以上精神病人16名，变更管辖已经录入全国公安重型精神病人数据库人员3名。截至前三季度，对严重精神障碍患者门诊医疗补助33.97万元，累计门诊补助受益1619人次。清理整顿校园周边治安环境。对中小学幼儿园113所周边环境进行整治，共排查校园周边出租房屋1913户、非本地户籍人员6255人，严格落实管控措施。加大校园周边巡逻力度，校园上下学重点时段，派出专人转车坚持巡逻，提高见警率，预防和减少涉校案件发生。把流沙坡小学、迎泽区第三实验小学等11所校园周边列为整治重点，进行集中整治，对200米内的网吧、足疗室、彩票点等进行取缔。加大平安志愿者及群防群治服务。组建专职巡逻队员1支110人，治保会108支978人，调委会122支765人，巡逻队130支1261人，乡街专职巡防队伍10支30人，平安志愿者队伍119支5439人，保安队伍334支3000人。共计为志愿者发放袖标5100个，制作宣传册30000余册，发放传单15000余份。为673个网格长全部配备网格手机，每月按照所报信息条数发放网格长补助，平均每人每月二百元。财政拨款120万元，从退役军人中选拔120名优秀人才担任综治信息员。十九大期间，迎泽区组织平安志愿者5000余人次，维护辖区社会稳定。

强化治安防控体系建设。加快“雪亮工程”建设。建立区“雪亮工程”工作领导小组，辖区符合传输条件的单位共计591家，27682台摄像机。7月25日完成统一招投标工作，项目中标资金为1770余万元，截至年底全区累计投资4153余万元用于“雪亮工程”建设。安装二类视频监控1573路，新增15个点位。达到1259路，其中在线782路。三类视频共计接通236家单位，4457路图像，市公安局平台上传3536路。完成综治中心建设。成立太原市迎泽区综治中心，区编办批复组建迎泽区综治中心，投资50余万元新建综治中心指挥平台建设。

【“法治迎泽”建设】 2017年，迎泽区把握新要求，增强履行推进法治建设第一责任人职责。推进党政主要负责人履行法治建设第一责任人职责，强化责任。

全面深化法治迎泽建设。健全法治迎泽建设领导组织机构，领导干部带头学法、用法。调整迎泽区法治建设小组组成人员，完善党（组）委中心组学法等制度。以完善党（组）委中心组学法等制度为抓手，促领导干部学法。规定领导干部年度集中学习法律法规时间不少于30小时。推进“七五普法”，开展“法律六进”

活动，举办各类法律大讲堂50场；在60个社区建立“社区法律图书角”，宣传版面207块；公安迎泽分局开通微信公众服务平台，开展“一对多”防范宣传，关注数达11余万人次；平安迎泽新浪微博发布信息256条、便民服务平台回复群众各类咨询734条，发布警方信息958条，法治宣传的感染力和影响力提升。在党群部门推行法律顾问制度。通过公开招标，部门遴选方式，区党群部门聘请五名律师担任法律顾问。

【监察体制改革试点】 2017年，迎泽区按照国家、省、市要求，基本实现监委与执法司法监管各部门有效协调衔接工作。发挥统筹协调和指导推动作用。区委政法委及政法各部门，根据晋政法〔2017〕21号文件精神，由区委政法委牵头，与区监委沟通，制定本地区、本单位支持配合监察体制改革试点工作配套方案及领导组，召开6次联席会议，分别就区监委会挂牌、具体案件移送、“1+4”制度学习培训进行专题部署研究。严格执行“1+4”制度。按照省、市关于1+4制度的统一要求，政法各部门通过周例会、周学习、组织专人培训等形式组织相关人员开展10项制度学习，进行培训12批次，受训人数达200余人。监委移送问题（案件）线索1件，并结束审理。

【政法队伍建设】 2017年，迎泽区按照“政治过硬、业务过硬、责任过硬、纪律过硬、作风过硬”总要求，以打造过硬政法队伍，营造风清气正、干事创业的良好生态为目标，坚持从严治警、政治建警，推进思想政治、纪律作风和反腐倡廉建设。

严肃党内政治生活，加强执法司法规范化建设。开展政治纪律和政治规矩教育，增强政治意识、大局意识、核心意识、看齐意识，始终在思想上政治上行动上同以习近平同志为核心的党中央保持高度一致。按照党内政治生活准则办事，落实“三会一课”，领导干部双重组织生活、民主评议党员、谈心谈话等制度，组织开展执法执纪突出问题专项整治活动和执法司法规范化建设年活动，通过两项活动的开展形成一级抓一级、层层落实工作格局，并纳入全年工作计划和年度党建法治建设目标考核范畴，与各项工作同部署，同检查，同考核，确保工作开展。

加大监督力度，确保清正廉洁。学习贯彻中共十九大、十八届六中全会和中央纪委第七次全会精神，对照《中国共产党党内监督条例》，结合实际研究制定《关于在全区政法部门开展执法执纪突出问题专项整治活动的实施方案》，健全执法司法权运行制约和监督体系，建立纪律作风督查巡查机制，完善人民群众反映问题及时核查制度，形成正风肃纪长效机制。落实“一案双查”制，全年共查摆出办案程序不够规范等执法不严方面的问题2条，对一些老上访户存在推、拖现象等工作不力方面的问题6条，迟到早退劳动纪律观念淡薄等纪律作风方面的问题2条，考勤制度执行不到位，业务用车使用登记去向不清楚等共性问题3个，律师难于管理的现象等个性问题2个，以上问题均通过研究制定加强业务能力、严抓工作纪律、严肃执法执纪、提高工作效率等4项整改措施，全部整改到位。

推进专业化建设，提高驾驭复杂局面的能力。通过加强对现代科技应用意识和能力培训，善于运用新知识、新技术破解政法工作难题，提升正规化、专业化、职业化水平。政法各部门结合侦查破案、反恐维稳、应急处突、起诉审判、刑罚执行等执法司法工作不同要求，深化对工作规律性认识，提升工作的品位。结合反恐防暴、群体性事件处置、大型活动安保、“迎接十九大、全警保平安”“1+8+4”活动等实战要求，组织应急拉练、技能比武等活动，提高应对复杂局面的能力。

加强班子建设，用习近平总书记系列重要讲话精神武装头脑、指导实践，坚持政治立场和政治原则不动摇；遵守党的组织纪律，贯彻民主集中制；强化监督，在依法用权、正确用权、干净用权中保持廉洁。履行“一岗双责”，把严管与厚爱结合起来，带出过硬队伍。从优待警，解决干警实际问题。结合司法体制改革，完善符合职业特点的保障制度，依法支持、保护政法干警正当行使职权。全年通过选树活动，对业务精通、实绩突出的业务骨干和踏实肯干、任劳任怨的先进模范进行表彰。严格教育、严格管理、严格监督，一把手对本单位政治生态负总责，对干警健康成长负责，及时发现问题、纠正偏差，推动教育管理监督走向严紧实。（岳　青）

公　安

【概述】 2017年，公安迎泽分局围绕习近平总书记提出的“对党忠诚、服务人民、执法公正、纪律严明”总要求，围绕中共十九大安保这一中心任务，以基础信息化、执法规范化、警务实战化、队伍正规化“四项建设”为抓手，坚持问题导向，坚持信息引领，破解难题、防控风险、维护稳定、服务发展，发挥主城区公安机关引领示范作用，为省城首善之区创造稳定的政治环境和治安秩序。全年接处警71176起，与上年同期相比下降5.92%。其中，刑事类警情5016起，与上年同期相比下降38.2%，治安类警情22530起，同比下降9.9%。实施精准化专业化打击，完善合成作战工作机制和所队联动机制。全年侦破刑事案件2868起，起诉1273人，追逃325人，打掉23个吸贩毒团伙，破毒品刑事案件85起，其中，省毒品目标案件2起，公斤级贩毒案件3起，机场车站堵源截流毒品刑事案件6起。命案发“8破8”，破命案积案1起；打掉恶势力团伙4个，破案19起；打掉侵财系列团伙23个，破案94起，抓获犯罪嫌疑人528人；破获经济案件185起，抓获283人，涉案金额2亿余元，打掉电信诈骗团伙2个，抓获犯罪嫌疑人21人，破获电信诈骗案件169起，比上年同期上升90%，止付、冻结资金556万余元。破获食药类案件19起，刑事拘留18人。查处各类治安案件36685

起，行政拘留2083人，其中涉黄涉赌案件119起。收缴各类涉危涉爆物品4289件，查处违反危险物品管理案件142起。树立“互联网+”工作思路，打造公安管理服务新模式。2017年，迎泽区政务服务中心公安业务窗口获“文明示范岗位”称号。公安迎泽分局被评为山西省文明单位、太原市文明单位标兵、省厅“迎接十九大、全警保平安”行动集体二等功、全省社会治安综合治理先进集体。

·维护稳定·

【十九大安保】 2017年，公安迎泽分局将十九大安保作为首要政治任务。8月3日，公安迎泽分局在湖滨广场设主会场，八个派出所设立分战场，举行“迎接十九大、全警保平安”誓师大会。10月，安保工作进入关键期，公安迎泽分局全员停休，全方位升级打防管控措施、强化对重点人、事、物的风险查控，发挥一线实战单位防控风险的屏障作用，消除各种风险隐患和现实影响，实现省委提出的“三个坚决防止”“三个不发生”目标，十九大召开创造安全稳定的社会治安环境。

【反恐处突】 2017年，公安迎泽分局上报市局反恐情报信息663条，排查全区重点行业、重点部位涉恐隐患175次，下发整改通知书35份，核查重点人员175人次，对全区的反恐重点目标单位开展达标验收。依法妥善处置各类群体性事件49次85起。与全区反恐重点目标单位建立三警联动反恐机制；在太原火车站等重点部位实行武警、巡警、特警、铁警四警联勤工作机制，组织开展紧急拉动演练，持续保持对各类暴恐活动的严打高压态势。

【信访维稳】 2017年，全国“两会”“一带一路”高峰论坛，以及中共十九大召开期间，公安迎泽分局成立专门信访稳定领导组，采取派出所所长挂任所属街镇党（共）委副书记机制、与市、区联席办、有关职能部门稳控无缝对接机制、联查联控运行机制、信息预警、赴京接返、依法处置非法人员、信息通报及“零报告”等一系列信访应急处置机制，创新“信访+法制”警务模式，对双塔、赵北峰、王家峰村及马庄工地群体访突出非访问题依法打击，刑事拘留7名马庄工地开发公司人员，针对赵北峰村部分村民为谋取个人利益最大化，通过赴京到省市非访向政府施压，进行敲诈勒索问题，深挖幕后组织策划者，共刑事拘留12人、训诫8人，并召开非访处置警示教育现场会，加强法律宣讲，以点带面，稳定迎泽区信访秩序，确保重大会议期间、敏感节点安全稳定。

【警卫安保】 2017年，公安迎泽分局累计出动警力22000人次，警车3500余台次，完成一级加强“1710”团安保、全国、省、市“两会”安保、省委第十一届四次、五次全体会议、市委第十一届三次全体会议、中高考、圣诞节、春节安保等重大保卫任务112项895次。

·治安管理·

【“雪亮工程”】 2017年，公安迎泽分局在历年完成安装一类视频监控摄像机（一期、二期、三期）2592个，二类视频监控摄像机1538个、摄像机图像回传939路，三类点位视频监控摄像机12451个基础上。组织开展三类社会监控接入公安平台的“雪亮工程”建设，共接入三类视频4000余路，并全部推送至市局一类视频平台。

【巡逻防控】 2017年，公安迎泽分局加强警情研判，突出防控重点。根据《每日警情》通报，分析街面发案特点，明确多发易发案路段和区域，加强对辖区重点复杂部位和居民区的巡逻守护。坚持点、线结合，提高街面警力盘查率。在辖区重点单位、人员复杂场所等密集场所外围及区域建立巡查卡点，盘查、检查各类形迹可疑的嫌疑人员。组织辖区保安、治安协勤、社区巡防、治保组织等基层群防群治力量，发挥护村、护楼、护院、护店作用。责任区民警定期向治保组织通报案件发生情况、防范工作重点和信息收集要点，帮助和指导每一名成员掌握工作职责、做好“四防”及巡逻的基本技能。2017年，投入巡逻力量32850人次，出动巡逻警车10950台；盘查可疑人员848984人，车辆47782台次，救助群众11851人；破获案件186起，抓获现行违法犯罪嫌疑人218人，抓获网上通缉逃犯6人。

【治安隐患排查整治】 2017年，公安迎泽分局围绕辖区特种行业、物流寄递业、复杂场所等重点场所，开展治安隐患排查检查，消除安全隐患。共检查各类场所3250余家次。对火车站周边、菜园村、小南关片区等易藏污纳垢的小旅馆、日租房进行集中围剿，共查封、清理小旅店、日租房150家，取缔无证“黑旅店”37家。旅馆业、小旅馆实名制登记上传均居全市六城区第二。对全区82家物流寄递企业全部进行不规范经营的处罚，配合区交通局对全区14家物流企业进行行政处罚和停业整顿，加大对物流寄递业违法犯罪打击力度，共破获刑事案件11起，查处非法携带汽油等案件8起，行政拘留8人。排查校园周边治安乱点40处，整治37处，化解涉校纠纷1起，对发现的20家无证教育机构下发整改通知书。收缴各类涉危涉爆物品民用枪支481支，仿真枪7支，钢珠弹弓1支，钢珠894颗，各类子弹2695发，管制刀具12把，枪部件7件，雷管66枚，废旧手榴弹43枚，废旧炮弹16枚。收捕流浪犬2284只，办理犬证452个。

【文明交通综合治理】 2017年，公安迎泽分局按照市局统一部署，开展交通违法行为专项整治工作。结合辖区实际，明确责任，综合施策，协调配合，形成以“交警为整治行动主力军，公安各警种全面参与，政府各部门密切配合”的良好工作机制，并实行路面整治网格化、全覆盖管理措施，确保整治效果最大化。全年发放宣传资料11万余份，悬挂宣传条幅121条，利用电子屏宣传200块，规范共享单车等非机动车停放位置110余处；开放单位内部停车场81处、停车位3760个，新建停车场27处、停车位2531个，对全区堵点及 39 条小街巷进行专项治理，依法取缔影响交通通行的违法占道经营商贩 670 个，清理违规圈地收费自行车停车处 70 处，纠正查处各类交通违法行为，4462 起，拆除街边违建商铺 122 家，清除地锁、路障、路面杂物 2155 处，清理公共停车位被占用 145 个，清理马路市场 5 个，解决桥东街、迎泽南街北二巷、迎泽南街北一巷等群众反映的堵点问题，清理五龙口海鲜市场门前、老军营中段综合便民市场、太原火车站周边、五龙口中横二马路违规占道问题。对五龙口中横二马路堵塞消防通道、容易引发火灾的 101 家彩钢板房进行拆除，其间训诫 3 人，行政拘留 1 人。区教育局投资 59 万元，以临街的桃园小学门前交通整治为试点，在桃园小学门前设立 34.8 米全彩电子显示屏，建立学生放学疏导系统，家校互动微信群，实行分时间、分地域错峰接送制度，建立道路防撞防护桩，初步构建安全有序的入学秩序。

【开展平安创建、护校安园】 2017 年，迎泽区内保单位共安装监控探头 3121 个，红外线报警器 576 个，大中型市场商场安装监控探头 4720 个，红外报警器 1153 个，视频监控设备覆盖率达 100%，基本做到无死角，值班守卫人员对单位要害部位的熟悉率达 100%，做到 24 小时昼夜巡逻值班；平安志愿服务队在原来 84 支、1474 人基础上，增加 3 支 230 人，共组建 88 支平安志愿者服务队，人数达 1704 人，志愿者全部佩戴统一标识的袖标、马甲，制作宣传册 2500 余册，发放传单 13000 余份。全区各类幼儿园、中小学校全部建立校园警务室，配备专职保安 629 名，警械装备 638 套，视频监控全覆盖，覆盖率达 100%；“一键通”报警器全部覆盖，排查校园周边治安乱点 40 处，整治 37 处。化解涉校纠纷 1 起，对 20 家无证教育机构下发整改通知书，为净化校园创造良好治安环境。

【社会化禁毒工作】 2017 年，公安迎泽分局以市局部署开展的“禁毒严打整治”为抓手，以“一打击、二收戒、三管控、四预防”为主攻点，对毒品犯罪发起凌厉攻势，打掉 23 个吸贩毒团伙，破毒品刑事案件 85 起。其中，省毒品目标案件 2 起，公斤级贩毒案件 3 起，机场车站堵源截流毒品刑事案件 6 起，破获公安迎泽分局首例公斤级人体藏毒案件，缴获毒品 5300 余克。

·警务创新·

【“传统+现代”群防群治工作模式】 2017年，公安迎泽分局启动“传统+现代”社区警务实战群防联动模式。以派出所微信公众平台和自行组织的社区警务微信群为基础，延伸管理与服务触角，组建一支由社区民警牵头，保安、物业、网格长、治保员和部分低保人员“五员一体”的联防、联巡、联治队伍，明确“搭平台、建队伍、立机制”三大任务，细化“巡、防、管、治”四项措施，配套制定出台《社区民警“星级”评定办法》和《社区民警考核细则》，在全区开展保安队伍教育整顿和保安服务市场清理整治专项行动，组织开展以标准地址和实有人口、实有房屋、实有单位为主要内容的基础信息集中采集工作，提高群防群治工作智能化、专业化、社会化、信息化水平。2017年，全区组建社区群防群治队伍1584支7313人，录入非本地户籍人员62267人，出租房屋19835户，申办居住证5808个，三类可防性案件发案264起，与上年同期相比下降72%。

【“互联网+”服务联动新模式】 2017年，公安迎泽分局顺应网络时代便民服务新要求，下发《关于加强派出所微信公众号相关工作的通知》，搭建警民沟通互动的“微桥梁”。在派出所内户籍窗口、办公区等醒目的位置张贴微信公众号二维码，前来办事的群众只要扫一扫二维码关注微信平台后，输入电话号码，便可以查询户口或者案件办理进度，实现网上预约、线下上门，不出家门就能坐享服务。微信平台不定期发送便民服务政策信息，宣传日常安全防范知识、警务新闻，以及各个社区的社区民警及联系电话等。利用微信平台建立“互联网+”管理模式，分别建立辖区旅馆业、“日租房”、驻地单位、商场、校园等微信群，发动群众参与管理。老军营派出所科学运用“互联网+”社区警务工作理念，将网络视频、安全宣传与社区服务有机融合，以极具特色的二维码为主体构建出全新的“e起学、码上看、安全微播站”智慧警务宣传平台。群众可以直观便捷地体验到“互联网+”时代指尖上的平安、手心里的服务。全年依托网络、报纸报道367条，电视新闻1161次，召开新闻发布会7次；发布微博867条，阅读量超过五百余万次，“平安迎泽”微信公众号发文2770篇，粉丝数超过13万人，是太原市公安机关官方微信公众号发布数最多的单位。便民服务平台回复群众各类咨询981条。

【互联网+消防管理新模式】 2017年，公安迎泽分局创新消防管理新模式，探索消防重点场所管理措施，研发“烟、气、电智能远程火情预警系统”，建立“互联网+消防”管理新模式和消防安全联席会议制度，建立微型消防站375个，形成区域联防34个，6月9日，市政府在迎泽区消防安全管理中心召开全市创新社会消防管理推进建设消防安全管理中心现场会，被作为先进典型全市推广。对人员密集和消防隐患重点突出的菜园、小南关、源中心、清新雅苑等，加强隐患火险排查整改力度，共发现火灾隐患45115处，下发责令改正通知书8216份，下发隐患告知书2613份，查获违法运输销售液化气罐行为52起，收缴过期液化气罐543个，责令三停50家，罚款201.15万元，拘留123人；共发生火灾152起，同比下降38.77%，直接财产损失下降96%。

【“合成作战”工作机制】 2017年，公安迎泽分局针对违法犯罪的动态化、智能化趋势，投资319万元，组建分局合成作战指挥中心，建立专门工作队伍，结合刑侦、技侦、网侦、图侦、情报信息研判等手段，分类承包一线所队案件分析研判、数据推送等工作，有效提升全局整体战斗力，2017年全区命案、大要案件实现全破。

【“所队联动”工作机制】 2017年，公安迎泽分局针对刑事警情发案中扒窃、盗窃电动自行车、电瓶犯罪突出实际，组织开展专项打击行动，警情发案大幅下降。全年全局共接处警71176起，与上年同期相比下降5.92%。其中，接处刑事类警情5016起，与上年同期相比下降38.2%，接处治安类警情22530起，同比下降9.9%。

【“行刑衔接”机制】 2017年，公安迎泽分局为强化对全区各行政部门移交的刑事案件的办理，建立各责任区刑警队、便衣侦查大队对口负责行政案件办理的“行刑衔接”机制，法制部门统一接收各行政机关移送案件，并分派至对口办案部门、民警在工作中提前掌握相关法规，确保行刑案件办理规范化、制度化、专业化。2017年，共对工商、食药等部门移送24案86人200余条线索摸排核查，侦办食药环案件19起，处理33人。其中，刑事拘留18人，逮捕8人，取保候审20人，监视居住2人，移送起诉26人，破获公安部督办的千艺耀美妆公司经营假药案，抓获9名犯罪嫌疑人，查获非法经营的11种化妆药品5400余支。

·执法规范化建设·

【执法前移】 2017年，公安迎泽分局实行法制大队前移、包联所队无缝对接工作机制，提高一线单位依法办案能力，有效解决案件定性不准、管辖不明、审核把关不严、审批效率不高、警力资源重复浪费的问题、办案场所重复建设改造、监督管理不及时的问题。

【破解执法难点问题】 2017年，公安迎泽分局针对新疆籍“两怀妇女”扒窃嫌疑人吞食异物自残、吸毒人员腹部植入钢钉用极端手段对抗逃避打击的行为，公安迎泽分局党委进行研究，由法制部门提前介入、全程指导案件在法律框架内办理，协调民政、医疗、检法等部门，建立全方位依法处置机制，实行积累式打击，破解“抓了放、放了抓”怪圈。

【实行专职抓捕、押解犯罪嫌疑人】 2017年，公安迎泽分局针对刑事案件办案周期长、办理工作时限要求紧、工作强度大、羁押场所路途远等问题实行专职抓捕、押送嫌疑人机制，在每个作战单位成立专业抓捕小分队实施抓捕，由巡警大队牵头实行专人专车送押，减轻办案民警工作负担，确保执法安全。

·服务群众·

【伤情鉴定下基层】 2017年，公安迎泽分局以推进刑侦工作“服务基层、方便群众”为目标，健全完善刑事技术鉴定工作机制，前移刑事鉴定工作，建立“迎泽法医咨询”微信群，通过微信预约，定期派出法医深入派出所，开展伤情鉴定和相关业务咨询服务，解决公安迎泽分局远离市区、交通不便、群众往来鉴定困难的问题，受到群众好评。

【快递邮寄证件】 2017年，公安迎泽分局启动高考学生节假日办证绿色通道，利用微信公众号、社区微信交流群等网络媒介以及宣传单、海报等多种形式，发布办证信息；推出邮政快递证件业务，提升办证效率。让群众足不出户享受到证件快递到家服务，实现对公安工作满意度再提升。

·队伍建设·

【十九大精神学习教育活动】 2017年，公安迎泽分局围绕习近平提出的“学懂、弄通、做实”要求，坚持党性引领，采取多种措施，组织全警学习贯彻中共十九大精神。通过集体学习、专题宣讲、理论研讨等一系列方式，以《党的十九大报告》《党的十九大文件汇编》等为主要内容，领会十九大精神实质和核心要义，号召广大党员民警把学习教育转化为促进工作成效的强大动力，争做“四讲四有”合格党员。在建党96周年时，组织党支部工作者和党员民警代表赴陕西延安举行重温入党誓词活动，教育引导广大党员民警传承革命精神，增强爱国情怀，增强党员民警对党组织的归属感。组织召开青年民警大会，以“牢记使命、传承无私奉献精神，继往开来、绽放时代无悔青春”为主题，加强对青年民警的教育、培养和管理，激发青年民警爱岗敬业、创先争优积极性。

【党风廉政建设】 2017年，公安迎泽分局落实党风廉政建设“一岗双责”和“两个责任”，成立公安迎泽分局党风廉政建设和反腐败协调领导小组，组织全体民警收看学习《警钟》和《漠视的代价》系列警示教育片，在重要时间节点通过通知、微信、短信形式进行廉政提醒，组织开展执法执纪突出问题教育、预防与专项整治活动等一系列专项警示教育及整治活动。全年针对一般性投诉举报和问题线索，开展提醒谈话8次，审核出具无违纪证明90人，受理办结民警违法违纪信访举报和案件线索42件。

【从优待警】 2017年，公安迎泽分局推进从优待警措施，确保各项惠警政策落地，提升队伍凝聚力向心力，对公安英模、英烈家属和特困民警进行帮扶救助，慰问因公负伤民警、安保执勤点和基层所队一线执勤民警，开展“党委成员一包一”关爱民警活动，完善民警、辅警体检、休假和心理健康保护工作；举行2017年民警光荣退休仪式，邀请太原市文明礼仪讲师团特聘讲师王又昀为民警作“弘扬礼仪文化、共建文明家园”为题的文明礼仪知识讲座，组织民警参与市局开展的摄影、书画展以及赛歌比赛；制定出台刑侦部门值班工作新机制，解决刑侦部门民警值班强度大、警力空转的问题；在公安迎泽分局机关、办案中心食堂晚11点至12点半增加爱心夜间餐，解决加班及巡逻民警就餐问题；落实民警的值勤岗位津贴、加班补贴的调标工作，确保各项惠警政策落地；加强警营文化建设，成立讲解小分队，在全局弘扬正能量；在全市公安机关迎接十九大全警保平安“1+8”行动誓师会暨纪念中国共产党成立96周年赛歌会中，勇夺第一；出台《维护公安民警正当执法权益的工作机制》，维护民警执法权益，保障民警执法尊严。

·基层基础·

【手套印痕检验刑事技术取得重大突破】 2017年，公安迎泽分局共受理DNA检材234案，直破77案，利用DNA串并案件10串51案，在全市县市公安机关串并案件最多。针对辖区入室盗窃案件高发，戴手套作案达到95%以上，且提取难度大的难点问题，展开攻坚研究、在实战中经过三个多月40余案反复实验和总结，在手套印上检出STR分型并比中嫌疑人，也成为全省首家掌握此项技术的县级公安机关DNA实验室。2017年，公安迎泽分局DNA实验室数据库服务器申请国家库联网通过公安部物证鉴定中心考核组现场考核。

【派出所业务技术用房】 2017年，公安迎泽分局为解决基层派出所在危旧办公楼、租赁办公楼内办公问题，改善基层派出所办公环境，推进派出所业务技术用房新建，提升基层公安业务用房信息化水平。郝庄派出所新建业务用房封顶完工。迎泽派出所完成选址规划工作，与施工单位进行接洽；长风东派出所已完成选址立项工作；桥东派出所向区政府提交新业务用房报告进行审议；公安迎泽分局涉案财物中心完成选址工作。对文庙派出所站前中队进行整体装修，打造适应当前公安工作需要、时代发展要求及便民利民的公安工作新窗口，适应时代发展和当前公安工作需要。

【迎泽派出所被公安部命名为一级公安派出所】 2017年，公安部按照《公安派出所等级评定办法》规定的标准和程序新命名204个“一级公安派出所”，山西公安机关共有8个新命名派出所，公安迎泽分局迎泽派出所通过考核被命名。

【正式接管劲松派出所】 劲松派出所原名省委治安办，成立于1992年，隶属公安南城分局；2004年更名为劲松派出所；2009年划归市局直属分局；2017年12月1日，移交公安迎泽分局接管。该所系治安派出所，有在编民警11名，履行省委、省人大党政机关内部安全及门前突发事件、群体性事件处置等工作职能，保障两大党政机关安全有序的办公环境。

·案件举要·

【特大聚众赌博案】 2017年春节前夕，公安迎泽分局在社会面“黄、赌、毒”违法行为集中排查整治工作中获知，位于金港大酒店的“银座汇音乐酒吧”存在赌博违法犯罪，且涉案金额巨大，立即组织警力对该酒吧展开全面侦控核查。在市局技侦支队支持下，经过近半个月侦查，公安迎泽分局逐步掌握该酒吧的犯罪证据，并于1月20日凌晨调集100余名警力将该酒吧控制，从现场带回审查225人。经查，自2016年10月起，犯罪嫌疑人黄某（男，34岁，贵州省贵阳市人，“银座汇音乐酒吧”法人）组织黄某（男，28岁，贵州省修文县人，酒吧经理）、徐某静（女，25岁，贵州省大方县人，酒吧经理助理）、徐某文（男，37岁，安徽省太湖县人，酒吧保安队长）等3人，在酒吧设置赌场，由黄某、徐某静具体负责维护赌场秩序，徐某文负责内部安保和外围放哨。赌场从每日凌晨零时开始营业，利用向轮盘投掷飞镖押注的形式组织酒吧客人参与赌博。每轮每人最低30元/注，最高5000元/注，每天飞镖赌博轮数30轮至80轮不等，每晚累计赌资最多可达30余万元。开业至2017年，涉案赌资累计达3000余万元，非法获利200余万元。刑事拘留32人、行政拘留39人，案件仍在进一步深挖中。

【侵入、非法控制计算机信息系统程序、工具省督案】 2017年1月13日，公安迎泽分局破获一起提供侵入、非法控制计算机信息系统程序、工具省督案件，将犯罪嫌疑人任某平（男，28岁，孝义市人）、张某（男，30岁，湖北省石首市人）、陈某荣（男，30岁，广东省阳江市人）等3人抓获。1月9日，淘宝软件有限公司派员到公安迎泽分局刑侦大队报案称，该公司发现有人在“www.heimi123.com”网站上出售一款名为“黑米天猫（淘宝）抢购”的软件。据统计，仅2016年11月1日至2016年11月28日期间，便有10多万淘宝用户使用该软件访问淘宝网站1412336次，对淘宝、天猫网站秒杀商品进行抢购。接报后，公安迎泽分局责成刑侦大队全力侦破案件。将案件上报省厅，被省厅确定为省督案件。办案民警一边向相关专业人员学习请教，一边跟踪调查，在省厅网监总队支持下，将任某平等3名犯罪嫌疑人抓获。经查，2014年6月，犯罪嫌疑人任某平在网上结识擅长编程的犯罪嫌疑人张某后，提出由任某平出资，张某开发软件，盈利后五五分成。随后，又找到犯罪嫌疑人陈某荣对网站进行宣传、管理、维护，并代理对该软件进行销售。2014年底至今，该3人出售该软件非法盈利达200余万元。该3人均被刑事拘留。

【“3·15酒托”特大团伙诈骗案】 2017年3月上旬，公安迎泽分局接多名受害人报警称，在柳巷铜锣湾附近“YOU CONFIDE”餐厅被酒托女诈骗高额消费。抽调各警种精干警力联合成立专案组，对该餐厅展开调查。3月15日中午，专案组兵分四路对该团伙4个聚点展开集中抓捕，抓获涉案人员43名，其中酒托女28名，餐厅管理及工作人员15名，当场查获用于刷卡消费的两台POS机及多台用于网络社交的电脑。经查，犯罪嫌疑人孟某帅（男，27岁，“YOU CONFIDE”餐厅老板，在逃）于2016年4月在柳巷铜锣湾开设“YOU CONFIDE”餐厅，纠集雇佣40余人组成诈骗犯罪团伙。该团伙以公司管理模式运营，设餐厅部、人事部、传号手、保安部等部门，由人事部郭某（男，32岁，晋中市人）等人负责对酒托女进行招聘培训；“传号手”刘某明（男，29岁，山东聊城市人）、曹某强（男，28岁，山东省阳谷县人）等人负责酒托女的管理培训和销售提成；餐厅部曾某祥（男，29岁，太原市人）等人负责调酒、收银、传送客人信息协助诈骗；保安部由金某磊（男，36

岁，辽宁省人）带领保安刘某飞（男，20岁，襄汾县人）等负责酒托女会见网友的安全问题。“键盘手”冒充女性通过网络交友工具，获取男网友个人情况和联系方式后，通过“传号手”发给雇佣的“酒托女”，由“酒托女”约男网友在“YOU CONFIDE”餐厅见面聊天，以低档红酒和饮料勾兑后的假酒冒充高档红酒诈骗钱财。2017年2月至此，该团伙诈骗上百名受害人，涉案金额高达60余万元。郭某、刘某明等40人被刑事拘留，刘某飞等3人被行政拘留。犯罪嫌疑人孟某帅正在全力追捕中，案件仍在进一步审理中。

【“4·23”故意杀人案】 2017年4月23日17时许，公安迎泽分局接110报警称，一刘姓女子被人杀死在新城南街租住房内。抽调精干警力与市局技侦支队组成专案组，展开侦破工作。经现场勘查及调查走访，发现死者刘某某系卖淫人员，死亡近四个月。围绕死者社会关系，民警进行分析研判，发现一名叫张某义（男，51岁，阳泉市人）的男子于2016年12月底在火车站周边与受害人发生争吵，后去向不明，具有重大作案嫌疑。4月27日，专案组民警赶赴青岛，将犯罪嫌疑人张某义抓获。经查，犯罪嫌疑人张某义曾到受害人刘某某家中嫖宿。2016年12月31日，刘某某当众纠缠要求张某义再次与其到家中嫖宿，并以报警相威胁。犯罪嫌疑人张某义怀恨在心，遂产生杀人念头。二人来到被害人出租屋后，犯罪嫌疑人张某义持被害人家中菜刀将其砍死，并将刘某某手机抢走。张某义被刑事拘留。

【赵某杰杀人抛尸案】 2017年7月10日上午9时许，郝庄责任区刑警队接受害人家属报案称，7月6日下午其丈夫郑某某被一名叫赵某杰（男，28岁，孝义市人）的男子开车接至半山国际谈业务后失踪。郝庄派出所接到赵某杰妻子举报，称其丈夫杀人后逃跑。公安迎泽分局组织精干警力组成专案组，在市局技侦部门配合下，很快认定赵某杰具有重大作案嫌疑，并于7月12日赶赴孝义将其抓获。经查，犯罪嫌疑人赵某杰多年从事期货生意。2016年7月1日、11月1日，受害人郑某某先后交给赵星杰现金200万元、150万元，签订两份为期一年的私募基金合同，让赵某杰帮其进行期货经营。赵某杰将100万元用于归还个人欠款，60万元用于购房首付，其余用于期货经营。后因经营不善，全部亏损。合同到期后，受害人郑某某向嫌疑人赵某杰索要本金及收益。7月6日18时许，赵某杰将郑某某单独约至半山国际其公司处，向其坦白投资全部亏损的事实。二人因此发生争斗，赵某杰用铁锹朝郑某某头脸部位连续拍击致其当场死亡。之后，赵某杰将尸体装入一拉杆箱，驾车来到阳兴大道与滨河东路交叉口东北方向的松树林内进行掩埋。因受害人妻子不断追问受害人下落，嫌疑人赵某杰将杀人埋尸经过告知其友王某弼。王某弼向其提供现金4000余元及一张他人身份证件，协助其潜逃。犯罪嫌疑人赵某杰、王某弼被刑事拘留。

【特大网络诈骗案】 2017年7月18日，公安迎泽分局接被害人刘某某报案称，该在网上炒外汇被骗90余万元。分局成立专案组赴深圳第三方电子支付平台调取资金流，发现涉案资金转入第三方电子支付平台后，随即又转入河北邯郸籍人员房某、房某鹏等个人账户。同时发现近几个月持续有大量不明资金流入上述账户。经侦查，专案组民警初步确定7名涉案人员，并发现其在北京昌平区珠江摩尔国际大厦附近活动轨迹。专案组立即赴京展开工作，于8月18日，将刘某波（男，24岁，河南新乡人）及操盘手狄某颖（女，23岁，河北张家口人）等59名涉案人员抓获，现场扣押涉案电脑75台、手机59台、哈佛H6汽车1辆。后民警继续循线追捕，于9月2日、11日分别在北京、河北邯郸将犯罪嫌疑人韩某泽（男，21岁，河北武安人）、杜某星（男，25岁，内蒙古人）抓获。经查，2017年4月至此，犯罪嫌疑人刘某波伙同房某（在逃）、房某鹏（在逃）从犯罪嫌疑人黄某（在逃）、韩某泽处代理“富信国际”网站虚拟操作外汇平台。后该团伙招聘业务员，按照公司编造的诈骗模板，从公司违法购买的社会信息中选择并联系受害人，骗取被害人信任后，以“入金”“炒外汇”高额利润为诱饵，吸引被害人投资。被害人将资金注入平台后，该团伙通过软件绑定的第三方支付平台，将被害人的钱转到嫌疑人个人账户，再按比例进行分成获得利润。查明案件涉及山西、天津、上海、山东等10余个省市，受害人达100余人，冻结涉案资金420余万元。该案主犯及涉案业务员15人被刑事拘留，上网追逃11人。

【抓获分别在逃15、21年两名命案漂白逃犯】 2017年9月4日，公安迎泽分局在广西柳州将漂白身份潜逃15年之久的命案逃犯余某强（男，47岁，浙江玉环县人）抓获，9月5日押解到并。2002年9月，犯罪嫌疑人余某强伙同他人将被害人叶某某绑架后，强行向被害人灌入过量安定药致其死亡，并向被害人家属敲诈勒索现金50万元后潜逃。2017年8月，该局按照市局部署，加大命案积案攻坚力度，抽调专人成立命案积案攻坚小组，对2017年以前未破命案、未抓获网上命案逃犯展开攻坚侦破。经过全国人像比对协查，民警发现一名重庆籍男子魏某与逃犯余某强十分相似，遂立即对该男子展开排查，很快掌握其藏身之所。9月4日，攻坚小组奔赴柳州将其抓获。面对突如其来的抓捕，该最初百般抵赖，拒不交代。经过审讯，在强大证据和审讯攻势下，该对当年绑架杀人的犯罪事实供认不讳。11月26日，公安迎泽分局刑侦大队民警发现前期重点关注人员李某疑似为漂白身份在逃21年之久的命案逃犯李某成（男，45岁，甘肃省泾川县人），随后立即展开摸排抓捕工作，并于27日凌晨在河南郑州将其抓获。该于1996年因连杀两人被新疆阿勒泰警方上网追逃。该2人被临时羁押，案件移交工作正在办理中。

【特大人体藏毒案】 2017年10月21日、25日，公安迎泽分局通过情报先导，连续作战，将三名人体藏毒运毒犯罪嫌疑人刘某（女，34 岁，重庆市梁平县人）、裴某（女，42 岁，陕西省西安市人）、刘某（男，21 岁，湖南人）抓获，缴获海洛因 1477 克。10 月 21 日，分局刑侦大队在工作中获得重要线索，一名有重大人体藏毒嫌疑的陕西籍女子将于当日早 7 时乘坐飞机从四川成都飞往太原。分局抽调警力组成“10·21”专案组展开抓捕工作。当日 9 时许，专案组在武宿机场将犯罪嫌疑人裴某抓获。经过就地突审，现场指认与其在云南一起体内藏毒并乘坐同一班飞机的另一犯罪嫌疑人刘某。经审讯，该二人对体内藏毒运毒的犯罪事实供认不讳。为确保犯罪嫌疑人安全并顺利获取体内运藏毒品证据，专案组民警随即将两名嫌疑人带至太原市 264 医院，在专业医护人员帮助下取出其体内毒品海洛因颗粒 161 包，共计 1001 克。专案组继续循线经营，于 10 月 25 日在太原武宿机场又抓获一名人体藏毒运毒犯罪嫌疑人刘某，该从体内排出毒品海洛因颗粒 57 包 476 克。该 3 人被刑事拘留。（毛丽平　张　敏）

检　察

【概述】　2017 年，迎泽区检察院贯彻落实中共十九大精神，学习贯彻习近平新时代中国特色社会主义思想，遵循“服务、监督、改革”三条工作主线，以服务大局为着力点，以加强检察监督为根本，以深化改革创新为动力，以强化队伍建设为保障，争创一流检察业绩，为省城“首善之区”建设作出贡献。

【监察体制试点改革】　2017 年，迎泽区检察院站稳政治立场，配合完成职务犯罪侦查等机构整体转隶，推进工作交接过渡。落实省委政法委关于政法机关支持配合监察体制改革试点工作“1+4”制度，成立领导小组，加强与监察委员会工作衔接。办理监察委员会移送案件 3 件 3 人。

【司法改革】　2017 年，迎泽区检察院完成人员分类管理、完善落实司法责任制、内设机构改革等多项任务。产生员额检察官 24 名，成立 24 个办案小组，设立员额检察官办公室，出台检察官权力清单，明确界定司法办案责任，实现“谁办案谁负责，谁决定谁负责”。对内设机构进行整合改革，共设立刑事检察一部、二部、三部等 7 个部，构建起公正高效权威的检察权运行机制。

【打击犯罪活动】　2017 年，迎泽区检察院开展“互联网+阳光百姓工程”工作，与相关职能部门成立领导小组，制定实施方案，对涉农等民生领域的财政资金运行情况进行全程监督；开展“公益诉讼”“发挥侦查监督职能优化营商环境”等 6 个专项活动。5 月，通过《太原新闻》得到“半山国际周边垃圾待清理”的消息后，迎泽区检察院赶赴现场实地调查，依法督促相关部门履职，取得较好社会效果。在迎泽区食药局设立临时办公室，发现 14 起达到刑事立案标准的案件线索，监督侦查机关全部立案。加大对黑恶势力、严重暴力和“两抢一盗”等严重影响人民群众安全感犯罪的打击力度。全年共受理提请逮捕刑事案件814件1176人，批准逮捕670件921人，受理审查起诉案件997件1559人，提起公诉904件1412人。共受理各类控告申诉线索269条，接待来访群众500余人次，无一起涉检信访案件。

【诉讼监督】 2017年，迎泽区检察院继续强化“两个转变”监督理念。分别在迎泽公安分局、市公安局直属二分局派驻检察室，加强对侦查权的及时、动态、全程监督。全年共监督公安机关立案23件24人，同比分别上升9.5%和14.3%；纠正漏捕113人，同比上升101%；纠正漏犯92人，同比上119%；纠正漏罪126人，同比上升600%。加大刑事审判监督力度。提起抗诉22件，被二审法院改判或发还重审17件，抗诉成功率达77%。加强刑事执行监督。受理羁押必要性审查65件65人，提出各类纠正违法建议481件次，被采纳478件次，采纳率达到99.4%。加强民事审判和行政诉讼监督。对民事行政审判活动和执行活动监督90件，被法院全部采纳；对生效民事判决监督2件，提出再审检察建议2件，被法院裁定再审2件。

【“执法司法规范化建设年”活动】 2017年5月，迎泽区检察院被省、市院党组确定为“全省检察机关执法司法规范化示范单位”，按照上级安排部署，以公正司法和提高司法公信力为目标，以法律法规和规章制度为标准，采取“六强化、六促进”工作方法，查找存在的问题和不足，剖析问题根源，制定整改措施，明确责任领导，落实部门和整改期限，制定一系列规范性文件，建立规范司法长效机制。在全省检察机关“执法司法规范化建设年”总结大会上，迎泽区检察院的工作汇报专题片《规范执法进行时》在会议上播放、交流。对全省检察机关规范执法司法起到示范作用。

【信息化建设】 2017年，迎泽区检察院围绕检察业务工作，确立以信息化引领检务保障工作现代化、规范化工作思路，省内首创多个叫得响的品牌。建立远程提讯系统。在迎泽区检察院和太原市第二看守所建成远程提讯室，利用网络和提讯技术，实现远程网络音视频数据传输、录像刻录等应用功能，办案人员只需在区检察院办案工作区就能通过音视频对嫌疑人进行远程提讯。研发文书纠错系统。为解决法律文书校对工作繁重等问题，迎泽区检察院研发文书纠错系统，9月该系统与检察机关统一业务应用系统实现无缝对接。通过系统运行可自动校验法律文书中涉及法律法规、语法、文字、排版编辑等方面问题，提高文书质量。引进量刑建议系统。针对量刑建议不规范等问题，迎泽区检察院在省内首次引进量刑建议系统。该系统通过分析案件有关量刑的情节，能够帮助承办人提出比较准确的量刑意见。截至2017年底，该系统提出量刑建议439件，被采纳393件，被采纳率达到90%，同比上升5%。

【检察队伍建设】 2017年，迎泽区检察院强化思想政治教育。召开党组扩大会，研究部署学习贯彻十九大精神各项工作；组织干警收听收看十九大开幕式；组织党员参加十九大知识测试等，通过多种方式教育和引导全体人员牢固树立“四个意识”，在思想上拥戴核心，在政治上维护核心，在行动上紧跟核心，打牢严格执法、公正司法思想根基。强化党风廉政建设。落实“两个责任”，领导班子和纪检部门分别列出“主体责任清单”和“监督责任清单”，层层签订责任状，传导压力和责任。加大内部督察力度，坚持抓早抓小，开展“一周一巡查”活动，与每位干警家庭签订“廉洁家庭承诺书”，筑牢家庭反腐防线。未发现一起违纪违法事件。抓好“三基建设”。编制《迎泽区人民检察院基础工作目录和工作运行流程图》，将繁琐笼统的工作步骤细化为“可控点”和“可考核点”，为日常基础工作提供明确标准，推动基础工作进步。推进队伍专业化建设。分类开展专项培训，定期开展岗位练兵和业务竞赛，干部在线学习参学率和完成率均达到100%。打造出一支信念坚定、司法为民、敢于担当、清正廉洁的检察队伍。2017年，迎泽区检察院被最高人民检察院评为“全国文明接待室”“检察宣传先进单位”，被省委政法委评为“严格执法公正司法先进集体”，被省文明委评为“省级文明单位”，连续八年蝉联“太原市检察机关基层建设先进单位”和“迎泽区优秀领导班子”。

法 院

【概述】 2017年，迎泽区人民法院（简称区法院）围绕“努力让人民群众在每一个司法案件中都感受到公平正义”目标，把握司法为民公正司法主线，推进司法改革，深化司法公开，加强党建、队伍建设和信息化建设，提升司法公信力，为迎泽区转型升级、社会稳定和法治建设提供司法保障。在收案连年大幅增长、人员编制没有增加、案多人少矛盾愈加突出情况下，完成各项审执任务。全年共受理各类案件12775件，审执结11127件，与上年同期相比各增长22.4%和36.8%，结案率为87.1%，员额法官人均结案数253件，收结案数均为全市第一。获“全国法院案件繁简分流机制改革示范法院”“全国法院司法宣传工作中做出突出成绩的人民法院”“全国法院信息化工作先进集体”等称号。

【刑事审判】 2017年，迎泽区法院刑事审判坚持“宽严相济”刑事政策和罪刑相适应原则，对危害人民群众日常安全的盗窃、抢劫、抢夺等多发性侵财犯罪，依法从快处理；对认罪认罚的轻刑案件，从宽处理；对黑恶势力犯罪、职务犯罪、涉众型经济犯罪依法严惩。审结职务犯罪45案45人，非法吸收公众存款罪案件23案64人，涉案金额9亿余元。推进以审判为中心的刑事诉讼制度改革，惩罚犯罪与保障人权并重，提高办案质量，防范冤假错案，维护司法公正。支持监察体制改革，审理太原市首起监察委调查的职务犯罪案件。创新简易程序刑事案件“6+2”审理模式，运用远程审判系统提速增效，走出一条以当庭宣判为龙头，将繁简分流、远程审判、庭审直播、文书格式化、当庭宣判、当庭送达与院庭长监督管理、判后释明融为一体的简案快办新模式。宽严相济惩治刑事犯罪。全年共受理刑事案件1123件，审结1058件，结案率为94.2%。共对1214人作出生效判决。其中，判处10年以上有期徒刑30人，3年以上10年以下有期徒刑154人，3年以下有期徒刑505人，判处缓刑、管制、拘役、免予刑事处罚525人。

【民商事审判】　2017年，迎泽区法院民商事审判坚持平等保护各类市场主体合法权益和公平竞争原则，发挥司法裁判的教育、评价、指引功能。建立多元化纠纷解决机制，搭建诉调对接平台。在社区设立法官工作室，送法到群众身边；在交警队设立交通巡回法庭，“一站式”解决交通事故纠纷；与省医调委建立诉调对接，打开医患纠纷症结；调解中心增加专职调解员5名，特邀调解员184名，在派出法庭、法官工作室设立调解分中心，先行引导当事人选择诉前解决纠纷。共诉前调解民事纠纷684件，调解成功157件，调解率23.1%，节省当事人的诉讼成本，缓减办案压力。全年共受理民商事案件6871件，结案5712件，结案率83.1%。

【行政审判】　2017年，迎泽区法院在加强合法性审查基础上，开展行政协调和解工作，妥善化解行政争议。对重点工程、城中村改造过程中出现的各种利益冲突，采取入户宣传、多元调解、巡回开庭等方式，在保护被拆迁人合法利益的同时保障城改进程。推进行政机关负责人出庭应诉制度，妥善处理群体性行政案件，减少社会不安定因素。全年共受理行政案件、国家赔偿案件70件，结案66件，结案率94.3%。

【执行工作】　2017年，迎泽区法院推进执行工作创新，加强与金融、国土、车管等部门的执行联动机制，用足用好“全国执行网络查控系统”。执行指挥中心统一查控，因案施策，分类实施。重拳惩治“老赖”，将拒不履行的2514名被执行人纳入失信系统，限制乘坐飞机高铁等高消费，让其“一处失信，处处受制”。迫于压力，有386案的被执行人主动履行义务；通过在交通要道广告大屏、公交车移动电视公开曝光21案24人，有7案得以执结。打击拒不执行判决、裁定的行为，采取拘留、罚款等强制措施，督促被执行人履行义务。共决定拘留45人，实际拘留10人，35人全部或部分履行未实施；以拒执罪移送公安机关6人。执行局被省高院记集体三等功。全年共受理执行案件4106件，执结3686件，执结率89.8%。

【诉讼服务】　2017年，迎泽区法院强化诉讼服务中心功能，构建导诉分流系统、自助立案系统、案件查询系统、短信通知系统为一体的全方位、零距离、无障碍人性化服务体系。设置自助立案区，当事人可自行提交立案材料、点击立案，法官网上审核，减少当事人等候时间；在立案大厅安装电子显示屏和触摸查询机，方便当事人查询案件进展情况。延伸司法调查权，发出山西省首份律师调查令，全年为代理律师签发调查令95份，提高诉讼效率。

【诉访分离】 2017年，迎泽区法院完善诉访分离机制。开展涉法涉诉信访积案攻坚大会战活动，对涉诉信访案件和重大矛盾纠纷进行全面排查和清理，从源头上消除隐患，解决问题，确保涉法涉诉信访在法治轨道内得以有效解决。坚持院领导值周制度和院长“逢五”、执行局长“逢六”接待制度，设立专门电话、邮箱，共接待信访98次100人。坚持推行法官带案下访和巡回接访制度，加强初信初访化解和上访老户息访工作，建立信访听证机制，实现信访工作法制化管理，社会化监督。

【司法责任制改革】 2017年，迎泽区法院按照“统筹兼顾、积极稳妥、循序渐进、分步落实”原则，全面落实司法责任制。

法官员额制改革完成。按照既符合上级规定要求，又符合本院实际情况的思路，制定员额法官遴选方案，严格入额标准和程序，2017年1月确定入额法官46名。出台《完善司法责任制的实施细则》《院、庭长办案制度》，对院领导及庭长的办案数量、监督职责等做明确规定，全年院庭长结案4080件，占全院结案数的36.7%。制定科学绩效考核办法，严格标准和程序，细化具体指标，提高法官办理疑难复杂案件积极性。

落实司法责任制。制定权责清单，就独任法官与合议庭运行机制、审判管理监督、审判辅助事务保障、错案责任追究等予以明确。按员额法官1:1的比例配备书记员，并按照管理扁平化、资源节约化原则，将原来以庭为单元的审判组织改组为审判团队，将原有的12个审判业务庭及1个执行局，组建为5个审判团队和1个执行团队，实现司法资源和审判力量优化配置。

【信息化建设】 2017年，迎泽区法院以“大数据、大格局、大服务”理念为指导，建设“智慧法院”，形成“审判流程网络化、庭审活动数字化、卷宗管理电子化、司法信息公开化”格局。

依托审判流程管理平台，加强对立案、分案、开庭、裁判、执行、文书公开等各个节点的监控，按月通报案件办理和裁判文书上网情况，促进办案效率提高。以信息化助推司法辅助事务集约化，建设OA智能办公系统、电话录音送达系统、庭审语音识别系统，建立智能化诉讼服务，形成开放、动态、便捷的司法服务体系。

完善司法公开“四大平台”，建设自媒体“四微平台”，让司法权在阳光下运行。运用“互联网+自媒体”技术，以图文、音频、视频等方式将各类司法信息整合发布，群众足不出户即可观看庭审直播现场，达到以案普法的效果。全年共网络直播庭审422次，裁判文书上网11753篇，公开各类信息1318条，微博粉丝数量达34万余人。

【队伍建设】 2017年，迎泽区法院以党建带队建促审判。坚持党要管党、从严治党，将支部建在庭上，实行“一岗双责”。

以“两学一做”学习教育活动为抓手，发挥党支部战斗堡垒和党员先锋模范作用，队伍凝聚力和向心力增强。与山西大学、山西财经大学建立“院校合作”模式，强化政治学习和业务培训，更新司法理念，优化知识结构，提升审判技能。坚持从优待警，开展丰富多彩的法院文化活动，陶冶情操，强健身体，提升素养。

以监督树廉政促公正。主动接受人大、政协和社会各界的监督，重点工作、重大事项及时向区人大常委会报告、向区政协通报。在区人大、区政协支持下，2017年4月，由区人大代表和政协委员组成的首批20位廉政监督员正式上岗，对区法院各项工作进行全方位监督。区法院推进党风廉政建设和反腐败斗争，履行全面从严治党“两个责任”，坚持经常性检查与重点督查相结合，加强干警纪律意识、为民意识、廉洁意识，建设长效机制，确保审判权力规范运行。

司法行政

【概述】　太原市迎泽区司法局（简称区司法局）是迎泽区政府的组成部门，统筹全区司法行政工作。2017年，迎泽区司法局内设办公室、法治宣传科、基层工作科、社会工作科和律师管理科，下辖迎泽区法律援助中心。业务管辖柳巷、庙前、文庙、迎泽、桥东、老军营、郝庄等7个司法所。司法局机关政法专项编制为33名（除郝庄镇司法所为3名外，其他司法所均为2名，共计15名；局机关18名，其中局长1名，副局长3名），工勤人员1名，实有公务员21人（其中公开招考4人），缺编12人。区法援中心参公事业编制4人，实有人数4人。局长王少骏，副局长马转花（女）、多胜利、杨会明，区法律援助中心主任毛宁宁（女）。

2017年，迎泽区司法局围绕全区发展稳定大局，化解社会矛盾纠纷，提升特殊人群管理水平，提高法律服务和保障能力，推进“法治迎泽”和“平安迎泽”建设。

【司法行政工作会议】　2017年3月27日，迎泽区司法局组织召开全区司法行政工作会议，局机关和司法所全体干部职工、全区53个律所和8个法律服务所主任参加。副区长魏毅出席并讲话，区委政法委副书记张军应邀出席。

【领导调研】　2017年2月6日，魏毅到区司法局及街道司法所就迎泽区司法行政工作调研。就司法行政工作提出三点指导意见：一是要加强培训，强化培训；二是积极化解各类矛盾纠纷，为维护社会和谐稳定做出积极贡献；三是为区委、区政府重点工作和全区经济社会发展提供法律服务和法律保障。

【人民调解】　2017年6月，迎泽区司法局在全区范围内开展基层人民调解委员会创建工作。从组织建设、队伍建设、业务建设、基础保障、外观标识和制度建设六个方面入手，配齐配全社区（村）级人民调解委员会，保证人民调解规范化建设顺利进行。各司法所对调委会工作全程指导，实现社区（村）级调解组织建设的全面覆盖。

【社区矫正】 2017年11月，迎泽区司法局成立迎泽区社区矫正中心。中心主要承担委托调查、报到登记、入解矫宣告、集中教育培训、心理咨询疏导、考核奖惩、档案管理等职责任务。中心设在迎泽区政府西侧信访接待和法律服务大厅，场地面积100多平方米。具备教育矫正、监督管理、适应性帮扶等功能，设有办公室和电子监控室、训诫谈话和心理疏导室、集中教育和远程视频室，审务检务和警务室、图书和档案室、综合研判室以及接待和报到窗口。

【“一社区（村）一法律顾问”】 2017年，迎泽区司法局对桥东新街社区、朝阳四社区、捐子村等10个社区（村）的法律顾问人选进行调整，完成2017年度“一社区（村）一法律顾问”签约工作。全区114个社区（村）法律顾问实现100%全覆盖。

【法律援助工作座谈会】 2017年4月28日，迎泽区司法局组织召开全区法律援助工作座谈会，加强法律援助大厅和法院诉前调解窗口律师值班纪律，研讨法律援助案件补助发放、协调律师做好信访维稳工作等重点问题。

【年检注册】 2017年4月11日，迎泽区司法局律师管理科完成对区属神风、竞天等8家法律服务所及60名基层法律服务工作者的初审工作，并将相关年检注册材料报送太原市司法局。

【“国家宪法日”活动】 2017年12月4日是第四个国家宪法日，也是第17个全国法治宣传日。迎泽区举办形式多样、内容丰富的“国家宪法日”主题宣传系列活动。

【法律大讲堂】 2017年8月8日，迎泽区司法局为迎泽区民兵应急分队全体队员举办《民法总则的理解与适用》专题法治讲座“送法进军营”，并赠送法律图书。

（陈学敏）

经济管理与监督

JINGJIGUANLI YU JIANDU

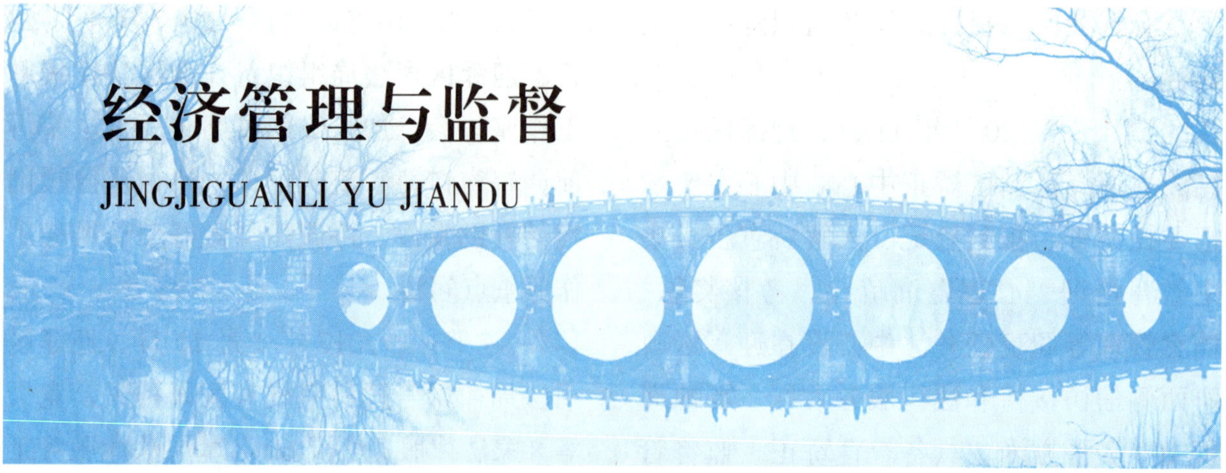

发展和改革

【概述】 2017年，迎泽区发展和改革局（简称区发改局）发挥统筹规划、参谋指导、协调服务职能，推进各项工作开展，完成全年各项工作任务。2017年全区实现地区生产总值6908329万元，同比增长8.1%。其中，一产增加值完成3287万元，同比增长3.8%；二产增加值完成884530万元，同比增长5.7%；三产增加值完成6020512万元，同比增长8.5%。规模以上工业增加值完成376667万元，同比增长5.2%。固定资产投资完成976606万元，同比增长0.4%；社会消费品零售总额完成4668070万元，同比增长6.1%；一般公共预算收入完成152730万元，同比增长9.7%。全区经济继续保持持续增长势头，经济运行处于合理区间，主要指标增速高于预期。

【体制改革】 2017年，迎泽区发改局继续深化体制改革。行政体制。深化“放管服”改革，承接下放事项8项，取消事项22项。开展联合审批办件，提升服务水平，在“三证合一”“两证整合”登记制度基础上，再整合社会保险登记证和统计登记证，推进“五证合一”。强化行政审批监管，启动电子监察审批网络系统，对各行政审批事项的受理、承办、审核、批准、办结等环节进行红黄灯实时监控。推进征管体制改革，建立国地税合作联席会议，联合办理开业、注销、非正常户管理、代开发票、收缴相关税费等业务。

医药卫生体制改革。继续推进医疗联合体建立，成立公立医院综合改革工作领导组和区级公立医院管理委员会，组建由区中心医院、区产科医院等医疗机构组成的医疗集团。加快推进药品供应保障制度改革，基层医疗卫生机构均配备使用基本药物，实现线上采购、线上配送，采购品种达1300种，采购额比2016年同期增长14.3%，全年区公立医院药品收入占医疗收入的比率降低到26%。区属公立医疗机构全部实施医药购销“两票制”入库监管服务。

城管体制改革。推进环卫作业市场化，将全区清扫保洁及部分垃圾清运工作，通过招标形式，委托大型环卫作业公司承担，市容保洁水平得到提升。推进执法体制改革。各执法中队、管委会的人、财、物实施统一管理。建立便民服务大厅（试运行）。配备执法设备，建立执法全过程记录。

信用体系建设。继续推进全区社会信用体系建设，落实党政机关、企业统一代码编报工作，开展政府失信专题治理工作，推行“双随机、一公开”工作，建立红黑名单制度，推进行政许可、行政处罚事项双公开工作。地税系统开展纳税信用评定工作，公平、科学、合理地进行纳税信用评定，全年信用评定6529户。

【城市管理】 2017年，迎泽区发改局以高品质定位，高水平设计，开展示范片区、道路创建工作，划定桃园为市级精品标杆示范片区和劲松、源中心（站前北）等2个示范区。提升环卫作业精细化水平，做好垃圾收运体系建设，加强扬尘污染治理等专项整治工作。制定出台《太原市迎泽区取缔“散乱污”企业实施方案》等4个环境治理实施方案，取缔44家散乱污企业。开展铁路沿线整治，累计拆除建筑80处、11.8万平方米。对施工场地、建筑工地进行围挡、苫盖，加大城中村改造存量建筑垃圾清运力度，清运建筑垃圾134万立方米，改造过程中新产生的建筑垃圾基本做到即拆即运。

【城市建设】 2017年，迎泽区发改局配合全市重点工程，实施地铁轨道交通迎泽段、迎泽大街下穿火车站房屋征收工作，完成双塔南路（迎泽段）、松小线两条道路的房屋征收和迎泽公园南湖游乐设施拆除工作，完成双塔景区房屋征收59万平方米。开展棚户区及老旧房改造工作，开工建设电建棚户区改造项目，实施125个燃煤棚户区（危旧房）改造工作，完成3805户居民、14.7万平方米燃煤房屋征收任务。启动青年东街、新生里等9个棚户区改造项目，开工建设回迁安置房14956套，实际建成交付7660套。其中山佑巷、龙城新苑、南江花园、东岗巷等首批4183余套回迁安置房分配到户，其余项目协议审核工作全部结束，待启动分房工作。

【城中村改造】 2017年，迎泽区松庄、水峪和新沟3个村被列为城中村重点改造村，涉及1979户、5069人，应征收各类建筑总面积54.07万平方米，截至年底3个村完成房屋征收工作。启动改造的12个城中村基本完成房屋征收工作，总建设用地3900余亩，建设总面积预计1496万平方米，其中马庄、店坡等8个村完成村转居，松庄、新沟等10个村签订正式开发协议。截至年底，郝庄村和赵北峰村回迁入住，王家峰村全部回迁。

【清洁能源替代】 2017年，迎泽区发改局完成12个村、865户“煤改电”改造任务；完成城边村“煤改气”工作，气化改造孟家井村、观家峪村、港道村3个村、1201户，完成任务的113%；完成棚户区清洁能源供热改造2589户。实施农村清洁能源锅炉替代7台，清煤4081.5吨，拆除土小锅炉 196 台，拆除煤炉 1416 台。

【生态建设】 2017 年，迎泽区发改局在东祁家山、董家庄等 5 个村提档升级造林 6000 亩，完成矿区复垦植被治理 30 亩和 50 万立方米关井压采任务。加快美丽乡村建设，培育示范村 3 个。实施小山岩凿井配套工程，提高农村人畜饮水和项目建设用水保障能力。加大地质灾害防治力度，发现地质灾害隐患点 2 个，确定 5 个重点防治点，采取多种措施集中整治，并取得初步成效。新建 10 个街头绿地游园，新增绿地面积 11.5 万平方米；完成 5 条道路的林荫化改造任务，新增林荫化道路 15 千米（新增行道树 2500 株）；培养省级园林化居住区 1 个、市级园林化标兵居住区 1 个、市级园林化居住区 2 个。

【社会就业】 2017 年，迎泽区发改局建立政策扶持就业、服务促进就业、技能培训提升就业、创业带动就业等政策体系。贯彻落实一系列就业创业优惠政策，以高校毕业生、农民工和就业困难人员为重点，强化就业服务。夯实创业载体平台，建立起区、街办（镇）、社区三级公共创业服务平台，配备专职工作人员 113 人，建立服务窗口 104 个。全年城镇新增就业 18309 人，创业就业 4129 人，失业人员再就业 8280 人，就业困难人员再就业 1973 人，转移农村劳动力 330 人，分别完成年目标的 110.3%、109.8%、110.4%、110.2%、110%。城镇登记失业率为 3.25%，控制在 4%以内。

【社会保障】 2017 年，迎泽区发改局推进社会保障“全覆盖”，统筹城乡发展，初步建成覆盖城镇职工、城镇居民等重点人群的社会保障体系，城镇职工基本养老保险参保 58817 人，城乡居民医疗保险参保 196371 人，失业保险参保 24926 人，分别完成年目标的 108.7%、113.1%、124.6%。完善养老保障服务体系，成立 29 个社区养老服务中心、33 个社区老年日间照料中心和 1 个农村老年日间照料中心。社区居家养老服务登记注册老人 1436 人，发放助老服务卡 1436 张。城乡低保标准每人每月 530 元提标到 560 元。

【民生事业】 2017 年，迎泽区发改局推进义务教育均衡发展，实施 36 中、37 中、39 中 3 所中学改扩建工程，新建 15 间智慧教室，28 所小学成为太原市特色示范小学，占全区学校的 76%。在全国中小学校责任督学挂牌督导工作中，迎泽区工作经验被确定为“迎泽模式”在全省推广。举办文化惠民演出 72 场、“国学经典”诵读 80 余场、公益讲座 39 场，补充更新农家书屋 28 个。推进非物质文化遗产传承和普及，“传统刻瓷”“太原漆器传统手工技艺”等项目参加在太原煤炭交易中心举办的第三届文博会。推进基本公共卫生服务提升工作，郝庄镇卫生院入选国家级“群众满意的乡镇卫生院”，文庙社区卫生服务中心创建“省中医药特色示范社区”。实施“社区卫生服务提升工程”，经省基层卫生协会验收，2 所达到国家级申报标准，2 所达到省级申报标准，8 所达到市级申报标准，13 所达到区级创建标准。排查整治安全隐患，全年共出动检查组 1654 个，出动检查人员 4213 人（次），检查企业 21168 家，立案 2023 起，行政拘留 19 人，行政处罚 160 万元。完成综治中心标准化和“雪亮工程建设”。

【消费业态】 2017 年，迎泽区发改局落实省“十大扩消费行动”，引导企业开展消费促进月等专题活动，培育壮大一批重点商贸流通企业，打造具有本地特色的消费品牌。中正天街建成开业，成为全市首家 24 小时敞开式“互联网+”商业街区，被评为山西省特色商业街；柳巷商圈扶持老字号企业，加强品牌建设，发掘品牌价值，增加时尚购物、文化休闲、餐饮娱乐和“互联网+”等多元商业因素，打造体量强大、业态丰满、具有规模竞争力的城市核心商圈；朝阳商圈多元化经营步伐加快，月星家居投入运营，鼓励发展线上线下融合互动的智能消费模式，推动建设以箱包皮具、小商品等为主要运营模式的智能平台。利用互联网信息技术，整合国内知名品牌箱包皮具、经销商以及物流快递等行业，推出移动端网人人店销售平台。

【楼宇（总部）经济】 2017 年，迎泽区发改局加大楼宇（总部）经济推进力度，继续实施楼宇（总部）经济三年行动计划，开展楼宇总部经济服务中心试点工作；对 10 家楼宇进行“楼宇总部经济示范基地”挂牌，兑现相关的奖励；全面摸排现有楼宇情况，制作投资指南、楼宇招商图册等，及时发布招租招商信息，进行统一宣传推介，提高重点商务楼宇知名度和影响力，在全区形成部门联动、协调推进楼宇经济的发展氛围。

【创业创新】 2017 年，迎泽区发改局创新经济发展新模式，推进传统产业转型提升，互联网+智慧产业园投入运行，建立小微企业创业创新示范基地，新增小微企业 3708 户、实现营业收入 437.50 亿元、吸纳从业人员 11124 人、技术合同成交 3.78 亿元，小微企业拥有授权专利 300 项。继续推动科技创新驱动发展，加大自主创新工作力度，全年申报国家高新企业 7 家，创建市级科技型小微企业 6 家，打造省级众创空间 7 家，省级科技企业孵化器 1 家，全区发明专利申请 396 件，有效发明专利 1010 件。

【招商引资】 2017 年迎泽区把招商引资作为加快发展的驱动力，多渠道、全方位地开展招商工作。建立区级领导招商引资项目包联责任制，实行招商引资重大项目代办制度，制定出台扶持民营经济发展优惠政策，提升招商引资保障服务水平。开展“晋商晋才”回乡创新创业等专题招商活动，参加省、市政府在天津、北京、广州等地组织的专题招商引资活动，组织专业招商团队考察上海红星美凯龙、无锡医疗器械产业园、杭州金融小镇等项目。全年引进微谷中国互联网电子双创园等 7 个重大项目，总投资 183.8 亿元。

【转型升级】 2017 年，迎泽区发改局围绕发展文化旅游、现代物流、信息服务等现代服务业，推动实施中鲁现代物流园二期和生物医药产业园、新东峰汽车贸易园建设。启动双塔大景区建设，规范食品街、台骀山城郊森林公园服务场所经营行为，提升服务理念，优化营商环境。依托美丽乡村建设，探索农业休闲旅游新业态，打造“森栖谷”文化产业园项目，完成投资9000万元。培育新型农业经营主体，合作社总量达96家，辐射带动1000余农户，实现转型发展高速度向高质量转变。

【重点工程】 2017年，省政府确定迎泽区的省级重点工程项目共3项，分别是基于纳米膜技术智能健康饮水机高新技术产业化项目、高效节能电磁感应采暖炉产业化项目和医用可吸收防粘连膜产业化项目。总投资1.74亿元，2017年计划投资0.8亿元，实际完成投资0.8亿元。三项省级重点项目基本完成。

市政府确定的市级重点工程项目7项，分别是山西中鲁现代物流城二期项目、三十六中学校改扩建项目、三十七中学校改扩建项目、三十九中学校改扩建项目、太原市输变电工程项目（综合19个分项）、太原市配电网建设工程项目（综合6个分项）和双塔景区建设项目。总投资60.57亿元，2017年计划投资24.15亿元，实际完成投资9.0766亿元。

其中，太原市输变电工程项目（综合19个分项）和太原市配电网建设工程项目（综合6个分项）总投资37.04亿元，2017年计划投资21.23亿元，1月至11月完成投资8.558亿元。因项目为跨区项目，且项目单位不配合投资申报，后改由市重点办负责统计。

太原市输变电工程项目（综合19个分项）和太原市配电网建设工程项目（综合6个分项）变更为市重点办负责后，迎泽区2017年市级重点工程项目共5项，分别是山西中鲁现代物流城二期项目、三十六中学校改扩建项目、三十七中学校改扩建项目、三十九中学校改扩建项目和双塔景区建设项目。总投资23.53亿元，2017年计划投资2.92亿元，实际完成投资0.5186亿元。

截至2017年底，三十六中学校改扩建项目、三十七中学校改扩建项目、三十九中学校改扩建项目进展顺利。双塔景区建设项目启动拆迁。山西中鲁现代物流城二期项目完成土地证、建设用地规划许可证、建筑规划设计的审批，单体的建设工程规划许可证完成技术审批，待缴纳相关规费后，便可领取1#、6#建设工程规划许可证并进行招投标。

【采煤沉陷区治理】 2017年，迎泽区发改局按照省、市政府采取多种方式加快推进采煤沉陷区治理工作的要求，在征求新沟、水峪村两委意见基础上，区政府常务会议研究决定将郝庄镇新沟村、水峪村列入城中村改造方式进行搬迁安置，搬迁安置任务在城中村改造中完成。

为使土地利用最优化，迎泽区在完成《迎泽区采煤沉陷区范围调查报告》《迎泽区采煤沉陷区综合治理规划》等基础工作后，通过迎泽区政府采购中心公开招标，确实由太原市煤炭工业设计院对迎泽区采煤沉陷区以及影响范围进行安全评估。截至2017年底，可行性报告（一期）编制完成并通过专家论证。

【油气管道安全】　油气管道在迎泽区东山地区的情况是：石家庄—太原成品油管线途经迎泽区约4千米，大盂—平遥天然气管线途经迎泽区约3.4千米。在2017年“安全生产月”活动中，区发改局结合工作实际，开展“反三违”活动，到枣园、马庄和港道，加大对油气管道安全隐患检查力度，签订安全生产责任书。6月在南宫广场参加全区组织的“安全生产法律”知识宣传活动，现场解答村民咨询的有关生活和生产中遇到的油气管道安全问题。

9月29日，区发改局和公安迎泽分局根据《迎泽区安全生产委员会关于做好国庆、中秋和党的十九召开期间安全工作的通知》，迎泽分局召开迎泽区东山油气管道保护工作会议。10月1日，区发改局组织油气管道企业和相关村在新沟村进行安全保护宣传教育，到管道现场进行巡查，确保迎泽区东山地区油气管道安全运营。

【价格检查】　2017年，迎泽区发改局抓住群众反映强烈的价格热点难点，规范中介机构垄断性以及具有强制性的经营服务收费行为，对教育、医疗等关系群众切身利益的价费行为进行重点防控，开展涉企收费、门票价格等专项检查，规范市场价格秩序。全年共受理各类咨询投诉624件。其中，“12358”价格举报案件198件，区政府“为您解忧愁”热线转办246件，举报50件，咨询130件，投诉结案率100%，维护市场价格秩序和消费者合法权益。受理司法机关涉案价格认定委托案件共计250件，总标的金额280余万元。各项涉案认定事项认定结论全部被采信，没有一起案件被提请复核裁定，价格认定为司法机关准确有效打击刑事犯罪、稳定社会治安和社会秩序提供保障。

经济和信息化

【概述】　太原市迎泽区经济和信息化局（简称区经信局）业务上接受太原市经济和信息化委员会的指导。核定行政编制11个，工勤编制2个，实有10人。内设办公室、经济调控科、信息化建设科和企业管理科。下属事业单位2个，分别是参公事业单位迎泽区中小企业服务中心和差额事业单位迎泽区企业资产运营中心。

【党建工作】　2017年，迎泽区经信局领导班子和成员学习十九大精神及习近平总书记系列重要讲话精神，严格遵守党的政治纪律和政治规矩，区经信工委以“两学一做”学习教育活动为抓手，加强自身和基层党组织建设。根据区委的要求开展党费收交、党员党组织关系排查等工作，加强对党员的日常管理，提高基础工作规范化水平；加强基层党组织建设，按组织程序和要求为人员空缺的党组织配备书记，对空壳企业支部整合，对软弱涣散党组织专项整治；组织全系统党员开展“两学一做”专题教育，通过自主学习、中心组讨论、专家授课等多种方式，全年开展各类学习交流50余次，其中以基层党组织书记为对象的较大规模集中培训5次。

区经信局为规范区属企业经营管理行为，结合迎泽区实际，制定并下发《关于印发加强区属企业及企业领导干部监管若干制度的通知》，对迎泽区区属企业领导人员管理办法、迎泽区区属企业负责人履职待遇业务支出管理办法、迎泽区区属企业加强民主监督管理办法、迎泽区区属企业审计管理办法、迎泽区区属企业资产管理办法作严格规定，加强对各企业及其经营管理人员在民主决策、守法经营、经济审计、履职行为等方面的监管。坚持约谈工作机制，约谈有关企业主要责任人，督促其履行好自身职责，正视和解决好企业存在的问题；定期在召开的经信党工委会议上，听取纪委书记案件查办情况汇报，研究并协调解决重大问题；在经信局区属企业范围内开展财务工作自查自纠以及节庆期间监督自查活动，注重廉政教育、拒腐防变，加大案件督办力度，全年立案6件，结案6件，处分4人。

【职能工作】 2017年，迎泽区经信局完成各项经济指标任务，落实党建和党风廉政建设工作要求，开展工业经济、节能降耗、小微企业创业创新、民营经济、区属企业管理和职工保障等各项工作。规模以上工业总产值完成65.6亿元，同比增长3.3%；规模以上工业增加值完成37.7亿元，同比增长5.2%；工业项目完成投资13.88亿；工业非煤占比90%，完成100%；规模以上工业企业新增1个（山西美原齿科有限公司）；小微企业营业收入完成672亿元，新增从业人数13776人，拥有授权专利数300件，技术合同成交额完成4.16亿元。按照太原市干部入企服务工作方案精神，在入企服务中主要涉及企业发展资金支持、融资渠道、道路基建、规划审批、“双创”建设等方面。迎泽区“双创”领导组和迎泽区政府决定对获得省级认定基地进行奖励，对迎泽区创业创新基地项目进行补贴，以上两项资金共计1448.52万元。2017年6月，聘请具有国家规定资质的山西华闻律师事务所，担当法律顾问，推进经信局法制化建设进程。

【区属企业监管】 2017年，迎泽区经信局严格规范区属企业经营管理行为，加强对各企业及其经营管理人员在民主决策、守法经营、经济审计、履职行为等方面的监管，并依据相关法律法规，结合迎泽区实际，制定一系列管理制度。严格企业选人用人机制，按组织程序并结合企业实际情况选配领导人员，为部分班子不健全企业配备领导干部，为企业稳定发展选好带头人。从企业的目标任务完成情况、领导班子队伍情况、党风廉政建设情况等方面，对企业进行年度综合考核。聘请具有正规资质的会计师事务所对区属企业进行经济责任审计，帮助企业规范和完善财务管理行为，让审计成为企业监管中的日常手段。督促企业落实职工保障，与社保、医保等部门协调，帮助企业解决职工养老、就医等困难。通过慈善、工会、妇联等多渠道对特困职工提供帮助。监督企业落实安全主体责任，定期开展安全检查和专项治理，

2017年全区经信委系统未出现安全生产责任事故。

【区属企业职工保障】 2017年，迎泽区经信局投入资金400余万元，为困难企业协调职工社保、医保问题，其中财政借与五华塑胶有限公司210万元，解决26名退休人员社保费用问题；通过区属企业困难群体慈善基金、七一慰问、工会困难帮扶等多种渠道为困难群体送去组织的关怀和温暖。 （李达平）

国土资源管理

【概述】 土地资源。截至2017年底，迎泽区面积104.99平方千米。其中，城市面积26.56平方千米，农村面积78.43平方千米。耕地面积0.7407万亩，其中基本农田面积0.6524万亩。

矿产资源。截至2017年底，迎泽区发现矿产资源8种，主要有煤、石灰石、石膏和砖瓦黏土等。有矿山企业1座，即智海企业集团有限公司西祁家山石灰石矿，年末保有储量为2014.42万吨。全年采出量为51.62万吨，损失量为1.77万吨，动用储量53.39万吨，采区回采率96.7%。

地质灾害。迎泽区地质灾害主要分布于郝庄镇，主要灾害有地面塌陷、地裂缝、滑坡、崩塌、泥石流等。具体有：张家河村地面塌陷、裂缝；大窑坳村地面塌陷、裂缝；观家峪村地面塌陷、裂缝；小山沟村村东南地面裂缝；孟家井村佰灵寺不稳定斜坡；松小公路滑坡、崩塌；港道南沙河泥石流；新沟村地面塌陷；新沟村崩塌；水峪村崩塌；后水峪村崩塌；白云寺不稳定斜坡等地质灾害隐患共计7处。

迎泽区矿山生态环境保护的总体要求是：坚持矿山资源开发与生态环境保护并重的原则，实施矿业开发与环境保护协调发展战略。实行以预防为主、防治结合的方针，保护矿山生态环境，杜绝地质灾害发生。建立矿山动态监测网络，包括对矿产资源储量变化、勘查和开发利用情况、矿山生态环境状况恢复治理、矿业权人履行法律法规的权利和义务、矿业权市场建设、矿业秩序等情况的动态监测做出统筹安排，提出具体实施方案，推进矿山环境的综合治理。

太原市国土资源局迎泽分局（简称区国土局）内设办公室、土地科、矿政科。下辖3个事业单位：太原市国土资源执法监察支队迎泽大队、太原市国土资源迎泽中心管理所、太原市国土资源局迎泽分局不动产登记中心。全局年末共有编制32人。其中：局机关编制9人，其中公务员8人，公勤1人，实有8人；监察大队编制9人，实有7人；中心所编制8人，实有6人；不动产登记中心编制8人，实有9人。全局2017年在册职工30人。

主要职责是：编制辖区国土规划、矿产资源以及地质环境等各项规划。监督检查辖区土地、矿产、测绘等法律法规的执行情况，查处国土资源违法案件。负责辖区内耕地保护和基本农田划定、调整、补充、检查，负责农用地的分等定级工作与农用地转用和征收（征用）、农村集体土地的审查、批报，以及批后实施征收（征用）工作。实施辖区内土地开发、整理、复垦和村庄、集镇建设用地规模范围内非农建设占用耕地的补充工作。负责辖区内国有土地租金的征收工作；组织开展土地调查、土地统计、土地登记工作。负责辖区内矿产资源的开发利用和保护的监督管理、矿产资源储量的登记、统计，负责矿产资源补偿费的征收和使用管理。负责辖区地质环境的监督管理。组织开展土地、矿产、测绘法律法规的宣传教育工作；负责国土资源信息化建设工作，并推广和应用国土资源信息技术。

2017 年，区国土局以保障发展为要务，以保红线、保发展、惠民生为根本要求，围绕市局目标责任书和区委区政府城中村改造等中心工作，推进各项工作。

【土地管理】 耕地保护工作。2017 年，太原市下达迎泽区耕地保有量 0.7407 万亩，实际保有量为 0.7407 万亩；太原市下达迎泽区基本农田保护面积 0.6524 万亩，实际保有基本农田 0.6524 万亩；迎泽区上报建设用地项目的占补平衡由市国土资源局在全市协调补充。

基本农田划定验收工作。完成基本农田划定工作。划定迎泽区基本农田保护面积为 6572.1 亩（438.14 公顷），完成市局下达的 6523.95 亩（434.93 公顷）的目标任务。明确基本农田的地块位置、边界、地类、面积、质量等级、片（块）编号等信息。编制“四图”。包括标准分幅基本农田保护图（1:1 万）12 幅，乡镇基本农田保护图（1:1 万）2 幅，县级基本农田保护分布图（1:5 万）1 幅，乡级基本农田调整划定分析图（1:1 万）1 幅；全面反映全区永久基本农田划定工作的开展和完成情况。设立统一标识牌。设立县、乡、村三级统一规范的永久基本农田保护标志牌等保护标识，其中设立县级标志牌 1 个、乡（镇）级标志牌 1 个、村级标志牌 17 个。标志牌标示出永久基本农田的位置、面积、保护责任人、保护片（块）号、保护起始日期、相关政策规定、示意图和监督举报电话等信息。层层落实保护责任。完成基本农田保护责任书的重新签订，填写保护责任一览表。其中，区政府与镇政府，镇政府与各村层层签订保护责任书，共签订基本农田保护责任书 18 份。责任书明确基本农田的地块个数、地类、面积、质量等级、保护措施、当事人的权利与义务、奖励与处罚等内容。建立基本农田数据库。根据《基本农田数据库标准》《基本农田数据库成果汇交要求》《基本农田数据质量检查细则》技术规程规定，完成国土部和省级两个基本农田数据库建立，基本农田保护图、表、册等内容均纳入数据库管理。数据库按规定通过相应质检软件检查，并提交质检报告。迎泽区的基本农田划定工作通过省市组织的验收。

土地利用总体规划调整完善工作。依据《山西省国土资源厅办公室关于开展土地利用总体规划调整完善工作的通知》（晋国土资办发〔2014〕92 号）要求，以及《太原市土地利用总体规划（2006—2020年）调整方案》及迎泽区“十三五”纲要发展目标启动并完成迎泽区土地利用总体规划（2006—2020年）调整完善工作，调整后2020年耕地保有量不少于493.83公顷；基本农田保护面积不低于435.28公顷；建设用地总规模控制在4175.81公顷以内，其中城乡建设用地4024.96公顷、城镇工矿用地3599.86公顷、交通水利及其他用地规模150.85公顷；2016年至2020年，规划安排新增建设用地指标317.11公顷（全部为增量指标，中心城区建设指标264公顷，国家省市重点项目11公顷，区自用指标42公顷）。

城中村改造工作。完成东太堡村133城改用地及连片开发出转让的十八个地块337亩供地初审和完成赵北峰村133用地六个地块320.55亩供地初审。配合完成店坡村133用地435亩土地确权工作和马庄村133用地299.4亩确权工作。配合区政府完成水峪、松庄、新沟三个村的整村拆除工作。

更新迎泽区征地补偿标准。根据山西省国土资源厅按照《山西省征地补偿标准更新工作方案》的通知精神，按照《关于印发〈太原市征地补偿标准更新的工作方案〉的通知》文件和省厅统一征地亩产值更新培训会工作部署的要求，结合迎泽区实际，区国土局开展并完成征地统一年产值更新测算任务，并于4月底将成果上报市局。共涉及1个乡镇、26个行政村，涉及农用地面积5398.00公顷、耕地面积704.95公顷。

地籍管理工作。完成集体建设用地使用权和宅基地登记发证的“两权调查”工作。并通过省、市组织验收，“两权”调查涉及29个行政村，面积4.03平方千米，宅基地宗地数为1339户集体建设用地为54宗。启动第三次土地调查的前期准备工作和年度地籍变更工作。

初审预审及农转非和征用集体土地工作。初审预审工作，完成山西国化太长输气站、山西电力公司王家峰110千伏变电工程、太铁公安看守所拘留所、赵北峰、郝庄、东太堡城中村改造等9宗地，30多个地块，共计650亩地的用地预审工作。2017年上报的太原市城市建设用地批次项目为：店坡村133改造76.5075亩、国网太原供电公司新建郝庄供电所1.1835亩、学府街东延0.489亩、赵北峰补划133用地9.5985亩。

土地租金收取。加大对土地租金收取工作的管理力度，年初即进行安排部署，对人员进行先期培训，经过专项整顿，收费人员素质得以提高，收缴土地租金43.1248万元，超额翻倍完成全年任务。

【不动产登记】 2017年，迎泽区国土局从规范完善，优化办事流程、提高办事效率开展不动产登记工作。为保障迎泽区建设用地使用权和宅基地使用权调查成果的质量可靠性，不动产中心开展2次大型不动产登记宣传活动，组织人员对本区3000多宗权籍成果进行逐一核查，去小店分局调取原始宅基地档案资料5000余份，并通过外业实地检查，对作业队伍成果进行预验收并提出整改意见，为省市两级验收奠定基础。选派3名职工参加市局以岗代训活动。

【矿政管理】 2017年，迎泽区国土局确保矿山企业持证率达百分之百。迎泽区仅有一座矿山企业，即太原智海企业集团有限公司西祁家山石灰石矿。属资源整合后单独保留的矿山企业。该矿各类证件齐全有效。

固体矿产资源填报和开采信息公示工作。智海企业集团有限公司西祁家山石灰石矿固体矿产资源报表通过市局矿管处和储勘处审核，完成上报工作。2017年上半年，迎泽区矿山企业完成矿业权人勘察开采信息公示系统填报工作，填报完成率100%。

矿产资源补偿费缴纳工作。截至2017年底，实际征收上年矿产资源补偿费15.74716万元，全部征收入库。

2016年度储量动态管理。太原智海企业集团有限公司西祁家山石灰石矿，委托中国冶金地质总局第三地质勘查院，进行地质测量，编写完成《2016年度矿山储量年报》。区国土局根据日常监管情况，对采掘现状进行核查，采掘现状属实。该年报内容基本符合有关文件要求，该矿《2016年度矿山储量年报》通过专家评审。

矿山年度测量和季度测量。签订2017年季度测量合同，按季完成矿山企业地质测量和图纸交换，掌握企业储量动态变化情况，为动态监管提供依据。

矿区矿山生态环境治理。智海企业集团有限公司西祁家山石灰石矿是区国土局辖区内仅有的一家矿山企业，该企业委托山西逸达农林工程设计咨询有限公司对矿区复垦植被恢复进行规划设计，并与寿阳县宝林营林专业合作社签订《绿化工程施工合同书》，编制《矿山环境恢复治理方案》及《土地复垦方案》。该企业近几年开采过程中，采取变开采边复垦植被的措施，2017共计完成治理面积30亩。

地质灾害防治工作。迎泽区国土局全面贯彻落实省、市地质灾害视频工作会议精神和安排的各项任务，结合迎泽区实际，对照2017年度地质灾害防治工作要点，建立完善监督管理体系，维护人民生命和财产安全，加大地质灾害防治力度，分别从组织上和措施上安排部署，地质灾害防治工作全面铺开。制定并下发《太原市迎泽区2017年地质灾害防治方案》《太原市迎泽区突发性地质灾害应急预案》。成立领导组，制定措施，明确各职能部门的工作职责，全方位地开展地质灾害防治工作。按照市局安排，区国土局配合相关单位进行迎泽区地质灾害详细调查工作。由分管副局长带领相关人员配合山西省地质勘察院进行迎泽区地质灾害野外实地调查，并参加相关评审工作，等待书面成果正式下发。对全区地质灾害隐患点的现状进行4次全面排查检查。经排查共发现人为地质灾害隐患点2处，分别是郝庄镇孟家井不稳定斜坡隐患以及郝庄镇小山沟村松小公路不稳定斜坡隐患，孟家井隐患点主要威胁斜坡上一处寺庙，是由于靠近高陡边坡边缘建房，降雨、开挖坡脚、风化而形成。松小公路隐患主要由松小公路修路切坡造成，如遇强降雨可对路面的过往行人及车辆造成威胁，威胁程度均为小型。该两处隐患列入迎泽区地质灾害隐患点。迎泽区责成各责任单位采取多种措施进行集中整治，并取得初步成效，有效遏制辖区内人为地质灾害的发生，并将相关资料成果进行上报。汛期区国土局做好地质灾害三查工作，共出动排查检查出动 80 人次，在排查中将防灾避险明白卡 70 余份发放到张家河村、观家峪村、水峪村、新沟村、港道村、新沟村、大窑脑村等地质灾害防治重点区域的村（居）民手中。将 11 份防灾工作明白卡发放到相关单位和部门。确定 5 个重点防治点，分别是郝庄镇水峪村的两个崩塌隐患，新沟村两个崩塌隐患以及白云寺庙的不稳定斜坡隐患。区国土局在 2017 年的地质灾害防治工作中对这 5 个防治点进行重点监控和巡查。层层签定地质灾害防治工作目标责任书，区政府和镇政府；镇政府和各村、各矿山企业分别签定责任书。共签订责任书 39 份。将全区地质灾害防治、监测、检查等项工作落实到单位到人。开展地质灾害防治知识培训。于下半年针对辖区东山郝庄镇 28 个村（社区）地质灾害监测人员开展防灾应急知识培训。区国土局和区安监局及智海西祁家山石灰石矿三个单位联合组织一次矿山应急救护和地质灾害应急综合演练。

【测绘管理】　2017 年，迎泽区国土局配合迎泽测绘管理办公室对辖区的 20 余家使用测绘成果的单位进行涉密测绘地理信息成果专项检查，确保测绘项目登记工作落实到位。按照国家法律法规，对辖区 8 个测量标志进行 2 次全面检查，有效保障国家地理信息成果安全。

【国土所建设管理】　2017 年，迎泽区国土局开展国土所信息化建设试点工作，实现网络自动化办公。市局给国土所配备电脑、办公桌椅、传真打印一体机等办公设施，强化硬件设施，提升信息化办公水平。加强制度建设，实现内外网隔离，确保网络信息安全。对工作人员加强业务知识学习，全所工作人员理论和业务能力得到提高，实现 AB 岗管理服务模式。

【行政执法监察】　2017 年，迎泽区国土局开展土地日常巡查。贯彻落实区政府建立的打击违法用地共同责任机制，根据政府办公室下发的《关于开展集中整治违法用地、违法建设行为专项行动的通知》，区国土局派出 4 名工作人员，常驻由迎泽区集中整治“两违”专项行动领导组成立的综合执法队，参与联合执法。区国土局依照巡查检查包片责任制要求，完成土地日常巡查检查 60 余次；查处违法用地 4 宗，均结案。国土资源部下发迎泽区 2016 年度卫星遥感监测图斑工作任务 112 宗，区国土局完成全部图斑的核查工作，对 4 宗违法占地图斑图斑依法立案查处，立案率、查处率达到 100%。区政府推进卫星遥感监测图斑整改拆除工作，按时完成 2016 年度卫星遥感监测图斑执法检查工作数据在线上报工作。

打击私挖滥采。开展矿山动态巡查，坚持“抓排查、抓查处、抓落实”三抓原则。落实网格化管理制度、将责任区层层分解，责任到人。对迎泽区 11 个涉煤村、15 座关闭煤矿、2 座关闭石料厂做到专人专管。结合“一张图工程”将制度上墙，严格执行，发现问题“露头就打”，不给非法违法采矿行为生存空间。2017 年，区国土局出动人员车辆 70 余辆（次），进行日常巡查 70 余次，夜间突击检查 15 次，召开专门的打击私挖滥采动员大会，对私挖滥采进行全面摸排，并开展为期一个月专项整治活动，未发现私挖滥采现象。加大宣传力度，保护矿产资源。区国土局设立铁艺宣传栏 3 个，砖砌宣传栏 2 处，其他宣传牌 70 个；对 4 处存在私挖乱采隐患的地点进行治理，并封堵道路。力争通过巡查及时发现并消除可能发生的安全隐患。在严厉打击非法违法采矿高压态势下，区国土局连续多年实现私挖乱采案件零发生，私挖乱采现象基本绝迹。通过区安委办安全考核，全年实现安全无事故。开展严打非法违法采矿专项整治工作。结合迎泽区实际，区国土局于 2017 年 3 月 22 日至 4 月 22 日在全区范围内开展严厉打击非法违法采矿专项行动。

【信访工作】 2017 年，迎泽区国土局按照信访工作责任制要求，畅通民众诉求渠道，规范信访工作流程，在日常工作中，受理和调处办理群众来信来访，逐件登记不遗漏，为群众排忧解难。完成市局转办信访案件 3 宗，全部为土地案件，完成上级下达的 4 宗“城乡建设领域信访问题源头化解专项行动”涉及的信访问题，接访率、答复率、结案率均达到 100%，为村委会换届选举工作顺利展开奠定基础。

【综治工作责任制落实】 2017 年，迎泽区国土局贯彻省综治委《关于进一步加强矛盾纠纷大调解工作的意见》《关于进一步加强矛盾纠纷联调工作的实施方案》和太原市委办公厅、太原市政府办公厅《关于建立完善矛盾纠纷联调工作体系的实施意见》及区综治委《关于进一步加强矛盾纠纷联调工作的实施方案》等文件精神，坚持运用法治思维和法治方式解决信访问题，建立依法处理涉法涉诉问题新机制，开展社会风险大排查大整治活动，调节迎泽区涉及土地权属、征地补偿安置等引发的矛盾纠纷 1 起。区国土局建立土地争议调解组织，制定《关于建立土地纠纷调解组织的实施方案》，尽量把矛盾纠纷化解在基层一线。健全综治工作组织机构，严格实行综治领导责任制，安排综治工作和日常检查并重。加大排查整治力度，加强人防、物防和技防建设，做好重大节假日稳定工作。加强法律法规宣传教育，落实工作责任制。加强矛盾调解机构和队伍建设，加大突出矛盾纠纷化解力度，做好综治维稳信访工作。2017 年，区国土局没有刑事案件、治安案件、重大事故以及职工违法犯罪等问题发生；单位办公区没有发生盗窃等影响安全防范性的案件；单位无吸毒和贩毒人员；无参与邪教组织人员。全局职工安全防范意识增强，社会管理综合治理工作稳步推进。

【“两学一做”】 2017年，迎泽区国土局党支部把思想和行动统一到中央的决策部署上，按照市局党组的安排，按照《推进“两学一做”学习教育常态化制度化、维护核心见诸行动主题教育实施方案》在“学”上用真功，在“做”上见真章。从严落实政治责任，按局党组要求，在自学基础上组织全体党员按计划集中学习，把“抓学习”作为搞好本次学习教育的重中之重。进行《太原市环境保护条例》《习近平总书记关于国土资源重要论述摘编》《政府工作报告》等专题学习，开展“四个对照”回头看，坚定“四个自信”，做到“四个合格”，完成权力清单和责任清单以及“双随机一公开”和“两集中一到位”建设任务，落实“13710”工作制度，配合区政府建立“13710”工作监督平台并开始正式运行。开展“三基建设”，按时完成“三基建设”资料汇缴工作。

【政务诚信】 2017年，迎泽区国土局完成政务信息内外网上公开各500余条，涉及土地管理、矿政管理、信访及其他各个方面，完成简报65期。报送“放管服”改革信息25条。开展社会信用体系建设工作，实行行政许可和行政处罚“双公开”制度。

【主题实践活动】 2017年，迎泽区国土局践行七五普法规划，开展“4·22”地球日、“6·25”土地日和宪法、普法宣传月以及安全宣传月活动。迎泽分局围绕“土地与生态文明建设”宣传主题，开展一系列形式多样的主题宣传活动。各项活动共制作宣传展板8块、张挂宣传标语15条、发放宣传资料5000余份、解答咨询群众300余名，就政策法规、耕地保护、地灾防治、不动产登记等方面的问题向群众答疑解惑和普法宣传。开展“责任落实年”活动。区国土局将“责任落实年”活动纳入重要日程，严格落实政治责任，推进全面从严治党向纵深发展。领导班子主动履行“一岗双责”，坚持党建工作与业务工作同部署、同推进、同考核，实现深度融合。层层落实岗位责任，确保各项工作任务全面完成。制定责任清单，将责任和任务层层分解，落实到岗、责任到人。全面落实改革责任。配合市局，完成土地利用规划等“五规合一”试点工作。通过“责任落实年”活动，营造出履职尽责、真抓实干的氛围。开展主题党日活动。学习中共十九大报告，研读党的新章程。党支部召开一次学习十九大报告动员会，副科以上党员领导干部参加市局组织的学习十九大精神宣讲会，组织全体党员开展两次主题党日活动。开展“担复兴大任、做时代新人”主题活动。根据市直工委宣传部并直宣发〔2017〕6号文件精神，开展“担复兴大任做时代新人”主题活动。制定支部学习计划并报到机关党委，开展学习、讨论、实践和推树四项活动。参加市局于4月4日清明节在牛驼寨举行的祭扫英烈活动，缅怀英烈们解放太原的丰功伟绩，参观双拥纪念馆。完成迎泽国土年鉴编纂上报工作。参加国土行风热线3次。

【工作亮点】 2017年，迎泽区国土局为加强对全区整顿和规范矿业秩序工作的组织领导，加强打击非法违法开采工作，推进打击非法违法开采工作常态化、系统化、规范化，实现齐抓共管、综合治理，结合人事变动，协调区政府出台《关于调整迎泽区整顿和规范矿业秩序领导组成员进一步加强打击非法违法开采工作的通知》，明确领导组各成员单位打击非法违法开采的职责分工，形成工作合力。为打击非法违法采矿行为，巩固打击私挖乱采成果，维护迎泽区矿业秩序稳定，防止安全事故发生，根据迎泽区委常委会议要求并结合迎泽区实际，区国土局以“安全生产永远从零开始”的谦虚态度，以“细节决定生死”办事原则，在3月21日至4月21日期间组织在全区范围内开展打击非法违法采矿专项行动，并取得阶段性的成果，全区境内矿业整体秩序良好，全区二季度以来，无一起新增私挖滥采坑点，私挖滥采行为得到扼制。分局文明创建工作取得市级文明单位认证。收缴土地租金43.1248万元，翻倍超额完成全年任务。 （杨志春）

工商行政管理

【概述】 太原市工商行政管理局迎泽分局（简称区工商局），通过实施国家授予的市场监督管理和行政执法职能，运用行政和法律手段，对市场经营主体及其市场行为进行监督管理，以建立和维护市场经济秩序。隶属于太原市工商行政管理局，并接受迎泽区政府工作指导。内设行政办公室、人事教育科、信用信息中心、监察室、财务科、法制科、市场监督管理科、企业注册监督管理科、企业监督管理科、商标监督管理科、广告监督管理科、消费者权益保护科、经济检查科、网络监管科、经纪人科、非公党建科、“12315”消费者申诉举报指挥中心、档案室、老干科19个科室；派出机构9个，五龙口工商所、柳巷工商所、庙前工商所、迎泽工商所、并州工商所、郝庄工商所、车站工商所、朝阳工商所、双塔寺工商所。区工商局有干部职工356人。其中，在职251人，离岗13人，离退休93人。行政编制238人，实有196人；工勤编制22人，实有20人；事业编制37人，实有34人。

2017年，迎泽区工商局落实从严治党“两个责任”，深化商事制度改革，构建市场监管新机制，提升监管执法水平，维护消费者合法权益，推动各项工作取得成效。截至12月26日，区工商局实有各类企业、个体工商户55537户。其中，各类企业15835户，个体工商户39612户，农民专业合作社90户。新设立各类企业、个体工商户10316户。其中，各类企业为4527户，个体工商户5785户，农民专业合作社4户。新设立企业与上年同期相比，增长1.5倍。2017年6月，区工商局注册登记窗口被国家工商总局评为“企业登记工作成绩突出窗口单位”。

【商事制度改革】 2017年，迎泽区工商局实现“五证合一、一照一码”改革全覆盖。贯彻落实“五证合一、一照一码”登记制度改革政策，将改革措施深化细化具体化，制定一套登记步骤及操作流程等，为企业登记提供便利化服务，激发创业活力。推进工商登记注册便利化改革。推动深化住所（经营场所）登记改革。实行简易注销登记，出台《太原市企业简易注销程序规定（试行）》，于2017年3月1日正式开始实行，探索便捷有序的市场退出机制。加快推进全程电子化登记，基本实现“网上受理、在线办理、限时办结、全程服务”电子化登记。深化“先照后证”改革。落实国家公布的工商登记前置审批事项目录，协同做好相关行政审批与工商登记的衔接。清理前置审批事项，除32项保留项目外，一律改为“先照后证”，前置变后置，简化办照流程，提升行政审批效率，方便企业快速进入市场。

【帮扶企业】 2017年，迎泽区工商局为迎泽区域招商引资服务，为引资项目提供“一站式”服务，从企业设立登记到协助联系相关税务部门的落户，起到积极联动作用。为小微企业双创工作进行帮扶，全程跟踪小微企业双创工作的进程，为小微企业双创工作献计献策。

【市场监管】 2017年，迎泽区工商局发挥市场监管主力军作用，维护公平有序的市场经济秩序。2017年共办理各类案件153起，罚没款101.36万元。落实年报公示强化自律。通过上门帮扶、预约年报等方式，加大年报公示培训和指导力度，强化全区市场主体年报诚信自律意识。截至2017年6月30日，全局年报企业11128户，个体和农民专业合作社实报16203户，年报率93%。列入异常名录主体数1.88万余户。其中，企业800户，个体1.8万户。移出异常名录主体数1956户。其中，企业456户，个体1500户。落实“双随机、一公开”监管制度。完善以随机抽查为重点的日常监督检查制度，建立随机抽取检查对象、随机选派执法检查人员“双随机”抽查机制，严格限制监管部门自由裁量权。全年共抽查2次，随机抽取执法人员276人次对1150户市场主体进行“双随机”抽查。

【行政执法】 2017年，迎泽区工商局开展无照经营查处取缔行动，出动执法人员2600人次，查处无照案件93件，罚款16.28万元。加大反垄断执法力度，深化反不正当竞争执法工作，加大对商业贿赂、“榜名牌”等与民生紧密相关行业案件的查处力度。2017年办理不正当竞争案件、商业贿赂案件7起，罚没款35.2万元。保持打击传销高压态势，规范直销监管工作。开展以招聘、介绍工作为名从事传销活动专项整治工作，召开座谈会，出动人员705人次，散发宣传材料2.31万份，张贴宣传画2076幅，接受教育人员达4万余人。强化网络市场等重点领域监管执法工作。开展网络市场监管专项行动，处理网络投诉35起，解决28起，回复举报人28起，移交5起，为消费者挽回经济损失3.1万元，规范网络交易秩序。

【市场整治和环境治理】 2017年，迎泽区工商局以整治和规范市场经济秩序为重点，开展城乡集贸市场卫生秩序整治工作。协助、配合地方政府加快市场升级改造速度，使全区集贸市场的基础设施得到改善，卫生得到长度改观，做到商品划行规市，摊位摆放整齐，市场基本无占道和伸舌头现象，卫生死角得到有效治理。

配合地方政府做好环境治理和大气污染整治。配合市场做好煤改电、煤改气工作；加大对旅游市场的整治和巡查力度；查处取缔黑加油站，做好成品油抽检工作。开展成品油市场专项整治，依法查处违法经营行为，对4户民营加油站车用汽油、柴油进行质量抽检，推进辖区成品油质量升级。

【企业动产抵押登记】 2017年，迎泽区工商局为山西燃气产业集团有限公司、山西基点商贸有限公司等8户企业办理动产抵押的登记，抵押金额30151万元；注销3户企业的动产抵押，主债权金额33500万元。

【拍卖监管】 2017年，迎泽区工商局对山西晋宝斋拍卖有限公司举行的晋宝2017春季艺术品拍卖会等进行现场监督，拍卖价值224.7万元。继续开展“守合同重信用”活动，办理、公示县、区级守重企业18户，向市级推荐守重企业17户。

【消协维权】 2017年，迎泽区工商局围绕百姓消费升级趋势和消费热点，加大消费维权力度，推进消费维权和社会监督体系建设，强化流通领域商品质量监管，改善消费环境，释放消费潜力。对辖区内华北眼镜城、美特好超市、国美电器、苏宁电器、华宇购物中心、柳巷商业区等商家销售的涉及服装百货、家电、眼镜等九大项的商品进行抽检，抽检总数166组。其中不合格商品涉及服装、眼镜、箱包、鞋类等四大类15个批次。依法立案11起，结案4起，罚没款10.66万元。2017年，共受理“12315”投诉举报系统消费者投诉举报2261件。其中投诉2040件，受理办结2003件，终止受理8件，办结率达98.18%，争议金额82.80万元，为消费者挽回经济损失36.15万元；举报221件，受理办结213件，办结率96.38%。受理太原市人民政府便民服务热线交办单280件，办结278件，办结率99.29%。

【商标监管】 2017年，迎泽区工商局围绕实施创新驱动发展战略，发挥商标和广告职能作用，坚持服务与规范并重，促进发展创新型经济。实施商标品牌发展战略。开展以“创新创造改变生活，知识产权竞争未来”为主题的知识产权宣传周活动，以到企业实地、发放宣传资料、悬挂条幅、举办咨询活动等多种形式开展专题宣传活动，强调知识产权保护运用对于创新驱动发展、大众创业万众创新的支撑作用，为加快建设知识产权强国营造良好舆论氛围。开展“双打”工作。出台2017商标监管工作要点，及时安排、指导各所“双打”工作，汇总各种材料数据按时上报，查处假冒侵权案件，共办理商标案件31件，罚没款8万元，罚没物资包括银饰品、汾酒、醋、手机配件、体育用品、袜子等1423余件，案值9.21万余元。开展查处汾酒系列产品、宁化府系列产品注册商标专用权违法行为专项执法行动，出动执法人员50人次，车次10台次，排查经营户120户，办理商标侵权案件7件，罚没款1.25万元，没收侵权物资149盒。对中秋、国庆市场商标使用和保护情况进行专项检查。对与人民生活密切相关的食品、调味品、饮料、酒类，尤其是各种老字号及驰名商标、著名商标商品的商标使用和保护情况进行检查，如：汾酒系列商品、益源庆系列商品，双合成系列商品、六味斋系列商品等，打击侵权假冒行为，确保消费安全。出动人员132人次，车辆60台次，检查市场12个、经营户305户，共查获假冒汾酒327盒（瓶）、假冒莲花味精17袋，货值4万余元。立案10起。推动品牌战略，鼓励、支持辖区企业争创“山西省著名商标”和“全国驰名商标”。2017年，迎泽区有驰名商标3件，著名商标29件，注册商标5209件。全年共有15家企业申报15件著名商标评审。

【广告监管】　2017年，迎泽区工商局以药品、食品及房地产广告作为整治重点，查处虚假违法广告。2017年查处各类广告违法案件16件，罚没款30.05万元。拓宽监管领域，加大广告监管力度，对辖区内各大影院的电影广告进行监管。针对性开展法律法规培训，针对办理的多起国家工商总局广告监督管理司广告数据中心转办的某公司广告违法案对问题企业进行法律法规培训。加大力度排查清理涉嫌非法集资广告资讯信息，出动执法人员66人次，车辆5车次，约谈、函告、行政指导3次，查处相关案件2件，罚没款17万元。对82户广告经营单位进行“双随机一公开”抽查，并对其中的76户广告经营企业按照“谁检查、谁录入”原则，将检查结果通过协同监管平台“抽查结果录入”模块进行公示。

【自身建设】　2017年，迎泽区工商局按照新形势新任务的要求，加强自身建设，夯实基层基础，提升履职能力，营造良好干事创业氛围。推进党风廉政建设。全面贯彻从严治党新要求，开展“两学一做”、十九大精神学习教育活动，推动党员学习教育常态化长效化，增强广大党员的政治意识、大局意识、核心意识、看齐意识。坚持挺纪在前，严格执行党章党规，严明政治纪律和政治规矩，强化制度约束。强化责任担当，强化“两个主体责任”落实，层层传导压力，中央八项规定精神得到落实。强化干部队伍建设。完善干部人事制度，健全选人用人机制，干部队伍结构优化。加强干部教育培训工作，开展各级领导班子和专业人才培训，提高干部队伍综合素质和能力水平，窗口服务提升。信息化支撑作用增强。围绕商事制度改革工作，支撑企业“多证合一、一照一码”信息化平台建设。按照“全国一张网”工作部署，推进涉企信息统一归集、公示和应用，落实“双告知”和联合惩戒任务。推进全程电子化登记、网上办事大厅等信息系统建设。

（毛　丹）

物价管理

【专项检查】 2017年，迎泽区根据国家价格宏观调控政策，围绕群众反映强烈的价格热点难点，规范中介机构垄断性以及具有强制性的经营服务收费行为，对教育、医疗等关系群众切身利益的价费行为进行重点防控，开展专项检查，落实各项惠民优惠政策，规范行业服务和收费行为，打击乱收费，乱涨价问题。全年共受理价格举报413件。其中，“12358”价格举报案件159件，区政府“为您解忧愁”热线转办226件，来访28件，全部处理落实，投诉结案率100%。

【价格认定】 截至2017年11月中旬，迎泽区共受理司法机关涉案价格认定委托案件共计250件，总标的金额280余万元。各项涉案认定事项认定结论全部被采信，无一起案件被提请复核裁定。

质量技术监督

【概述】 太原市质量技术监督局迎泽区分局（简称区质监局）为正科级建制，隶属于太原市质量技术监督局，是太原市质监局设在迎泽区负责标准化、计量、质量、认证、特种设备安全监察等质量技术监督管理工作的派出机构。分局领导职数1正2副，纪检组长1名，稽查队队长1名。内设监督科、业务科、稽查队和办公室。全局共有干部职工17名，其中行政编制14名，实有8名；事业编制7名，实有6名；工勤3名。2017年，区质监局以特种设备安全和消费品安全为重点，履行质监职责，创新工作思路，完善工作机制，改进工作作风，推动各项质监事业健康发展，助推迎泽区建成“首善之区”各项工作。2017年被评为“省级文明单位”。

【特种设备专项检查】 2017年，迎泽区质监局多次开展专项检查，持续开展“三大战役”。在电梯方面，主要是对使用15年以上老旧危电梯开展主要零部件报废治理工作，共摸底排查出15年以上的在用老旧危电梯102台，并全部整改完毕，整改率达100%。在锅炉方面，区质监局将工作重点集中在承压燃煤锅炉的专项治理和锅炉清网上，经过治理，辖区内无20吨以下在用的承压燃煤锅炉，且对网上登记的683台锅炉老旧数据核实，发现只有140台在用，其余543台在充分征求律师意见基础上公告从网上注销。在压力管道方面，经过排查，下达相关文书，并将相关情况向市局特监处书面汇报。开展液氨制冷企业专项检查行动和“反三违”专项行动。

【标准化工作】 2017年，迎泽区质监局引导辖区内企业采用先进标准并进行标准公示。2017年，迎泽区范围内共有7家企业25项标准在企业标准信息服务平台进行公示。重视标准化宣传工作，在2017年世界标准日（10月14日），区质监局通过“标准化常识进校园”和“标准化企业座谈会”两种方式进行宣传。在“标准化常识进校园”活动中，聘请山西省标准化研究院专家进行授课，太原五中2个班级共有120多人参加听课学习。“标准化企业座谈会”上，市局副局长孙乃俊、处长赵静和六城区分管标准化工作的相关人员，同迎泽区山西明鼎医药科技有限公司就标准化工作面对面交流，帮助企业解决标准化工作遇到的问题。

【助推城中村改造】 2017年，迎泽区质监局结合工作实际，融入质量元素，尤其是在检验检测机构监管工作方面，坚持“两手抓、两促进”，严查违法违规行为，使之公平、公正、合法规范运行。提高其服务意识，并要求其做到：把服务城中村建设作为一项重要任务，全力做好服务支撑。对建设过程中需要进行质量检验的建材、电缆等相关产品，要积极搞好检验服务，严把产品质量关；对于需要进行强制检定的水、电、气、热民用“四表”等检测任务，要及时跟进，确保用表准确可靠；对于新安装的特种设备，要优先进行检验检测，确保设备早日安全运行。检验检测机构之间还应加强交流与合作，力争为城中村改造提供科学公正、及时高效服务。

审 计

【概述】 迎泽区审计局是区政府主管全区审计监督工作的职能部门。内设办公室、财政审计科、投资项目审计科、经济责任审计科，所属迎泽区审计监督中心为全额财政拨款事业单位。审计局行政编制核减为11名；审计监督中心全额事业编制增编为9名。其中，管理人员3名，技术人员6名。局领导班子成员共5人。其中，局长1名，副局长3名，总审计师1名。2017年有在职工作人员15人。

主要职责：贯彻执行国家、地方有关审计工作的法律、法规；制定并组织实施全区年度审计工作计划。对区级财政和各部门、各街道办事处、郝庄镇、区属事业单位单位的财政、财务收支，以及法律法规规定属于审计监督范围的财务收支的真实性、合法性和效益性进行审计监督。对审计、审计调查和检查的事项依法进行审计评价、作出审计决定或提出审计建议，并督促被审计单位进行整改。

2017年，迎泽区审计局坚持“依法审计、服务大局、围绕中心、突出重点、求真务实”工作方针，以监督检查财政政务收支的真实合法效益为基础，以揭示问题、促进规范、强化整改、从严监督为工作重点，在推进全区财经法规、强化权力运行制约、促进党风廉政建设、保障全区经济社会健康发展中发挥审计监督作用，完成全年工作任务。

【重点审计】 2017年，迎泽区审计局根据审计署、省、市审计工作要求，推动中央省市重大决策部署贯彻落实，促进经济持续健康发展，完成迎泽区二季度、三季度、四季度重大政策措施落实跟踪审计。审计重点关注简政放权、财政政策、民生保障、大众创新等重大决策部署贯彻落实情况。重点审计放管服改革措施落实、民生保障、财政资金统筹管理、大众创业万众创新、房地产去库存、推进重大项目建设等方面政策措施落实情况，抽查7个部门单位和7个省、市重点项目。

【财政审计】 2017年，迎泽区审计局以促进财政政策落实，提高财政资金使用绩效、保障公共资金安全为目标，完成2016年度预算执行及其他财政财务收支情况审计。完成区财政局、迎泽地税分局及预算单位柳巷街办、文庙街办、区民政局、区林业局、区农委、区水务局、区人社局、区卫计局、区食药局、区发改局等12个单位的预算执行情况审计，重点关注存量资金盘活、专项资金统筹和管理情况、“三公经费”等内容，审计查出违规问题5项，管理不规范问题6项，应引起关注事项1个。审计提出加强财政预算管理、优化财政资源配置和健全审计查出问题整改长效机制的审计建议34条。

【民生审计】 2017年，迎泽区审计局加强对民生资金管理和民生政策落实情况的审计监督，完成迎泽区新型农村合作医疗机构整体移交情况审计。完成对迎泽区新型农村合作医疗机构整体移交情况审计，审计重点关注新农合制度运行情况、基金管理使用情况、大病保险资金管理使用情况、经费管理使用情况和国有资产管理、使用、处置情况等方面，延伸3个单位。促进新农合资金及相关有关资产移交工作规范进行。保证城乡居民基本医疗保险整合工作顺利推进。

【经济责任审计】 2017年，迎泽区审计局推进经济责任审计，加强对领导干部权力运行的有效监督，进行对原政府班主任等5位党政领导干部的任期经济责任审计。贯彻落实中办、国办下发的《党政主要领导干部和国有企业领导人员经济责任审计规定》，坚持“突出重点、规范管理”原则，根据区委、区政府安排，安排3个审计小组7名审计人员对5位领导干部进行任期经济责任审计工作。审计重点关注领导干部贯彻落实国家和上级各项政策、决策情况，重大经济决策制定和执行情况，维护国有资产安全完整情况，客观公正、实事求是地评价领导干部经济责任履行情况。

【投资建设项目审计】 2017年，迎泽区审计局把政府投资项目审计作为审计监督重要内容，加强领导，统筹安排，突出重点。根据投资审计新动向，制定《聘请社会中介机构参与政府投资建设项目审计管理办法》《外聘人员参与审计工作管理办法》等两个办法，增强审计力量，拓展政府投资审计的空间。

在政府投资项目审计中重点以规范投资行为，确保资金安全，节约政府投资，提高建设资金管理使用效益为目标。努力实现“三个转变”，即从审计内容上实现投资审计从数量规模向质量效益转变、从单一工程造价审计向全面投资审计转变、从传统投资审计向现代投资审计转变，提高投资审计工作的质量和效果。

【协作审计】 2017年，迎泽区审计局完成晋中市灵石县经济社会发展情况审计和审计调查。组织12名审计人员，自2017

年1月4日至3月1日，对晋中市灵石县2016年经济社会发展情况进行审计和审计调查，内容包括灵石县财政收支管理、政府性债务管理、税收征管情况、土地矿产资源管理、旅游景区管理、环境治理和保护、国有企业资产负债损益、保障性安居工程建设情况等方面。延伸单位74个，审计发现非金额计量问题43个，出具审计和审计调查报告（代拟稿）8份，提出审计建议37条，完成承担的赴晋中市灵石县审计的工作任务。

完成市审计局交办的财务收支和经济责任审计项目。完成市审计局交办的对太原市饮食服务集团2015、2016年度财务收支审计、对太原市饮食服务集团原任经理2008年至2013年任期经济责任审计。延伸单位5个，共出具审计报告3篇。提出审计建议11条，移送处理事项4项。通过审计强化企业内部管理，推进企业改制工作，规范企业财务收支行为，为企业健康发展提出意见和建议。

加快推进城镇棚户区和城乡危房改造及配套基础设施建设，对改善困难家庭住房条件、推进新型城镇化建设。组织8名审计人员，自2017年12月14日起，对大同市灵丘县保障性安居工程审计和审计调查。

选调审计骨干，参加省市审计项目。应审计厅要求抽调一名工作人员赴忻州市参加省厅对忻州市政府财政预算执行和经济责任审计工作，应市审计局要求抽调一名工作人员参加市审计局对小店区的有关审计项目，应市巡察办要求抽调一名工作人员参加市巡查一组的巡查工作。

【审计检查】 2017年，迎泽区审计局根据区监察委工作安排，审计局选派业务骨干与区财政局形成联合检查组，对迎泽区民政局、商务局、桥东街办、水务局等15个单位的财务、“三公”经费等日常经费开支情况进行常规检查。配合区委巡察工作组对民政局对区属地民办养老院拨付专项资金及使用情况和民政局拨付农村日间照料中心专项资金及其使用情况的有关财务收支情况和有关事项的调查和落实工作。通过审计参与监督和专项治理，发挥审计的“免疫系统”功能和“体检诊断”作用，拓展审计监督工作和专项治理成果。

（高文杰）

统　计

【概述】 太原市迎泽区统计局为区人民政府工作部门。2017年在职职工29人，内设办公室、统计和信息科、社会和经济调查科3个科室，行政编制8名，事业编制9名。下属单位：迎泽区社会经济调查队、迎泽区统计调查监测中心。

2017年，区统计局围绕区委、区政府重点工作，创新工作思路，深化统计改革，以提高统计数据质量为中心，加强统计信息工程建设和统计法制建设为重点，“用数据说话、为决策服务”，发挥统计的信息、咨询、监督的整体功能，为推进全区经济发展和社会进步提供服务。

【“两学一做”】 2017年，迎泽区统计局按照区委统一部署，结合统计部门实际，组织开展“两学一做”学习教育活动，成立“两学一做”活动领导小组，对“两学一做”学习教育进行安排部署，细化工作责任，并加强对“两学一做”学习教育的监督考核，将党员干部参与“两学一做”情况作为年度考核和评选先进的重要依据；学用结合，把“两学一做”学习教育与当前工作进行联系，将“两学一做”与推进工作相结合，通过学习，转变工作作风，提升业务能力，助推统计工作，使“两学一做”常态化，形成“比学赶帮超”氛围，提升干部职工修养和综合素质，增强组织创造力、凝聚力、战斗力，提升统计工作科学化水平。

【“两提一争”】 2017年，迎泽区统计局以提高标准、提升能力、争创一流为主题，以强化“三基”建设为目标，着力解决观念陈旧、思维固化、能力不足、本领恐慌、不会为、不善为、不愿为等问题，引导广大干部职工提高政治素质、拓宽知识视野、增强统计业务本领、锤炼过硬作风。把大讨论活动与年度任务结合起来、与业务工作结合起来、与“两学一做”学习教育结合起来，与“三课一会”制度结合起来，统筹安排，协调推进，推动全局工作再上新台阶。

【第三次全国农业普查】 第三次全国农业普查是全面了解“三农”发展变化情况的重大国情国力调查。2017年，迎泽区按照省、市农普办统一部署，完成组建普查机构、落实普查经费、调试普查设备、制定普查方案、培训普查人员、开展宣传动员、确定普查小区、组织清查摸底等工作。在区三农普查领导小组统一指挥下，完成对3846户摸底、1447家农户、159家农业生产经营单位的正式登记，为上级提供统计数据。通过开展第三次全国农业普查，查清全区农业、农村、农民基本情况，掌握农村土地流转、农业生产、现代农业生产设施状况、新型农业经营主体、农业规模化和产业化等新情况，反映农村发展新面貌和农民生活新变化，对科学制定“三农”政策、加快实现农业现代化、全面建成小康社会具有重要的意义。

【严格“四上”企业入库】 2017年，迎泽区统计局按照“先进库，后有数”原则，加强基本单位名录管理与维护，确保在建项目及时入库，做到应统尽统。每月度召开一次专业联审会。工业、财贸、房地产、建筑、名录库等专业人员联合对照企业上报的营业执照、税务登记证、财务报表等资料一一对应查看，对资料提供不完整的企业及时要求其补充材料，对暂不符合标准的企业不进行申报，对不符合“三上”标准的企业申请退出。确保全区应进企业全部进入，该退企业坚决退出，确保名录库单位数据的真实、准确和完整性。

【统计执法】 2017年，迎泽区统计局加强统计法制宣传。在“法制宣传月”“统计开放日”，制作宣传展板，开展有针对性的统计普法活动。加强执法检查，严厉查处统计领域弄虚作假行为。区统计局将纳入企业一套表联网直报的747家企业作为执法检查重点，重点检查在统计数据上报工作中出现的拒报、漏报、瞒报等违法行为。抽查驻派地企业220家，立案结案6起，罚款金额7000元。

【调查工作】 2017年，迎泽区统计局开展文化产业调查、农村住户抽样调查、劳动力抽样调查、妇女儿童监测等多项抽样调查工作，做好调查数据评估论证，确保各项调查工作任务顺利完成。

【统计方法制度改革】 2017年，迎泽区统计局改进服务业统计方法，实行月度统计调查制度，建设服务基本单位名录库，完善服务业统计调查体系，搞好服务业增加值核算，加强服务业数据质量控制，强化服务业统计监测评价，提高服务业统计工作水平，推动服务业加快发展。

（丁晓军）

安全生产监督管理

【概述】 2017年，迎泽区落实省、市各级领导关于安全生产工作的重要批示精神，坚持稳中求进总基调，以保障群众生命财产安全为出发点，以坚决遏制重特大事故为核心，以减少人员伤亡和实现指标控制为重点，通过一系列新思路和新模式，提升全区安全生产整体预控能力，实现把风险控制在隐患形成之前，把隐患消灭在事故发生之前。全年发生生产经营性安全责任事故6起，死亡6人。其中，道路交通事故4起，死亡4人；建筑施工事故1起，死亡1人；其他行业事故1起，死亡1人。

【廉政建设】 2017年，迎泽区安全生产委员会（简称区安委会）围绕“争当迎泽先锋、建设省城首善之区”主题，每月25日组织全体党员开展“支部主题党日”活动，结合实际开展学习讨论、业务培训。加强党风廉政建设责任制落实，组织党员领导干部组织、民主生活会和党员民主评议工作。邀请区纪委常委、党风政风监督室主任毕芳为全体干部职工讲授党风廉政教育课。参加区委、机关工委组织的各类书画展、“心语”征集、公众号关注、党员志愿者服务、优秀党课评选、党员教育大讲堂、“领头雁”等活动；组织“庆七一”系列活动，集体参观彭真纪念馆、太原市“十八大以来成就展”；组织全体职工进行“两学一做”微信答题；参加区委、机关工委组织的“中华慈善日”“博爱一日捐”等活动；开展“党代表集中服务月”活动，党代表到基层一线，帮助企业提升安全管理水平；将服务承诺制和争创优秀党员活动结合起来，支部书记到郝庄镇观家峪村，慰问贫困家庭，组织全体党员走进社区为社区居民讲解安全知识，发放安全资料200余份。

【安全管理】 2017年，迎泽区召开5次区委常委会、7次区政府常务会，研究安全生产专项议题。区安委会召开10次区安全生产例会、6次紧急会议，研究解决重难点问题，推动工作落实。研究春节、元宵节“两节”“两会”安全工作、安全生产大排查大整治行动、安全生产大检查行动、国务院安委会督查组督查、国庆中秋以及中共十九大召开期间区委区政府领导包片带队督查等问题；解决太铁南宫俱乐部、太化集团油漆厂立体机械停车库等隐患问题；拆除火车站源中心和万吉海鲜市场南门旁存在将近20年的二层违法建筑，消除太榆路18号中铁三局工棚50余间危房的火灾隐患等。区委书记冯原平、区长李慧多次对安全生产工作作出重要批示指示，并多次带队到客运站所、文娱场所、集贸市场、东山森防区、公园游园等重点行业领域进行安全检查。李慧代表区政府与区安全生产委员会各成员单位签订安全生产目标责任书。区政府为安监、质监、住建、林业、经信、发改、消管等单位招聘154名安全生产监管人员，强化安全监管队伍。

区安委会完善"党政同责、一岗双责、齐抓共管、失职追责"安全责任体系。区安委会办公室（简称区安委办）开展"知责履责、失责追责"活动；推进安全责任制挂牌工作，细化安全责任到街镇、部门、社区，完成对30365家生产经营单位挂牌任务；建立企业生产经营全过程追溯制度；建立安全生产领域失信行为联合惩戒信息管理制度，对山西洁诚科贸有限公司进行联合惩戒。各负有安全生产监督管理职责的部门，按照管行业必须管安全、管业务必须管安全、管生产经营必须管安全和谁主管谁负责原则，健全安全生产监管体制，强化安全监管职责，并通过执法监管、安全测评等手段促进企业主体责任落实，对发生安全责任事故企业追责，倒逼责任落实。各企业按照要求对每个环节、每个岗位、每个部位安全风险隐患和每项安全措施落实情况进行彻底自查，建立安全风险和隐患问题清单，落实风险管控和隐患整改措施，落实整改责任，形成隐患闭环管理。

【宣传培训】 2017年迎泽区将安全宣传教育工作作为基础性保障工程。6月宣传月期间，迎泽区开展安全文艺会演，安全宣传进学校、进社区、进企业、进农村、进机关、进家庭，校园安全征文比赛，企业安全文化知识竞赛、岗位技能比武、"青年示范岗"活动，《红线2017》安全观影等一系列宣传活动，宣传月直接参与人数达6万余人，间接受众20余万人，发放各类资料及宣传物品8万余份，《山西日报》、太原电视台等新闻媒体及网络媒体均作报道。区安委办、区安全培训中心通过各类安全教育培训、安全月活动教育、三级教育（厂级、车间、班组），组织选配各类人员参加省、市组织的各类人员培训以及日常教育，提升基层安监干部、企业从业人员安全知识水平。全区各类培训人数达2.22万余人次。其中，街办（镇）44人次，安委会成员单位144人次，危化经营企业205人次，非煤矿山50人次，非高危行业（文体行业、消防重点单位）负责人1600人次，消防安全员1600人次，其他从业人员1.5万人次，所有行业特工3600人次。

【应急管理】 2017年，迎泽区加强应急救援培训，强化各行业领域安全应急演练。区安委办组织完善修订备案应急预案98份，组织企业应急演练18次，组织应急培训1次，20家单位、40余人参加。区安委会各成员单位通过不定期组织企业、单位的应急演练活动，提升应急处置和防范能力，提高单位职工、社区居民应急自救意识，加强政府救援力量和群众自救力量的有效衔接，提高一线人员应急救援技能水平。区安委办按照事故处理的“四不放过”原则（事故原因未查清不放过、责任人员未处理不放过、责任人和群众未受教育不放过、整改措施未落实不放过），对松庄加气站闪爆事故处罚3万元；对山西医科大学第一附属医院触电死亡事件追究3人责任；对清明节期间两起火灾事故行政拘留1人，处罚3000元，追责6人；对太原市政总公司水西关道路改造工程项目1人死亡事故追责11人，罚款24.232万元。

【职业卫生监管】 2017年，迎泽区加大对职业病防治宣传教育和监督检查力度，在“健康中国，职业健康先行”宣传周中营造宣传氛围，活动现场共发放宣传资料（手册）1.4万余份，宣传袋等宣传物品3500余个，布置展板89块，条幅48条，现场咨询人数达3200余人次，普及职业病防治知识；按照“三个一批”的要求，共检查26个单位，发现隐患32个，全部整改，整改率100%，着力提高企业职业病预防能力和水平；10月25日，市安监局职业健康处对迎泽区10家企业进行资料检查，并对迪爱生油墨厂进行现场抽查。在检查过程中，市专家组对检查的企业共计提出35条问题，截至11月10日，全部整改完毕，受到市安监局肯定。开展非煤矿山、带喷漆的汽车修理行业等重点行业领域职业病危害专项治理工作，强化高危粉尘、高毒物品等职业病危害源头治理，联合区交通局对汽车修理行业的49家烤漆房进行查封。

【安全生产检查】 2017年，迎泽区加强对重点行业领域、重要时间节点尤其是重大节日、汛期、中共十九大召开期间安全生产工作，做到三个结合，强化安全检查力度，健全执法检查机制。

排查隐患与严格执法相结合。全区坚持将安全隐患排查当做防范事故的“牛鼻子”来抓，坚持全面覆盖，坚持企业为主，坚持严格执法，坚持暗访暗查。开展隐患排查治理行动、“反三违”行动、“知责履责失职追责”行动、大排查大整治行动和安全生产大检查行动；开展化工和危险化学品、冶金涉氨企业、金属非金属矿山、油气输送管道、建筑施工、特种设备、消防安全、治超工作、道路交通工作等重点领域专项整治，对事故隐患和违规操作进行排查。1月至10月，全区共发现安全生产违法违规行为立案2023起，行政拘留19人，行政处罚罚款160.0989万元；区安监局对负责直接监管的99家生产经营单位进行全面检查，包括1家非煤矿山企业，73家危险化学品企业，5家冶金等工贸行业企业，10家职业危害企业以及10家劳动防护用品单位，共检查企业272次，填写各类执法文书133份，查出各类安全隐患281条，督促整改隐患281条，完善企业安全防范规章制度和应急机制，促进迎泽区企业安全生产工作，共接市局有奖举报件4件。其中，化工和危险化学品领域1起，工商贸其他类领域3起，均在规定时间内处理及反馈。

突出重点与各级督查相结合。迎泽区立足于安全生产大检查和中共十九大召开的大背景，成立书记挂帅、区长任组长，各副区长、区安监局局长任副组长，各成员单位主要负责人为成员的安全生产大检查领导小组，制定出台《迎泽区安全生产大检查责任制度》和《迎泽区安全生产大检查考核细则》，明确主要领导负责制、区委、区政府主要领导督办、各副区长对分管领域的大检查工作负责责任落实体系。召开区委常委会、区政府常务会安排部署督查检查工作。区委区政府领导在国庆、中秋“两节”和中共十九大召开期间，包片带队、直插企业、直奔基层、对表督查。区安委办制定《迎泽区安全生产大检查督查手册》，制定下发督查工作方案，李慧、副区长岳旭强4次召开动员部署会议，迎接国务院、省、市督查组督查。在国务院督查中，迎泽区属于问题最少。

大检查行动期间，全区共出动检查组1654个，出动检查人员4213人（次），对各类生产经营单位共检查21168家次，共发现隐患20184项，立即整改16752项，限期整改3432项（全部整改到位），罚款53万元，追责问责6人。全区出动督查组12组（区领导8组，区安委4组），在中秋、国庆“两节”和中共十九大召开期间，区委书记、区长7次带队到重点行业领域进行安全督查，分管副区长督查12次，其余区委常委、副区长督查均达到5次以上。

风险管控与预防试点相结合。迎泽区作为山西省防范遏制重特大事故试点城区，探索构建安全风险分级管控和隐患排查治理双重预防机制。区安委会下发《迎泽区实施标本兼治遏制重特大事故试点城区工作方案》《迎泽区安全生产委员会关于印发构建安全风险管控与隐患排查治理双重预防工作机制的具体方案的通知》。区安委办派专人前往全国遏制重特大事故13个试点城市之一的阳泉市，与阳泉市安委办就风险普查、辨识评估、分级管控等情况交流学习。区安委办分4组，责任到人、科学统计，经过2个月摸排工作，全区共有18827家单位。建立山西汽运集团晋龙捷泰运输贸易有限公司和园林绿化局两个工作试点，全面排查评定安全风险和事故隐患等级。依托清华专家团队，依据安全风险类别和等级绘制“红橙黄蓝”四色安全风险空间分布图，推进事故预防工作科学化、信息化、标准化。建成全市首家县区安全短信、微信公众号宣教平台，为公众提供安全生产方面的学习知识、专题教育、活动开展、应急知识等功能，提高社会公众安全红线意识。

（迎泽区安全生产委员会办公室）

食品药品监督管理

【概述】 2017年，迎泽区食品药品监督管理局（简称区食药局）响应省市关于食品安全城市创建相关要求，恪守“两个责任”，坚持“两学一做”，贯彻省市食药安全年度重点工作，坚持问题和目标双导向，围绕筑牢食品药品安全监管“两条底线”，加大日常监管巡查力度，开展专项整治，探索建立长效机制，构建省会城市中心城区食药安全防控网格。获得2017年度全省食品药品监督管理工作先进单位、太原市创建国家食品安全示范城市知识竞赛活动优秀组织奖等多项荣誉，庙前站与桥东站获“太原市先进监管站”称号。

【食品安全监管】 2017年，迎泽区食药局以示范创建为契机，开展食品行业治理。突出重点时段，在春节、元宵节、中秋节等重大节日期间开展多次食品安全专项整治活动，加大对群众关注的热点食品元宵、月饼等品种检查力度。突出重点区域，分别在开学季、中高考期间开展校园及周边食品安全专项检查，确保学生饮食安全。突出重点品种，开展对婴幼儿配方乳粉、畜禽水产品、酒类、食用油、乳制品等生活必需品的专项检查，保障民生安全。针对“3.15”曝光的日本核辐射地区食品问题开展精准排查行动。突出重点环节，开展聚集性就餐专项整治工作，规范单位食堂、建筑工地、婚礼主题酒店等承办集体聚餐的各类餐饮单位经营行为，促进餐饮单位提高管理水平。把开展互联网销售食品专项治理作为全区食品安全工作新的突破口，针对美团、饿了么、百度等品牌外卖网站，线上线下同步监管，打击无证外卖、虚假宣传行为，治理互联网食品销售乱象；发挥优秀企业示范引领作用，推进“放心肉菜超市”建设。迎泽区美特好铜锣湾店、永辉超市中正天街店纳入太原市首批创建名单。高标准推进风险分级管理工作。在示范创建中将中小餐饮提档升级、星级及驻会酒店等重点单位年度量化全部实现A级为目标，开展中小餐饮“明厨亮灶”和大型餐饮年度分级量化工作。引导和规范170家中小餐饮和全部驻会酒店改造达标。

【药品安全监管】 2017年，迎泽区食药局强化日常监管，规范药械市场秩序。开展药品经营企业GSP认证检查和日常监督检查，加强对药品经营企业GSP知识宣传培训、日常执行情况的监督检查和药品分类管理的指导，完成109家药品经营企业GSP认证跟踪督查工作，对存在问题责令其限期改正。明确风险等级，开展药品类易制毒化学品、中药配方颗粒、复方磷酸口服溶液专项检查，消除风险隐患；以规范药品购销中的票据管理为突破口，有针对性地对基本药物、生物制品、含麻制剂等重点品种的购进渠道进行专项检查，规范购销行为；以社会舆论关注为切入点，开展处方药销售及执业药师“挂证”、互联网医疗器械经营、大型医疗设备、无菌和植入性医疗器械监督、隐形眼镜、避孕套质量安全等专项检查，维护药械市场秩序。

农林水务

NONGLIN SHUIWU

农　业

【概述】　2017年，迎泽区农业委员会（简称区农委）以推进农业供给侧结构性改革为主线，以创新驱动、转型升级为主题，推进农业增效、农民增收、农村增绿。全年农林牧渔业增加值同比增长3.9%；农村常住居民人均可支配收入完成20383元，增幅6.7%；农产品加工企业销售收入完成1.8亿元；存栏生猪2551头、肉羊2755只、蛋鸡18965羽，完成肉类产量300吨，禽蛋产量200吨。

迎泽区农委为区人民政府工作部门，正科级建制，核定行政编制5人，实有5人；工勤人员1人；副科级及以上领导干部3人。下设办公室、业务科。下属事业单位：农业综合执法大队、动物卫生监督所。农业综合执法大队为副科级建制，核定全额拨款事业编制5人，实有3人；动物卫生监督所，核定全额拨款事业编制5人，实有4人。

【对口扶贫】　2017年迎泽区对口帮扶娄烦县静游镇，区农委贯彻落实全市脱贫攻坚暨农村工作会议要求，连续两年向娄烦县拨付2000万元对口精准帮扶资金，扶持新型经营主体实施项目8个，拨付资金1186万元，另有2个项目待审批；落实帮扶项目，邀请静游镇7个扶贫攻坚造林合作社参与迎泽区国家森林城市创建工程，实现连续两年每年每户增收3000元以上，完成2017年200户增收目标；创新帮扶方式，成立干部驻县帮扶工作领导小组，加强统一领导，在全区公开选派4名优秀干部组成驻县帮扶工作队，派驻静游镇开展帮扶工作，加强对驻县帮扶工作队的监督考核。工作队上下沟通联系，及时反映情况，跟踪了解管理项目进展，协调解决问题，为对口帮扶工作取得实效发挥积极作用。为保证驻县工作和各对口帮扶单位工作顺利开展，为驻县帮扶工作队争取专项工作经费27.6万元，并选定新的办公场所，配置相关设施设备，为15个“一对一”结对帮扶单位争取工作经费39万元，为开展对口帮扶工作提供基础保障。全年实现1076户3054人脱贫，连续两年超额完成目标任务。

【土地确权】 2017年，迎泽区调整和充实土地确权工作领导组，由区农委牵头负责，落实工作经费，制订工作方案，开展镇、村确权工作人员的培训，加强对测绘公司的监督、考核；坚持一线工作法，深入镇、村现场发现问题、解决问题，确保确权质量；按照进度服从质量的原则，坚持一周一推进，一旬一检点，半月一小结，督促加快确权进度。完成土地确权工作，开展确权工作的13个村5219.25亩土地全部完成测绘、矛盾化解、档案整理、整体检查等工作，相关数据上交农业部数据库，省、市领导在迎泽区召开现场会，颁发全市第一本土地确权证书。

【农村土地纠纷仲裁】 2017年，迎泽区在土地确权基础上，对区农村土地承包仲裁委员会进行调整和完善；落实工作经费，申请将仲裁工作经费纳入区财政预算；依照规范程序聘用21名专业律师担任仲裁员，开展土地仲裁工作，全年仲裁案件3起，满意率100%，经市级考核取得满分成绩，居全市第一位。市农委组织各县区到迎泽区观摩学习，在全市推广迎泽区先进经验、主要做法和工作成绩。

【农产品质量安全】 2017年，迎泽区农委成立农产品质量安全整治工作领导小组，修订《应急预案》，制定《工作要点》，明确目标责任；狠抓专项整治，严格实行双随机执法机制，抽查经营门店、种植、养殖农民合作社210家次，抽查比例达3%以上，加强双随机系统的建设管理，对行政执法人员名录库实行动态管理，及时更新充实抽查对象名录库，保障双随机执法正常开展；申报“三品一标”产地、产品认证，提高农产品品质，完成郝庄镇捐子村恒达盛专业合作社300亩无公害农产品产地认证，申报山西皇后镇农牧业公司无公害农产品（鸡蛋）认证；加大宣传培训力度，累计培训从业人员60人次，签订《承诺书》130份，发放宣传资料5000余份。2017年，迎泽区农产品质量安全形势平稳向好，没有发生农产品质量安全事故。

【动物疫病防控】 2017年迎泽区重视强制免疫，春秋防疫免疫密度达到100%，全区未发生重大动物疫情；重视防疫员队伍建设，开展村级防疫员培训、应急演练，提升疫情监测、疫病处置能力；强化源头治理，定期排查规模养殖场（户），未发现使用违禁药物、假劣兽药、人用药等情况。

【特色工作】 美丽乡村、都市农业建设。2017年，迎泽区实现投资1亿元，改造利用荒山、荒沟500余亩，新建游客住宿客房7840平方米、文化会展中心9000平方米、景观湖水面5000平方米、野生养殖基地新建棚圈2000平方米，开展农事体验、观光采摘、休闲度假、参禅养生、户外野炊、水上乐园等多类型休闲农业旅游项目。建设特色小镇，打造“森栖谷”文化产业园，形成半坡别墅、水景客房、观星房、石头别墅等特色民居和民俗餐饮体验、文化会展、户外野炊等多功能休闲园区；实施董家庄市级美丽宜居示范村创建，争取补助资金20万元，整治村容村貌，硬化亮化道路、改造公厕、清运垃圾，疏浚河道；完成林果基地建设项目验收，栽种经济林853亩，直接经济效益100余万元，提供就业岗位50余个；形成集自然风光优美、乡土气息浓郁、人文历史深厚的乡村旅游经济带，年接待游客10万余人次，休闲农业和乡村旅游收入1400万元，成为农业增效、农民增收新引擎。

农村环境集中整治。围绕农业面源污染治理，加强宣传引导，利用村广播、悬挂条幅、发放宣传资料等形式开展政策宣传，开展绿色种养专题技术培训，农药、化肥使用量实现零增长；开展关键环节整治，抽调专人驻郝庄镇进行现场督导，组织干部群众60余人次对各村进行督导检查，落实病死动物无害化处理制度，畜禽粪污均及时清理综合利用；完成秸秆综合利用2052.8亩，综合利用率达100%；组织各村清理废弃农膜、农资包装等农业固体废弃物1吨；落实省、市散煤治理工作部署，完成14台农用燃煤锅炉拆除任务，完成7台参改锅炉的清洁能源替代改造，杜绝迎泽区农业领域原煤散烧，农村环境改善。

新型农业经营主体。促进各项政策资金向各类新型农业经营主体倾斜，带动提升农业产业化经营水平。全年新发展农民专业合作社4家，合作社总量达96家，辐射带动农户1000余户；加强合作社经营监督管理，与统计、工商等部门实现信息共享，及时掌握合作社经营状况，建立黑白灰名单制度，有效甄别良莠，为农业项目发展提供储备。（麻铭豪）

林　业

【概述】　太原市迎泽区林业局（简称区林业局）是区政府主管林业工作的职能部门，下设综合办公室一个，主要职责是协助局领导处理日常工作，负责工作计划总结、目标责任制监督检查、政务公开、督查督办（包括人大代表建议、政协委员提案办理）、政务协调、文电、会务、印信、机要、档案、保密、信息、信访、安全保卫、机构编制、人事财务、资产管理、后勤保障和对外联络接待等工作。

2017年，有行政编制3名，局长1名，副局长2名，实有2名。工勤人员1名，使用事业编制。下属事业单位3个：太原市迎泽区森林防治检疫站，核定全额事业编制4名，实有1名。另有2名公开招聘的“三支一扶”人员；太原市迎泽区谷草坪林场，核定自收自支事业编制4名，实有3名；太原市迎泽区林业种苗管理站，核定自收自支事业编制3名，暂无编制人员。

2017年，区林业局以十九大精神和习近平新时代中国特色社会主义思想为指导，围绕“让森林走进城市，让城市拥抱森林”的创建宗旨，完成市政府考核迎泽区提档升级造林工程0.6万亩的年度任务，完成任务率100%。

【基层党建】 2017年，迎泽区林业局以开展“两学一做”“两提一争”活动为契机，严肃党内政治生活，推进“两学一做”学习教育常态化制度化的建设。完成干部在线、领头雁及延伸培训等学习任务，坚持“三会一课”制度，每月坚持开展主题党日活动，共组织集中学习30余次。其中，学习《习近平的七年知青岁月》《习近平讲故事》《向黄大年同志学习》《向李建芳同志学习》等专题学习15次，“一把手”讲党课6次，组织全体党员参观学习彭真纪念馆、八路军纪念馆、十八大以来成果展等4次，集体观看《任性的权利》《廉政微电影》《榜样》等专题教育片及十九大开幕式8次，学习十九大专题报告4次，制作“两学一做”常态化制度化、十八大以来林业成果及安全生产宣传月展板3张；完成党费收缴工作，共收缴党费1467.9元，办理转接党组织关系1人。

【党风廉政建设】 2017年，迎泽区林业局落实“两个责任”，坚持每月召开一次班子会议，发扬党内民主，完善领导班子集体议事和决策机制，健全集体领导和个人分工负责相结合的制度；“一把手”与分管干部进行2次廉政谈话，与全体党员签订“遵守党纪党规、做合格党员”承诺书；领导干部廉政家书2封，开展执行“八项规定”精神情况监督检查4次，对区纪委在明察暗访中提出的问题进行整改；严格执行重大事项报告制度、推行“三重一大”决策全程纪实。

【林业工程】 2017年，迎泽区提档升级造林0.6万亩，项目总投资2646.85万元，工程建设地点为郝庄镇东祁家山、董家庄、沟北、占道、捐子5村。采用空地镶嵌或行间加植方式，栽植油松、白皮松、火炬、五角枫、香椿、新疆杨、白蜡、山桃、山杏、黄栌、金叶榆、北美海棠、紫叶矮樱、核桃、杏树等乔灌木23万余株。制定《2017年迎泽区林业精准扶贫项目暨创森造林工程实施方案》，将造林工程面向迎泽区扶贫对象娄烦县静游镇符合要求的造林合作社，实现精准扶贫，保证2017贫困户保底收益，计划实现400户保底收益120万元，实际完成506户保底收益151.8万元。

【特色工作】 2017年，迎泽区林业局在捐子、沟北、占道3个村打造经济林示范基地，2017年共栽植核桃4179株，杏树2643株，以促进农民增收；构建苗木质量监督检验体系，完善苗木检验及办公用房配套设施，新购置人工气候箱、光照发芽箱等检验设备251套；开展美国白蛾、松材线虫的秋季普查工作，运用太阳能频振式杀虫灯、诱捕器等各类防治检疫设备，防范和遏制森林病虫害发生。

【林地变更】 2017年，迎泽区林业局完善林地变更工作，通过与国土数据充分衔接，截至2016年底，经调查迎泽区林地总面积为4705.62公顷，其中，有林地2604.5公顷，包括：天然林面积381.67公顷，人工林面积2222.83公顷，森林覆盖率25.90%，及时更新迎泽区林地“一张图”数据库。

【防火会议】 2017年3月14日，迎泽区召开迎泽区春季“特险期”森林防火工作会议，区直各包村部门、郝庄镇政府、各森林防火责任单位及各防火重点村相关负责人参加会议，对镇、区森林防火工作做全面安排部署，并同森林防火5家责任单位签订《2017年护林防火责任书》。

【防治检疫】 2017年，迎泽区林业局重点加强林业有害生物防治检疫工作，强化区森防检疫站职能，对本年度用于造林的所有苗木进行病虫害检疫和苗木质量检查，从源头上保证工程用苗安全。区林业局组织相关人员在迎泽区范围内开展林业有害生物普查工作3次，查清林业有害生物的种类、分布、危害、寄主等基本情况，更新林业有害生物数据库及图库。

【行政执法】 2017年3月17日至6月27日，迎泽区林业局在全区范围内开展以重点打击非法侵占林地，非法猎捕、收购、运输、销售、加工野生动物及其制品违法犯罪活动为主要任务的“双百双打”涉林违法犯罪专项行动，共出动车辆巡护15车次，人员巡护60人次，共查处野外非法用火3起，分别发生在新沟、港道和外麻地沟，较大的1起，行政拘留1人，行政处罚2人。8月29日，依法对在观家峪村村东石板凹三县脑及小山岩村村西石清洼倾倒渣土、擅自改变林地用途的2个涉事企业和1名涉事人员进行林业行政处罚。

【行政审批】 2017年，迎泽区林业局配合迎泽区政务中心设立林业窗口，实行“一窗式受理、一条龙服务、一站式办结”服务机制，6月22日，在林业窗口受理由山西省工业设备安装有限公司申报的太原东山复线输气管道工程临时占用、征用林地审批的材料，7月12日下发准予行政许可决定书。同“13710”督办系统建立协同平台，更方便、更快捷、更透明的服务于群众。

【安全生产】 2017年，迎泽区林业局开展为期一个月“安全生产月”活动，“反三违”和安全生产大检查、安全隐患排查等专项整治行动。6月15日，在南宫广场开展安全宣传日咨询活动，利用版面、现场答疑解惑等多样形式宣传森林火灾安全知识和林业安全生产政策措施以及相关法律法规；6月16日，在东山台骀山景区摆放展板，发放森林防火宣传资料。多次对5家责任单位开展安全隐患排查，下达整改通知书，责令限期改正；在8月至11月造林施工期间，就造林专业合作社防火安全、苗木检疫安全、交通运输安全、施工安全进行执法检查。

【三基建设】 2017年8月3日，迎泽区林业局制定《迎泽区林业局关于在推进“两学一做”学习教育常态化制度化中加强“三基建设”的实施方案》；12月，完成区林业局基础工作目录、管理手册、应知应会手册、便民服务手册的资料汇编。

【巡察工作】 2017年5月26日至7月24日，迎泽区委第三巡察组对迎泽区林业局进行历时两个月常规巡察。巡察组共移交问题线索12份，关于对有关问题做出说明的函3份，关于对区林业局巡察情况反馈意见的2份。区林业局就巡察组提出的问题，召开党组会议专题研究5次，研究制定整改措施30条，完成整改巡察反馈问题30条。

【宣传培训】 2017年，迎泽区林业局强化森林防火宣传教育，发放《森林防火倡议书》等宣传资料500张，悬挂张贴宣传标语条幅50条，配发森林防火袖标200条，张贴封山禁火令50张，出动宣传巡查车2000余辆/次。3月28日，在市护林防火指挥部指导下，邀请国家武警森林指挥部机动支队连长吴鹏、班长李慧斌，在迎泽区森防基地对迎泽区森防大队队员进行森林火灾扑救业务知识培训。 （牛彩萍）

水 务

【概述】 太原市迎泽区水务局（简称区水务局）成立于2002年5月，内设办公室、业务科两个机构，核定行政编制5名，2017年实有4人。下属事业单位：区水资源管理办公室（挂区水资源征费稽查队牌子），核定事业编制7名，实有6人；区人民政府防汛抗旱指挥部办公室（挂区抗旱服务队牌子），核定事业编制3名，实有2人；区河道管理所（区河长制办公室工作站），核定事业编制31名，实有14人；区郝庄水利水保管理站，核定事业编制3名，实有1人。

【党风廉政建设】 2017年，迎泽区水务局党支部把党风廉政建设纳入水务工作整体，与水务业务工作同研究、同部署、同检查、同落实。组织副科以上领导干部就党风廉政建设和落实中央八项规定精神进行集体约谈3次；组织参观武乡红色教育基地，观看警示教育片《迷失的坐标》；进行典型案例剖析3次。规范权力运行，严格执行党风廉政建设制度，严格执行迎泽区水务局《领导干部分工履职尽职制度》和《财务管理制度》，落实一把手不直接分管干部人事、财务、工程建设项目、行政审批、物资采购工作有关规定，坚持执行《请示报告卡》制度。全年重要节日前后进行落实八项规定精神和反对“四风”问题监督检查共计5次，未发现明显问题；加强“三公经费”管理，控制公务接待、公务用车等经费支出，并公开“三公经费”支出情况；严格公车管理，做到双休日、节假日公务用车统一停放，确因工作需要使用公车的，填报派车单并报区纪委党风室备案，全年依规报备6次，填报派车单5次。

【防汛工作会议】 2017年6月7日，迎泽区人民政府防汛抗旱指挥部召开迎泽区2017年防汛工作会议，安排部署迎泽区2017年防汛工作任务。

【东山水利基础设施建设】 2017年，迎泽区水务局完成小山岩水井配套工程。工程涉及小山岩、董家庄两村，工程内容包括新建500吨蓄水池2座、井泵房管理房4间、铺设输水管道3300余米及相关配套设施。对捐子、占道、东祁家山饮水安全工程进行维修养护，清洗蓄水池，修理、更换水泵等，确保农村饮水安全工程长期、正常发挥效益。

【防汛工作】 2017年，迎泽区水务局坚持“安全第一，常备不懈，以防为主，全力抢险”防汛工作方针，完善防汛抗旱及水利工程安全管理应急预案，结合安全生产大检查，对南沙河、马庄河、南沙河水库、马庄水库、淤地坝、南十方排洪渠等水利设施进行全面细致地汛前检查处理、配备足量的编织袋、铁锹、镐头、救生衣、防护绳、污水泵、橡皮船等抢险物资、执行24小时防汛值班、带班制度，加强防汛监测系统建设，做好山洪灾害防御工作，加强安全宣传教育、应急抢险队伍建设、强化水库安全管理，加大清淤清障、水毁工程修复力度，共计清淤清障1.2万立方米、砍伐河道中阻水树木8000余棵、清理南沙河16万平方米河道内影响行洪的高秆作物；完成马庄水库岁修养护工程，修建防护挡墙20米，安装坝顶两侧栏杆及防护网各100余米，保证马庄水库安全运行。创新防汛工作方式，建设区防汛智能化信息平台。

【河长制工作】 2017年，迎泽区推进河长制相关工作，对全区河道进行拉网式排查，摸清全区水域情况。辖区列入河长制管理范围的河流（沟渠、湖泊）共6条，分别是汾河迎泽区段（左岸）、南沙河、南十方排洪渠、马庄河、北沙河（迎泽段）、北涧河（迎泽段），总长39.3千米，流经37个行政村或社区；完成迎泽区河湖名录，建立“一河一档”。成立推进“河长制”工作筹备领导组，制定出台《迎泽区全面推行河长制实施方案》（迎办发〔2017〕36号），确定区、镇（街办）、村（社区）三级河长44名，建成三级河长体系；明确各级河长及成员单位职责和主要任务；成立区河长制办公室工作站，和区河道所实行一套人马两块牌子合署办公。制定出台河长制工作会议、信息共享、信息报送、工作督查、考核问责和激励、验收等六项制度。根据清河行动方案，清理南沙河河道内影响行洪的高秆作物和垃圾；完成现有入河排污口排查登记工作；完成6条河流40余块河长公示牌设置；完成北涧河、北沙河、南沙河、马庄河“一河一策”方案设计；通过市河长办对迎泽区河长制工作的验收。

【移民后扶】 2017年3月，依据省有关后期扶持人口核定管理办法和区纪检、财政审计相关要求，对迎泽区已经享受移民扶持资金的269人进行核定，确保足额、准确将269人共16.14万元移民后扶资金发放到位，确保国家惠民政策真正落在实处。

【水资源管理】 2017年，迎泽区水务局开展水法律法规和节约用水宣传，加大对城区各用水单位水法律法规的普法宣传和节水宣传，在第25届“世界水日”、第30届“中国水周”宣传活动中，组织开展宣传进校园、进社区、进农村系列宣传活动。加强水资源管理，规范取水许可和计划用水管理工作，组织郝庄镇及所辖27个村（社区）负责人召开加强水资源管理工作会议，传达山西省人民政府《关于印发山西省水资源税改革试点实施办法的通知》精神，对征收范围、税额计算方法、免征条款等内容进行宣传解读；收集各村（社区）取用水基础数据，为水资源税开征做好水量核准。核对填报山西双良鼎新水泥有限公司（公司位于杏花岭区，取水口在迎泽区柳沟村）基础资料，在首个征期征收水资源税1.25万元，实现迎泽区水资源税零的突破。定期对设备进行现场查看、检修，确保地下水位监测设备在线率达80%以上，做好相关数据记录，及时掌握地下水位动态变化情况。强化措施落实，实行最严格水资源管理制度。加强部门协同配合，通过太原市对迎泽区2016年最严格水资源管理制度落实情况的考核；完成承担市下达迎泽区的用水总量、万元地区生产总值用水量和万元工业增加值用水量的指标任务。推进依法行政和行政执法工作，推进“双随机一公开”工作，健全完善检查对象名录库、执法人员名录库以及抽查事项清单，完善抽查工作机制，规范相关工作程序；对社区取用水情况进行执法检查，对南沙河全河段及涉河工程进行抽查，采取有效措施，消除隐患；落实“两集中、两到位”相关工作，规范审批流程，逐环节、逐岗位明确办理时限和责任人，严格执行一次性告知制度；建立行政审批事中事后监管制度，加强行政审批事中事后监管。推进、完成关井压采任务。2017年，关闭王家峰东小区供水2号井，实现压采量约15万立方米/年；对山西警官职业技术学院进行节水改造，实现节水量约5万立方米/年；东太堡、马庄、店坡、新沟等村进行城中村拆迁改造，实现节水量约30万立方米/年，完成全年任务。

【机关建设】 2017年，迎泽区水务局学习宣传贯彻中共十九大精神和习近平总书记系列讲话精神，组织5次专题学习，参加十九大精神宣讲活动和十九大精神知识测试10余人次；学习习总书记视察山西重要讲话精神，并组织测试检验学习效果，贯彻落实习总书记对山西工作提出的总体要求和五项重大任务。推进党的建设，坚持管党治党不放松，局党组书记作为第一责任人主动适应从严治党新常态，带头学知识、讲党课、树榜样、做工作；班子其他成员履行党建工作“一岗双责”，对分管领域党风廉政建设负起主要领导责任。严格规范党的组织生活，严格按照规定程序完成补选支部委员工作；严格执行“三会一课”制度，做好全程纪实；全年召开支部委员会11次，党员大会17次，开展党员活动18次，党课学习4次；开展“主题党日”活动，抓实规定动作，创新开展主题活动；完善主题党日制度建设，出台《迎泽区水务局党组主题党日活动制度》，制定《迎泽区水务局主题党日活动实施方案》。坚持每周二下午为固定学习时间，全年共进行集体学习31次；开展党代表联系群众活动，对董家庄村进行调研，针对董家庄村随着经济和生态发展，出现原有水源水量不足的问题进行探讨研究，形成《党代表服务月调研报告》，通过水井配套工程和饮水安全工程维修养护的实施，该问题得到解决。区直机关党建工作会议上，支部作为党建工作先进典型进行交流；在区直机关工委召开的推进“两学一做”学习教育常态化、制度化动员会上，局党支部作先进经验交流；在优秀党课讲稿（课件）和优秀党课主讲人评选活动中，支部委员刘小楠获全区党课讲稿优秀奖和党课主讲人二等奖，区直机关优秀党课一等奖，并参加全区优秀党课巡讲活动。加强“三基建设”，提升管理水平，强化基层组织。提升党建水平，通过履行责任、加强研讨学习、完善制度建设、严格制度执行、组织活动、做好活动记录等方式，提升基层党组战斗堡垒作用。加强“三基建设”，提升管理水平。做好基础工作。完成“一目录三手册”制定工作，制作基础工作运行流程图，完善便民服务事项办事指南表。提升基本能力。局党组根据基本能力标准的 14 种能力调整学习计划，丰富学习内容，拓展学习形式；机关干部共参加各类培训学习约 34 人次；工作实际中，更加注重干部沟通协调、语言文字表达等各种能力的锻炼和应用，提高干部能力和素养。

（杨慧茹）

城乡建设与管理　环境保护

CHENGXIANG JIANSHE YU GUANLI　HUANJING BAOHU

城乡规划

【概述】　太原市城乡规划局迎泽分局（简称区规划局）位于老军营小区东巷6号，是太原市城乡规划局派驻迎泽区的直属规划机构，在市城乡规划局授权范围内对辖区履行规划职能。规格为市级机关部、委内设处建制，领导职数一正两副，实行公务员管理，编制5名公务员。局长1名，副局长2名，主任科员2名。内设办公室、出纳室、规划管理科。

2017年，区规划局围绕区委、区政府中心工作，带领全体职工，创新工作思路，履行职责，完成各项工作任务。

【党风廉政建设】　2017年，迎泽区规划局以十八大精神为指导，学习和领会中共十八届三中、四中、五中、六中全会和中共十九大会议精神以及习近平总书记系列重要讲话精神，把党风廉政建设与提高廉洁从政能力相结合，学习中央八项规定和反对“四风”要求，强化“一岗双责”，落实党风廉政建设责任制，为贯彻落实市局和区委、区政府有关要求，加强党风廉政建设的组织领导，坚持用党章党规规范党组织和党员行为，抓实基层党建工作，推进“三基建设”，确保党的组织充分履行职能。要求全体党员干部以“八项规定”为准绳，严以律己，反对“四风”，落实规划管理各项制度。把政风行风建设与反腐倡廉、精神文明等工作紧密结合，抓好信访“领导接待日”工作，使作风建设和廉政建设落到实处，为完成各项工作提供思想保障。

【规划服务】　2017年，迎泽区规划局根据市、区规划工作总体安排，围绕市、区重点工程，主动对接、服务前移，为重点工程搞好规划服务。为南沙河、创新科技园区建设、双塔景区改造以及城中村改造项目、迎泽公园改造项目等重点工程，确定项目跟踪服务人员，推动重点项目规划工作。指定专人与区各相关部门配合，全过程参与以上重点工程的规划对接、摸底调查、规划认定、资料汇总等工作。

多方沟通、主动上门对接，反复征求业主单位意见，确定立面改造效果方案，确保高标准完成立面整治工作。

【规划验收】 2017年，迎泽区规划局树立省会意识、率先意识、责任意识和贡献意识，主动与区政府配合，对铁路沿线，建设路的违建违法户外广告进行摸底，下达拆除通知，并共同进行拆除。提升城市管理水平，优化城市功能，提升城市品位，共同推动太原城市管理迈上新台阶。

区规划局履行职责，严把规划验收关，2017年，共审核规划验收件68件，面积约56.34万平方米，完成规划验收件110件，面积约69.39万平方米。

【“五规合一”工作】 2017年，迎泽区规划局开展“五规合一”工作。成立领导组，制定方案，专门召开会议进行研究，听取区属各相关部门和街（镇）意见和建议。结合迎泽区实际，把握发展方向，确定发展重点。配合市领导组办公室工作，按照要求及时提供资料和汇报情况，对于把握不准或理解不了的事情，主动与领导组办公室对接请示。配合郝庄镇政府完成郝庄镇总体规划。

【信访工作】 2017年，迎泽区规划局按照市规划局的要求，指定专人分管信访工作，抓好信访“领导接待日”工作。截至年底共接到市信访转办件11件，区信访转办件30件，接待来信来访30余人次。完成信访专治工作，13个专项案件全部按时完成。

城乡管理

【概述】 2017年，太原市迎泽区城市管理局（简称区城管局）局机关行政编制10人，实际在职14人；工勤编制2人，实际在职3人。离退休人员25人。局内设机构有办公室、市容科、环卫科。区城乡清洁办、燃气办设在区城管局。

所属单位有行政执法分局（参公单位）、城市管理应急大队（事业单位）、城市管理监督大队（事业单位）、市容环境卫生执法中队（事业单位）4个单位。行政执法分局。2017年有在编人员147人，合同制协管员620人，公益岗人员380人。内设办公室、督察室、案件审理室。下设桥东、迎泽、老军营、文庙、庙前、柳巷、郝庄7个属地中队。2017年有在编人员7人，合同制协管员13人。主要职责为负责辖区内垃圾运输过程中的日常监管；负责新建和拆迁工地市容环境卫生日常监管。

2017年，迎泽区城管局围绕建设“省城首善之区”目标，以全市开展的城市管理全面提升行动为契机，以打造干净整洁、宜居宜业、清新靓丽的美丽迎泽为抓手，推进城管体制和执法体制改革，强化重点工作措施，完成年度目标任务，城市管理水平取得新成效。

【“两学一做”学习教育活动】 2017年，迎泽区城管局每月25日举办“主题党日”活动，组织支部党员干部开展政策理论学习和形式多样的主题活动。建立党员干部微信群，6月至11月参与省委组织部的“两学一做”知识竞答活动。开展“党员先锋行”主题实践活动，把学习党章和党规、系列讲话、十九大精神落实到具体行动上和各项工作中。各支部党员挂牌上岗亮身份，发挥先锋模范作用，清理卫生死角，改善辖区群众居住环境，确保“两学一做”学习教育取得实效。

【体制改革】 2017年，迎泽区城管局推进城管体制改革。推行环卫作业市场化。通过公开招投标，将迎泽区六街一镇清扫保洁及部分垃圾清运工作，交由从全国各地引入5个专业化、正规化、标准化和资金实力强的大型环卫作业公司承担。8月10日，迎泽区520多条街道由各保洁公司全面接管。改变过去存在的作业公司多、规模普遍偏小、环卫机械设备少、管理理念相对滞后、难以满足城市管理需求的状况。

执法体制改革。2017年4月中旬，将各执法中队、管委会的人、财、物统一进行管理，完善内设机构配置，明确岗位职责，合理调整人员岗位。建立便民服务大厅（试运行），初步建立起集中立案、集中审理、集中处理工作机制，实现高效、便民、公正透明工作模式和务实为民执法效果。建立执法全过程记录制度。制定《行政执法全过程记录实施方案》，配置执法记录仪280台、对讲机400台、照相机30部、摄像机31台。

创新城市管理模式。加强智能城管建设。城管监督大队提出“智能化城市管理监督系统”计划。该系统采用互联网+的模式实现监督大队与作业公司数据前后端互联共享，联动监管，形成一个链条式信息化应用体系。开展垃圾分类试点和餐厨废弃物收运工作。开展示范片区、道路创建工作。加强管理力度，城管系统城管执法工作、环卫应急工作、城管监督工作、市容环卫执法工作全面得到提高。

【效能建设】 2017年，迎泽区城管局推进“三基建设”工作。全局系统按时完成“一目录三手册”编汇工作。开展效能建设业务培训。分别举办局系统提高机关干部通用能力培训、知识竞赛、文明礼仪大讲堂等活动，提高办事效率和服务态度。开展精神文明单位创建工作。开展《道德讲堂》、“传家训、立家规、扬家风”等活动。探索新形势下做好双拥工作新途径、新方法。落实优抚政策和走访慰问制度，拓宽双拥活动领域，开展双拥共建活动。

【片区整治】 2017年，迎泽区城管局以高品质定位，高水平设计，确定“1+2”创建方案，划定桃园市级精品标杆示范片区和劲松示范区、源中心示范区（站前北示范区）共3个示范区。桃园示范区作为市级示范区，投资1311万元，进行提档升级打造。在整治过程中共粉饰楼体31771平方米，路面硬化4.2万平方米，新制铁艺栏杆91平方米，柱顶景观照明灯53套，亮化楼体2000平方米，拆除违法建筑6875平方米，拆除棚户区建筑2045平方米，拆除违法广告5383.5平方米，规范牌匾51平方米，取缔占道经营10711个，取缔露天烧烤53个，规范便民市场1个，第五立面清理杂物59.2吨，拆除私搭乱建40平方米，清运生活垃圾104792.3吨，清运建筑垃圾49847.5吨，清理小广告225973个，处置问题设施474个，街区文化品位和环境品质得到提升。

【清扫保洁】 2017年，迎泽区共有清扫保洁街道528条，650余万平方米的清扫保洁工作。严格执行全区“两扫全保”制度（4：30至6：30、13：00至14：00）。按照“红线到红线和墙到墙”要求确保道路保洁高质量、无遗漏，作业期间落实每天两次普扫、其余时间保洁的工作规范，做到各个不同路段、路面、便道、死角干净整洁。

【机扫作业】 2017年，迎泽区城管局落实机扫作业绩效考核制度，提高作业车辆出车率、安全率、道路机扫率，降低事故率、扩大作业范围，提升街面洁净度。做好辖区内6条示范道路（迎泽大街、南内环街、长风东街、新建路、滨河东路、东中环路），14条一类街道，63条二类街道，40条三类街道，共计123条街道435万平方米车行道的机械化清扫水冲洗、洒水和喷雾降尘作业，机扫冲洗率达90%以上，确保工作质量和效果，保证路见本色，路黑线白和道路双黄线清晰。做好全区人工清扫保洁和机械化作业质量监督、考核考评工作，对机械化作业实行“作业时间、作业趟数、是否按照工作规范作业、作业车辆故障维修率”的四重考核和随处随罚。在加大车行道和便道的机械化水冲洗作业力度基础上，完善小街巷便道清洗队伍，确保大型车辆无法作业的便道、死角和立面的清洗效果。

【垃圾清运】 2017年，迎泽区城管局开展城乡生活垃圾全收集工作。对全区12个城中村实行城市化清扫保洁和垃圾收运的专业化队伍管理，对城中村院落、沿街店铺所产生的生活垃圾、废弃物按照定人、定时、定点要求进行收集，对全区16个山区村的生活垃圾实行专业收运管理；并在区属28个农村推广郝家沟地埋式垃圾桶站（点）的收集、管理和运行办法，采取设置垃圾地埋桶和集中修建垃圾转运站相结合的方式进行收集。在主城区推行“上门店、进单位、入楼院”生活垃圾袋装定时上门收集工作。截至2017年底，迎泽区在6条示范街道和一、二类街道共计83条和三类部分街道26条总计109条街道开展和推行生活垃圾定时定点上门收集。垃圾分类试点和餐厨废弃物收运工作取得新进展。选定垃圾分类工作试点10处，签订餐厨垃圾收运协议1181份，湖滨国际、天一宫等315家酒店和饭店与天润公司开展收运工作，平均每天收运6.7余吨。垃圾收运体系得到新构建。按照市里安排，从2月开始，在南沙河南岸环卫队临时垃圾中转站设定大件垃圾、废旧家具和装修垃圾中转点，安排三辆工具车共清理清运大件垃圾、装修垃圾120余吨，拆解清运废旧家具千余件。鉴于南沙河南岸环卫队临时垃圾中转站场地有限，负荷较小，从3月中旬起，在察院后开辟出一块空地，作为迎泽区大件垃圾、废旧家具破拆点和装修垃圾中转点，对大件垃圾破解拆除后，将大件垃圾转运到指定地点，每天处理大件垃圾约 20 余吨，确保大件垃圾日产日清。

【行政执法】　2017 年，迎泽区城管局整治铁路沿线环境。全区铁路沿线、建设路两侧累计拆除违章建筑 80 处、118012.29 平方米；棚户区拆迁 34010 平方米；整治大型墙体广告牌 606 块、11913.95 平方米；取缔违法回收站 12 个；对沿线卫生环境进行综合整治，清运垃圾 55644.4 吨。整治占道经营、露天烧烤勇当“排头兵”。坚持属地管理，严格执法，推行弹性工作制和错时执勤制，做到流动摊贩整治全覆盖、整治责任全落实。全区 60 条主干道、8 所三甲医院、64 所中小学校周边市容环境治理取得成效，全区 160 余处露天烧烤全部“清零”，全市考核持续排名第一。整治户外广告牌匾。对主次干道、商业街区等重点区域内非法广告进行集中整治。对沿街商业门头多设或不按规定设置的店名牌匾、橱窗广告，进行清理规范。共拆除广告 85 处、3049 平方米；清理小广告 320770 处。打击“两违”。共拆除 882 处，面积 431963.01 平方米。治理工地扬尘状况取得成效。对辖区 5 个所管工地按照“六个百分百”标准进行检查，实行 24 小时监控。针对雾霾天气，建立应急处置机制，确保“六个百分百”落实到位。

【市容环卫执法】　2017 年，迎泽区城管局对辖区内渣土拉运的工地进行前期详细摸底登记，建立台账，签订《迎泽区建筑工地渣土清运承诺书》。对渣土运输的工地和运输企业发放宣传材料，悬挂渣土规范运输宣传条幅、告知牌。制定长效执法巡查制度，巡查台账，违法处罚台账，对辖区内的渣土运输实时监管巡查，及时发现迅速查处，有效控制违规拉运行为。在打击渣土乱倾乱倒方面，采取疏堵结合办法，引导运输车辆到正规消纳场地消纳，依法查处违法乱倾乱倒行为，对涉嫌有乱倾乱倒的道路场地进行限高杆封堵，并安设警示牌。拓展新思路新方法，在渣土车辆集中的东山水马路设置视频监控点，警示、规范过往渣土车辆拉运行为，为执法工作起到辅助作用，提高工作效率。全年共出动车辆 320 余台次，人员 1000 余人次，发放各类宣传资料 300 余份，安装警示标示、告知牌 60 余块，警戒线、限高杆封堵乱倒场地 10 余处，依法查处违法案件 151 件，设立移动渣土运输流动监控点 2 处，视频监控站 1 处。

【城管监督】　2017 年，迎泽区城管局建立微信平台，处理问题更快捷。实时联系，发现问题，及时反馈，每日接收信息量均达 300 件，与各公司形成良性互动，缩短问题处理时间；强化薄弱环节，提升管理水平。在开展日常监督检查业务的同时，由“六街一镇”中队长牵头，对无物业小区内清扫保洁、垃圾清运、居民楼楼体悬挂物、楼层小广告的治理实行高标准严要求，全面提升无物业小区的全覆盖管理程度；应对突发事件，为民排忧解难。城管监督大队承担着全区影响市容市貌和人民生活无主问题的应急处理工作，全年共计处理应急问题303处。国庆长假期间，柳巷电缆突然起火和太原第二监狱南侧污水横流等重大问题的及时处理，得到相关部门的肯定居民好评；延伸管理思路，促进长效机制。城管监督大队开展作业公司上门收集和与食药监局联合检查试点工作。

【环卫应急】 2017年，迎泽区城管应急大队共清运14万余吨生活垃圾，清掏清运粪便2000余吨，破解、清运5000余吨大件垃圾。区城管局所管辖的六个中转站本着高效、美观、卫生、舒适原则，全部配置安装全国一流水平的防蝇、防臭喷淋系统，实现一流中转站建设目标。

【小广告治理】 2017年，迎泽区城管局按照“先主次干道、再中小街巷、后向院落延伸”原则，采取清、铲、喷、涂等措施，加大对小广告清理整治力度，共喷涂脏乱差墙面、柱面、地面等共计183941处。开展户外广告牌匾整治。全年共拆除违法广告2216块，整改规范户外广告572块，更新清洁户外广告2392块，清理小广告320770处。

【公厕管理】 2017年，迎泽区城管局落实市、区公厕管理作业规范和管护质量标准。区城管局有直管公厕97座。其中，现代水冲公厕69座，不锈钢公厕28座，所属公厕全部严格执行专人管理，确保执行公厕开放、关闭时间（冬季：7：00至21：00；夏季：6：30至22：00）；严把公厕管理和卫生质量关，增加飘香举措，改变乱、脏、臭状况；对重点路段、繁华区域和人流量大地段（如柳巷、钟楼街）实行公厕管理员双人双岗，两班轮值，柳巷、钟楼街区域，实行公厕24小时全天候开放；2017年，新建公厕3座，改造院内旱厕18座。

（冯秀玲）

城乡建设

【概述】 2017年，迎泽区住建系统围绕迎泽区打造“省城首善之区”总目标，开展双塔景区改造工程、迎泽公园南湖游乐设施拆除工程、轨道交通2号线（迎泽段）三项城建重点建设工程；实施松小线、双塔南路、迎泽大街下穿火车站通道三条道路改造项目；完成松山佑巷、龙城新苑、南江花园、东岗巷棚户区安置工作；启动松庄村、水峪村两个城中村改造任务；完成电建棚户区房屋征收任务、推进燃煤棚户区改造，组织实施东岗路棚户区、实安全生产责任，对全区34个棚户区和城中村改造项目进行安全大检查，开展居民住宅楼联合巡查行动暨高层建筑消防安全专项治理；落实民生政策，开展廉租住房审核工作，累计发放廉租房补贴46万余元，实物配租5户，并对符合公租房条件的22名涉军、“两参”人员，进行龙康新苑实物配租。

【双塔景区改造工程】 双塔景区改造工程是市政府2017年度重点建设项目，也是迎泽区承担的市委特色考核指标。景区改造分两步组织实施，2017年启动一期工程，改造范围为南沙河以南、南内环东街以北、双塔南路以东、东中环以西区域，建筑总面积近59万平方米。其中，国有土地上分布着化工物资总公司、市卫生材料厂等12家企业、46幢单元楼、约2700余户居民，建筑面积40.5万平方米；郝庄集体土地宅基地上涉及210户村民，建筑面积5.8万平方米，非宅基地上涉及企业公建35处，建筑面积12.7万平方米。2017年4月5日，区政府制定了房屋征收补偿方案，成立由分管副区长任总指挥，住建局、教育局、郝庄镇及郝庄社区主要负责人任副总指挥的房屋征收指挥部，并从全区相关部门抽调170余人充实到房屋征收一线。截至年底，国有土地上房屋实现当年征收、当年完成。郝庄集体土地上公建部分拆除完毕，开展宅基地上房屋拆迁补偿安置工作。

【迎泽公园南湖游乐设施拆除工程】 迎泽公园南湖涉及高空跳伞、水上乐园等39个大型游乐项目。2017年7月，根据市领导批示精神，针对迎泽公园游乐项目久拖未拆状况，区政府安排住建局接手南湖游乐设施拆除任务。区住建局及时向公园管理处下达《限期拆除通知》，并与39个游乐项目业主进行对接沟通，征得公园管理处和39个业主理解。8月底完成项目地上建筑物拆除和地基基础破碎及垃圾外运工作，确保迎泽公园改造项目如期完工。

【轨道交通2号线迎泽段建设工程】 轨道交通2号线一期工程是省市政府重点建设项目。迎泽区住建局具体承担解放路沿线省安装公司宿舍楼、市粮油公司宿舍楼、安业大厦及体育馆等4家单位征收工作。市粮油公司和省安装公司5000多平方米宿舍楼全部拆除完毕；上报安业大厦及体育馆片区改造方案，待市规划局批复后启动整体改造。

【松小线道路改造工程】 松小线起点为松庄，终点在观家峪，2014年10月，迎泽区住建局和郝庄镇政府及相关村共同承担松小线拆迁补偿任务。2017年住建局完成62户村民、4.1万平方米建筑物的拆除任务。

【双塔南路道路改造工程（迎泽段）】 双塔南路改造北起南内环街，南至龙堡街，共涉及23家企事业单位，112户居民，建筑总面积2.54万平方米。6月23日，由迎泽区住建局牵头，桥东街道办事处、郝庄镇政府共同组织实施房屋征收工作。房屋征收任务全部完成，展开道路改造工程。

【迎泽大街下穿火车站通道建设工程（建设路—双塔北路）】 工程共涉及6家单位和48户居民，房屋征收总面积31784.736平方米（其中住宅9615平方米）。关于单位公建部分，太原铁路局等4家企业签订过渡协议，共拆除各类建（构）筑物2万余平方米。对于剩余2家企业，初步达成意向，待市建审中心出具评估报告后签订协议。关于居民私产部分，48户居民的房屋全部拆除完毕，为工程顺利完工打下基础。

【松庄村城中村改造】 松庄村位于朝阳街东部，东环城高速公路南北横贯村西，是太原市东部一个重要交通枢纽，全村耕地

450亩，现有人口2000余人；2017年10月，松庄城中村改造项目正式启动。迎泽区住建局会同区城改办开展调查摸底，严格履行“四议两公开”程序，在综合各方面意见和建议基础上，结合各村实际情况，科学制定改造方案，分步推进建筑物拆除工作，保证项目进行。松庄村宅基地上拆迁工作全部结束，违法建筑拆除任务完成90%。

【水峪村城中村改造】 水峪村位于朝阳街东段，东邻港道村，南邻赵北峰村，西邻松庄村，北邻杏花岭区淖马村，全村土地总面积2400余亩，人口1100余人。2017年10月，水峪城中村改造项目正式启动。截至2017年底，水峪村宅基地上房屋和违法建筑全部拆除完毕，达到净地出让标准。

【电建棚户区改造项目】 电建棚户区改造项目东起省人民医院宿舍围墙，西至并州路，南起双塔东街，北至东岗路西二巷。2017年7月16日，迎泽区住建局启动电建棚户区改造项目，完成电建公司及其150余户居民、3.1万平方米建筑物征收任务。龙投公司进场施工。

【燃煤棚户区改造项目】 依据太原市房管局《关于加快实施城区棚户区清洁供暖改造的通知》，2017年8月由迎泽区住建局牵头，相关街办和郝庄镇具体实施，启动辖区125个燃煤棚户区（危旧房）改造工作，累计完成3805户居民、14.7万平方米燃煤房屋拆除任务，为打赢蓝天保卫战、保护生态环境做出贡献。

【东岗棚户区改造项目】 东岗棚户区改造项目2011年9月正式启动。其间，因宏观形势变化、承接主体变更等原因，项目处于时断时续状态，搬迁居民出现逾期回迁情况。对此，区委、区政府高度重视。一方面，妥善解决项目遗留问题，维护社会稳定。另一方面，寻找项目承接企业。经多方考察、接洽，2017年年初与山西建设发展有限公司（下简称建发公司）签订委托开发框架协议。3月15日，建发公司全面进场接管项目。7月底，1、2、7、8号回迁楼全部完工，共交付1300套安置房；配建的并东小学实现主体封顶，计划2018年9月投入使用。为确保回迁房分配工作顺利开展，2017年8月1日，区政府成立东岗棚户区回迁房分配领导组，并按照公开透明原则，吸收回迁户代表参与到分房工作中，组建居民代表监督小组。研究制定回迁房分配方案，从公告、审核、选房、结算、交房验房等环节对分房全过程做出安排部署。首批1300户回迁房分配到户；第二批3、4、5、6号回迁楼加紧施工。

【棚户区改造项目】 2017年，迎泽区回迁房累计开工建设14956套，实际建成交付迎泽区7660套。按照区政府安排，区住建局会同相关街办共同组织开展回迁房分配工作，山佑巷、龙城新苑、南江花园、东岗巷4183套回迁房分配到户，其他项目协议审核工作全部结束，即将启动分房，有效化解搬迁居民延迟安置这一重大不稳定因素。针对部分房屋占压回迁楼楼座，影响居民按时回迁的问题，2017年年初，住建局和桥东街办组织实施棚户区“清零”行动，完成东岗巷和新生里棚户区19户“钉子户”拆除任务，清除回迁安置障碍，确保回迁楼顺利开工。

【安全生产】　2017年，迎泽区落实省、市、区安全生产会议精神，调整本单位安全检查领导小组，按照“全覆盖、零容忍、重实效”总要求，采取现场查阅安全管理资料、航拍工地安全管理现状、当场反馈检查意见、跟踪监督整改落实的方式，对全区34个棚户区和城中村改造项目进行安全大检查。其中，24个棚户区项目发现隐患33条，10个城中村项目发现隐患27条，主要涉及施工用电，防护设施、脚手架支撑、文明施工四个方面，年底全部整改到位，建筑工地安全生产管理水平提高。汲取天津等地高层建筑火灾频发教训，2017年12月25日，联合公安消防大队组织辖区140余家物业服务企业召开消防安全培训会议，开展居民住宅楼联合巡查行动暨高层建筑消防安全专项治理，有效提升了辖区物业管理企业的消防安全管理能力，居民住宅小区消防安全形势保持总体稳定。

【公共租赁住房保障工作】　2017年，迎泽区共审核廉租住房申请200余户，最终确定133户、314人符合公共租赁住房保障标准，年底，46万余元廉租房补贴全部发放到位，5户居民获得实物配租。组织开展涉军人员公租房申报工作，开辟绿色通道，保证涉军人员申请公租房审核工作的规范、高效、快捷。审核档案60余份，符合保障条件的22名涉军、“两参”人员在龙康新苑获得实物配租，实现住房保障对象的“阳光施保”“应保尽保”。

（崔雅琼）

环境保护

【概述】　2017年，太原市环境保护局迎泽分局（简称环保迎泽分局）围绕全面推进“五大工程”和“五项整治”安排部署，强化落实《太原市迎泽区环境保护工作职责规定（试行）》，全面开展散煤治理、禁煤工作、散乱污企业整治取缔、环境安全大检查、工业企业达标升级、秋冬季大气污染综合治理攻坚行动、“铁腕治污”百日攻坚、环保督查整改落实等各项重点工作，推进环境质量改善，各项任务取得阶段性成效。

【散煤治理】　2017年，环保迎泽分局按照《太原市迎泽区2017年散煤治理暨冬季清洁取暖实施方案》《太原市迎泽区“铁腕治污”大气环境整治百日攻坚大会战实施方案》，成立迎泽区中央环保督察整改暨散煤治理领导小组，与各单位签订工作目标责任书，环保迎泽分局牵头开展全区散煤治理工作，截至年底，棚户区拆除改造和清洁供暖改造共7792户，54.1万余平方米。清洁能源供热改造任务数2589户，完成改造2589户，完成改造任务。列入拆除5203户，累计拆迁4683户。农村“煤改电”12个村、865户的改造任务全部完成。农村“煤改气”涉及观家峪、孟家井、港道等3个村1201户，全部完成任务，完成率113%。蔬菜、水果、花卉大棚燃煤锅炉清洁能源替代工作涉及郝庄镇各类温室大棚的14台燃煤锅炉，燃煤锅炉全部拆除。“城中村”整村拆除工作涉及水峪、松庄、新沟3个村，总户数为1979户，全部完成拆除任务，拆除率105%。集中连片棚户区（拆除）改造工作，总任务数为734户，完成571户，拆除率78%。太原市热力公司城南供暖分公司7台630吨燃煤锅炉烟气治理设施提标改造工作全部完成，采暖期按时投入运行。

【禁煤工作】 2017年，环保迎泽分局按照“一清二拆三禁”（即清存煤、拆锅炉（火炉）、拆煤灶，禁售、禁运、禁用散煤，严格禁止各种形式的原煤散烧）工作要求，确保用气、用电安全和大气环境质量改善成效。各街办、镇采取发放宣传资料、悬挂条幅、组织集中处理、定人定点巡查、签承诺书等形式开展禁煤工作。清煤总数达4081.5吨，拆除土小锅炉196台，拆除煤炉1416台。

【环保督察整改】 中央环保督察整改工作。2017年4月28日中央环保督察组进驻太原后，迎泽区成立9个小组，负责完成督查期间各项工作任务。中央环保督察进驻期间（4月28日至5月31日），全市共接到中央环保督察组交办的群众反映环境问题31批次1310件，迎泽区186件，占全市案件总数14.3%，案件总数在六城区中排名第四，区环保局督办案件59件。为做好中央环保督察案件和强化督察案件“回头看”，迎泽区对中央环保督察期间交办的186个案件和环保部强化督查期间的32个案件进行分类整理，要求14个责任单位对有关问题进行“回头看”，并针对发现的整改不到位问题再次召开会议专题研究部署，基本完成案件“回头看”。涉及迎泽区的未落实案件、领导领办重点工程、突出环境问题也落实整改，截至年底，迎泽区12件未落实案件落实10件；10件领导领办重点工程、突出环境问题完成5件；23件环保强化督察问题全部整改完毕。

山西省环保督察督办工作。山西省环保督察期间（10月17日至11月16日），迎泽区共收到31批省环保督察组转办群众反映问题137件，占全市案件总数15.4%，环保12件。

【环境安全大检查】 2017年，环保迎泽分局在辖区范围内组织开展全方位、全覆盖环境安全大检查，共出动600余人次，对辖区医疗卫生机构、放射源和射线装置使用单位、产生危废的实验室和工业企业等相关80余个单位进行检查，检查中坚持“谁检查、谁签字、谁负责”原则，建立环境安全大检查台账，消除环境安全隐患。

【区大气网格化环境质量监管系统】 2017年1月，迎泽区大气网格化环境质量监管系统正式投入运行，各项功能日渐完善。迎泽区政府和区直相关部门作为一级网格，6个街道办事处和1个镇作为二级网格，114个社区（村）作为三级网格。共布设 60 个点，建成市控微观站考核点 22 个、道路点 14 个、区控微观点 10 个，待建微观点 14 个，并在网格化监管基础上，在区控微观站上增建视频监控 24 个，监测指标为 PM2.5、PM10、SO_2、NO_2、CO、O_3、温度和湿度。微观站点作为溯源站点，可为热点网格识别、污染取证、执法提供依据。

【工业企业达标升级】 2017 年，环保局加强挥发性有机物污染治理。根据《太原市重点行业挥发性有机物（VOCs）2017 年专项治理方案》要求，山西新华印业有限公司印刷厂 10 月底前完成挥发性有机物治理任务，迪爱生（太原）油墨有限公司完成无组织排放挥发性有机物的限期治理任务；山西昆明烟草有限责任公司完成新厂建设，10 月底搬迁至省综改示范区。

【重污染天气应对】 2017 年，环保迎泽分局严格执行全市统一的预警级别减排措施，10 月 1 日起，以污染源排放清单为基础，逐个排查区域内各类污染源，摸清污染排放实际情况，相关 7 家工业企业实施“一厂一策”，采取停产或限产（整条生产线停产）等方式实现应急减排。

【“排污费改环境保护税”工作】 2017 年，环保迎泽分局与区税务部门对接，按计划和上级要求移交相关资料，配合税务部门开展培训辅导、税法宣传等工作，为贯彻落实《中华人民共和国环境保护税法》，实现“排污费改环境保护税”做先期准备工作。

【生态环境治理】 2017 年，环保迎泽分局开展矿山生态环境调查工作。为强化非煤矿山生态修复工作，对辖区生态修复情况进行调查，完成《迎泽区矿山生态环境详细调查报告》编制、图集、数据采集工作，通过专家初审，为开展生态修复工作提供第一手资料。

开展辖区土壤污染防治工作。为全面落实《土壤污染防治行动计划》，按照全国土壤污染状况详查工作的安排，迎泽区组织国土迎泽分局、迎泽区农委、郝庄镇、迎泽区经信局等部门，对辖区农用地土壤污染状况详查点位进行核实。编制完成《太原市迎泽区土壤污染防治工作方案》编制工作，明确技术路线、整治重点和工作要求。完成乡镇饮用水源地基础数据采集工作。

【加油站地下油罐更新改造】 2017 年，环保迎泽分局为减少对地下水的污染，根据市政府《关于加快实施加油站地下油罐跟新改造工作的通知》要求，开展辖区地下油罐更新改造工作。2017 年，9 家加油站中完成改造任务的有 7 家。

【环境质量例行监测】 2017 年，环保迎泽分局根据市局统一安排，完成一、二季度迎泽区迎泽宾馆、山西大酒店、龙城国际大酒店、金港大酒店、火车站、汽车站等六家单位的室内空气监测采样工作，采集项目包括苯系物、甲醛、一氧化碳、氨等四项，共采集样品 392 个。完成一、二季度迎泽区政府宾馆、晋阳饭店二个点位功能区噪声的 24 小时昼夜监测工作，获取有效数据 336 个。2017 年迎泽区区域环境噪声平均值54.4分贝。

【环境敏感区域巡查】 2017年，环保迎泽分局和相关部门共同加强对郝庄、菜园两个空气质量自动监测点位周边的综合管理，加强点位周边各类污染源的监督管理，建立定期长效巡查机制，成立两个巡查小组，对上述区域实行不间断巡查，做到及时发现问题，解决问题。2017年迎泽区环境空气质量综合指数为7.27，六城区中排名第三，二级以上天数211天，优良率58.3%，同比减少40天，截至2017年11月底，迎泽区PM2.5浓度均值为69微克每立方米，完成考核任务95.59%，重污染天数4天，同比减少8天。

【餐饮业油烟治理】 2017年，环保迎泽分局对迎泽区菜园点、郝庄点位周边4千米范围内餐饮业进行油烟治理。全年完成206个单位、209台油烟净化装置安装任务。

【迎泽区城市管理全面提升行动】 2017年，环保迎泽分局牵头负责城市管理建筑工地扬尘噪声污染整治工作，与各相关协调配合，按照“五全一湿”施工标准，抓好对各类工地的管理、巡查，确保各类施工工地扬尘噪声污染整治工作完成，推进城市管理提档升级。

【党风廉政建设】 2017年，环保迎泽分局加强廉政教育。组织召开党风廉政建设干部大会，参加“清正廉洁”道德讲堂，组织职工学习《家风廉政大家谈手册》，自觉提升思想道德境界，廉洁齐家，自觉带头树立良好家风。组织职工观看《廉政中国》《一个土皇帝的覆灭》《蜕变与悔悟》《榜样》《永远在路上》等相关廉政警示教育片。组织廉洁自律准则、纪律处分条例知识测试，开展“党员廉政宣誓承诺活动”“加油·苦干·奉献”主题活动等，引导和督促党员干部增强纪律和规矩意识，保持对纪律的尊崇和敬畏，自觉遵纪守法。2017年10月，制定《环保迎泽分局党支部关于落实市委巡察一组反馈问题及建议开展巡察整改的实施方案》，并编制环保迎泽分局关于市委巡察反馈意见的责任清单、问题清单和整改清单，明确承办部门和牵头负责人，确保整改任务全面完成。10月27日召开专题民主生活会，民主生活会邀请市局党组成员、副局长许德茂全程参与、现场指导。

【职工学习教育】 2017年，环保迎泽分局组织职工参加国务院政府工作报告在线专题学习及答题活动。参加《法治政府建设实施纲要》知识问答竞赛活动。组织全体党员开展对新《党章》《廉政准则》“两学一做”的学习及党风廉政理论考试，召开“如何贯彻落实一个指引，两手硬重大思路”讨论会，开展执法业务培训、业务技能培训，提高干部职工的综合素质。

召开“两学一做”专题学习动员大会及理论考试，开展维护核心见诸行动主题组织生活会。购买《习近平系列重要讲话》《习近平谈治国理政》《两学一做读本》等书籍。邀请许德茂讲授“重温党的历史——了解党章的发展历程”专题党课。在全体干部职工中开展以“爱岗敬业、勇于担当、以主人翁的精神认真履行岗位职责”为主题大讨论活动，将“两学一做”学习教育活动引向深入。

制定培育和践行社会主义核心价值观实施方案，组织全体职工开展各项活动，参加由市文明办组织的“图说我们的价值观”公益广告作品征集活动；参加“担复兴大任，做时代新人”等为主题的道德讲堂活动；组织职工参观《今日太原》摄影图片展；组织职工参加“公民道德宣传日”宣传活动，宣传公民道德知识，提升全国文明城市创建在群众心中知晓率，强化社会主义核心价值观，提升全体干部职工道德修养。

【环保执法】 2017年，迎泽区各相关部门组成联合执法队伍，对44家散乱污企业开展“散乱污”企业摸底排查，明确工作任务和清理重点，严格工作标准，按照“两断三清”要求，多次开展现场联合执法，建立长效监管机制，采取强制断电、“回头看”等措施，加强“散乱污”企业巡查整治，杜绝“散乱污”企业死灰复燃，确保关停成效。按照从严控制、统一规划、统一标准、统一时限要求，全面提升工业污染防治水平，集中整治各类无组织排放，企业厂区内的所有煤场、料场、渣场全部实现全封闭，完成混凝土搅拌站全面综合整治。建立无组织排放改造全口径清单，对太原久久通筑路材料有限公司等5个单位的料仓进行全封闭，工业企业扬尘污染得到有效控制。2017年，共征收排污费154.3034万元，行政处罚35.1万元。

【环保审批】 2017年，环保迎泽分局执行环保相关法律、法规和规定，严把建设项目环境保护准入关，实行“审批提速”，完善审批流程，规范审批程序，缩短审批时间。2017年共审批建设项目12个，审查项目1个，备案42个，验收11个；对9个单位核发排放污染物许可证；办理24个工地、504件夜间施工证明。

落实“简政放权”，营造优良环境。为利企便民，迎泽区对行政许可事项进行全面摸底核实和清理，重点清理行政审批办理的各类前置申报材料、证明材料，减少审批办理材料。

2017年1月1日起，取消建设项目环境影响评价登记表审批，改为网上备案；10月1日起，根据《建设项目环境保护管理条例》取消对建设项目环境保护设施竣工验收的行政许可事项。提高服务，简化办事程序。对项目实行一次性告知制度，对每个事项制作“一次性告知单”，详细叙述办事需提供材料和下载网站，方便办事群众；坚持做到符合要求项目马上办理、不符合要求项目详细告知，坚决不办，能一天办完的项目，绝不拖延时间，压缩行政审批时间。环境影响报告表由30天缩短为12天，工作效率提高。

规范行政许可行为，坚持限时办结，按照《环保法》要求，对环境影响报告表、报告书等审批文件全部在太原市环境保护局网站上公示，增强行政许可透明度。

畅通“12369”“12319”“我们为您解忧

愁”环保投诉热线和微信举报平台。截至11月底共查处各类环境信访案件1233件。其中，微信举报数72件，“12369”平台举报数976件，区便民热线交办单152件，网络举报33件，重复投诉率降低，查处率、结案率、反馈率均达100%。

【双拥和精神文明创建】 2017年，环保迎泽分局组织开展双拥活动，组织干部职工学习《将改革进行到底》《强军》大型纪录片，学习习近平《让双拥模范创建成为发展新动力》等文章，在清明节组织职工在太原市迎泽区郑村革命烈士陵园进行缅怀先辈祭扫活动和以“我们的节日·清明节”为主题中华经典诵读活动。向职工提倡“文明祭奠”，低碳清明，绿色清明。在七一纪念日期间，太原市环境保护局迎泽分局组织全体党员和入党积极分子赴红色教育基地——西柏坡开展爱国主义教育为主题党日活动。八一建军节，组织职工参加驻晋93533部队双拥慰问篮球友谊赛。在国庆节重大节日，组织职工参加“我们这里升国旗”为主题网络文明宣传活动。太原市环境保护局迎泽分局参加由市环保局尖草坪分局与驻地某部队共同举办的以“节俭养德”为主题道德讲堂活动，共同形成良好社会风尚。通过活动，增强全体职工开展双拥工作的认同感和积极性，营造军爱民、民拥军的浓厚氛围。

创建精神文明工作，组织职工参加《法治政府建设实施纲要》知识问答竞赛活动。组织全体党员开展对新《党章》《廉政准则》“两学一做”学习及党风廉政理论考试，召开“如何贯彻落实一个指引，两手硬重大思路”讨论会，组织召开全局党风廉政建设干部大会，参加“清正廉洁”道德讲堂，组织职工学习《家风廉政大家谈手册》，组织职工观看《廉政中国》《一个土皇帝的覆灭》《蜕变与悔悟》《榜样》《永远在路上》等相关廉政警示教育片，参加“担复兴大任，做时代新人”等为主题道德讲堂活动，组织职工参观《今日太原》摄影图片展，组织职工参加“公民道德宣传日”宣传活动。开展“文明科室”“文明职工”评选活动，组织观看“凝聚恒爱心，实现中国梦”专题残疾人文艺演出、区双拥办组织的“中外名曲赏析”交响音乐会、市环保局组织的“迎八一”篮球友谊赛、市直工委组织的“健步行”、观看《建军大业》《战狼2》等，号召职工在单位文体场所健身、做早操。开展“我们的节日”主题活动。在新春佳节，开展“送温暖、献爱心”“认亲结对献爱心”慰问活动，“三八”妇女节举办以“关爱女性　呵护健康”为主题的妇女健康知识讲座，端午节开展“迎端午·包粽子·献爱心”“民族节日，代代传承，端午快乐”和端午节吟诗会活动，倡议职工外出旅游时要文明交通、文明旅游，重阳节组织退休职工参加由市环保局组织的重阳佳节“最美夕阳红”健步走活动和老年人运动会，为身患重病的太原市环保志愿者协会会长张强捐款2820元。博爱“一日捐”捐款1670元，“中华慈善日”两年共捐款5490元，为娄烦县鹰落沟村的村民两年共捐款6850元。组织开展“圆贫困儿童六一心愿”活动，对认领的8位贫困儿童进行慰问。慰问优抚对象和曾参加过解放战争、抗美援朝的伤残军人——王海泉。

【环保宣传】 地球一小时宣传活动。环保迎泽分局与迎泽区教育局连续十年组织全区中小学通过开展“地球一小时”环保教育活动。2017年在山西财经大学、太原市盲童学校组织环保志愿者开展“‘为’蓝生活，地球一小时”“蓝色WE来”为主题的地球一小时签名和现场熄灯活动。通过签名、赠送小蜡烛、发放环保宣传手册和熄灯等方式，增强群众的节能环保意识。

“世界地球日”宣传活动。2017年山西财经大学环保志愿者在学校组织开展“井盖添花”活动。与新建南路一社区环保志愿者开展“低碳现在·绿色未来”环保知识进社区活动为主题的环保知识进社区活动。在华凯格林郡小区与社区居民开展环保涂鸦和签名活动。现场吸引辖区居民参与，在普及环保知识的同时，使社区居民在日常生活中通过自己的行动带动身边的家人和朋友，使环保理念深入人心。

“世界无车日”志愿服务活动。组织志愿者参加主题是“绿色交通 智慧出行”绿色骑行环保宣传活动和“世界无车日能量卡”巨型海报拼接、“少开一天车，绿色文明行”和“公民道德宣传日”志愿活动，引导广大居民群众参与公民道德建设，提升公民道德素质，推进争创全国文明城市工作，向市民宣传绿色出行文明行车理念。

园林绿化

【概述】 迎泽区园林绿化局（简称区园林局）是迎泽区人民政府主管全区园林绿化工作的直属事业机构，为依照公务员法管理单位，人员编制7名（其中局长1名，副局长2名，科员3名，工勤人员1名），实有人数8名（其中局长1名，副局长2名，副主任科员1名，工勤人员2名，二线人员2名）。离休人员1名，退休人员5名。内设机构三个：综合科、技术科、审批科（原管理科变为审批科）。下属单位：迎泽区园林绿化队，为全额拨款事业单位，正科建制，事业编制203名，实有工作人员99名，与外聘康培园林绿化工程有限公司和绿都园林绿化工程有限公司共同担负着城区287410平方米绿地、26186株的管养任务。园林绿化队招收公益岗位人员223名，分布在各街办（镇）担任保绿员。各项工作顺利开展，获“市级文明单位称号”。

【两提一争活动】 2017年，迎泽区园林绿化局结合工作实际，开展“提高标准、提升能力、争当先锋”大讨论活动。在对标对表、力行实践阶段按照“两提一争”活动部署，开展以“亮身份、亮标准、亮承诺、亮服务、争先锋”为内容的“四亮一争”活动，教育引导党员干部增强宗旨意识，树立工作标杆，争做党员先锋，为建设“首善之区”努力工作。在“八一”期间，组织党员干部传唱军歌，纪念建军

90 周年，弘扬革命文化，铭记中共领导人民军队的光辉历史；开展以“德润迎泽、淳善家风”为主题的优秀作品展示，开展以家风家训为主题的党课教育活动，组织党员干部撰写廉政承诺书和廉政家书活动，开展以家风家训为主题的“道德大讲堂”等系列活动，对党员干部进行优秀传统文化传承教育；组织党员干部参观区委举办的“我的城市我的家——城市变迁”书画摄影展，让党员干部了解迎泽区的悠久历史，厚重文化，坚定文化自信，增强建设“首善之区”的使命感；开展“党员先锋行”主题实践活动，组织党员干部在六街一镇开展可绿化用地摸排工作，与创建全国文明城市工作相结合，开展垃圾山绿化工作，完成垃圾山绿化 86122 平方米。

【精神文明创建】 2017 年，迎泽区园林绿化局按照精神文明建设重在坚持、贵在创新的原则，开展文明机关创建，将精神文明建设与城区绿化建设工作紧密融合，使全系统干部职工的整体素质提高，开创绿化事业新面貌，实现新突破。用浓厚氛围鼓舞人。区园林局开展文明礼仪宣讲活动、道德大讲堂、家风家训宣传，制定详细的工作方案，以召开座谈会、现场会等形式，加强工作指导，交流经验做法，调动干部职工积极性。用规章制度规范人。用完善的制度、严格的管理规范全员行为。完善《园林绿化局工作制度》《请销假制度》《奖惩制度》等规章制度 10 余条，有效保证精神文明建设各项工作。用创建活动引导人。区园林局开展“志愿者服务活动”“做合格党员”承诺活动、共产党员挂牌上岗活动、职工棋类比赛等多种群众性精神文明创建活动，丰富干部职工文化生活。

【重点工程】 2017 年，迎泽区园林绿化局完成“五个一批”重点建设项目。按照区政府推进城市提档升级要求，完成白云寺、马庄和九九养老院附近渣土清理、植绿工程，完成太榆路 18 号绿地、上马街建设路口绿地建设工作，共建设绿地面积 86086.57 平方米，总投资 607.44 万元，完成五个绿地建设任务。结合片区整治、城中村改造等工作，建设完成山西中小企业创业基地游园、东辰小区游园、双塔北路林带游园、南内环建设路口游园和朝阳三社区游园建设任务，新建绿地面积 28765.34 平方米，总投资 1020.5 万元。

完成道路林荫化改造工作。按照市园林局要求，完成 5 条道路林荫化改造任务，通过新增、密植、补植的方式完成新增林荫化道路 1.5 万米（新增行道树 2500 株）任务。通过补植补种，完成林荫化改造的街道有青年路、青年东街、柳巷、五一东街、新建路五条林荫路改造任务。通过新增、补栽在新建路、文源巷、康乐街等街道栽植行道树 2598 株，完成市考核指标。

配合市局道路改造，完成 15 条道路树木移植砍伐工作。共移植树木 438 株，花灌木 209 株；砍伐树木 243 株；道路改造完成后栽植 309 株树，确保改造道路的绿化效果。

完成特色工作情况。在老军营小区、太铁宿舍、市疾控中心等小区和街道紧急处理安全隐患，共处理78株存在安全隐患树木，确保居民安全生活。在枣园社区院内栽植龙爪槐19株，为社区环境美化做贡献。利用冬闲时间安排200余名公益岗性岗位人员进行培训，集中学习“十九大精神”、《太原市城市绿化条例》《公益性岗位人员管理办法》《安全生产法》等内容，加强公益性岗位人员管理，提升公益性岗位人员综合素质。

【专业绿化】　2017年，迎泽区园林绿化局开展专业绿化工作。花卉栽植工作。“五一”之际，对辖区内23条街道花卉进行栽植工作，共计完成2800平方米裸露地面绿化任务，共栽植花卉572880盆，确保道路景观效果。游园绿地提档升级工作。利用双塔南路改造和创建全国文明城市的契机，区园林局在五一东街游园、南关坊绿地、并州北路绿地、新泽巷绿地栽植金叶槐、国槐、白皮松等乔木82株，丁香、西府海棠、连等灌木635株，在南官坊绿地和满洲坟绿地安装护栏128米，提升游园绿地的景观效果。古树保护工作。对辖区内古树巡查和摸底基础上，采用修剪、消毒、防腐、固化等措施，完成A002、A004、A007等53棵保护工作。对计划内古树进行围箍支撑、修剪复壮、固化防腐等保护，共投资288480元。

【社会绿化任务】　2017年，迎泽区园林绿化局确定培养省级园林化居住区1个——恒大山水城小区；市级园林化标兵居住区1个——半山国际二期；市级园林化居住区2个——万科紫台小区、劲松新景小区；绿化先进单位1个——太原市公安局迎泽分局。11月通过市园林局的验收检查。

【安全生产】　2017年，迎泽区园林绿化局认真开展安全生产大检查工作，结合单位实际，制定切实可行的安全生产大检查标准，在“两节”“两会”期间安全生产检查督查工作中，采取有效措施，推动安全大检查工作开展。安全大检查活动中派出18个检查小组，检查24人次，发现安全隐患12处，得到及时整改，整改率达到100%。根据《太原市安委办关于构建安全风险分级管控和隐患排查治理双重预防机制工作方案的通知》文件精神，区园林局以《安全生产法》《山西省安全生产条例》等法律法规和行业安全标准规范为依据，强化隐患排查治理，结合工作实际，制定《园林绿化局安全风险分级管控和隐患排查治理双重预防机制工作方案》，对园林绿化工作中三个作业安全风险等级进行认定。在安全隐患排查整治行动中，汲取清徐县东于煤矿“5·22”透水事故教训，确保安全生产持续稳定。在隐患排查治理工作中，区园林局共派出检查组17个，出动30人次，发现安全隐患22个，22个隐患都得到及时整改，整改率达到100%，有效地防止了安全事故的发生。

【铁腕治污】　2017年，迎泽区园林绿化局根据太原市组织部《关于在全市基层党组织和党员中开展“发挥先锋作用，助力铁腕治污”主题活动的通知》和区直机关工委文件要求，以环境质量改善为导向，以解决突出环境问题为重点，开展为期两个月的“铁腕治污行动”。各部门在前期调研基础上，排查和梳理突出环境问题，建立工作台账，拉出问题清单，明确整改时限、责任单位和责任人，两个月整改完毕。在10月中旬完成绿地缺株断垄，黄土裸露综合治理工作，共整治绿地8000余平方米；在10月底完成街边绿地卫生整治工资，清理垃圾22车；完成城区小绿地绿化工程的现场监控工作，防止尘土污染空气，绿化800余平方米。在整个活动中，实行“对账销号”制度，做到整改1个、销号1个，为建设青山绿水迎泽，共建美丽家园做出应有贡献。（宋俊玲）

财政 税务

CAIZHENG SHUIWU

财 政

【概述】 迎泽区财政局系迎泽区人民政府工作部门，正科级建制。局长何吉铮。主要职责：制定全区财政、税收、财务、会计管理及国有资产管理的政策和制度，研究提出地方税收政策的调整建议；编制年度区本级预决算草案并组织执行。审核批复部门（单位）年度预决算；负责政府非税收入管理、政府性基金管理及预算管理、行政事业性收费管理和财政票据管理。

2017 年，行政核定编制人数 22 人，其中正科 1 人，副科 4 人，科级以下 14 人，工勤人员 3 人；内设 8 个科室（办公室、预算管理科、国库支付科、行政事业财务管理科、城市建设财务管理科、会计管理科、国有资产管理科、财务监督科）。下属事业单位 3 个，分别为迎泽区国库支付中心、迎泽区财政投资评审中心、迎泽区中小企业融资担保中心。

【财政收支情况】 2017 年，迎泽区财政局统计区级一般公共预算收入完成 152730 万元，增长 9.7%，加上税收返还收入 31174 万元，转移支付收入 36269 万元，调入预算稳定调节基金 2000 万元，上年结转收入 16611 万元，收入总量为 238784 万元；一般公共预算支出执行 215437 万元，增长 11.08%，加上上解支出 10530 万元，补充预算稳定调节基金 1730 万元，结转下年支出 11087 万元，支出总量为 238784 万元。收支相抵，实现当年收支平衡。

【民生投入】 2017 年，迎泽区财政局坚持以人为本，按照保民生、保重点的支出原则，优化支出结构，集中财力提升民生保障水平。科技支出 323 万元，占一般公共预算支出比重 0.15%。教育支出 46053 万元，增长 7.92%。支持迎泽区城乡义务教育均衡发展、校舍改扩建、数字校园建设、改善薄弱学校办学条件等。社会保障和就业支出 61161 万元，增长 29.85%。用于基层政权和社区建设支出、对社会保险基金补助支出、行政事业单位离退休支出、就业补助支出、抚恤支出、退役安置支出、城乡居民最低生活保障支出等各项民生政策的落实。医疗卫生支出18179万元，增长15.37%。用于基层医疗卫生机构支出、基本公共卫生支出、计划生育支出等，推进迎泽区基本公共卫生服务项目、医疗保障、实施基本药物制度。

【财政预决算公开】 2017年，迎泽区财政局根据预算法有关规定以及市财政关于推进地方预、决算公开工作安排部署，实行统一公开模板、统一公开时间、统一公开网络，将114家部门预算和111家部门决算，包括政府预决算，于批复后20日内，在政府对外门户网站“迎泽之窗”预决算公开专栏集中公开，接受社会各界监督。

【内部控制建设工作】 2017年，迎泽区财政局根据太原市财政局转发《山西省财政厅关于做好2017年市县财政部门内部控制工作的通知》要求，制定迎泽区财政局内部控制基本制度、内部控制办法（11个）及内部控制操作规程（13个），堵塞制度漏洞，促进各项工作顺利开展，保持单位职能正常高效运行，各项工作走上规范化和制度化轨道。

【公务用车改革】 2017年，迎泽区财政局根据区政府提出的公车改革要求，统一部署，分步实施，严格按照流程将迎泽区行政单位涉改车辆分两次进行拍卖，全区100辆涉改公车公开、规范处置，溢价78.9%，拍卖所得款项332.38万元全部上缴国库，推动迎泽区公车改革顺利进行。

【国有资产管理】 2017年，迎泽区财政局审核国有资产报废32批957.29万元，调拨9批164.97万元，捐赠4批61.14万元；对2016年国有资产清查工作进行回头看，对部分预算单位进行实地抽查，发现问题及时指出，限时整改。

【政府采购管理】 2017年，迎泽区财政局推进迎泽区政府采购备案制度，单位自主确定组织形式、采购方式，进一步“还权”于采购单位，做到权责归位，提高行政效能。全年完成政府采购备案项目576批次，金额65108万元。其中集中采购486批次，金额14776万元。部门集中采购69批次，金额40852万元。分散采购21批次，金额9481万元。执行《中华人民共和国政府采购法》《中华人民共和国政府采购实施条例》等相关法律法规，按照政府集中采购目录以及限额标准、资产配置标准执行。

【绩效评价】 2017年，迎泽区财政局制定执行《迎泽区财政支出绩效评价管理暂行办法》，加强绩效管理。规范绩效评价，引入第三方评价机制，通过政府招投标，与8家中介机构签订绩效评价业务委托合同，制定绩效评价委托业务约束制度等。安排2017年部门预算编制项目绩效目标纳入预算编制必报必审环节。对迎泽区交通局孟家井至小山岩森林防火通道工程、法院“审判法庭建设”工程、卫生局基本公共卫生服务等重点项目展开绩效评价，涉及资金1.5亿元，提高财政资金使用效益。

【财政投资评审】 2017年，迎泽区财政局评审估算项目7项，评审资金7193万元，审减资金562万元，审减率7.8%，评审预（结）算项目95项，评审资金20069万元，审减资金1826万元，审减率9%，节约财政资金，提高资金使用效益，为加强财政资金监管、防止腐败工程和违规使用财政资金起到促进作用。

【会计管理】　2017年，迎泽区132户行政事业单位全部完成单位内控实施方案制定、评价及软件系统上报工作。全区行政事业单位在预算业务管理、收支业务管理、政府采购业务管理、资产管理、项目建设管理等六大经济业务领域中建立与实施内部控制，使财务行为更加科学规范，控制流程更加清晰明确，权力运行更加阳光透明，监督机制更加建立健全，内部管理更加规范有序。

推动迎泽区行政事业单位完成财政票据电子化管理。统一部署、安装运行财政票据电子化管理系统，完成改革任务。从2017年10月起，全区所有行政事业单位使用的财政票据均实行电子化管理。完成2017年代理记账机构换证及年度备案工作，对迎泽区所属7家代理记账机构进行审批换证及年度备案，审批6家新申请代理记账机构，实现代理记账行业信息基础数据的采集运用，提高财政部门信息化管理水平。

组织全区会计人员进行业务培训。建立会计从业人员定期培训制度，结合会计制度改革举办2017年度全区会计人员继续教育培训、内控规范培训、代理记账培训、农村（社区）财会人员财经纪律培训等培训活动，提高会计人员政治素质、业务能力、职业道德水平。

【精神文明创建活动】　2017年，迎泽区财政局开展争当“文明科室”“道德模范”“文明家庭”等活动，形成长效激励机制；通过网络、简报、专栏等宣传阵地，做到活动宣传“横到边、纵到底”；举办以“向雷锋同志学习”“反腐倡廉”“志愿者服务精神”等为主题的道德讲堂，弘扬真善美、传播正能量；开展文明礼仪大讲堂活动；征集家风家训、家风故事；利用重大纪念日和传统节日开展爱国主义教育活动，认识和领会中华传统文化；投身志愿服务活动，开展文明出行、义务植树、安全宣传、创建文明城市宣传、扶危济困、义务献血等活动，凝聚正能量，提升精气神。

（薄　浩）

国家税务

【概述】　迎泽区是太原市传统商贸中心，2017年辖区内有正常管户46911户，其中单位纳税人27177户，占57.93%，个体工商户15624户，占33.31%。重点税源仅占全局总收入的60%，低于全市80%的平均值。全口径税收收入累计完成255119万元，完成年计划254150万元的100.38%，超收969万元。地方级收入累计完成110572万元，完成年计划109970万元的100.55%，超收602万元。市县级收入累计完成77272万元，完成调整后计划76850万元的100.55%，超收422万元。区级公共财政收入累计完成65198万元，完成年计划61600万元的105.84%，超收3598万元。

2017年，迎泽区国税局落实各项税收政策和税制改革任务，优化税收营商环境服务经济社会转型发展，通过提高收入质量、强化政策效应分析、落实各项税收政策、推进征管改革等措施，发挥好服务经济社会发展的职能作用，实现税收与经济的良性互动，以严谨的作风和高质量的工作，促进全区、全市经济转型不断取得新进展。

2017年，迎泽区国税局获“山西省文明单位标兵”“山西省青年文明号”“太原市文明单位标兵”“太原市双拥模范单位”“太原市巾帼文明岗”等荣誉。纳税服务科科长郝森入选“全国100名优秀办税服务厅主任”；一支部党员张志永被推选担任迎泽区作家协会主席以来，其国学戏剧系列科研课题被列为国家“十二五”规划项目，入选《三晋学术研究书系》，2017年受邀担任“中华优秀传统文化传承工程”与“山西地方戏曲进校园重点工程”主编，编写“山西地方戏曲教育首套教材”开篇之作《山西地方戏曲读本·专业篇》。

【税收政策】 2017年，迎泽区国税局实行税收优惠政策。享受即征即退政策6户，退税67.33万元。享受小微企业增值税优惠80348户次，减免税额6987万元；企业所得税减免税额1011万元，受惠面100%。其他各项减免税额38994万元。办理免税车辆189台，免税金额547.7万元。完善重点税源采集平台系统功能。提高对组织收入工作的全盘掌控，该平台2017年6月在全市国税系统部分基层单位试运行，10

区国税局2017年税收收入完成情况

单位：万元

项目		1—12月累计完成	年计划	完成计划%	上年同期	同比增减	同比增减%
分税种	增值税	167483	145820	114.86	117402	50081	42.66
	一般增值税	73105			67502	5603	8.3
	改征增值税	94378			49900	44478	89.13
	消费税	1495	1450	103.10	1292	203	15.71
	企业所得税	67077	30950	216.73	16936	50141	296.06
	车辆购置税	19064	26280	72.54	21699	-2635	-12.14
分级次	全口径	255119	254150	100.38	157329	97790	62.16
	中央级	144546	144180	100.25	94090	50456	53.63
	地方级	110573	109970	100.55	63239	47334	74.85
	市县级	77272	76850	100.55	44267	33005	74.56
	区级	65198	61600	105.84	41219	23979	58.17

月起进行推广。

数据治理核实工作。截至2017年底修改21291条，尚未修改数据20794条，修改率达50.6%。加强一般纳税人分类管理。利用上级部门下发失控发票数据与核查系统疑点数据，对三类企业共5090户一般纳税人进行分类管理。审核361户，通过分析有虚代开风险2户；有疑点已停票4户；发出协查函4户；移交评估核实8户；无法联系已采取停票措施19户；因取得进项发票存在虚抵风险2户企业已做进项转出。开展风险应对。召开四次风险应对专题研讨会；按行业有针对性开展房地产业、建筑业、住宿餐饮业等行业专业评估，2017年推送风险纳税人1094户，累计应对入库税款6347.86万元。开展增值税风险防控工作。共涉及有风险的案源301户，涉及发票1529份。补缴税款及滞纳金865万元，进项税调减367万元。落实总局风险核查工作。总局风险推送中有四批涉及到迎泽区国税局20户企业，共应对税款及滞纳金131.8万元，调减留抵22.65万元，对异常情况采取停票措施。开展国地税征管体制改革。通过一系列国地税合作联席会议，制订迎泽区国地税合作项目和合作标准；在办税服务厅设置两个地税窗口，联合办理开业、注销、非正常户管理、代开发票、收缴地税相关税费等业务；整合叫号系统，对原有涉税业务进行科学划分，合理分流纳税人，加速办税循环。开展财务中介核查工作。涉及企业87户，存在问题23户。其中，转非正常3户，注销2户，采取停票措施5户，采取措施13户。

重点税源数据采集平台。为解决营改增试点改革后重点税源监控范围扩大，监控户数增多，报表工作量大等问题，对重点税源采集平台进行系统功能完善。截至2017年底平台可以实现监控企业增值税、消费税、企业所得税本期及上年同期申报、入库数据导入、查补税款数据识别、报验户市内异地预缴汇总、新增欠税、清理欠税实时体现、数据批量导入及生成报表功能，2017年6月起在全市部分基层单位试用。

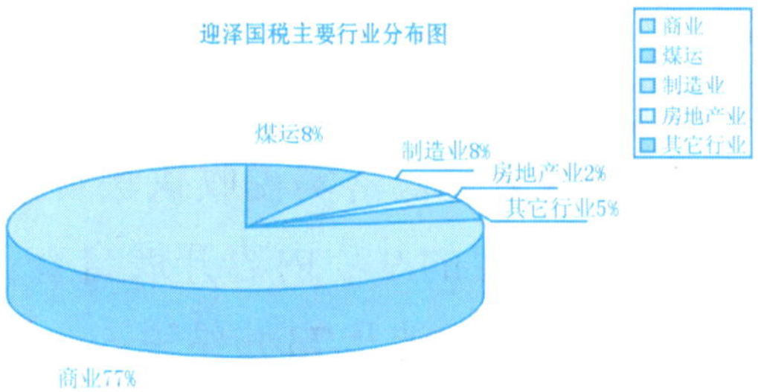

【税收征管】 2017年，国家税务总局开始实施“金税”工程，打造增值税的生命线以来，迎泽区国税局将实施“金税工程”与提高征管质量、加强组织收入、规范增值税管理、打击增值税专用发票犯罪活动相结合，“存根联采集率、抵扣联重号率、一般纳税人档案漏采率和报表差错率”等指标均达到总局要求；将防伪税控系统覆盖到所有增值税一般纳税人。随着金税工程三期上线运行，税收各项工作步入一个科学化、专业化、精细化管理新时代。

开展国地税征管体制改革。通过一系列国地税合作联席会议，制订迎泽区国地税合作项目和合作标准，在办税服务厅设置两个地税窗口，联合办理相关业务。开展增值税风险防控工作。加强对5090户一般纳税人分类管理，推送疑点企业85户。开展增值税专用发票风险应对，涉及有风险的企业321户，涉及发票1529份，共补缴税款及滞纳金997万元，调减进项税额390万元。落实总局风险核查工作。总局风险推送中有四批涉及到迎泽区国税局20户企业，共应对税款及滞纳金131.8万元，调减留抵22.65万元。开展2016年度企业所得税汇算清缴工作。共汇算清缴11958户，汇算清缴面达100%。加强后续管理工作，对214户风险企业开展专项核查，累计调整应纳税所得税额1880.2万元，补缴税款587.3万元。落实税收执法督察相关工作。对确定的9项内容开展自查工作，发现7类问题，涉及73户纳税人，补缴税款及滞纳金263.8万元。

推行实名办税，推行人脸识别智能办税系统。有序推进实名采集工作。新开业纳税人在税务登记环节进行实名采集，存量纳税人按照省局工作节点要求进行采集，2017年，共采集纳税人43244户。其中，单位纳税人27429户，采集率92.29%；个体纳税人8541户，采集率54.08%。拓展实名办税应用范围，4月底，实现自助机实名检测办理相关涉税业务，自助机自动对办税人员影像和身份证进行比对，调取实名办税系统中白名单信息进行核实，比对相符办理相关涉税业务；6月初，实现窗口实名影像采集人脸比对，系统自动进行采集人和身份证照片比对，提高信息采集精准率；12月底，实现办税服务厅排号系统人像比对，办税人员排队取号时系统自动调取实名办税系统白名单信息与排号人进行人脸比对，同时显示排号人担任办税人员的全部企业名称，选择办理企业后进行排号，确保办税人员与办理企业、实名信息全部对应，进一步降低纳税人在办税过程中涉及的税务风险，保障纳税人合法权益，打击涉税违法犯罪。

【纳税服务】 2017年，迎泽区国税局开展便民办税。落实总局纳税服务规范3.0版、省市局优化营商环境各项措施，6类31项办税事项实现省内通办，推行勾选认证，落实新开企业“一次性服务包”，组织协调国地税干部到51户企业开展“万名税干入企服务活动”。

推进“互联网+政务服务”。推出一系列在省市国税系统具有引领和推广价值的办税服务新举措。率先实现“二维码缴税”。为纳税人缴税提供更多选择渠道，获全市系统工作创新二等奖。推广“山西国地税网上申报服务平台”应用。引导纳税人通过网上服务平台办理涉税业务。实现自助代开发票清单功能。分流办税服务厅窗口压力，有效解决代开发票等候时间长的问题。实现普通发票自助开具。单张发票开具比人工代开节省7分钟，办理时间压缩58.02%。试点运行网上平台变更税务登记功能。纳税人可在网上平台完成基本信息变更。开通报验纳税人平台自助预缴申报。开展银税合作。与迎泽地税、招商银行、浦发银行签订合作协议，在银行建立银税自助办税服务点。推行人脸识别智能办税系统。实现自助终端、办税窗口和办税服务厅排号系统人像实名检测比对，为降低税收执法风险，提升纳税服务质效打下坚实基础。

敢于先行先试。迎泽区国税局承担并完成省市局交办的网上服务平台“税务登记”“变更登记”“普票代开”“报验纳税人自助预缴税款”等多项业务测试和试点工作，引导纳税人通过网上服务平台和自助办理涉税业务。2017 年，纳税人通过平台受理各类业务 311123 笔，其中信息补录 2856 户次、变更登记 21986 户次，纳税申报 236591 户次、代开专票 43521 户次、代开普票 718 户次，外管开具 5238 笔，报验登记 114 户次，税收优惠备案 99 笔。

2017 年电子办税中心受理各类业务 11 万余户次，其中发售专票 20298 户 544596 份，占专票发售总量的 99.33%；发售普票 28686 户 913978 份，占普票发售总量的 99.87%；代开专票 41800 份，占代开专票总量的 95.69%；代开普票 560 份，占代开普票总量的 25.11%。

与迎泽地税、招商银行、浦发银行签订合作协议，设立银行自助办税服务网点，提供自助领取增值税发票、自助代开增值税专用发票、自助缴纳税款和个人所得税完税证明打印等服务，利用银行服务平台方便纳税人就近办理涉税事项。

率先实现“二维码缴税”功能。纳税人通过任一扫码软件扫描带有税款信息二维码，即可自动跳转银联在线支付平台，实现税款缴纳，在全部涉税业务中运用。该项创新工作在市局创新工作评比中获二等奖。

开通报验纳税人平台自助预缴申报。纳税人登录网上服务平台后，选择需要报验的外出经营管理证明编号，自行填写申报信息、查看申报回执，可以通过手机扫描二维码完成缴税。

【队伍建设】 2017 年，迎泽区国税局打造立体式特色人才培训体系，把提升干部队伍整体素质放在首位，举办公务员岗位培训、数字人事及绩效管理培训等一系列专题培训，采取人人上讲台、典型案例研讨、主题演讲等多种形式，培养大批业务骨干，激发每一位干部干事创业的热情与活力。推行数字人事工作；推进绩效管理工作；严肃考勤纪律；加强干部队伍建设。利用“总局网络大学培训平台直播课堂”“太原市国税微课堂”等各类网上课堂平台进行日常教育培训。开展会计从业资格、“营改增”政策、纳税服务相关知识、数字人事等培训。选派年轻骨干参加市局“大练兵、大比武”师资培训。开展班子成员与科室负责人、科室负责人与本科室人员谈心活动。设置心理健康自助减压室，帮助干部职工放松心情，舒缓压力。加强文化建设和文明创建工作。开展文明单位、双拥单位、青年文明号等群众性精神文明创建活动，参与“德润迎泽　传承家风”经验研讨会；筹划“文化自信小讲堂”专辑；开展“身边好人”先进典型的选树和宣传以及“提升能力　甘于奉献　做合格

税务人”等活动。（张志永）

地方税务

【概述】 2017年，迎泽区地税局在职正式职工196人。其中，公务员编制167人，实际在职153人，事业人员编制42人，实际在职35人，工勤编制17人，实际在职8人，离退休人员48人。机关党委现有12个党支部，党员151人。其中45岁及以下占50.33%，35岁以下占13.91%，大学专科及以上学历占72.85%。辖区管户65758户，年纳税百万元以上重点税源企业106户。2017年，迎泽区地税局统筹推进科学组织收入、深化依法行政、创新税收征管、优化纳税服务、强化党风廉政建设等工作，完成各项工作任务。

【组织收入】 2017年，迎泽区地税局采取措施，科学安排，齐心协力、组织收入。落实工作责任。按照各项收入制度，将税收任务分解到所、落实到人。预测跟踪到每户重点企业，按时整理并及时分析组织收入情况，确保有效落实各项组织收入工作。加强重点税源税收管理。对重点企业进行动态管理，强化数据分析应用，按时编报国家级重点税源月报表，督促各管理局按季导入省级重点税源数据，推动全局组织收入工作顺利开展。至2017年底，该局重点税源户352户，占正常管户的1.43%，较上年同期减少338户，减少比例为48.84%。其中，重点税源户中第二产业56户，第三产业296户。共缴纳税款7.10亿元，占全局税收总收入的78.02%。加强与国税部门的沟通协作。执行省市局代征代开工作各项规定，做好委托代征的宣传与服务工作，按月统计汇总《委托代征情况统计表》。至2017年年底，全局共计开具代征增值税发票1555份，共计19281.84万元。其中，普通发票810份，共计9087.33万元；开具专用发票745份，共计10194.51万元。执行税收优惠政策。落实《全省税务系统优化税收营商环境服务经济转型发展实施意见》等税收优惠政策，利用多种平台把税收优惠政策宣传和解读纳入促进组织收入整体部署，确保纳税人享受到税收优惠政策，释放政策红利，激发微观经济活力。开展清理欠税工作。充分利用金税三期系统、企业报表等资料进行对比分析，建立健全欠税信息核查工作机制，鉴别系统中垃圾数据，加大清缴力度，减少欠税存量、促进税收增量。至2017年年底，全局累计实现税收收入15.10亿元，同比下降8.63%，减收1.43亿元。其中中央级完成3.92亿元，同比下降4.81%，减收1984万元；省级完成8066万元，同比下降58.26%，减收1.13亿元；市、县级完成10.37亿元，同比下降0.97%，减收1018万元，完成年计划的124.45%；区级完成6.85亿元，同比下降18.69%，减收1.57亿元，完成年计划的100.81%。地方公共预算完成11.17亿元，完成年计划的121.45%。

【税收征管】 2017年，迎泽区地税局辖区内正常管户37045户。其中，国有企业241户，集体224户，股份合作27户，有限责任公司14922户，股份有限公司65户，私营企业8519户，其他企业35户，港澳台投资、外商企业48户，非企业681户，个体经营12181户，其他98户。非正常管户2207户。

2月21日，开展商事制度改革监测分析工作，调查研商事制度改革后新增企业、个体工商户“活跃度”情况，分析其对本单位税源与征管状况的影响，按季度形成分析报告，按时报送报表、总结、经验材料，以落实“五证合一、一照一码”以及个体工商户“两证整合”登记制度改革。开展“两个”活动。梳理工作清单，细化和完善《税务人员工作事项及工作职责清单》；落实24个问题解答模板，进行跟踪反馈；成立5个帮服工作组，到各税务所、直属局现场解决问题，帮服期间对基层提出的15个问题进行回复。在督查整改基础上完善相关制度，就代开发票流程、税款征收等业务办理制作操作模版，定为迎泽区地税局2017年的研究课题。加强企业所得税汇算清缴工作，在重点纳税户督促汇算、内容严格把关、征收方式认真鉴定基础上，成立汇算清缴督查调研组，由分管局长带队到各税务所进行督查，促进汇算清缴工作顺利完成。至6月7日，全局2016年度企业所得税汇算清缴顺利完成。应汇算5229户，实际汇算5192户；A类企业4285户，B类企业907户；A、B两类企业中符合小型微利企业1769户，合计享受减免额1094.3万。做好金税三期数据质量检查工作。全局人员同心协力、加班加点对需整改数据逐项、逐条、逐户进行核实整改，按质保量完成数据质量检查工作，确保将市局下发的问题数据整改到位。开展2016年度纳税信用评定工作，按照系统下发的任务数据，对初评结果与国税局进行相互比对，调整发现的问题，形成公平、科学、合理的统一结果，完善纳税人信用评价体系。据统计，全局参评2016年度纳税信用评定共6529户。其中，A级纳税人358户；B级纳税人5157户；C级纳税人735户；D级纳税人279户。4月，迎泽区地税局成立自行申报工作领导小组、加强后续管理和服务、设立申报窗口及应急窗口、加大对外宣传工作力度等方式，完成2016年度年所得12万元以上个人所得税自行纳税申报工作。

【依法行政】 3月20日，迎泽区地税局组织各单位负责人和负责该项工作的相关工作人员召开2016年度执法督查工作会议，安排具体工作并下发督查内容和疑点数据，保护纳税人合法权益，防范和化解税收执法风险。开展执法大督查活动，6月中旬，开展执法督察“回头看”工作，对前期执法督察工作查遗补漏。针对在督察中发现的问题，坚持边查边改，确保整改到位，提升税收执法质量，规范税收执法程序。11月3日，组织全体干部职工在机关六楼会议室参加“规范执法行为　推进依法行政”持续性专题学习教育活动暨“规范执法风险　预防职务犯罪”讲座视频会，有效预防和减少税收执法人员执法风险，提升地税部门依法行政水平。开展企业所得税重点税源和高风险管理工作。做好企业所得税减免的备案及申报工作，建立科学实用的档案检索体系，2017 年，迎泽区地税局档案管理达到省一级标准。利用多种方式推送优惠政策，组织开展大厅征收人员的操作培训，解决实际执行过程中存在的问题，做好减免税工作，确保每一户企业都能及时享受政策红利。加强对本区财政统发工资单位个税扣缴申报的管理。与本区财政部门联系，取得本级财政统发工资单位信息，至 2017 年年底，共有 124 户财政统发单位办理扣缴登记并正常进行个税申报。做好水资源税和环境保护税的开征准备工作。建立部门之间联动的工作机制，利用多种媒体平台向广大纳税人宣讲相关内容，多次开展纳税户比对工作并对其进行信息采集与环境测试，提高工作准确性，确保“两税”改革顺利实施。落实规费管理工作。坚持依法治费，将小微企业免征残疾人就业保障金作为规费工作重点，认真落实国家减税降费政策，为企业释放政策红利。

【纳税服务】 3 月 17 日，迎泽区地税局协助太原市地税局举办以“个人所得税全员全额明细申报”为主题的税收大讲堂。主讲人为 460 余名纳税人解读相关政策并解答问题。该期税收大讲堂增设“税苑达人”风采展示环节，迎泽区地税局职工表演诗朗诵《蓝色梦想》充分展现地税文化和地税人的风采风貌，受到纳税人的热烈欢迎。4 月，按照太原市国地税局统一部署，围绕“深化税收改革、助力企业发展”宣传主题，普及税法知识，宣传税收职能作用，增强公民纳税意识，营造税收法治环境，推动税收宣传构建和谐征纳关系，促进全区经济发展。2017 下半年，迎泽区政务中心地税窗口完成总业务量近 5141 件，变更户数 3712 户，日均业务量 105 件，工作人员考勤率近 100%，在同类服务窗口中服务效率和水平均占领先地位，区政务中心授予“优秀窗口单位”荣誉称号。做电子缴税业务推广工作，三个办税服务厅新增 18 台 pos 机，确保窗口扩大电子缴税覆盖面，减少纸质税票使用量，解决纳税人“多头跑，排长队”问题，使纳税人办理纳税业务更加迅速、便捷、愉悦。鼓励纳税人签订网上电子缴税三方协议，通过网银实时扣款缴税，使纳税人足不出户就可完成纳税义务。制定《迎泽区地方税务局关于部分涉税事项“同城通办”的实施方案》并成立 6 个值守办税服务厅工作组，负责及时解决各征收大厅在同城通办工作中出现的问题，协调部门之间的相互配合。制定应急预案，应对处理各种突发情况，确保减轻广大纳税人的纳税负担，建立和谐征纳关系。开展入企调研服务工作，租用商业繁华地段 LED 大屏滚动宣传《全省税务系统优化税收营商环境服务经济转型发展实施意见》的 28 条措施；班子成员牵头，发动 130 余名管理员联合国税部门一起到企业，开展服务；宣讲十九大精神、国发 42 号及省局 28 条，根据企业生产经营实际，开展一对一帮扶服务，帮助企业用足用好各类税收政策，为企业转型升级发展“降本增效”，为经济结构调整“通经活络”。8月24日，迎泽区地方税务局举办为期两天的窗口办税工作人员纳税服务规范培训，以规范办税服务厅工作人员行为及服务礼仪，有效提升窗口办税人员的工作质效。12月，按照“窗口受理、内部流转、限时办结、窗口出件”的原则，由办税服务厅集中受理纳税人依申请涉税业务，为纳税人提供“一站式”服务，减轻纳税人办税负担，提高纳税人税法遵从度，促进税务机关整合征收、管理与服务资源，提升办税服务质效。

【队伍建设】 2017年，迎泽区地税局开展文明创建，加强税务文化建设。推进绩效管理工作，确保各项工作顺利开展。推动责任落实，激励干事创业，有序实施个人绩效管理与目标责任制考核工作，建立干部职工自我发现问题，查找不足，及时整改的良好局面，促进全局各项工作改进提升。开展规范化建设，建立完善基层规章制度。将精神文明建设工作的年度计划、任务量化分解，层层签订责任书，落实到部门、到人。形成主要领导全盘抓，分管领导具体抓，其他领导配合抓，所有干部职工共同参与的工作格局。3月8日，组织全体干部职工在机关六楼会议室召开2017年度全局税务工作会议，会议学习贯彻中共十八届六中全会、省、市局工作会议精神，总结回顾2016年工作并安排部署了2017年任务。8月10日，召开“三个不能等”主题活动“大家讲、大家谈”督导座谈会，要求各位干部职工把这项活动作为贯彻落实习近平总书记关于文化强国系列重要讲话的具体实践，作为“两学一做”学习教育在迎泽地税的创新实践，作为推进政治文化建设的重要组成部分，作为弘扬中华优秀传统文化的有力抓手。8月31日—9月7日期间，迎泽区地税局5名干部职工在局长温秋生带领下参加了山西省地税系统第六届职工运动会，取得优异成绩。9月15日上午，在机关二楼会议室召开部署推进“带好队、收好税、造环境、促转型”大调研大讨论活动会议，班子成员、各科室、直属局、税务所负责人参加，要求将大调研、大讨论活动视为2017年下半年工作的重中之重，高度重视，认真部署，将活动内容落到实处。参加由迎泽区慈善会开展的“太原市迎泽区‘慈善·阳光·希望’助学活动”。9月12日，局长温秋生和党组织成员在机关二楼会议室带头捐款，全局干部职工踊跃参加，共捐献善款15000元，助学迎泽区贫困学子减轻生活负担、继续求学。

2017年，迎泽地税局被山西省档案局评为山西省档案工作目标管理省一级；迎泽区政务中心地税窗口被迎泽区政务中心评为“优秀窗口单位”；迎泽地税局机关第二党支部、迎泽地税局五龙口所党支部被太原市地税局评为先进基层党组织。2017年，张润莲被太原市总工会评为太原市优秀工会积极分子；王敏、殷娜、李东兴被太原市地税局评为优秀共产党员；刘洁被太原市地税局评为优秀党务工作者；侯瑛、周新民被太原市地税局优秀党支部书记；王俊青被迎泽区妇联评为平安家庭示范户；李少暄被太原市地方税务局评为业务大比武岗位能手。

【党风廉政建设】 2017年，迎泽区地税局为落实中央、省、市、区关于党建和党风廉政建设工作，3月8日，迎泽区地税局召开2017年全局税务工作暨党建党风廉政建设工作会议。5月25日—27日，结合工作实际，在全局认真安排部署，开展廉政约谈活动，局党组书记温秋生与各部门负责人进行集体约谈，各副局长与分管部门中层干部“面对面、一对一”约谈，各部门第一责任人分别与所属公务员、事业干部约谈。8月21日，召开党风廉政建设工作推进会，传达学习太原市地税局8月9日召开的全市地税系统党风廉政建设上半年工作会精神。并对下半年党风廉政建设工作进行再安排、再部署。9月，响应区纪委关于副科以上领导干部撰写《廉政家书》活动要求，倡导副科级干部及家属结合生活实际，畅谈能够展现崇廉尚孝、兴业和家的感人家书。该次活动共收到家书15篇。组织全局15名实职副科级以上领导干部及家属签订《家庭廉洁承诺书》。为加强党员干部党风廉政信念，增强服务意识，发挥先锋模范作用，迎泽区地税局监察室组织全体党员干部观看“喜迎十九大做合格党员”廉政教育警示片《代价》。

（张润莲　张菁雅　张文颖）

商 业

SHANGYE

商务粮食

【概述】 太原市迎泽区商务粮食局（简称区商务局）为迎泽区人民政府工作部门，于2015年成立，正科级建制。2017年，有公务员编制7名，工勤编制1名，退二线1人。稽查队有事业编制3名，实有人数共12人。内设办公室、市场管理科、综合贸易科。

【经济指标完成情况】 社会消费品零售额。2017年迎泽区社会消费品零售限上额累计完成241844.5万元，同比增长1.1%，预计全年实现社会消费品零售总额450.9亿元，同比增长2.4%。

外贸进出口总额。2017年全区外贸进出口完成13193万美元，比上年同比减少-20.1%。

招商引资额。2017年全区完成招商引资签约额共计183.7亿元，新引进项目有华润城市综合体（太原师范学院地块项目）项目，总投资66亿元；微谷中国山西移动互联网电子微商双创园项目，总投资2亿元；太原月星家居广场项目，总投资10亿元；明鼎生物制药项目，总投资0.8亿元；红星美凯龙项目，总投资40亿元；恒大林语郡项目，总投资20亿元；太原市迎泽区松庄村城中村改造项目（一期）项目，总投资45亿元。

【特色商业街区】 中正天街是迎泽区的商业特色街区，是太原市首家敞开式+互联网商业街区，项目总建筑面积54507平方米。经营项目集休闲、餐饮、娱乐、教育、健身、超市、购物、演艺于一体，截至2017年底有商铺109家，特色品牌和特色品牌店76家，占比达70%，就业人数2500人以上。

【楼宇总部经济服务中心试点】 2017年，迎泽区对楼宇情况同街道办事处和物业进行摸底排查，对在迎泽区企业进行初步了解。截至2017年底迎泽区有商务楼宇41个，总建筑面积126.36万平方米；对鼎元时代等10家楼宇进行“迎泽区楼宇（总部）经济示范基地”挂牌对物业管理公司进行奖励；及时发布招租、招商信息，提高重点商务楼宇知名度和影响力；召开“促进楼宇经济发展”座谈会。邀请鼎元时代中心40家企业就楼宇企业对政府服务诉求、对自身发展问题困扰、对楼宇经济发展愿景等问题开展探讨。加大楼宇经济社区服务中心建设，解决楼宇中企业不在迎泽区注册问题，在全区形成部门联动、协调推进的楼宇经济发展氛围。

【全国文明城市创建】 2017年，迎泽区商务粮食区召开全体商场超市负责人工作会议，传达专项治理工作有关精神，在显要位置摆放创建文明城市条幅、标语、文明指示牌200多条；各大商场超市集中发放创建文明城市和安全生产宣传资料，共计1万余份。各大商场超市对业务员进行专项培训，举办培训班（会议）20多场；建立主要领导亲自抓、分管领导具体抓、部门之间配合抓的网络化创建机制。突出完成时间、任务要求、负责领导、责任部门和责任人等5个环节。商务粮食局专项工作小组在各个节点派监督人员到各大商场超市进行专项检查，及时提示整改。至2017年底，华宇商业股份有限公司（华宇购物中心）、山西国美电器天龙店、太原贵都百货有限公司等企业创建工作达到验收标准。

【“两个商圈”工作】 2017年，迎泽区商务粮食局发展智慧型服务业和新型零售模式，改造提升“两个商圈”工作。提出以提质扩容为主题的智慧柳巷建设目标、以转型跨越为主题的智慧朝阳建设目标。发展智慧型服务业和新型零售业模式，打造体量强大、业态丰满、具有规模竞争力的城市核心商圈。

扶持老字号企业、加强品牌建设、发掘品牌价值、创新提升竞争力。借助钟楼街改造契机，提质扩容从单一商品销售增加时尚购物、文化休闲、餐饮娱乐、互联网+等多元商业因素，发展成为新型商业综合体。

对微谷控股有限公司与山西箱包皮具城合资开发建设的“山西移动互联网电子微商双创园”项目的引进和跟踪服务，采取线上线下相结合模式。利用互联网信息技术，以数千种箱包皮具、上百种皮具品牌店（线下山西箱包皮具城）以及小商品店为基础依托，通过多维立体商业模式将终端渠道、客户定位为直销人、微商人。以线上多重宣传、线下多种倡导消费的方式，整合国内知名箱包、皮具品牌、批发商，以及物流快递等行业，推出移动端网上人人店销售平台。帮助投资者零库存、零投资、零门槛，建立完善的网络销售体系。

【粮食工作】 2017年，迎泽区商务粮食局做好成品粮油的储备，与太原唐久超市有限公司签署《迎泽区应急成品粮油储备承储协议》，应急成品粮100余万公斤，应急小包装食用油12.5万公斤。2017年上半年，迎泽区商品粮油中成品粮实现储备总量1409.6吨，成品油实现储备总量191吨。开展“粮食科技活动周”宣传活动。

【再生资源回收管理】 2017年，迎泽区商务粮食局取缔铁路沿线废品收购站点10家。处理中央环保督查转办问题8件、区政府交办问题1件，配合相关单位对再生资源回收行业存在的问题查处整治。

【党风廉政建设】 2017年3月10日，迎泽区商务粮食局重新制定《落实党风廉政建设“两个责任”清单》，召开专题讨论会议，制定整改财务手续不规范问题、公务接待不规范问题、公务差旅不规范问题清单及整改措施；将党风廉政建设工作纳入年初工作目标，做到统一部署、统一实施、统一检查、统一考核。明确局党组书记、局长为党风廉政建设责任制第一责任人，明确班子成员对分管科室、各科室负责人对所属科室的党风廉政建设的主体责任，做到主体责任职责明确。 （姜秀军）

教育　科技

教　育

【概述】　太原市迎泽区教育局（简称区教育局）为迎泽区人民政府工作部门，正科级建制。主要职责为拟定全区教育发展战略、统筹规划、协调指导全区教育体制和办学体制等方面的改革；制定全区教育事业发展规划和年度计划并指导、协调、组织实施；拟定全区教育事业改革与发展规划和实施方案并组织实施。“三定方案”行政核定编制人数13人，其中正科1人，副科6人，科级以下4人，工勤人员2人；根据“三定方案”区教育局设5个内设科室（办公室、人事科、计划财务科、基础教育科、安全科）及区政府教育督导室只设科室，没有相对应编制数。直属单位有7个，分别是教师进修校、教研室、招生考试中心、信息技术教育中心、迎泽区少年宫、教育服务中心、社区学院。

【党建工作】　2017年，区教育局高标准、严要求，开展“两学一做”主题教育活动。把业务能力强、自身素质硬的干部选配到支部书记岗，基本配齐配强学校党支部书记。组织参加全区主题演讲比赛，评选56个“党员示范岗”，开展党员先锋行活动，全区党员教师参与达6439人次。1000余名党员到社区报到，参加社区的各项活动。在创建全国文明城市工作和“担复兴大任，做时代新人”主题活动中，开展党员志愿服务达1200余人次。围绕推进迎泽教育优质均衡发展进行宣传报道，各级媒体发稿1785余条，其中党报党台发表184条，中央级网站发稿61条，媒体宣传工作名列全区第一。加强法治建设，推进依法治教进程。开展“七五”普法工作，推进依法行政工作。推行“双随机一公开”加强监管工作。实行信息公开，在政府网站及时更新信息165条。推进教育系统全面从严治党，提高使命担当意识，一以贯之推进责任落实，强化宣传教育，推进整风肃纪。

【教育创新】　2017年，区教育局多措并举，推进义务教育优质均衡。加强学校建设。实施三十六中、三十七中、三十九中学改扩建工程，民政园区三十七中东校、青年路东校、并东小学主体完工，东岗小学主体基本完工。推进教育信息化建设。普及推广教育信息化，完成15个智慧教室建设和安全技防视频监控系统升级等信息化建设工作。依法保障教育经费。提高生均公用经费。加大改革创新，教育发展注入新活力，科学监测，动态了解均衡发展情况。完成国家级和太原市义务教育质量评估监测工作。规范程序，实行教育“阳光招生”。3所直属公办园（三晋、海边街、第一实验）实行“阳光招生”，共招150名幼儿。开展学校文化建设和特色学校建设。实施科学系统的学校特色文化建设，28所小学成为太原市特色示范小学，占全区学校的76%，举办特色示范小学为期一周的特色成果展示周活动。申报并通过太原市“县域内城乡义务教育一体化改革发展市级试点项目”。挂牌督导工作成效显著。作为第一批全国中小学校责任督学挂牌督导创新县（市、区），《全国中小学校责任督学挂牌督导工作国家督导报告》将迎泽区工作经验确定为“迎泽模式”广泛宣传。开展内涵建设，队伍建设取得新进步，推进交流，努力实现师资均衡配置。行为示范，加强师德师风建设；理念先行，不断提升教师素养。55名教师获得市能手荣誉称号，其余各级各类教学比赛有28人获国家级奖项，有118人获省级奖项，有220人获市级奖项。《迎泽教苑》在第28次全国教育内部报刊协作交流会上获“全国教育内部报刊优秀奖”。坚持立德树人，教育质量提升，丰富载体，开展行之有效的教育活动。2名学生被评为山西省第四届美德少年。19所学校进行太原市中华优秀传统文化教育基地校申报，发挥“大篷车”流动少年宫指导站作用，开展送教下校、送科技下校、送文艺下校活动，覆盖面达全区100%。迎泽区少年宫获全省A级少年宫荣誉。聚焦核心素养，提高教学质量。小班化课题获得省级优秀成果；太原市个人课题获优秀组织奖；太原市第二届“敬业杯”竞赛再创佳绩，小学获集体一等奖并荣记集体二等功，初中获集体二等奖。加强训练，夯实体育、卫生和艺术工作。实施规范化管理，发展各类教育，结对帮扶，加快学前教育优质普惠发展。共享共建，规范民办社区教育。强化责任，维护校园的安全稳定。开展“党政同责，一岗双责，失职追责”制度，延伸“划区分片，包片到人，层级管理”的网格化管理模式，投入400万元，分批次推进安全体验基地建设，加大校园安防力度，实施“绿色接送点工程”，共创建省级平安校园1所，市级平安校园1所，省防震减灾科普示范校1所。

【市教研项目优秀基地区】　2017年3月9日，太原市在12中召开了“基于核心素养，教学目标引领，提升课堂质量行动”项目中期评估会议。会上授予迎泽区优秀基地区称号，双北小学被评为语文优秀基地校、校尉营小学被评为数学优秀基地校、迎泽区第三实验小学被评为英语优秀基地

校，迎泽区39中等七所学校被确定为太原市项目基地校。（李 俐）

【山西师大课题组调研】 1月6日，由山西省教育厅委托山西师范大学承担的《山西省义务教育优质教育资源均衡“顽疾”问题研究》课题组成员一行来迎泽区进行调研。区教育局就迎泽区推进全区优质均衡发展的基本做法、典型经验和主要成效向调研组做了介绍。课题组一行分别到桃园小学、区第三实验小学、松庄小学、三十七中、三十九中和郝庄中学等学校，进行校长访谈、教师座谈、教师调查问卷、数据采集等信息取样活动。详细了解迎泽区义务教育发展规划及进展情况。课题组组长山西师范大学小学教育系主任肖军虎表示，该次调研收获颇丰，迎泽区优质均衡教育发展的亮点做法和意见建议汇报给省教育厅。（王慧玲）

【元宵节花灯展示主题活动】 2017年迎泽区教育工委书记、教育局局长杨练兵主持召开灯展活动安排会，到一线安排部署灯展现场，开展“首善迎泽 教育先行”为主题的灯展活动。区属38所中小学近万余名学生的花灯作品参加了该次活动，选送90余盏花灯在迎泽区南宫文化广场及教育局机关院内展出，营造了浓浓的节日气氛。“首善迎泽 教育先行”主题活动丰富了学生们的寒假生活，重温了中国民俗，弘扬了传统文化。让学生们在制作、观赏花灯时，体味歌颂和谐生活，祈福美好未来的心愿。（李 薇）

【校园安全工作目标考核】 2月15日，太原市安委办考核组一行在市安监局应急处华晋兵处长带领下，到迎泽区第三实验小学，就校园2016年度安全工作完成情况进行专项考核。区安监局局长贾立新、副局长任慧军等一同参加考核。第三实验小学校长孟焕珍从对安全制度的完善及贯彻落实、安全重点防范措施的实施、安全教育的合理推进等方面，对学校一年来的安全工作进行汇报。市安委办考核组成员翻阅学校安全档案，查看学校安全校本教材，并对校园内的安全设施进行实地查看。

（郑丽萍）

【全面启动义务教育优质均衡发展工作】 2月27日，迎泽区教育局召开党政联席会议，主要议题为迎泽区义务教育优质均衡发展工作。2017年，国务院教育督导委员会建立实施县域义务教育优质均衡发展评估制度，迎泽区作为山西省试点之一，率先推进义务教育优质均衡发展工作。该项工作是继2013年迎泽区作为全省首家通过全国义务教育均衡发展县区后，又一项重要工作。会上，教育局班子成员集体学习《太原市迎泽区义务教育优质均衡发展工作方案》《关于成立太原市迎泽区义务教育优质均衡发展工作领导小组的通知》，上报上级相关部门，迎泽区义务教育优质均衡发展工作正式启动。义务教育优质均衡发展工作是日后三年教育系统工作的重中之重，其他工作都围绕该项工作展开。会议要求，教育局班子成员要根据《方案》要求，按照各自分管工作及包片学校，认领任务，做好每个时间节点的工作。迎泽区义务教育优质均衡发展工作领导小组及办公室全面负责该项工作的实施，机关各科室、各学校要主动完成领导小组及办公室分配的各项任务。（贾列凤）

【四十五中教师李志勇在省中考研讨会示范课展示】 2017年，在山西省初中思想品德中考研讨会上，迎泽区四十五中教师李志勇承担题为《学习宪法知识 提升宪法素养》的复习课展示任务，抓住山西省考改方向，致力于提升学生核心素养，精心组织教学，课堂自然流畅，内容翔实生动；整堂课有课标课改理念，有知识深度广度，有能力提升，有涓涓流水般的文化及情感渗透。展示课受到与会专家及全体参会人员的高度评价和认可。（吴建平）

【大连市考察学习责任督学挂牌督导经验】 2017年3月28日，大连市金普新区教育督导团及清徐县教育督导部门领导一行30余人莅临迎泽区，对迎泽区教育督导创新工作经验进行为期半天的考察学习。考察团观看了迎泽区《创新之梦》督学工作纪实专题片，听取了区教育局领导关于责任督学挂牌督导工作经验的介绍，对迎泽区“政府主导、督导引领、条块结合、联盟实施、数据支撑、科学推进”的督导工作思路进行了解。考察团一行在专职督学的引领下，参观了双西小学各专用教室和社团活动，了解了双西小学智慧教育办学举措。考察团一致认为：迎泽区作为山西省率先推进责任督学挂牌督导工作的县区，将教育督导作为推进教育事业发展的重要手段，坚持政府主导，提供教育督导强力支撑；坚持联盟督导，促进每所学校内涵发展；坚持质量评估，推动校际优质均衡发展；坚持完善体制，形成挂牌督导长效机制。高效服务教育，锤炼责任的慧眼，夯实荣耀的足迹，走出了一条特色创新之路。（李 颖）

【全国中小学校责任督学挂牌督导创新县区】 2017年3月20日，人民日报专刊公布国务院教育督导委员会第一批全国中小学校责任督学挂牌督导创新县（市、区）名单，迎泽区作为山西省唯一县区获此荣誉。《全国中小学校责任督学挂牌督导工作国家督导报告》将迎泽区工作经验确定为“迎泽模式”广泛宣传。2016年，迎泽区作为山西省唯一县区接受全国责任督学挂牌督导创新县区评估，高标准通过验收。近年来，迎泽区把教育督导作为推进教育事业发展的重要手段，坚持政府主导，提供教育督导强力支撑；坚持联盟督导，促进每所学校内涵发展；坚持质量评估，推动校际优质均衡发展；坚持完善体制，形成挂牌督导长效机制。高效服务教育，锤炼责任的慧眼，增强荣耀的足迹，走出一条特色创新之路。督导工作经验被北京市、大连市等多个地区学习借鉴，“借助网络平台科学实施监测评估”这一责任督学挂牌督导的“迎泽模式”受到教育部好评。（王志红）

【精心备赛搞创新 提高素养展实效】 2017年3月25—29日，国家基础教育实验中心外语教育研究中心于在海南省海口市举办“2017全国中考英语改革及中考英语总复习教学研讨会”。迎泽区三十六中英语教师胡华玮课例荣获一等奖。在备赛期间，迎泽区英语教研员到三十六中，与胡老师一同认真研究、分析，从设计思路到课堂落实，不断修订调整。在该次大赛中代表山西省脱颖而出为迎泽区赢得荣誉。

（杨　珍）

【省教育厅调研指导迎泽区教育信息化应用工作】　2017年4月5日，山西省教育厅基础教育处副处长贡建勋，省电化教育馆馆长赵晋华、资源开发部主任原晓春、研究部主任刘金国、太原市教育局信息中心主任刘志中、副主任赵慧仙、技术部副主任孙健国一行七人到迎泽区进行教育信息化应用工作专项调研，传达国家省市相关精神政策。迎泽区委常委、副区长侯森、区教育局局长杨练兵、副局长杨辉和信息中心全体人员参加调研会。会上听取区教育局副局长杨辉关于全区教育信息化应用工作的情况汇报，杨辉副局长就迎泽区信息化设备的使用、教育资源建设、信息化能力培训、“一师一优课，一课一名师”活动开展以及迎泽区部分学校信息化特色应用典型案例进行汇报。调研组一行在杨练兵局长的陪同下考察迎泽区教育城域网数据中心，参观全区城域网可视化网管系统、智能化校园技防系统、网络安全保障系统等。省调研组对迎泽区在教育信息化应用工作所做的工作及取得的成果给予充分肯定和高度评价。强调迎泽区要继续发挥优势，积极探索和创新利用教育信息化促进教育优质均衡新业态，使信息技术成为促进教育公平、提高教育质量新动力，为全市乃至全省树立典型，提供经验，通过新业态，走在全省教育前列，培养出能够适应现代互联网时代性学生和人才。

（武秀娟）

【迎泽区“敬业杯”再立新功】　2017年4月14日，太原市教育局召开第二届“敬业杯”总结表彰大会，对市教育系统涌现出的一批优胜团队和先进个人给予表彰，迎泽区获多项团体及个人奖励。迎泽区教育局获集体优秀奖两个，二等奖一个，记集体二等功两次；参赛教师个人获奖率100%，其中个人一等奖占84%，个人一等功1人，二等功10人，记功率占44%。是参赛教师个人素质、水平的充分体现，是好学上进的优秀教师队伍和学校群体风貌的精彩呈现，是迎泽区教研室以“聚焦核心素养，打造高效课堂”课题研究为引领的教科研成果的集中展现。（闫亚红）

【“法治进校园”巡讲走进三十七中】　2017年山西省教育厅、山西省人民检察院“法治进校园”巡讲组一行七人，于4月25日，走进太原第37中学进行巡讲活动。担任该次主讲的是山西警察学院副主任范斌。讲座由校长李文主持。该校初二年级二百余名师生聆听了讲座。太原市人民检察院及省市区教育行政部门有关人员也参加了巡讲仪式。该次讲座范斌以“禁毒防艾”为主题，从毒品的来源、对人体危害、艾滋病起源、当前毒品和艾滋病严重发展趋势等内容讲解，通过一系列数据，图片和视频与现场学生互动形式。（李俊琦）

【省级视导员督查指导义务教育质量监测准备工作】 2017年5月4日，省级视导员、省基础教育教学研究室质量监测中心副主任常磊到迎泽区，对迎泽区2017年国家义务教育质量监测准备工作进行督查指导，迎泽区教育局督导室相关人员陪同督导。督导组对青年路小学、迎泽街小学、滨河小学和三十七中的质量监测准备工作进行督导检查。每到一所学校，督导组都认真听取确定样本校以来各校工作情况汇报。常磊对各校工作安排部署给予充分肯定，实地察看各样本校信息技术教室问卷调查系统安装及学生测试教室准备等情况。在督查指导过程中，常磊反复强调各样本校要高度重视该次义务质量监测，严密组织实施，严格按照时间节点推进工作，及时总结经验、发现问题并解决问题，保质保量完成监测任务。 （李 颖）

【教育部专项督导组督查迎泽区国家义务教育质量监测准备工作】 2017年5月15日，由教育部基础教育质量监测中心副主任辛涛带队的专项督导组来到迎泽区，对2017年国家义务教育质量监测准备工作进行专项督导检查，省市区教育督导及行政部门领导陪同督查。专项督导检查汇报会在双塔北路小学会议室举行，区委常委、区政府副区长侯森对专项督导组来迎泽区督查指导工作表示欢迎，区教育局对迎泽区质量监测阶段性工作进行汇报。迎泽区自2017年3月被选定为国家基础教育质量监测样本县区后，全区上下高度重视、精心组织，通过强化培训、精准落实，确保迎泽区义务教育质量监测工作完成，全面把握义务教育质量状况，为教育决策提供科学依据和支撑。专项督导组现场检查迎泽区双塔北路小学、第二实验小学和太原市师苑中学，对样本校质量监测工作宣传氛围、场地安排、问卷系统安装与练习、测试工具保密等准备情况进行详细督查，充分肯定学校质量监测前期准备工作，并就下一步工作开展提出了针对性建议和指导。

（王志红）

【国家义务教育质量监测】 2017年5月25日，迎泽区作为2017年国家义务教育质量监测样本县区，完成了监测工作。双西小学、青年路小学等20所中小学、590余名学生、20名校长和近200名教师参加该次监测。监测前，国家义务教育质量监测工作省视导员常磊、市政府教育督导室主任黄建林在区教育局分管领导、督导室相关工作人员陪同下到20个样本校，对监测人员培训、“四室一柜”布置等准备工作进行严格的视导和督查。该次国家义务教育质量监测工作，全面检验了迎泽区教育管理水平及教育教学水平，抽样学校部署到位、认识到位、宣传到位、培训到位、场地安排到位、测试保密到位、规范操作落实到位，确保义务教育质量监测工作完成，为国家教育决策提供了真实、有效的数据信息。 （王志红）

【“迎泽教育梦 献礼十九大”成果汇报展示】 2017年9月27日，迎泽区教育工委组织开展“迎泽教育梦 献礼十九大”成果汇报展示活动，共150余人参加了活动。与会人员参观体验了青年路小学创客空间，与学生一起创作体验；观看了“迎泽教育梦，献礼十九大”汇报演出；与会人员参观了教育工委和五个特色组的展台展示和图片画册《先锋之路》，展示活动以主题展台为平台，展示基层党组织的工作痕迹和工作成果。（贾列凤）

【罗清宇调研义务教育优质均衡状况】 2017年10月12日，省委常委、市委书记罗清宇在迎泽区调研。市委常委、市委秘书长刘鹓，副市长车建华等领导参加。迎泽区委书记冯原平、区长李慧，迎泽区教育工委书记、局长杨练兵陪同。罗清宇一行到有着50多年历史的迎泽区双西小学调研迎泽区义务教育优质均衡发展状况。双西小学校长朱春英汇报通过“百校兴学”工程，双西小学进行建校以来的首次重建，办学环境和条件得到提升。罗清宇走进智慧TV、陶艺教室、心理咨询室等，察看硬件设施、了解特色课程，与双西小学老师们共同探讨通过“互联网+”等形式实现优质教育均衡发展等问题。（田慧蓉）

【区政协视察指导迎泽区教育信息化应用工作】 2017年11月9日，迎泽区政协主席张志勤、副主席裴存锁、王素云等一行15名政协委员对迎泽区教育信息化工作进行视察指导。迎泽区教育局局长杨练兵、副局长杨辉及相关科室人员陪同视察并座谈汇报。该次视察的学校为迎泽区最边远的一所农村学校——孟家井九年一贯寄宿制学校，各位政协委员在学校领导带领下，参观了校园环境，听取了区教育局副局长杨辉和孟家井寄宿制学校校长许奋翔的相关汇报，观看了学校制作的简短微视频。（武秀娟）

科学技术

【概述】 2017年，迎泽区科技局（简称区科技局）根据区委、区政府的工作部署和要求，创新工作，完成市政府对迎泽区政府2017年度科技工作目标任务考核。

【高新技术企业】 2017年，区科技局把培育发展高新技术企业，作为建设“首善之区”和经济转型发展的重要举措，实现高新技术企业增量提升，为迎泽区经济可持续增长提供科技支撑。落实高新技术企业政策扶持。区科技局按照年初安排，依据《中共太原市委太原市人民政府关于深入实施创新驱动发展战略的实施意见》，对迎泽区2016年新认定通过的太原华欣诚机电设备有限公司等10家高新技术企业奖励资助，每家8万元，共计80万元。2017年有6家企业通过国家高新企业认定，迎泽区高新技术企业总数达到29家。

【国家创新示范区】 2017年，迎泽区科技局为推动太原市国家可持续发展议程创新示范区申报创建，结合10年来建设经验成果，落实考核指标58个，召开专家专题会议，探索实验区建设体制机制，查找制约可持续发展的关键问题，以重点问题为导向，梳理方案内容，努力在推进迎泽区国家可持续发展实验区建设以及全市创建国家可持续发展议程创新示范区建设中取得新突破。

【国家小微企业创业创新基地】　2017年，迎泽区科技局以建设国家小微企业创业创新基地城市示范为契机，通过政策引导、加大财政扶持、提高服务水平、强化宣传引领，推进“双创”工作有序开展。至2017年底，共有7家众创空间、1家孵化器通过省级认定。空间内积聚了一批生物医药、软件开发等科技型创业企业，为众多创业者提供低成本、全要素、开放式、便利化“一站式”服务，满足了科技型小微企业、创业团队和创客等不同创业者对工作空间、网络空间、社交空间和资源共享空间的需求。

【科技型小微企业认定】　2017年，迎泽区有6家企业通过太原市科技型小微企业认定。

【企业知识产权】　2017年，区科技局对全区2015和2016年度由国家知识产权局公开并通过专利代理机构提出的专利申请以及由国家知识产权局公告授权的发明专利、外观设计和实用新型专利发放专利资助，涉及专利申请28件、授权专利193件，资助资金15万余元。2017年，全区发明专利申请量396件，有效发明专利拥有量1010件。

【科技成果转化】　2017年，区科技局征集符合迎泽区转型发展方向的50余项重大科技成果，向迎泽区电子信息、装备制造等领域的企业推介，推动重点高校与企业产学研深度融合，建立长期稳定的产学研合作关系。

【科技惠农】　2017年，区科技局支持农村科技特派员以农业技术创新为纽带，建立新型农民合作组织，解决实际问题。有专业特长的21名科技特派员到孟家井、柳沟、捐子等村，开展技术服务，全年共组织培训20期，150人次参加。

卫生和计划生育

WEISHENG HE JIHUASHENGYU

【概述】 迎泽区卫生和计划生育局（简称区卫计局）位于西校尉营2号政府综合楼四楼，为正科级建制，是迎泽区政府的工作机构。2017年，区卫计局有公务员编制19名，实有16人；工勤编制3名，实有4人；迎泽区医学会全额事业编制3名，实有3人；迎泽区红十字会全额事业编制3名，实有1人。

区卫计局内设科室有：办公室、医政医管与妇幼科、疾控与基层卫生计生科、家庭发展与信息规划科、流动人口管理与考核评估科、行政审批与卫生监督科、区爱国卫生运动委员会办公室（简称区爱卫办）。下辖单位有：迎泽区疾病预防控制中心、迎泽区卫生局卫生监督所、迎泽区妇幼保健计划生育服务中心、迎泽区中心医院、迎泽区产科医院、迎泽区骨伤科医院、迎泽区中医医院、迎泽区解南社区卫生服务中心、迎泽区老军营社区卫生服务中心、迎泽区郝庄镇卫生院。下属事业单位有迎泽区红十字会、迎泽区医学会。

2017年，区卫计局在省、市卫计委精心指导和区委、区政府正确领导下，改善就医环境，提升医疗技术水平和服务质量，为群众提供更加安全、有效、便捷、价廉的公共卫生服务、医疗服务和计划生育优质服务，促进卫生计生事业又好又快发展。

【获得荣誉】 2017年2月，被评为“2016年度目标责任考核优秀区”；2017年3月7日“太原市2016年度基本公共卫生考核第一名”；2017年4月“2016年度人口计生目标责任考核先进县”；2017年4月“2016年度人口计生工作创优贡献奖”；2017年6月“最美公益单位”称号；2017年6月“2016年度计划生育家庭保险工作优秀单位”；2017年8月“全市卫生应急技能竞赛一等奖”；2017年8月“太原市第一届社区红十字会应急救护大赛团体二等奖”；2017年11月16日“2017年度百姓生殖健康促进工程试点工作先进单位”；2017年11月27日“2017年山西省中医药特色基层医疗卫生机构”；2017年11月30日“2017年太原市中医药重点专科”；2017年12月28日郝庄镇卫生院被评为

"全国百佳乡镇卫生院"；2017年12月20日迎泽区2所社区卫生服务站站（中心）被评为省级社区卫生服务提升工程示范单位，10所社区卫生服务站站（中心）被评为市级社区卫生服务提升工程示范单位。

【医药卫生体制改革】 2017年，迎泽区卫计局开展医药卫生体制改革。县乡医疗卫生机构一体化改革初见成效。组建医疗集团，成立党支部。10月28日，迎泽区医疗集团成立，举行揭牌仪式。药品供应保障制度改革稳步开展。药占比较2016年下降3.73%；新增8所非政府办社区卫生服务站使用基本药物，扩大基药使用覆盖面。完善药品器械医用耗材阳光采购机制。从4月1日起，区属公立医疗机构全面实施"两票制"，并签订"两票制实施承诺书"。医联体建设工作有序推进。分级诊疗制度落实到位。

【基层医疗卫生】 2017年，迎泽区卫计局推进家庭医生签约服务。2017年，全区常住人口签约246241，签约率40.61%，重点人群签约80735，签约率70.46%。探索开展医养结合服务。加强医疗机构老年病科建设，规划设置医养结合床位；对行动不便的居家老人提供适宜护理项目上门服务，2017年累计上门服务7208人次。全面实施社区服务能力提升工程。2017年，迎泽区2所社区卫生服务机构达到国家级申报标准，2所达到省级申报标准，8所达到市级申报标准，13所达到区级创建标准。开展"全国百佳乡镇卫生院"创建活动。

【计生工作】 2017年，迎泽区卫计局坚持目标责任管理。构建按政策生育制度体系和社会环境，积极推进母婴设施建设。与区相关职能部门从区域发展规划、劳动保障、教育资源配置、技术人才保障和经费待遇保障等诸多方面制定政策，配合全面两孩政策的配套和落实。健全危重孕产妇与新生儿救治网络。

【妇幼保健】 2017年，迎泽区卫计局完成基本公共卫生妇幼项目。开展重大公共卫生妇幼项目。开展预防艾滋病、梅毒、乙肝母婴传播项目。开展妇幼卫生监测项目。开展免费产前筛查、诊断服务和婚前、孕项目。

【关心关爱计生特殊家庭】 2017年，迎泽区卫计局继续巩固奖励扶助工作成效。对计划生育特殊家庭中的62名原发性高血压、28名2型糖尿病患者进行健康管理，在自愿的基础上免费服用国家基本药物治疗。开展计生特殊家庭心理疏导、节日慰问、户外活动、红色观影、生殖健康检查、送温暖等活动。

【医政医管】 2017年，迎泽区卫计局开展"放管服"改革，简化审批程序，加强事中、事后监管。加强医疗质量管理，开展不良积分管理工作；开展打击医保欺诈专项整治行动；推进临床合理用药。

【中医药管理】 2017年，迎泽区卫计局加强重点专科建设，提升中医药服务能力。将中医外科、中医治未病科、中医疼痛科、中医骨伤科列为年度重点专科建设项目。全年开展4大类15个新技术项目，接诊13929

人次，收住院318人次，手术495例。

【卫生监督】 2017年，迎泽区卫计局加快卫生监督信息化建设。强化辖区医疗废物处置监管。打击无证行医。完成各项日常卫生监督工作，监督覆盖率100%，建档率100%。按时完成国家“双随机”抽查工作。

【疾病预防控制】 2017年，迎泽区卫计局加大严重精神障碍患者筛查工作力度，对申请区级严重精神障碍患者门诊用药补助的840人发放补助资金70万元。开展老年人及慢性病健康管理工作。推进创建省级慢性病综合防控示范区的建设工作。开展全民健康生活方式行动和“三减三健，迈向健康”活动。各项疾病预防控制工作有序开展，按要求完成全年任务指标。

【爱国卫生】 2017年，迎泽区卫计局推进全国城乡环境卫生整洁行动。组织六街一镇、36个爱国卫生成员单位，积极推进全国城乡环境卫生整洁行动，清理卫生死角，清理社区垃圾3500吨，清理农村院落垃圾800吨。启动健康城镇建设试点。区政府制定下发《健康城镇、健康村的规划文件和实施意见》。郝庄镇政府和董家庄村下发健康村规划实施意见及方案。迎泽区推荐两个单位、三个社区、一个村作为健康城镇健康村试点开展工作，取得良好成效。

（李　博）

文化　体育

WENHUA　TIYU

公共文化

【概述】　迎泽区文体广电新闻出版局2015年更名为迎泽区文化局（挂版权局牌子），位于青年路55号政府综合楼五层。2017年，迎泽区文化局内设5个室科，即：办公室、文化科、文旅广新科、体育科、行政审批科。下辖4个事业单位，即：迎泽区文化馆（自收自支、财务独立）；迎泽区文物旅游中心；迎泽区文体市场行政综合执法队；迎泽区图书馆（根据迎编办发〔2017〕25号文件，成立太原市迎泽区图书馆，撤销迎泽区文化事业服务中心，收回核定的自收自支事业编制5名，隶属区文化局管理）。

区文化局公务员编制10名、工勤编制1名，实有公务员9人、工勤人员1人；文化馆自收自支事业编制32名，实有人员15人；文物旅游服务中心全额事业编制10名，实有6人；文体市场行政综合执法队全额事业编制12名，实有10人；图书馆全额事业编制5名，暂无占编人员。

2017年，构建现代文化服务体系，举办文化惠民演出及各类型文化演出活动、大型花灯展、全民阅读活动、培训社区（村）文化专管员、文艺骨干，成立迎泽文旅公司，阶段性完成文化馆图书馆总分馆制建设，组建文化志愿者队伍，开展非遗进校园、进景区等非遗保护传承工作。开展各类体育活动，完善全民健身设施，举办健康健身讲座、业务知识和健身技能培训，加大特色健身团队建设，参加市运会开幕式，举办各类比赛。加强文物保护利用，加大文物保护巡查力度，接受国家安全大检查巡视组对崇善寺的检查，完成清真寺方案编制招投标工作及原太原师院地块内华润·昆仑域项目文物保护方案审核及批复等工作，完成食品街、台骀山景区体制机制改革，推动进行厕所革命。规范完善行政审批，符合条件安全运营迷你歌咏厅进行登记备案，纳入管理，编制“双公示”事项目录，并在政府门户网站建立“双公示”专栏，接受文化部第九督查组对山西省文化市场政策落实和行政审批规范化工作情况检查。加强文体市场监管，开展“护苗”“清源”“秋风”和“固边”等专项行动，推进“扫黄打非”进基层工作，做好文体市场和文物旅游单位安全监管。落实从严治党，推进“两学一做”学习教育常态化制度化，开展“支部主题党日”活动、“两提一争”大讨论活动、“维护核心、见诸行动”主题教育，学习习总书记“7·26”讲话精神、习近平总书记视察山西讲话精神和十九大精神等，履行党支部党风廉政建设主体责任，细化“一岗双责”，实施“三基建设”工作，提高行政工作效率、党建工作职责。

2017年，迎泽区文化局获由山西省体育局颁发的“2017年度山西省体育彩票工作优秀单位”；由太原市第十一届运动会暨第六届全民健身节大会组委会颁发的“太原市第十一届运动会暨第六届全民健身节组织奖”和“太原市第十一届运动会暨第六届全民健身节体育道德风尚奖”。

【“两学一做”学习教育常态化制度化】 2017年，迎泽区文化局强化教育，召开“两学一做”学习教育常态化制度化动员会、开展专题讨论、交流发言等形式，组织广大党员、干部学习党章、党规，用讲话精神武装头脑、指导实践、推动工作；开展“支部主题党日”活动，重温入党誓词、集体诵读党章、领导干部讲党课、纪念中国共产党成立96周年活动、参观彭真纪念馆、参加党员志愿服务、党员业务技能讲座、法律知识讲座、文化专题讨论、观看教育片等，丰富“支部主题党日”活动内容，凝聚团队精神，激发党员担当作为干事创业的积极性、主动性和创造性。

【“两提一争”大讨论活动】 2017年，迎泽区文化局开展“两提一创”“两提一争”大讨论活动，把大讨论活动与“两学一做”学习教育结合起来，每位同志都撰写学习心得并发言交流，把日常工作和学习讨论统筹起来，做到“两促进，两不误”；对标找差，去双塔北路小学进行集中调研学习活动，对标先进找差距，班子成员提交书面自查报告；整改执行，突出“问题导向”，查摆解决问题，每个科室都找到制约本科室发展的一个问题并制定对标计划，提出解决问题的意见方法，推动问题得到解决。

【三基建设】 2017年，迎泽区文化局以科学划分职能、明确职责、分类界定履行职能的基础信息、工作规范、规章制度等基础性业务和管理工作为重点，建立完善基础工作目录和工作运行流程图，提升区文化局基础工作水平，坚持依法行政、政务公开、勤政高效、守信践诺，提高行政工作效率、党建工作职责。

【群众性文化活动】 2017年，迎泽区文化局举办文化惠民演出72场，组织文化馆、街道文化站开展各种类型文化演出活动百余场；开展多场公益性文化演出；配合区委宣传部在南宫广场举办大型花灯展，参观人数达8万人次；与市文联在双塔寺联合举办《诗约春天》朗诵音乐会；与团区委在中正天街广场举办《“谱迎泽青春之歌，做省城首善青年”快闪活动》；与区委组织部、宣传部开展“争当迎泽先锋，建设省城首善之区”主题演讲比赛、党建知识竞赛活动；与区执法分局联合在星光剧场举办“维护核心见行动 城管提升当先锋”文艺会演；由区委、区政府主办，文化局与区委宣传部、区人武部、区民政局共同承办9场“太原市迎泽区纪念中国人民解放军建军90周年暨无军籍退休退职职工慰问演出”活动；国庆、中秋节期间，在双塔广场、中正天街广场举办10场“送戏下乡”惠民演出活动，山西电视台、太原电视台进行报道，为广大民众送上丰富的文化盛宴。

【全民阅读】 2017年，迎泽区文化局开展“国学经典”80余场诵读活动，累计1500余人次参加了活动；举行国学文化系列公益讲座，共讲授道德经26讲（场），黄帝内经13讲（场），1800多国学爱好人士听取讲座；围绕“书香迎泽、全民阅读”，在4·23世界读书日当天，推出“春风送暖花开季、迎泽邀您挑好书”你选书、我买单、图书速借活动，活动现场办理借阅证30多个，现场速借图书1200多册，接待咨询、服务读者及参与读者约3500余人。

【文化骨干培训】 2017年，迎泽区文化局组织开展4期文化培训班，培训社区（村）文化专管员、文艺骨干和爱好者1800余人次，对文化艺术爱好者及基层文化工作者进行艺术熏陶，以便更好地开展基层文化活动。

【服务引导文化产业】 2017年，迎泽区文化局成立太原晋泽文化旅游发展有限公司，引导文化旅游产业发展；对上级单位扶持的4家文化企业和两个非遗保护单位进行实地考察，下拨省、市扶持资金135万元，对扶持资金的使用情况加大监管力度，签订专项资金使用承诺书，确保资金专款专用。

【基础设施建设】 2017年，迎泽区为全省17家全市唯一的文化馆图书馆总分馆试点单位，确定8个文化馆图书馆分馆和10个社区文化服务中心建设，建立文化馆、图书馆网站，配备相应设备，对街道文化站和社区文化服务中心进行统一挂牌，制定统一的规章制度，使广大基层群众享受基本公共文化服务内容丰富，途径便捷，质量提升，均等化水平提高。

【组建高素质文化志愿者队伍】 2017年，迎泽区文化局开展迎泽区文化志愿服务工作，建立完善相关制度和组织架构，弘扬志愿服务精神，鼓励引导驻区文化单位、艺术家、专家学者等社会知名人士参加志愿服务，整合资源，“结对子，种文化”。

【非遗保护传承工作】 2017年，迎泽区文化局在传统节日期间，开展民俗文化和非遗展示活动；确定迎泽区第一批区级非物质文化遗产项目代表性传承人名单（3人），进行公布并推荐进入市级传承人申报；组织辛爱英剪纸、苗苗刻瓷、王博面塑、常丰皮影戏进校园活动；非遗项目进景区（点），传统面塑进入食品街，辛爱英剪纸进入纯阳宫；迎泽区“传统刻瓷”、新今鼎公司、“太原漆器传统手工技艺”等项目参加在太原煤炭交易中心举办的第三届文博会。

【创建文明城市工作】 2017年，迎泽区文化局部署文化馆、图书馆、美术馆、景区景点等场所的文明创建工作，悬挂公益广告、社会主义核心价值观、文明旅游等标语达200余块。对涉及未成年人的文体市场经营单位进行专项检查230余家（次），为创建文明城市营造氛围。

【科学健身理念】 2017年，迎泽区文化局为迎泽区80多个社区150余人进行健康健身讲座；对全区社区体育指导员和三级社会体育指导员280余人进行业务知识培训和健身技能培训。

【特色健身团队建设】 2017年，迎泽区文化局对六街一镇80多个社区健身队伍进行摸底，有健身团队的社区达到95%以上，培育特色健身团队；迎泽区木兰拳健身队在市体育总会、市老年人体育协会举办的“强健体魄·阳光生活·共享青运”艺术风采大赛中获第一名。

【全民健身活动】 2017年，迎泽区文化局参加市运会开幕式，组织63人方队参加开幕式活动；在区文体中心体育馆举行2017年迎泽区羽毛球比赛，有来自区直机关、街道办事处及驻地单位14支队伍100余人参赛；六街一镇共16支代表队350多人参加迎泽区全民健身广场舞展演；开展“强健体魄·阳光生活·共享青运”全民健身迎泽行活动，共15个社区2000余人参与该项健身活动；举办“好娃娃”杯2017年迎泽区青少年棋类比赛，共486名小选手参赛；区棋牌协会承办的“我要上全运”全国五子棋等级赛（山西赛区）在太原市锦麟东方酒店举办，共152名棋手报名参赛。

【市运动会】 2017年，迎泽区文化局乒乓球代表队取得第一名、武术代表队取得第三名、电子竞技代表队取得第七名、木兰拳健身团队分别获得男女团体一等奖，在市运会赛场上彰显迎泽区体育精神积极向上的面貌。

【体育协会】 2017年，迎泽区棋牌协会会员王建斌代表山西队参加第十三届全运会群众比赛国际跳棋64格组比赛，获第八名；“迎泽棋协”近500名小棋手报名参加“我要上全运”全民健身网络赛各项棋类项目线上比赛。

【全民健身设施】 2017年，迎泽区文化局对健身器材进行摸底，对超过使用年限和需要维修的健身器材进行维修；新装健身路径，为9个社区安装健身器材，活跃社区体育生活。

【文物保护】 2017年，迎泽区文化局召开联席会议，签订2017年文物安全目标责任书，出台《迎泽区文化局2017年文物单位安全生产活动实施方案》；给六街一镇印发《文物保护法》中关于拆迁改造过程中保护文物安全内容，在拆迁过程中做好文物工作，保护文物安全；接受国家安全大检查巡视组对崇善寺的检查并取得良好成绩。

【文物修缮】 2017年，迎泽区文化局完成清真寺方案编制招投标工作；对清真寺进行实地查看，轮流值班，实时关注清真寺文物本体的动态变化，发现情况积极协调、汇报市局；完成太原师院地块项目内文物保护方案审核及批复等工作；将存在隐患的皇华馆12号院、万寿宫3号院、开化寺民居、刘家大院、水峪王氏宅院等保存现状堪忧、隐患较大的文物单位除上报之外，采取相应临时保护措施。

【景区机制改革】 2017年，迎泽区文化局在旅游景区（景点）体制机制改革创新工作中，坚持“一景一策、重点突出、有的放矢”原则，于6月30日前顺利完成食品街、台骀山景区体制机制改革，推动旅游景区建立现代法人治理结构，实现提档升级。

【旅游服务】 2017年，迎泽区文化局推动厕所革命，提升景区环境服务质量，新建第三卫生间一所；旅游总收入稳步增长，全年收入达到136.16亿元，完成年目标的100%。

【行政审批】 2017年，迎泽区文化局开展行政审批制度改革，承接学校体育设施改变性质和用途批准、艺术品经营单位备案这两项审批事项；根据文化部关于引导迷你歌咏厅市场健康发展的通知，对迎泽区迷你歌咏厅进行核查，符合条件安全运营的5个平台共72台迷你歌咏厅进行登记备案，纳入管理；完成338家年检换证工作；2017年新办证共33户，其中娱乐场所1户，演出场所1户，出版物零售14户，网吧7户，文艺表演团体3户，营业性演出7次，审批一次性内部资料出版物出版26户。

【政务公开】 2017年，迎泽区文化局规范行政审批程序，把“服务内容、办事程序、审批依据、申报材料、承诺期限、收费标准”六项内容公开化，实现办结率100%；落实简政放权政策，对所有简政放权审批事项进行梳理汇总，通过迎泽区文化网予以公布，让群众享有足够的知情权，接受全社会的监督；开展行政许可信用信息公开工作，根据太原市发展和改革委员会《关于进一步推进全市社会信用体系建设工作的安排意见》，结合“权力清单”和“责任清单”，编制“双公示”事项目录，在政府门户网站建立“双公示”专栏，实现正常运转，持续更新数据。

【迎接督查】 2017年，文化局文化部第九督查组对山西省文化市场政策落实和行政审批规范化工作情况进行检查，行政审批科作为受检单位接受检查并得到高度评价。迎泽区文化局所辖柳巷商业区的圣迪网咖、酷姿KTV等3家文化娱乐经营单位，作为代表接受文化部全国市场政策落实和行政审批规范化督查检查，受到肯定，为太原市文化行业塑造了良好形象。

【文体市场监管】 2017年，迎泽区文化局坚持依法行政，严格规范文体市场，加大检查工作力度，采取专项检查、“双随机”检查、夜间突击检查和联合执法等多种形式进行市场监管，打击非法经营。全年共对300余家经营单位检查1338家（次），依法做出行政处罚4次，查处率100%，结案4家（次），结案率100%，共罚人民币 9000 元整；进行联合检查 12 次，夜查 6 次，针对创建文明城市、“五小”场所、“十九大”召开等进行专项检查共 50 余次，对市政务信息平台交办的举报进行实地走访处理 17 次，现场监管营业性演出 9 场，有效维护迎泽区文体市场规范秩序，促进文化产业发展繁荣。

【扫黄打非工作】 2017 年，迎泽区文化局形成工作合力。开展“护苗”“清源”“秋风”和“固边”等专项行动；以中小学校周边、医院周边及各书店、音像店等为整治重点，查堵各种有害出版物，共查处 1 处大型非法报刊批发窝点，各类盗版及非法出版物 230 余册、非法报刊 1631 份；推进“扫黄打非”进基层，在全区六街一镇及 114 个社区（村）设立联络站、专用系统账号及负责人，并在大部分社区（村）安装举报箱，完善“扫黄打非”工作体系，为全区意识形态工作的开展构建良好平台。

【安全监管】 2017 年，迎泽区文化局开展文体市场和文物旅游单位安全监管，制定详细实施方案并下发正式文件，开展“安全生产大检查”“反对违章指挥、违章作业和违反劳动纪律”“安全隐患排查整治”等安全监管专项行动；组织开展安全宣传月活动，与所辖 300 余家经营单位签订安全生产责任书，发放宣传资料 200 余份，面对面解答群众相关问题 50 余人（次），制作主题宣传版面 1 块，印制宣传册 500 份，举行大型安全知识培训 1 次，开展消防应急演练 1 次；开展“安全生产大检查”工作，按照“全覆盖、零容忍、严执法、重实效”要求，对全区 96 家可容纳 50 人以上公共娱乐场所进行逐一排查，整改安全隐患 101 个，完成了国务院对迎泽区“安全生产大检查”督查检查中所承担的任务。全年发现并整改安全隐患 313 处，未发生任何安全事故，提高了文体市场从业人员的安全法制和防范意识，有效预防和减少了各类安全事件，更好地将安全生产宣传工作深入广大人民群众之中。

史志工作

【概述】 2017 年，迎泽区史志办公室（简称区史志办）落实《山西省地方志工作条例》及 5 月 4 日山西省地方志志鉴“两全”目标推进会精神，地方志各项工作特别是区志、年鉴的编纂工作取得新成绩。

区史志办是全额拨款正科级事业单位，由区政府办公室主管，编制 5 人，2017 年实有 3 人。

主要职责：(一) 贯彻落实国务院和省、市、区政府关于地方志工作方针、政策、决定和指示，拟订地方志工作编纂方案，编制本辖区内地方志工作年度计划和中长期规划。统筹规划、组织指导、督促检查全区地方志工作，对全区各单位修志工作进行业务指导和培训，审查各单位报送的志书，对各单位志书中涉及重大历史、政治问题交由省、市地方志工作机构审核。(二) 按照全国修志工作总体要求，结合全区修志工作实际，每 15 至 20 年组织编修一次区志。每一轮区志编修工作完成后，做好续志资料收集整理工作。(三) 围绕区委、区政府工作，组织编纂、出版《太原市迎泽区年鉴》。(四) 征集、保存区内机关、社会团体、企业事业单位、其他组织以及个人有关资料、地方志文献；组织整理旧志，推动方志理论研究。(五) 贯彻执行有关地方志工作法律、法规、规章和相关政策，制定有关地方志编纂业务规程。(六) 向上级主管部门上报志书、年鉴资料，接受上级主管部门监督和审查。(七) 组织开发利用地方志、年鉴资源，及时向社会提供年鉴、地方志成果，发挥地方志、年鉴资源经济效益及社会效益。

【发展规划】 2017 年，迎泽区史志办结合区情实际，制定《迎泽区地方志事业(2017—2020) 发展规划》，明确第二轮修志和年鉴工作任务表、路线图。将地方志工作经费列入财政预算，做到专款专用，确保修志工作进行。

【区志编纂】 2017 年，区史志办与区志编纂中标单位多次对接，督促进度。至 2017 年底，初步完成区志资料收集工作。全书共 120 万字，编纂完成 80 万字。

【年鉴编纂】 2017 年，区史志办编纂完成《太原市迎泽区年鉴 (2016)》，由方志出版社出版；《太原市迎泽区年鉴 (2017)》通过太原市地方志办审核，并交付印刷。

【供稿工作】 2017 年，区史志办完成为山西省政府办公厅《山西经济年鉴》、山西省地方志办公室《山西年鉴》、太原市地方志办公室《太原年鉴》供稿任务。

【开发利用】 2017 年 11 月、12 月，区史志办开展送志书、年鉴进机关、社区、学校、图书馆、档案馆活动，发挥志鉴资治、存史、教化作用。 (杨水云)

档案工作

【概述】 迎泽区档案局成立于 1998 年，前身为南城区档案局，1998 年区划后改为此名，位于太原市云路街 15 号迎泽区政府一楼东侧，为正科级参照公务员管理事业单位，编制 5 人，正科 1 人，副科 2 人。承担着负责制定本行政区域内档案事业发展规划并组织实施，以及对本行政区域内的档案馆及区属各单位档案工作监督和指导。主任科员 1 人，科员 1 人。2017 年实有 5 人。2017 年，全区档案工作按照省、市两办《意见》，以服务民生为己任，努力提高窗口服务质量、加强支部思想政治建设、加强基层单位档案的业务指导及规范、加大档案法制宣传力度、提升档案工作水平，较好地完成了上级部门考核目标任务和区委、区政府交办的各项工作，为全区社会、经济建设服务中发挥重要作用。

【档案管理】 2017 年，迎泽区档案局以提高档案管理水平为重点，推进机关、团体、企事业单位及农村、社区的档案规范化管理工作。按照《山西省机关档案工作目标管理办法》和《山西省企业科技事业单位档案工作规范化管理等级评定标准》要求，做好指导与考评工作，推动机关、团体、企事业单位及农村档案管理水平提高。年内迎泽区地税局达到山西省档案目标管理一级标准。

【档案服务】 2017年，迎泽区档案局服务大局。区档案局和各单位档案室围绕中心、服务大局，主动关注和跟踪本地区、本部门、本单位改革发展动态，参与重大活动、重点项目、重要会议等重要工作，参加重要活动承办机构，为党委、政府提供资政服务，为该部门、该单位领导决策提供参谋服务；拓宽档案文化传播渠道，发掘档案文化资源，打造更多更好的档案文化精品，用活档案资源，发挥档案优势。改善服务环境，做好查档窗口接待服务工作，热情为民服务。编制区档案局便民服务手册、重新制作档案查询须知，改造服务接待柜台，设置群众接待座椅，使窗口服务环境更加温馨，方便群众查询，做到服务质量更优、服务态度更好。据统计，截至12月底查档接待2996人次，调阅档案4000卷次，提供档案1886卷，开具无档案证明57张，为1943人解决申请经济房（廉租房）、房产过户、公证处公证、参加社保、领取公积金、土地补偿、退休、出国等提供依据。

【业务指导】 2017年，区档案局围绕区委、区政府中心工作，加强对全区重点工作及重大活动档案工作的指导服务。参与指导全区环保专项督查档案资料、全区涉军退伍人员档案的整理查询登记、农村土地确权登记档案指导、区委三基建设基层档案规范、区精神文明创建资料整理、区住建局城市拆迁档案等，加大对区环保局、农委、区民政涉军等重大活动进行业务指导规范，重点开展农村土地承包确权登记档案和全国环保检查工作档案的指导工作。区档案局对重大活动进行详细部署和安排，由主管局长亲自抓，业务指导人员具体指导的方式，配合农业局和环保局进行土地承包确权登记档案和环保检查工作档案，推进土地承包确权登记档案和环保检查工作档案的开展。

【执法检查】 2017年，迎泽区档案局加强信息安全管理，建立一套存储设备系统，制作移动硬盘备份数据，确保信息安全。依照《中华人民共和国档案法》《山西省档案管理条例》和《太原市档案管理条例》有关规定，制定并实施机关档案工作年度检查制度。9月份区档案局和区人大教科文卫委、区法制办共同组织档案执法检查组对迎泽区六街一镇和相关单位进行档案执法检查。通过执法检查，督促各单位增强按期归档意识、采用科学的档案管理软件加强单位文书档案电子化管理，促进全区各单位档案人员的档案意识，规范档案标准化管理。开展档案安全检查，对各单位档案库房、利用场所、计算机房的防火、防盗等设施进行检查，发现问题督促各单位及时予以整改，保证档案资料的安全。

【信息化建设】 2017年，迎泽区档案局按照《意见》要求，优先发展与老百姓切身利益相关的、现行文件全文扫描系统，建立民生档案数据库。为推进档案信息化建设，2017年区档案局把民生数字资源档案库的建设作为档案信息化建设重点内容，申请20万元，改善查阅室接待环境，完善购置信息化的录入设备和升级档案管理软件，完成15万条馆藏档案目录录入工作，为涉及民生的婚姻档案、招工档案、安置档案、知青档案、铁建档案建立电子目录，馆藏档案资料实现计算机检索。为推进档案信息化建设，使档案利用快速便捷。迎泽区档案局针对查阅招工录用合同档案群众的增多，查阅招工档案不便情况，专门对12号全宗劳动局文书档案、15号全宗民政局退伍军人安置档案、46号全宗知青档案、47号全宗铁建档案、53号全宗大南关大队档案进行全文扫描，完成全文扫描共计1721卷，17万余张。有效地提高档案查档速度。

【业务培训】 2017年，迎泽区档案局结合迎泽区档案员更换频繁的实际情况，区档案局对各单位老档案员及新更换档案员分层次、分类别、分步骤进行培训，采取理论与实际操作相结合的方式，利用主动上门指导和集中业务培训相结合方法，组织区直属各单位专兼职档案员学习各类档案知识及法律法规。3月，举办档案业务知识培训班，组织全区各单位分管档案的领导和档案室专（兼）职档案员160人参加档案业务培训。利用上门指导的形式对区政府办、教育局、民政局、住建局、农业局、绿化局、执法局、地税分局、环境卫生队、妇幼站、社保中心、老军营街道办事处等近30家单位档案员和相关人员进行档案业务培训指导，提高区直属各单位专兼职档案员的业务水平，增强档案员档案意识和业务能力。

【普法宣传】 2017年，迎泽区档案局为增强全民法制意识，区档案局在“6·9”国际档案日、法律宣传月和“12·4”国家宪法日期间重点开展《档案法》《山西省档案管理条例》《太原市档案管理条例》宣传学习。通过多种形式宣传，增强各级干部群众档案意识。在全区广泛举办《档案法》宣传，制作宣传版面、宣传手册及档案馆简介，发放档案宣传资料200余份，向到访人员群众解答疑问、讲解档案的重要性和具体操作。

【三基建设】 2017年，迎泽区档案局为促进业务工作，开展“三基”教育，狠抓“三基”建设。加强学习。区档案局组织全体人员认真学习，了解“三基建设”实质内容，认识加强“三基建设”重要意义。成立领导组。成立由局长任组长，分管局长为副组长的“三基建设”领导小组，出台“三基建设”实施方案，结合工作实际将“三基建设”工作落到实处。制作本局“三基建设”工作基础工作目录、工作运行流程图、工作管理手册、便民服务手册、应知应会手册，对日后档案局开展工作起了指导作用。全局人员围绕“基层组织、基础工作、基本能力”这三方面，努力开展工作，认真钻研业务，加强档案局馆自身建设，加大各街镇、各立档单位业务指导，提升全区各单位的档案规范化水平和档案基础能力。 （温 洁）

社会生活

SHEHUI SHENGHUO

民　政

【概述】　迎泽区民政局成立于1979年4月，原名南城区民政局，1998年4月更名为迎泽区民政局。迎泽区民政局是区人民政府主管有关社会行政事务的组成部门，有正科级领导干部1名，副科级领导干部3名，全额财政总编制43名（公务员编制12名，工勤编制2名，全额事业编制29名），实有全额财政人员28名（机关工作人员10名，事业工作人员18名），缺编15名。自收自支编制39名，实有人员29名，缺编10名。在职党员23人，退休党员12人。6个内设科室是办公室、优抚安置科、基层政权科、救灾救济科、社会事务科（行政审批科）、社区建设管理科。下属有区城镇居民最低生活保障中心（副科级）、区慈善会、区社会福利院、郑村烈士陵园、区福利生产管理办公室、区军队离退休干部管理服务所、区社区服务中心（自收自支）、区殡葬管理所（自收自支）等8个事业单位。

主要负责全区救灾救济和城乡社会救助工作，基层政权和社区建设工作，全区性社会团体和民办非企业单位登记和监管工作，全区双拥优抚安置工作，负责移交迎泽区军队离退休干部、无军籍退休退职职工、退休士官、退役士兵和转业士官的接收安置工作，全区行政区划和地名工作，全区社会福利事业工作，全区婚姻登记管理和殡葬管理工作，组织指导全区慈善捐助工作；协助市民政局对城市流浪乞讨人员救助管理工作。

获“全国民政先进县区”“全国和谐社区建设示范区”“全国志愿服务工作先进集体”“全省民政系统先进集体”“全省养老工作先进县”等称号；获“全省优抚工作标兵区”，市级“双拥模范区”、市级“双拥标兵单位”、市级“文明单位”等称号；获全市“民政工作模范单位”（连续6年全市各县区民政工作考核排名第一）“社区建设工作模范单位”和“社会救助先进单位”等称号。

2017年，迎泽区民政局以民生保障和社会治理为主线，以提升服务能力为重点，加快推进民政法治建设，发挥民政在保障基本民生中的保底作用、创新社会治理中基础作用、服务国防和军队建设中支持作用、发展基本公共服务中的支撑作用，开拓民政工作新局面。

【城乡低保工作和临时救助工作】 2017年，迎泽区有城乡低保对象1420户、1966人，累计发放城乡低保金1471.75万元。其中，城市低保对象1136户、1522人，发放低保金1203.77万元，农村低保对象284户、444人，发放低保金267.98万元。在此基础上，落实各级党委政府救助帮扶政策，改善低保对象基本生活。执行低保提标。按照《关于提高城乡低保标准的通知》（并民发〔2017〕48号）文件要求，自2017年1月起，迎泽区城乡低保标准每人每月530元提标到560元，低保提标款66.8061万元于8月足额补发到位。落实迎泽区对低保家庭的惠民实事。春节前，按300元每户的标准发放“爱心粮”补贴1442份，小计43.26万元。执行迎泽区对低保残疾对象的惠民实事，发放一次性生活补贴。以10月份城乡低保在保人数为基数，为低保对象中1~4级残疾人中符合发放条件的877人，按每人1000元标准，发放低保残疾人一次性生活补贴资金87.7万元。执行《迎泽区人民政府关于发放困难残疾人生活补贴和重度残疾人护理补贴的实施方案》（迎政办发〔2016〕66号）文件，为2016年四季度和2017年1—4季度在保3501名低保残疾人发放困难残疾人生活补贴62.95万元。按照《迎泽区城乡困难群众临时救助暂行办法》（迎政办发〔2014〕78号）相关规定，对因遭遇突发事件、意外伤害、重大疾病或其他特殊原因导致基本生活陷入困境，其他社会救助制度暂时无法覆盖或救助之后基本生活暂时困难家庭实施临时救助，共临时救助139人，发放临时救助金77.75万元。

【医疗救助工作】 2017年，区民政局实施医疗救助6783人次，支出325.0251万元。其中，直接救助城市医疗救助对象265人次，192.44万元；直接救助农村医疗救助对象67人次，45.17万元；开展迎泽区定点医院住院“一站式”即时结算工作，15人次获救助金4.2万元；资助城乡困难群众参加城镇居民基本医疗保险4341人，支出参保金41.3170万元；以每人200元门诊救助金为标准，为迎泽区城乡低保户和特困供养对象2095人向迎泽区6家门诊定点医院拨付城乡低保对象2017年门诊救助金共计41.9万元。

【防灾减灾工作】 2017年，“5·12”国家“防灾减灾日”期间，区民政局开展以“减少灾害风险，建设安全城市”为主题的宣传活动，发放宣传资料4000份，利用板报、微信普及防灾减灾知识，宣传以人为本的防灾减灾理念，增强区社会灾害风险防范意识；开展乡镇网络报灾工作。灾情信息是开展减灾救灾工作的基础支撑信息，通过“国家自然灾害灾情管理系统”审核、上报乡镇级报灾单位有关信息，确保灾情信息报送的时效性和精细度，以便迅速有效开展减灾救灾工作。抓好防灾减灾示范社区创建工作。组织社区开展减灾防灾演练，建立社区救灾应急志愿者队伍，加大减灾宣传力度。在上年创建全国示范社区基础上，申报1个全国综合减灾示范社区，4个省级综合减灾示范社区。

【慈善工作】　2017年，通过区慈善会募集和接收善款物资总计138.48万元，其中2016年“中华慈善日”活动接收款物价值120.38万元，接收日常捐款2.1万元，接收太原市慈善总会划拨款物价值16万元。通过区慈善会支出和交付的善款物资总计98.65万元，救助646人次，其中助医73人次、助学66人次、助困486人次、助孤21人。落实市慈善总会血友病救助项目，迎泽区5名血友病患者获助5万元。联合有关部门、社会力量开展慈善活动，与市民政局、市社会工作服务中心和山西易菲服饰有限公司等联合开展关爱留守儿童行动，在阳曲县帮建两家“七色花儿童之家”。与共青团迎泽区委联合开展“爱心小桔灯”关爱少年儿童活动，为20名困难家庭学生发放价值0.6万元爱心物资，与《生活晨报》推进社区公益温暖行主题活动和志愿服务。与公益组织山西血友之家、北京名师到科技开展在线助学捐助活动，为全省97名患血友病的学生长期捐助优质在线教育资源。推进社区慈善超市建设，老军营小区三社区慈善超市和老军营新南二社区慈善超市已投入运营。区慈善会腾讯官方微博和微信公众账号及时发布捐助信息，发布信息105条，关注人数和浏览量稳步提升。

【流浪乞讨人员救助】　2017年，迎泽区民政局开展冬季送温暖救助社会流浪人员的活动，救助生活无着及流浪乞讨人员82人，发放救助金0.187万元。

【福利企业管理】　2017年，迎泽区民政局加强对福利企业和社会养老机构的安全管理，坚持“安全第一、预防为主、综合治理”的方针，开展“两会”“两节”“春季安全大检查”“安全生产月”“消防安全大检查”等系列安全检查活动，加强对市局审批驻区社会养老机构的消防安全和食品安全的管理工作。开展组织全区福利企业、社会养老机构和全局各科室、各事业单位开展消防安全知识培训，提升安全意识和管理水平。

【社会福利工作】　2017年，迎泽区民政局对130名80—99周岁低保老人审核发放高龄保健津贴补助7.714万元；为1812名90—99岁高龄老人审核发放津贴182.58万元。为迎泽区现有百岁老人22名，发放百岁老人津贴10.6万元。为迎泽区社会散居孤儿21人，发放社会散居孤儿养育金23.898万元。

【城乡养老服务】　2017年，迎泽区民政局推进城乡养老服务体系建设。加快城乡养老服务机构建设，打造养老服务平台。推进养老服务体系建设。以太原市被民政部、财政部列入国家级社区和居家养老改革试点城市为契机，结合迎泽区实际，完成了市委下达迎泽区新建14个社区养老服务中心、17 个社区老年日间照料中心和 1 个农村老年日间照料中心的任务。推进社区居家养老服务。按照《关于印发太原市政府购买养老服务实施暂行办法的通知》(并政办发〔2016〕53 号) 文件要求，保障城市困难老人的基本养老服务需求，发挥政府托底保障作用，以政府购买的方式，为低保老人、“三无”老人、“五保”老人、重点优抚对象家庭中高龄老人、重度残疾困难老人等提供“助餐、助浴、助洁、助医、助急”等主要内容的社区居家养老服务。迎泽区在太原市社区养老服务信息平台中登记注册符合要求的老人 1436 人，发放太原市社区助老服务卡 1436 张，为辖区老人提供了更好更便捷的服务。

【社区基础设施建设】 2017 年，迎泽区民政局推动加大对社区基础设施建设投入力度，落实市区组织部门要求的全区社区活动场所 500 平方米以上要达到 50%的要求。全区社区活动场所 500 平方米以上社区有 44 个，占社区总数的 51%；1000 平方米以上社区有 16 个，占社区总数的 18.6%，有效提高社区基础设施建设水平。

【社区工作队伍建设】 2017 年，迎泽区民政局开展“领头雁”培训活动，在组织村、社区“两委”主干，村第一书记共 158 人在市委党校进行集中培训。区委书记、组织部长、市委党校副校长等领导作了专题辅导。组织全区社区“两委”主干参加全市的“领头雁”培训。通过培训，提高社区（村）干部综合能力。动员、鼓励社区工作者参加社会工作者职业水平考试和培训，以提高社区工作者队伍的专业化水平，努力建设一支政治强、业务精、情况熟、服务优、威望高的社区干部队伍。

【社区惠民项目】 2017 年，迎泽区民政局根据市社区建设领导组办公室有关文件精神，结合迎泽区实际，规范惠民项目管理，制定惠民项目流程图和审核管理办法（草稿），使社区惠民项目科学化。申报惠民项目实施单位 59 家，现全部报送市级审核。

【基层政权】 2017 年，迎泽区社区（村）换届选举工作完成。迎泽区第六届社区居委会和第十一届村民委员会换届选举工作过程中，规范程序，依法操作，严把选民登记关、候选人资格关等重点环节，形成工作合力，全面完成社区（村）换届选举任务。全区 95 个社区居委会参选率为 92.6%，较上届提高 2.95 个百分点。一大批能力强、有文化、群众基础好的同志进入新一届社区“两委”班子，班子结构优化，班子成员更具活力，社区居委会成员 380 人，平均年龄 36 岁，较上届减少 0.8 岁；83 个社区实现社区书记、主任“一肩挑”，班子整体文化水平提高，大专以上学历 357 人，比例达 94%，较上届 84%提高了 10 个百分点；19 个村委会参选率达 94.6%，较上届提高 0.85 个百分点，采取一次直选方式，选出村委会成员 63 人，其中女主任 1 名，女委员 18 名，占村委会成员总数的 30%，较上届提高 1 个百分点，确保村委会成员中至少有一名妇女成员当选。村党组织书记和村委会主任“一肩挑”

的5名，占总数的8%，交叉任职12人。

【双拥工作】 2017年元旦、春节期间，迎泽区民政局在区委、区政府的领导下走访慰问16家驻地部队，送去春联和年画，向部队官兵致以节日的问候。按照《关于做好2017年春节期间双拥工作的通知》（迎民〔2017〕4号）文件要求，为重点优抚对象，无军籍退休职工发放春联、年画等慰问品，对部分特困重点优抚对象发放粮油、慰问金价值9.33元。开展“认亲结对献爱心”活动，双拥成员单位在节前走访慰问26名困难优抚对象，每户送去慰问金1000余元，帮助他们解决生活和医疗等方面存在的困难。清明节前夕，区四大班子领导率区直机关干部在郑村烈士陵园隆重进行祭奠革命烈士活动，推进郑村烈士陵园整修工程；2017年，全区共有优抚对象998名，其中：在乡老复员军人29名；带病回乡退伍军人3名；残疾人员700名；“三属”人员24名；参战参核人员135名；60周岁农村籍退役士兵93人；老烈子14人。2017年，累计发放各类抚恤金，定期补助金共2262.28万元，其中：发放伤残金1303.2万元，发放一次性病故抚恤金771.6万元。“三属”发放生活补贴43.8万元，在乡复员军人发放定期定量补助39.2万元，“两参”人员发放生活补贴82万元，老烈子发放生活补贴5.88万元，60岁农村籍退役士兵发放生活补贴16.6万元。创新机制，经区政府常务会议研究决定，制定出台《区优抚对象医疗救助的补充规定》，创优服务，委托2家社区卫生服务站按照优抚对象需求开展免费上门医疗服务，区民政局工作人员一同上门入户，加强对受托方服务的现场管理，也及时动态掌握优抚对象实际需要。为21名年老体弱优抚对象送上人性化服务。

【婚姻登记】 2017年，区婚姻登记处业务办理量达到5999件。其中，办理结婚登记3892对，离婚1210对，补办结婚证804对，补办离婚证86对，为针对国外公证事项出具（无）婚姻登记记录证明7件。针对2017年发生的突发事件，制定应急预案，与政务大厅工作人员配合，预防该类事件再次发生，确保婚姻登记工作正常有序进行。为满足广大新人择日“喜结良缘”的美好愿望，遇到婚姻登记高峰和特殊日期，依据应急预案，做好充分准备、增设登记窗口、增加工作人员，“2·14”、“5·20”、“5·21”、七夕节、“10·10”等良辰吉日，防止因扎堆登记造成的安全隐患，提前联系大厅安保人员配合做好纪律监管。确保在人员比较集中的时间婚姻登记窗口工作能够顺畅进行，做到有条不紊、快捷高效地为新人提供服务。

【地名普查工作】 2017年，迎泽区民政局基本完成全国第二次地名普查工作。认真执行《2017年迎泽区第二次全国地名普查工作计划》，落实地名普查各项任务，迎泽区完成地名普查成果自检自查工作，上报地名普查数据，建立数据库和地名网站，通过了专家评审，接受省、市地名普查办的验收。

【社会组织管理】 2017年，迎泽区民政局贯彻落实市区有关精神，按照“培育扶持、分类指导、完善机制、规范管理”的工作原则，提高新社会组织服务社会能力，引导支持社会组织在满足公众需求、协助政府管理、动员各方参与和促进社会和谐中发挥积极作用，努力构建与迎泽区建设相协调的社会组织发展新格局。迎泽区现有社团7个，民办非企业单位110个，其中新注册登记民非5家。开展社会团体、民办非企业单位年检工作，已年检101家。

【殡葬管理】 2017年，迎泽区民政局开展清明节、十月初一期间文明祭扫宣传活动，对永宁园公墓祭扫和防火工作进行重点监查，办理城市居民死亡领取“四费”三联单约600份。

人力资源和社会保障

【概述】 迎泽区人力资源和社会保障局（简称区人社局）是区政府的工作部门。2017年，迎泽区人力资源和社会保障局有行政编制15名，工勤编制2名，实有机关行政人员15名，工勤人员2名。机构规格为正科级。设5个内设科室：办公室、公务员管理科、事业单位管理科、劳动就业指导科、工资福利保险科。

区人社局所属事业单位共17个。区劳动就业管理中心，全额事业编制20名，实有13人，机构规格为正科级。区人才交流服务中心，全额事业编制3名，实有3人，机构规格为副科级。区人才市场，自收自支事业编制5名，实有5人。区职业介绍服务中心，自收自支事业编制5名，实有4人。区劳动保障监察执法队，全额事业编制11名，实有10人，机构规格为副科级。区劳动人事争议仲裁院，全额事业编制6名，实有3人，机构规格为副科级。区城乡居民基本医疗保险管理服务中心，全额事业编制14名，实有8人，机构规格为副科级。区社会保险中心，参照公务员管理事业单位编制16名，实有14人，机构规格为副科级。区机关事业单位社会保险所，参照公务员管理事业单位编制3名，实有3人，机构规格为副科级。区失业保险中心，参照公务员管理事业单位编制13名，实有9人，机构规格为副科级。柳巷、庙前、文庙、桥东、迎泽、老军营劳动保障所，全额事业编制各2名，柳巷、庙前、文庙、桥东、老军营劳动保障所实有人数各1人；郝庄劳动保障所，全额事业编制3名。

区人社局承担着创业就业、社会保障、人事人才、劳动关系等职能，是民生政策的具体落实者，每一项工作都与老百姓的切身利益息息相关。在工作中攻坚克难，真抓实干，坚持“民生为本、人才优先”的主线，完成各项工作目标。

【人事工作】 2017年，迎泽区人社局落实《关于进一步加强全省机关事业单位新增人员管理工作的通知》，发挥人员计划宏观调控作用，落实财政供养单位新进人员总量不得突破年度计划总量的要求，坚持新进人员总量不突破自然减员总量，确保财政供养人员只减不增。落实事业单位公开招聘制度，按照德才兼备的标准，坚持公开、平等、竞争、择优的原则，为行政机关招聘公务员4名；为教育、卫生系统和其他事业单位招聘工作人员179名；为区城市管理监督大队等7个事业单位招募“三支一扶”人员8名。突出“高精尖缺”导向，加大高层次人才选拔、培养、引进力度。推荐山西中创科技有限公司薛瑞峰为“太原市高端创新型人才”。

【人才工作】 2017年，迎泽区人社局开展专业技术人员队伍建设。完成全区副高级及以上52人、中级700余人、初级10人职称评审推荐工作。完成副高级及以上23人、中级80人、初级30人职称聘任工作。完成全区机关事业单位37人（技师20人，高级工11人，中级4人，初级工2人）工人技术等级申报工作；完成迎泽区2016年度工人技术等级培训考核合格人员25人（技师13人，高级工7人，中级5人）聘用工作。完成全区3000余名专业技术人员2016年度考核工作。完成2000年至今全区专业技术副高级以上336人基本信息报送工作。

技能人才培养。提高全区劳动者就业技能和创业能力为目标，创新拓宽工作思路，加大培训力度，抓好职业技能培训和创业培训工作，认定定点培训机构4个，创业培训共开展10期，培训学员290人。城镇失业人员再就业培训人数1630人，农村劳动力技能培训人数1645人，新成长劳动力培训1073人，完成各项培训任务。

【劳动关系】 2017年，迎泽区人社局授权由街道和社区劳动保障平台承担网格内用人单位劳动用工情况综合管理工作，共设置7个二级网格（六街一镇），114个三级网格（86个社区、28个行政村）。劳动监察采集用人单位信息户数7436户，提高处置突发事件的能力。在劳动关系方面，完善劳动执法检查与争议调解相结合的工作模式。落实应急周转金300万元，预存农民工工资保证金48万元。发放农民工工资支付卡1360本，农民工维权公示牌32块。全年受理投诉举报案件209件，涉及劳动者1780人次，结案204件，涉及劳动者1771人次，为他们讨回工资、押金6268万元。其中，建筑企业案件54件，涉及农民工862人，追回工资5996万元，维护了劳动者的合法权益。劳动保障监察案件系统上线运行率达到92%，及时办结转办交办信访案件，维护劳动者的合法权益。受理劳动仲裁案件235件，结案229件，结案率达到93%以上，促进全区劳动关系和谐稳定。

【就业服务】 2017年，迎泽区人社局城镇新增就业全年目标16600人，完成18309人，完成年计划的110.3%；创业就业目标3760人，完成4129人，完成年计划的109.8%；失业人员再就业目标7500人，完成8280人，完成年计划的110.4%；就业困难人员再就业目标1790人，完成1973人，完成年计划的110.2%；转移农村劳动力目标300人，完成330人，完成年计划的110%。城镇登记失业率为3.25%，控制在4%以内。

【社会保障体系】 2017年，迎泽区城镇职工基本养老保险参保人数全年目标54090人，完成58817人，完成年计划的108.7%；基金征缴收入全年目标46006万元，完成58376万元，完成年计划的126.9%。其中，企业基本养老保险参保职工人数人数完成51432人，完成年计划的108.2%，基金征缴收入36510万元，完成年计划的128.1%；机关事业单位参保人数完成7385人，完成年计划的113.6%，基金征缴21866万元，完成年计划的124.9%；城乡居民社会养老保险参保人数完成27124人，完成年计划的101.9%，基金征缴收入1254万元，完成年计划的156.8%。

城乡居民医疗保险参保人数全年目标为173665人，完成196371人，完成年计划的113%。基金征缴收入全年目标2564万元，完成2677万元，完成年计划的104.4%。工伤和生育保险参保人数全年目标分别为20600人和22500人，分别完成26841人和24980人，完成年计划的130.3%和111%。基金征缴收入分别完成815万元和602万元，完成年计划的198.8%和105.6%。

失业保险参保人数全年目标任务为20000人，完成24926人，完成年计划的118%，基金征缴目标880万元，完成932万元，完成年计划的105.9%。

【工资调整审批】 2017年，迎泽区人社局认真完成各项工资审批工作。按照规定完成了全区机关事业工作人员职务变动、级别、档次、薪级晋升、事业单位专业技术职称变动和160余家事业单位绩效工资总量的审批工作。完成退休手续和离退休人员遗属生活困难补助费的审批工作。截至2017年底共办理166人的退休手续。根据晋人社厅函〔2017〕417号通知及市人社局的会议精神和要求，完成迎泽区法院入额法官46人、检察院入额检察官38人的工资套改。按照晋人社厅发〔2015〕42号《关于发放乡镇机关事业单位工作人员乡镇补贴的通知》、晋人社厅发〔2017〕57号《关于完善乡镇机关事业单位工作人员乡镇补贴的通知》文件要求，对迎泽区符合条件的郝庄镇、教育局所属农村中小学、食药监局郝庄站295名机关事业单位工作人发放和加发乡镇补贴并落实到位。根据晋人社厅发〔2017〕91号文件精神，审核发放政法委、司法局机关的公务员工作津贴。

【年度考核工作】 2017年，迎泽区人社局审批公务员和参照公务员管理单位74个，合计674人，其中优秀101人，称职537人，不称职2人，不定等次34人，未参加考核5人；审批事业单位141个，合计3908人，其中优秀582人，合格3234人，基本合格29人，不合格1人，不定等次62人，未参加考核71人。

民族宗教

【概述】 迎泽区有佛教、道教、基督教、伊斯兰教四大教派，是全省民族宗教工作重点县区之一，驻区有省、市、区6个宗教团体、8个宗教活动场所、18个宗教活动处所；现有教职人员共52人，信教群众2.8万余人。具有清真饮食习惯的回族、维吾尔族、哈萨克族等少数民族5600多人。

2017年，区民族宗教局因地制宜，制定全年工作安排，通过开展专题学习、集中培训、巡回宣讲、知识竞赛等活动，促进全区民族宗教干部依法管理能力，提升基层工作水平；通过开展少数民族惠民工程、民族文化展演、访贫济困等系列活动，加大民族团结进步工作创建力度，使得“重在平时、重在交心”嵌入式的管理模式与社区网格化服务有机结合；通过规范开展和谐寺观教堂的创建、讲经交流、慈善周、法规宣传月等系列活动，引导广大信教群众为迎泽区经济发展献计出力。

【学习培训】 2017年1月25日在全区党代会上，部长王国栋传达学习中央宗教工作会议精神，对迎泽区宗教工作的现状和存在的问题进行分析，并做出安排和部署。8月成立迎泽区宗教工作领导小组，形成党政齐抓共管、部门各司其职的工作格局。9月21日召开全区宗教工作领导小组会议，学习新修订的《宗教事务条例》。统战部长王国栋、分管副区长闫晓琴分别对迎泽区宗教工作提出要求，并对下一步工作进行安排。10月12日邀请省委统战部民族宗教处处长黄杰对全区宗教工作领导小组成员单位进行专业知识培训。

【民族团结进步创建活动】 2017年5月9日母亲节来临之际，区民族宗教局和山西钰景盛餐饮管理有限公司开展以弘扬中华民族优秀传统道德“孝”为主题的民族团结创建进企业活动，为40余位少数民族母亲代表送去最真挚、最友好的温暖和祝福。传统佳节“端午节”“中秋节”期间，南海街一、二社区通过举办包粽子比赛、“民族团结一家亲，同心共筑中国梦”中秋大团圆等活动，增进民族感情，画好最大同心圆。利用清真寺周五主麻日，宣传我市回族老人王凤仙，十年如一日照顾身患重症的汉族老人姚秀芳的事迹，号召广大穆斯林群众向回族老人王凤仙学习，做民族团结进步的使者。继承历史弘扬传统，引导广大穆斯林爱国爱教，7月创建清真古寺史志室。以规范为主题开展和谐寺观创建活动，引导佛教、道教信众与社会主义核心价值观相适应。按照市局“六个规范”的创建标准，区民族宗教局依托清真古寺筹建太原市伊斯兰教文史室和太原穆斯林文化讲堂。开展佛、道教讲经活动，规范教职人员仪容、仪表、戒规、戒律。

【安全维稳】 2017年，区民族宗教局制定《在全区民族宗教领域开展安全稳定风险隐患大排查大整治活动的》工作方案，成立领导组，确保迎泽区民族宗教领域民族团结、宗教和睦发挥作用，为中共十九大的胜利召开创造良好的社会治安环境。坚持每周赴场所工作、每月矛盾排查和每月宗教场所负责人学习制度，及时发现民族宗教领域的不稳定因素，加强与公安、安全、行政执法等部门的联动机制，化解处置各种矛盾隐患。

根据《迎泽区处置民族宗教领域突发事件安全工作预案》，监督指导迎泽区桥头街基督教堂、太原伊斯兰教清真古寺、白云寺健全安全工作预案。与各宗教场所签订2017年安全管理责任书。对安全台账登记，值班巡查制度、每日零报告工作进行重点安排。

对属于文物保护单位的宗教场所，与文物部门配合，及时排除安全隐患；各宗教场所要在消防、安监等部门的指导下，加强消防安全知识的宣传教育。各宗教场所建立消防安全制度和消防工作责任制。建立安全台账和工作档案，配备消防器材，保证疏散通道，安全出口和消防车通道畅通。开展桥头街基督教堂安全专项整治活动，组织场所人员学习安全消防法，开展消防演练。桥头街基督教堂部分房屋年久失修，存在不同程度的安全隐患，2017年使用省局给基督教堂拨付的修缮款项对房屋进行整修和管线改造等，消除安全隐患。

8月23日，迎泽区郝庄镇新沟村三清观举行开光法会。开放之时，区民族宗教局要求宫观建章立制，守法守规，制度上墙。要树立法制意识，增强自我约束能力，发扬爱国爱教，弘扬道教大道至简，引导广大信教群众和树立俭朴恬淡的生活方式。该次法会的召开标志着迎泽区道教宫观的诞生，是太原市第十二座合法宫观对外开放。

按照《宗教事务条例》保护合法、制止非法、遏制极端、抵御渗透、打击犯罪原则，对迎泽区内的非法宗教活动予以制止。8月、11月在庙前地区和迎泽地区有基督教私设聚会点进行传教，区民族宗教局联合公安、国保、街办、派出所、基督教两会对其进行取缔处置。5月17日，迎泽区卧龙寺违法建设问题引起区政府高度重视，召集统战部、迎泽公安分局、郝庄镇等相关部门召开会议，采取措施，制定整改措施。6月7日，迎泽区公安分局、行政执法局、郝庄镇、新沟村相关人员等对卧佛寺违法建设行为予以停止，并封存大门，妥善遣散非法宗教活动僧众，对违法行为给予处置，维护宗教和睦、社会稳定。

【依法行政】 2017年，区宗教局开展行政审批服务提升工作，按照政府放管服的要求，进行自查整改。执行《中华人民共和国行政许可法》《迎泽区区级行政审批服务事项目录》，将许可事项《宗教活动场所许可证》《清真食品经营许可证》宗教场所负责人、教职人员的备案登记5项审批、服务项目的依据、条件、以及受理要求等相关内容通过区政务服务网晒权。对“设立其他固定宗教活动处所的审批”“在其它固定宗教活动处所管理范围内改建或新建建筑物的审批”审批、清真食品生产经营许可证核发工作，缩短了3个工作日。2017年区民族宗教局审批中心项目“变更其他固定活动处所”行政许可项目1件，在法定时限内完成依法审批，没有出现超时限办理现象，没有出现后方受理现象。权力清单管理，按照权力事项编制工作，对1项行政许可、12项行政处罚、1项行政确认、6项其他行政权力，法律依据办理时限、工作流程、办理材料认真梳理，编制权力清单，按照《中国公民民族成分登记管理办法》依法依规完成民族成分变更。

规范文件管理，对“放管服效”改革涉及规范性文件清理后继续有效目录，做到了清理工作组织有序。

【网络民族宗教工作】 2017年，区宗教局加强和规范互联网宗教活动和虚拟宗教活动场所管理，与市宗教局、市网信办、区委宣传部网信办建立沟通机制，加强对互联网舆情和互联网宗教活动的综合研判、日常监管。

【清真食品市场监管】 2017年，区宗教局将清真食品监管纳入全年依法行政工作的重要内容，在元旦、春节、中秋和国庆等重要节日，与工商、食药监局、市伊协开展清真食品市场联合执法检查；按照《清真食品义务监督员管理办法（试行）》《清真食品义务监督员工作手册》，做好清真食品市场监督工作记录，及时收集信息，通报重要情况，确保清真食品市场安全有序。2017年，全区共有清真食品经营户100户，其中清真饭店79户，清真肉食店20户，清真食品店1户。共出动检查人员80人次，处置违规经营行为2起。

（王晓娟）

老龄工作

【概述】 2017年，迎泽区老龄办以实现老有所养、老有所医、老有所为、老有所学、老有所乐等“五个老有”为目标，抓基础、抓落实、抓宣传，以开展为老年服务为工作重点，抓好《中华人民共和国老年人权益保障法》和银发安康宣传工作的落实，组织开展以“关爱老年人，欢庆十九大”为主题的“敬老月”活动。

太原市迎泽区老龄办（以下简称老龄办），位于云路街15号迎泽区办公大楼一层，为正科级建制，参照公务员法管理单位。区老龄办编制5名，实有3名，其中主任1名。

【老年人权益保障法宣传】 2017年，老龄办为加强新《中华人民共和国老年人权益保障法》学习宣传，在强化基层老龄宣传干部队伍建设上狠下功夫，培训提升老龄宣传工作整体水平，整合资源优势、提高协作配合、骨干培训，确保普法宣传在各村（社区）实现全覆盖。依托社区的法律课堂请有关专家进行讲解，利用老年大学、老年协会及文艺宣传队伍进行宣传。全区各级老龄干部通过散发老年法资料进行宣传。通过一系列宣传活动，在全区营造出敬老、助老、扶老、养老的良好舆论氛围，使《中华人民共和国老年人权益保障法》深入人心，越来越多的老年人学会正确运用法律知识和法律武器维护自身的合法权益不受侵害。

【老龄工作通讯录】 2017年，老龄办为方便老年人的生活，提高为老年人服务效率，区老龄办印发新《迎泽区老龄工作通讯录》下发到各社区（村），《通讯录》中有老年法手册、迎泽区社区老龄工作概况、各办事处（镇）老龄工作的简介和社区（村）老龄工作人员电话，方便了居住在迎泽区的老年人，得到老年居民的交口称赞。

【意外伤害险】 2017年，老龄办推动全区意外伤害险工作，8月，为全区4000名老年人办理老年人意外伤害险，合计20万元。

【百岁老人档案】 2017年，老龄办为提高百岁老人生活质量和健康水平，区老龄办、各街道办安排专门人员跟踪建档、详细记录、定期补充，为全区31名百岁老人建立个人信息档案。百岁老人信息档案主要包括家庭住址、联系方式、健康状况、出生年月、与谁同住等信息。建档可以及时了解百岁老人现状，有针对为他们提供优质服务。

【失能老人调查】 2017年，老龄办为应对人口龄化，摸清迎泽区失能、半失能老年人的生活状况，为精准帮扶困难老年人提供数据支撑，应省老龄办的通知要求，在全区开展失能、半失能老年人生活状况调查。调查内容包括老年人人口底数、老年人生活自理能力、收入及受救助情况等。

【敬老工作申报】 2017年，老龄办为开展老龄工作、繁荣老龄文化、推动老龄事业、维护老年人合法权益、促进社会和谐稳定，根据市老龄委的要求，区老龄办开展“敬老文明号”和“敬老助老模范个人”申报工作。其中朝阳三社区、校尉营社区、桃园三社区、南内环一社区获得本年度“敬老文明号”集体荣誉称号，梁秀平等10人获得本年度“敬老助老模范个人”。

【敬老月活动】 2017年“敬老月”期间，迎泽区老龄办及各街道办事处、镇、社区、村以不同形式走访和慰问高龄、特困、空巢、病弱老人。全区114个社区开展慰问活动90余场，慰问人次750多人，慰问品和慰问金合计21万元。各级老龄委以各种形式送慰问品价值总计19.82万元。其中区老龄办对31位百岁老人进行慰问，总金额3.1万元，对439特困老年人每人发放300元慰问金，总金额13.17万元。

“敬老月”期间，区老龄办组织全区300余人老年朋友在文瀛公园开展大型健步走活动，欢度重阳节，喜迎十九大，其间还为老年人宣传省、市各项老年政策，发放《八十老翁去南极》一书，三梅羊奶集团为参加活动的每位老年朋友发放一提袋羊酸奶作为礼品。区属各级老龄办、各社区老年活动队伍，包括舞蹈队、老年模特队、秧歌队、锣鼓队、合唱团、太极拳等，都从实际出发，结合各自特点，开展各具特色、有益于老年人身心健康的文化体育活动。活动有健步走、观看十九大开幕会、歌舞、运动会、联谊会、健康讲座、厨艺大赛、门球、戏剧等，突出2017年“关爱老人，喜迎十九大”的宣传主题。参加各类活动人数约2万余人（次）。迎泽区114个社区共开展各类活动90场，全区193支队伍、9所老年大学，校外辅导站及103所老年学校，在校学员5000余人及区老龄办在社区组建的15个老年活动站在敬老月期间全部主动编排、参与各种活动，充分展现新时代老年人的精神风貌。各社区（村）工作人员联系退休医疗和营养专家开展多次形式多样的医疗保健服务活动。“敬老月”期间进行义诊15次，医疗保健养生公开课24次。志愿者参加活动计129人次，受惠群众5000人。免费体检412人。体检项目有：血常规、肝功、肾功、心电图及血糖、血压、血脂的测试。

防震减灾

【概述】 迎泽区防震减灾局为区直属参公事业单位，正科建制，编制3人，领导职数一正一副，局长魏明霞。未设科室和下属单位。职责是负责组织、协调区各专业防救组、办事处、镇开展全区的防震减灾工作，拟定破坏性地震应急预案；震后负责震情、灾害调查和灾情速报；开展建筑工程抗震设防管理，加强对村镇房屋抗震设防要求的指导；开展地震宏观及数据监测；加强三网一员建设；普及防震减灾知识；平息地震谣传、误传事件；加强应急防范，组织各类地震应急演练；承担区抗震救灾指挥部办公室日常事务。

2017年，区防震减灾局围绕宣传、应急、监测开展防震减灾，多方探索应急管理、宣传、监测新途径，强化各类人群防震意识，增强防范技能以及开展震后应急，把防震减灾与建设美丽迎泽、建设平安迎泽为目标，努力开展防震减灾各项工作。

【组织部署】 2017年，迎泽区防震减灾局区政府领导高度重视防震减灾，分管领导多次到局调研，研究讨论全年工作，制定落实方案。区长对晋政办发〔2017〕47号《关于做好2017年度防震减灾工作的通知》文件进行批示，对防震局工作予以督促落实。2017年初，与区政府签订《安全生产目标责任制》，制定全年工作方案，纳入年度考核，参加6·15等安全宣传、全面完成要求的各项任务。4月7日，召开全区防震减灾联席会议，安排部署2017年防震减灾工作，与办事处和郝庄镇签订目标责任书，给各专业防救组安排年度任务。区政府常务会议专题研究地质灾害治理和采煤沉陷区治理等工作，由发展局提出规划、搬迁及安置方案。请专业公司进行地质勘察，完成第三方论证。

【观测通报】 2017年，迎泽区防震减灾局根据并震发〔2017〕6号和并震发〔2017〕10号文件，制定《太原市迎泽区震情监测方案》。坚持震情跟踪记录：将宏观观测、前兆监测、每日震情记录、山西震情、舆情处理等纳入震情监视跟踪记录表，坚持填写。坚持前兆监测：前兆仪运行率达到97%以上。新沟DPDC-2型低频电磁扰动仪，位于新沟村委会，北纬37°49′49″，东经112°38′18″，井深900米，仪器位于深井300米处。仪器实时记录波形平稳，波形无失真，国际、国内较大地震事件及省一般地震均有反应。每周保持与前兆观测点驻地人员联系，确保电路正常，交费及时，保证运转。对发生在国际7级以上地震，国内5级以上地震重大震情进行通报，组织人员学习，分析地震成因与应对经验。对市内3级或市局要求启动预案进行震后应急2次。

【震害防御】 2017年，迎泽区防震减灾局开展震害防御工作。群测群防。2017年组建新一轮志愿者队伍达到900余人。对助理员、“三网一员”进行防震减灾知识、宏观观测及记录、震时疏散及震后应急、灾情速报等业务培训。2017年桥东街道办事处“三网一员”集中参加市的业务培训。

应急保障。制定应急储备管理办法，建立档案。根据实际情况，采取分年分级储备的方式，连续几年对专业防救组、办事处、社区实行三级物资储备，制定分级管理，一专多用的管理制度，由储备单位自行管理，区抗震救灾指挥部定期或不定期检查。与山西省唐久超市签订储备协议，并进行物资调动演练。

舆情监视与处置。建立舆情监视与处置机制，加强信息发布与舆论引导。发现谣言立即向省市局分管领导报告，请示处置方法。于7月和8月，处置网络地震谣言2次。建立迎泽区防震减灾局微信公众号。发布30余篇地震科普、地震应急、建筑抗震设防、九寨沟地震救援、应急疏散、撤离灾区等经验型宣传文稿。利用今日头条等网络媒体与公众互动，回答网友提出的地震科普问题，宣传防震减灾知识。10月23日，发的一条宣传稿两天之内点击量超过12万人次。通过互动，了解到大众对于地震的认识层次、震后应急以及对于防震减灾需求的真实想法。

创建示范社区和示范学校活动。2017年创建解南一社区、南内环社区2个国家防震减灾社区；铁匠巷、朝阳一、南海二、宁化府社区等5个省防震减灾示范社区；创建大南关小学1所国家级科普示范学校；双西、青年路、贵都、松庄等5所省级科普示范学校。邀请省、市专家对迎泽区防震减灾科普教育基地进行验收。

宣传活动。制定“5·12”“7·28”活动方案，开展“平安中国”防灾宣导系列公益活动。制订活动方案，要求每个街道办事处组织一次集中宣传，每个社区除自行组织活动以外，最少发动两个驻地单位宣传。全区86个社区组织开展丰富多彩的宣传、讲座、演练活动。开展讲座150余次，张贴宣传画5000余幅，各LED滚动播出宣传条幅3000余条，版面700多块，对重点人群入户宣传230余次。

【抗震设防】 2017年，迎泽区防震减灾局在城市规划和建设中运用活断层成果，在新改扩建工程中推广减隔震技术。依法依规履行抗震设防要求审批与监督管理。成立“双随机一公开”工作领导小组，建立“随机抽取行政执法人员名录库”，列出随机抽查重点事项清单。制定《太原市迎泽区防震减灾局“双随机一公开”工作实施细则》。根据市活断层探测成果，请省、市专家勘察绘制《太原市迎泽区断裂构造分布图》，在区规划和开发重大项目中进行运用。在《郝庄镇2015—2030年建设规划》制定过程中，提出抗震设防、活断层避让意见和建议。向发展局、规划局、人武部等专业防救组发放《迎泽区断裂构造分布图》，供各单位在区规划和开展大项目中进行参考。

减隔震技术应用。在城市老旧危房改造、中小学校抗震加固、新建学校、医院等人员密集场所建设项目中，要求各单位应用减隔震技术，并进行督促。三十六中、三十七中、三十九中3所中学在新建和改建中，都运用了减隔震技术。新建区中心医院，占地20亩，初步定于王家峰村，按照抗震设防要求，进行设计施工。制定治理规划，地质灾害治理、采煤沉陷区治理等安居工程的抗震设防工作有序进行。2017年迎泽区农村危房改造任务有6户。分别在孟家井、捐子村，全部改造加固。

【应急救援】 2017年，迎泽区防震减灾局开展应急救援工作。应急队伍。应急队伍主要有区人武部民兵应急分队120人，开展集中培训、野营拉练等体能训练。把抗震救灾专业应急救援队建设、专家组和“三网一员”队伍建设纳入区应急队伍体系，按照一队多用，资源共享的模式，区抗震救灾队伍包括：区公安消防应急救援队、区人武部应急救援分队和六街一镇应急救援分队、团委青年志愿者队及社区86支志愿者队伍。组织专业防救组进行培训和演练。

区地震预案体系。区地震预案体系为三级五类预案，即区政府——专业防救组、办事处——社区、学校（含幼儿园）预案。2017年政府换届，迎泽区对各专业防救组和办事处预案进行修订。制定《地震应急预案操作手册》，为让各专业防救组熟悉预案和流程，安排各街道办事处和专业防救组根据预案进行桌面应急推演。

避险场所建设。2017年区应急办对各避险场所标识牌进行维护管理。设立南宫广场和湖滨广场作为震后应急避险场所。

应急演练。全区街道办事处、社区、学校、幼儿园及驻地单位都开展组织开展不同层次的地震应急演练270多场次。地震局与人防办、解南一社区联合开展社区居民、驻地单位200余人参加应急疏散演练。太原市人民医院开展150余人参加的地震应急疏散演练。

街 道（镇）

JIEDAO（ZHEN）

迎泽街道

【概述】 2017年，迎泽街道党工委、办事处围绕重点工作目标任务，以新发展理念为引领，适应经济发展新常态，走访调研辖区重点企业、重点工程及重大项目，挖掘固定资产投资项目资源，较好完成年度各项经济指标。推进迎泽经济社会事业协调发展，取得成效。

【经济指标】 2017年，迎泽街道社会固定资产投资任务400000万元，1—10月完成77827万元；财贸业共完成193628.1元，累计增长21.3%；批发零售业完成176491万元，累计增长11.8%；住宿餐饮业完成7290.8万元，累计增长14.9%；建筑业总产值第三季度共完成384162万元，建筑业经济指标平稳有序的发展。

【城市建设】 2017年，迎泽街道办事处加强城市建设拆迁、安置各项工程。主动配合市重点工程，师范华润已拆除面积7万余平方米；迎泽公园二期工程征收房屋68户，拆除15栋楼，拆除面积4万余平方米；太原地铁2号线公交公司出站口拆除面积4000余平方米。实施青年东街“清零行动”，征收房屋80余户，拆除4栋楼一排平房，拆除面积12000余平方米。开展燃煤棚户区（危旧房）改造项目房屋征收，拆除燃煤平房362户，拆除面积13000余平方米。启动并州路改造、青年东街棚户区、南沙河快速路改造回迁安置房分配登记审核工作。

【城市管理】 2017年，迎泽街道办事处认真做好积存垃圾、占道经营、户外广告、违法建设、市容环境卫生、建筑工地扬尘噪声污染等各类摸底工作，给辖区内15个社区发放摸底表格225份。给每个社区配备工具，集中清理小广告20000多个。督促清扫作业公司做好辖区清扫保洁工作，巩固主次干道、重点区域环境卫生质量，加强背街小巷的清扫保洁力度，做到不留死角。处理中央第二环境保护督察组的督办案卷，清运垃圾280余车。加强无物业小区的积存垃圾清理，要求每个社区的卫生监督员对本社区的无物业院落每日进行检查，做好工作日志，发现问题及时上报、及时处理，提高工作效率。对邮电小区内环境卫生进行集中整治，小区环境更加整洁，被区政府列为示范小区。

【社区建设】　2017 年，迎泽街道办事处推进 500、1000 平米以上社区活动场所建设，按照上级部门的安排，2017 年社区活动场所 500 平米以上达到 50%，1000 平米以上达到 15%以上。街道 8 个社区要达到 500 平米以上，其中有 2 个要达到 1000 平米以上。截至 2017 年年底，解南二社区达到 1000 平米以上，双西一、南内环一社区达到 500 平米以上，并州路二、青年路三、南内环二、南内环四社区通过与驻地单位资源共享达到 500 平米以上。推进养老服务体系建设，解放南路二社区社区养老服务中心建成，设置老年人床位 29 张。南内环街四社区老年人日间照料中心完成主体扩建及装饰装修。10 月份启动第六届社区居民委员会换届选举工作。

【转移就业】　2017 年，迎泽街道城镇新增就业人数为 2518 人，实际人数为 2417 人，比例为 96%；下岗失业人员就业人数为 1170 人，实际人数为 1111 人，比例为 95%；就业困难人员就业人数为 260 人，实际人数为 249 人，比例为 96%。

【社会保险】　2017 年，迎泽街道城镇居民养老人缴费人数为 742 人；9 月—11 月城镇居民医疗保险参保人数为 6293 人；认定就业困难人员 57 人；办理就业困难人员灵活就业补贴 36 人。异地离退休养老金协助认证 31 人。办理《就业失业证》69 人。年检《就业失业证》108 人。《“五七家属工”养老认证 67 人，协助 1 人办理丧葬补助；对 52 名涉军人员、75 名戒毒康复人员进行就业情况摸底调查；对享受居民养老领取待遇的 1011 位老人进行静脉指纹采集。5 月份开展全民参保工作，至 11 月基本完成入户和上报工作，共入户 43908 人，报盘 203032 人。

【低保工作】　2017 年，迎泽街道城镇低保保障标准提高，全年共发放低保金 205 万元，实现动态管理下应保尽保。截至 2017 年第四季度低保户 204 户 258 人，累计城镇低保人次 3171 人。为 17 名身患疾病的贫困居民申报大病救助，共发放救助金 140075 元；为 4 户困难家庭发放临时救助 24752 元；为 1 名困难户发放救急难金额 1000 元。春节前为 213 户低保户和 49 名未参保人员每户发放爱心粮油款 300 元。为社区低保户中 136 名残疾人，每人发放生活救助金 1000 元，每月为低保户中残疾人发放津贴 60 元；为 204 户低保家庭办理冬季供热补贴，协助辖区内低保户免费上居民医保。做好 47 名未参保集体企业人员日常服务和管理工作。

【惠民帮扶】　2017 年，迎泽街道办事处完成 2016 年 40 项惠民项目的资金支付工作，支付惠民资金 1495905.74 元。为 60 岁以上老人免费发放爱心一键通。为 310 位符合条件的老年人申报政府购买居家养老服务。开展贫困残疾人救助，为 31 人残疾人申请机动轮椅车燃油补助，为符合

“金秋助学”助学条件的5名残疾人及残疾人子女申请助学金，为20名2016年办理残疾证的重度残疾人补发重残补贴。为338名90—99岁高龄老人申报高龄津贴，预计发放金额为347400元。为低保户中80—99岁高龄老人申报高龄津贴，开展“中华慈善日”系列活动，累计募集善款10960元。

【双拥工作】 2017年，迎泽街道办事处对1978—2003所有的退役士兵进行信息核查，在派出所比对核查出2023人具体信息。开展大走访专项行动，走访登记退役士兵2056人，建立台账，发放取暖费、困难救助金、慰问品、生活补助等。对在职两参人员314人回访慰问。退役士兵和转业志愿兵再就业安置36人次。为4人申请公租房，2人申请最低生活保障，帮助21人办理并领取迎泽区优抚对象医疗补助证，给重点优抚对象29人发放生活补贴，进行免费上门体检。在建军90周年之际，组织辖区现役军人，退役军人、无军籍退休退职职工300余人观看“军魂向党”慰问演出以及爱国主义题材《战狼2》。

【卫生计生】 2017年，迎泽街道办事处应对新形势，适应新常态，奋力推进人口计生工作创新发展。推进基层卫生计生融合发展，调整迎泽地区人口和计划生育领导组成员，将原街道计生办更名为迎泽街道卫计办。加强全面两孩政策宣传，落实一孩、二孩生育服务登记制度。统筹使用人口计生经费，做到专款专用。开展孕前优生健康检查，为120对夫妻提供孕前优生健康检查。落实计生特殊家庭扶助关怀政策，建立计生特殊家庭联系人制度。开展幸福家庭创建活动、“关爱女孩”行动。加强流动人口区域协作，开展流动人口服务月活动，开展流动人口健康促进行动，推进流动人口基本公共卫生计生服务均等化。落实计划生育“一票否决”制度，在干部选拔任用、评优、评先、评模、入党和审核精神文明、人大代表、党代表、政协委员推荐选举工作中，社区换届选拔用人工作中，实行计划生育审查制度。

【安全生产】 2017年，迎泽街道办事处建立健全“党政同责、一岗双责、失职追责”安全生产责任体系，开展安全生产大检查，排查单位1879家，发现隐患247处，现场整改6处，限期整改241处，针对发现的隐患下发整改通知书并督促整改。加强消防安全隐患排查整治工作，开展夏季消防大检查，共排查生产经营单位548家，发现隐患35处，全部限期整改。联合迎泽消防安全管理中心，为“消防安全重点人员”安装预警系统34户，重点场所安装3处。开展安全生产月主题宣讲进企业活动，参加人员788人/次，宣讲18场次，提升生产经营单位安全管理水平，提高广大从业人员安全意识。开展燃气隐患排查，发现隐患49处，已整改34处，限期整改15处。未整改隐患主要原因有压占建筑物产权不明确、建筑物与管线建筑时间存在争议，对以上问题上报区城管局并跟踪整改。组织应急培训演练3次，普及消防知识及正确使用消防器材，提升居民消防安全意识、增强逃生技能。

【综合治理】 2017年，迎泽街道办事处推进目标管理责任制工作，按照“一把手负总责，分管领导具体抓”“谁主管、谁负责”的领导工作责任制和“横向到边，纵向到底”的要求，将社会治安综合治理责任目标层层分解落实到每一个单位和具体责任人，形成“上下联动千家创，万人防范保平安”的良好氛围，为各项综治工作有效落实打下良好基础。加大矛盾排查调处力度，2017年全区没有发生任何重大矛盾纠纷。开展平安志愿者活动，建立平安志愿者联系信息库，各社区网格长、平安志愿者服务队认真开展日常巡逻，发现不稳定因素及时解决上报，构建有效防控体系，圆满完成全国“两会”“一带一路”国际合作高峰论坛、党的十九大期间的稳控任务。

【司法工作】 2017年，迎泽街道办事处开展日常法治宣传，定期举办法治讲座，开展法制大讲堂8场，指导街道和社区聘请法律顾问，提高居民群众的法律意识。做好人民调解工作，共调解纠纷140起，成功134起，成功率达96%。注重分类管理，推进社区矫正，做好刑释解教人员的安置帮教工作和狱内服刑人员的网上核查工作。推进法律服务、法律援助进社区，组织太原市公证处、律师与社区签约，为社区居民提供公证、法律服务，实现法律服务网格化、经常化。

【和谐文化建设】 2017年，迎泽街道办事处把握宣传思想工作主动权，围绕街道重点工作开展宣传报道，全年各大媒体上稿664篇，其中中央级媒体发稿及转载18篇，党报党刊发稿79篇。向市委宣传部、区委宣传部报送舆情信息97篇。发挥迎泽街道微信公众号的宣传作用，为街道经济、文化、社会事业发展营造良好舆论氛围。开展文明城市创建、精神文明创建，举办2017“文化迎泽、幸福龙城”——“我们的节日”系列文化活动，举办文化惠民演出23场，全民健步行活动18次，读书文化活动15场，居民趣味运动会5场，“记录历史变迁　共建首善之区”摄影展2场。开展端午包粽子、重阳面食节活动，营造健康向上的文化氛围。加强未成年人思想道德建设，以“迎泽湖畔好少年、家风家训我承传”为主题，开展132项实践活动，覆盖青少年4920余人。完善15个社区图书室禁烟标识和制度上墙，建立室内外健身场地7处，建设文化大院2处，建立健全社区文体队伍26支，满足群众的多样化精神需求。

【民主建设】 2017年，迎泽街道办事处支持人大依法依章程履行职责，认真组织人大代表开展基层调研。开展统战宣传月活动，加强商务楼宇统战工作，助推非公经济健康发展。加强和改进群团工作，探索共建共享党建带群团工作模式。街道总工会联合无限极开展温暖驿站活动，受到环卫工人的好评；街道团工委开展区域化团建特色项目，扩大“社区公益猎人”覆盖面，4月代表太原市区域化团建的优秀示范街道同团中央领导进行座谈；街道妇联按照“目标同创、载体同建、活动同搞、资源同享、妇建同行”的“五同”目标模式，开展区域化妇建，6月接受全国妇联督导组调研视察。开展慰问军烈属活动，动员适龄青年报名应征入伍，完成2017年征兵工作。

【三基建设】 2017年，迎泽区街道办事处开展三基建设基层组织。突出资源整合，推进各个领域基层党组织建设，确保基层党组织充满生机和战斗力。街道机关运用办公场所打造“旗帜引领 最美迎泽”摄影展，开启学习宣传党的十九大精神新视窗。为15个社区选派副科领导干部兼任“第一书记”，促进社区党组织建设再上新台阶。整顿软弱涣散党组织3个。开展非公党建“四个一批”活动，撤并党组织21个，新建2个，巩固61个。拓展区域化党建，成立“8+X”街道大工委，建立街道党建联席会和社区党建联席分会，与党建联席会成员单位签订党建共建协议书，通过共商、共建、共治、共享，激发基层活力，推动区域化党建成为城市基层党建的鲜明特色。

基础工作。突出社区服务，推进社区居家养老服务，在加大基础投入保障上下功夫。加强群工信息系统建设，2017年共处理反映事项5731件，事项反应涉及城建、环保、交通、卫计、教育等领域，办结率99.93%，受到群众一致好评。推进党建工作项目化管理，开展读书活动、党建图书室建设、两节文化活动等项目，社区服务居民群众能力增强。开展“担当新使命、争当排头兵、建设省城首善之区”系列主题党日活动，各基层党组织通过讲授党课、志愿服务、岗位竞赛、走访慰问、文艺演出等多种形式，发挥基层党组织纽带作用，密切党群关系。

基本能力。注重基本能力精准培训，提升社区干部把握政策、化解矛盾、处理复杂问题能力。2017年，街道对15个社区的两委干部80余人进行“领头雁”培训6期。开展“专家送学”、先进事迹报告会等多种学习培训形式，提高党员干部学习热情和积极性。街道各科室以会带训，对计生、综治、司法、社保等进行业务培训，一大批社区干部在拆迁、信访等急难险重的工作中化解矛盾，做好群众工作，提升能力。

【党风廉政建设】 2017年，迎泽区街道办组织开展党风廉政建设。廉政教育。组织党员干部认真学习《关于新形势下党内政治生活的若干准则》《中国共产党党内监督条例》等党纪法规。开展警示教育，组织全体机关干部集中观看《任性的权利》，组织副科以上领导干部与家属签订《家庭廉洁承诺书》、撰写《廉政家书》，引导党员干部树立正确的权力观，提高廉洁意识。

督查监管。每月对街道各科室、社区的工作纪律进行定期不定期检查，建立《迎泽街道加强纪律作风监督检查工作制度》，对监督检查中发现的问题进行及时通报。对街道机关干部、社区工作人员在岗情况以及重点工作进展情况开展监督检查

18次。紧盯节假日，组织开展监督检查，驰而不息正风肃纪，防止“四风”反弹，净化社会风气。

约谈问责。开展巡察整改落实工作，对整改工作不重视、整改不力的单位和责任人，共计进行约谈24人次，个别谈话30人，4人受到组织处理，给予2人行政警告。实践运用监督执纪“四种形态”，加大案件查办力度，发现违纪线索3件，开除党籍2人、行政警告1人。关于中央第二环境保护督察组交办环保类问题线索，约谈8人/次，诫勉谈话1人。

廉洁文化。开展丰富多彩的廉洁文化宣传教育活动，春节元宵节期间，解南一社区依托廉政文化教育基地举办“不忘初心，欢乐闹元宵”廉洁文化活动，并州路三社区联合青年路小学开展“颂家风、倡廉洁”猜灯谜活动。端午节期间开展以“传承优良家风，弘扬廉洁文化”为主题的廉洁文化宣传月活动。在中秋、国庆两节期间，开展“廉洁过节，喜迎十九大”系列活动。

桥东街道

【概述】　桥东街道办事处（简称桥东街办）是迎泽区人民政府的派出机构，其主要任务是宣传、贯彻、执行党的路线、方针和政策，贯彻执行国家和上级政府的政策规定、法令、命令和区政府交办的其他事项，领导组织好政府与驻地单位的关系，监督检查各驻地单位贯彻党和政府的路线、方针、政策的情况；是政府连接千家万户的桥梁。

2017年，桥东街道办事处下设科室：计生办、社管办、政协办、社会救助室、财务室、行政办、交安委、组宣、妇联、人大办公室、纪工委、团委室、党委办、经济办、安监办、环卫所、数字化城管、工会、综治办、司法所。有公务员编制15人，实有17人；机关工勤编制2人，实有1人。共有事业编制51人，实有38人；事业工勤编制7人，实有5人。

2017年，桥东街办完成各项经济指标，为企业在桥东地区生根发展创造良好条件和经营氛围。充分发挥数字化平台效能，加强市容执法和城区清洁力度，城市管理工作取得了新突破。科学发展街道各项社会事业，推进居家养老服务，为签约居家养老服务的老人提供周到、便捷、高效、体贴的服务。落实目标责任制，不断加强党风廉政建设。高度重视安全生产工作，落实安全生产各项规章制度，抓好重点时期的安全工作，防范安全生产事故发生，建设平安桥东。

【经济指标】　2017年，桥东街办全年经济指标完成情况：规模以上工业产值完成441460万元；固定资产投资完成85041万元；限上社会消费品零售额完成1219734万元；建筑业总产值完成103491万元；住宿餐饮业营业额完成18888万元；批发零售业销售额完成2660314万元。

【城市综合治理】　2017年，桥东街办围绕建设“一流现代宜居城市”目标，完善城市管理长效机制，充分发挥数字化平台效能，加强市容执法和城区清洁力度，城市管理工作取得新突破。

数字化平台工作。做好智慧城市管理系统升级工作，加强平台操作员精细化业务培训。推进平台建设，创新管理机制，推进精细化管理。平台与街办各部门、各社区及清扫、清运公司密切配合，有效地解决大量群众反映的城管问题。落实案卷逐级负责制，确保市民投诉“件件有落实，件件有回音”。2017 年数字化平台共受理数字城管案件 1.12 万件；“12319、12345.网民留言”等各类群众举办案件接件 5600 件；总值班室交办件 103 件，办结率都是 100%。

应急工作。做好突发事件应急值班工作。每月 20 日向区总值班室上报办事处值班表，打印发放到每个带班领导和值班人员手中，通知值班人员 24 小时在岗在位，有突发事件要及时上报。按照区政府要求结合本单位实际情况，重新修订应急预案，抓好基层社区应急预案管理工作。

环卫工作。2017 年 4 月 28 日—5 月 28 日，中央第二环境保护督察组进驻山西省，对此环卫所开展铁路沿线、建设路周边环境卫生的整治大行动，并且对南沙河快速路两侧积存垃圾渣土进行处理，共清理建筑垃圾 160 吨左右。将“门前责任制”落实到位，做好“门前三包”责任牌补签工作，2017 年完成 98%。开展太原市城市管理提升行动，做好日常管理工作，对群众反映强烈的重点、难点认真落实查处，清理太堡街下雨堆积的淤泥，整治桥东地区背街小巷的环境卫生。2017 年共接收市容环卫类案件 8900 件，办结率 100%，清理生活垃圾 520 吨、建筑垃圾 12300 吨、混合垃圾 480 吨，清除卫生死角 6000 处，处理无物业小区院落小广告数 102300 个，共出动人员 10200 人次，车辆 1200 台。

城市提升行动。铁路沿线。2017 年 2 月 2 日迎泽区委、区政府再次召开会议，安排部署，《迎泽区城市管理全面提升行动实施方案》铁路沿线环境整治行动开始。2 月 5 日再次召开紧急动员会坚决按照《太原市城市管理全面提升行动实施方案》的要求进行全面部署和落实。铁路全长 5.67 公里，8 个社区 33 个网络，街道领导带领相关执法部门、社区干部在铁路沿线逐一摸排清查。发现铁路沿线存在有重大安全隐患，乱搭乱建，工作人员展开耐心细致的解释说明并下发违法建筑拆迁通知书，居民由最初的不理解、不配合，工作人员的努力和宣传下完成了拆除工作，消除了安全隐患。2017 年，拆除临时违章建筑 16196.6 平方米，拆除有证建筑 31000 平方米。清运垃圾 289.4 吨，平整场地 1620.5 平方米，拆除违法广告 35 处 3000 平方米，清理废品收购站 4 处。绿化裸露地面 36000 平方米。建设南路。拆除户外广告 44 块，整改规范户外广告 8 块；拆除违法建筑 18 处；市容环境卫生整治中，拆小广告 1080 个，清运生活垃圾 237.7 吨，清运建筑垃圾 240.4 吨；公共场所整治 614 处；取缔废品收购站 6 处。建设路两侧立面面貌脏、乱、差严重影响市容市貌。为改善环境，决定对两侧建筑物进行清洗、粉刷，共计55栋楼。需要粉刷32栋楼，面积为86504.44平方米。需要清洗23栋楼，面积为105878.2平方米。2017年建设路有11个单位进行清洗，合计清洗面积15900平方米、2个单位进行粉刷，合计3600米。东岗路示范区为推进城市管理提升行动，有效改善人居环境，推进城市管理工作上台阶、上水平、经区城市管理提升领导小组研究创建城市管理提升行动示范区做出总体部署，按照全面整治、重点突破、点面兼顾的原则，以创建管理全面提升行动示范为载体规划了桥东示范区的四至范围：东起东岗路（含两侧）西至并州路南起南沙河北岸，北至双塔东街（含两侧）占地面积0.35平方千米，涉及人口8500人。从2至3月份在示范区范围内广泛宣传发动群众，让居民按规定自行清理环境卫生，自行拆除违建和违法广告。共清理生活垃圾1.5吨，拆违法广告30处，约100平方米。由政府部门聘请省、市规划设计部门，对示范区进行现场调研，针对实际情况规划出高标准的示范区绿化、健身器材的小游园，推进辖区城市管理工作全面提档升级。

防汛工作。为做好2017年防汛工作，确保安全度汛，5月初就开始汛期前的准备工作，对辖区危房进行摸底、再排查，准确掌握危房底数，并下达加固通知书，同时制定桥东地区汛期预案，组建领导机构、抢险突击队、医疗队，街办还配备抢险物资，19个社区有自己的抢险队伍。从6月1日起各社区，驻地单位开始24小时值班，10月底完成各项任务，安全度汛。

环保工作。2017年上半年中央环保督察期间，桥东街办共接举报件33件，情况属实的有32件，在第一时间处理了所有举报件；10月省环保督查期间，接件14件，并全部处理。

桥东地区棚户区改造。根据区政府关于开展“铁腕治污行动”有关要求和落实“一清二拆三禁”即清存煤，拆锅炉（火炉）、拆煤灶，散煤禁售、禁运和禁用等精神。桥东街道党工委、桥东街道办事处领导非常重视，召开紧急会议，研究部署、制订方案。对辖区内散煤治理工作进行安排部署，成立散煤治理领导小组，办公室、19个社区分别成立散煤治理领导小组、检查组、依托网格化管理。利用网格长与社区结合，和楼院长对辖区内散煤使用情况进行摸底排查，建立台账，扩大宣传，利用大型标语、宣传单、板面在辖区内广泛宣传，大型标语380条、板面120块、宣传单20000余份，做到家喻户晓，人人皆知。2017年已签承诺书300余份，组建清煤小组住户收集煤炭。将散煤治理补偿政策印制成《致广大居民群众的一封信》和《对广大居民群众的承诺书》发放和张贴，使散煤治理政策让居民充分知晓。

桥东地区清洁能源改造总户数1495户，面积90315.52平方米；街办分14个拆迁动员组，涉及7个社区，共拆除1132户，面积约为6.021万平方米。该项工作迎泽区下大力气，拿出专项资金，制定《太原市迎泽区人民政府燃煤棚户区（危旧房）改造项目房屋征收补偿方案》。

对于尚未集中供暖的楼房，采取煤改电或者煤改气的方式进行。其中采取煤改电方式的，设备购置费由市、区两级政府补贴88%，补贴最高不超过每户1.4万元，并在采暖期每度电补贴0.2元，最高不超过2400元。桥东辖区有煤改电2处，南内环军区1号楼最后确定87户，78户全部完成可供电，有9户资料不全，基本上完成任务。迎泽南街5号楼130户，全部挂电表，暖气片都已安装好，完成任务，总计225户；煤改气3处，分别是朝阳街6号院174户，3号院76户，还有迎泽南街9号楼84户，总计334户。

桥东街办组织各执法队伍城管执法、食药监局、公安联合执法，各社区组织网格长和社区干部逐户检查，发现一处处理一处，与街办清煤小组联合行动，共收取蜂窝煤29700块，散煤焦炭51吨，取缔火炉229个。

爱卫工作。爱国卫生宣传活动。桥东街办以全国第29个爱国卫生月活动为契机，利用电子显示屏、宣传栏、板报等宣传爱国卫生运动65年走过的光辉历程，围绕“为了人民健康的65年，全面提升城市管理水平”活动主题，号召各社区、驻地单位、学校、医疗机构以争创国家卫生城市活动为主要内容，利用社区和单位的宣传栏、宣传橱窗做好创建国家卫生城市工作的宣传动员，营造辖区人民群众参与“创卫”的热情和氛围。4月21日街道办事处组织社区、驻地单位共计50余人参加的宣传队伍，在桥东街三立中学前集中开展爱卫月宣传活动。在宣传活动中悬挂宣传条幅8条，各种宣传版面25幅，发放宣传资料100余份，接待群众咨询200余人，营造出良好氛围，达到预期效果。在宣传月活动中，社区、驻地单位等更新健康教育宣传栏30块，该次活动宣传爱国卫生运动新思想，提高群众健康意识。市容环境卫生整治活动。桥东街办4月25日集中组织驻地单位、19个社区重点对铁路沿线、背街小巷、居民院落、农贸市场等重点区域开展专项整治活动，清除无主垃圾、卫生死角、各种小广告。各社区组织社区居民、社区志愿者开展以清除各类垃圾、铲除小广告和彻底清除楼道卫生为内容的义务劳动。出动人员160余人，清除卫生死角40余处、清除各种垃圾30余吨，清除小广告500余条。桥东执法中队出动人员30余人，车辆4台，对桥东地区占道经营及违规伸出店外经营进行集中治理整顿。重点对双塔寺街、东岗路、东岗巷门前舌头经营摊群进行集中治理整顿，共计取缔无照经营摊点20个，规范店外经营20个，清除违章占道15处，使辖区内街道及社区、单位环境卫生面貌有根本性改变。除“四害”活动。按区爱卫办要求，办事处把除“四害”作为爱国卫生月活动的一项重要内容，精心组织、周密安排，张贴宣传标语50余条，发放除“四害”宣传资料200余份。辖区各单位、社区居委会充分利用多种宣传方式，向广大群众宣传“四害”危害，讲解科学有效防治方法，让他们自觉地投入到以灭鼠为重点的除“四害”活动中。桥东街办组织社区采取环境治理与药物灭杀方法，集中消灭鼠害，把鼠密度控制在标准之内。

创卫工作。2017 年是太原市创卫年，桥东街办按照迎泽区“五城联创”领导小组的部署要求，开展创建国家卫生城市活动，按照区创卫领导组安排，四月是宣传动员月，5 月至年底开展市容环境卫生整治活动，桥东街办组织各社区加强对老旧居民院落、无物业小区的整治力度。共出动车辆 10 台次，出动人员 150 余人，共清除卫生死角 90 余处、清除各种垃圾 100 余吨。桥东中队加强对占道经营的整治，桥东中队出动执法人员 500 余人次、执法车辆 180 车次，清理烧烤摊点 30 个，无证占道经营 306 处，清理违法小广告 3650 处。桥东街办每月 24 日以前把创卫工作的进展上报区创卫办。

防震减灾工作。组织地震应急桌面推演。组织 19 个社区开展防灾减灾宣传。各社区向区域内居民发放《防震减灾入户卡》1000 份，在社区居民院落、住宅小区、驻地单位张贴防震减灾宣传挂图 500 份，向居民进行宣传，每个社区发动 2 到 3 个驻地单位利用电子显示屏滚动播放防震宣传口号一周；各社区选一个驻地单位或居民院落开展一次地震应急演练。组织社区开展区域内危旧房统计调查。

绿化工作。为促进国家级园林城市创建，桥东街办开展绿化工作，桥东辖区面积大，人口多，根据实际情况，桥东街办的绿化工作实行网格化管理，19 个社区共分成 13 大组，每组绿管员负责本片区范围内所有树木和绿地的看护工作，对发生病虫害及时上报，制止乱砍、乱伐、毁坏绿地行为，发现被毁及时上报。

配合城市管理提升行动，摸清各小区绿化情况，9 月街办对辖区单位附属绿地、2002 年以后新建、改建居住区绿地、林荫停车场绿地、立体绿化、屋顶绿化五个方面的绿地面积、绿化覆盖面积、绿化覆盖率、绿地率等进行达标统计，对达标和不达标小区做到心中有数，为下一步工作开展打下基础。2017 年 11 月，太堡社区万科紫台小区被评为太原市园林绿化标兵小区，双二社区的郦苑国际小区被评为太原市园林绿化先进小区。

【社会保障】　开展公共服务职能，完成社区两委换届选举工作，落实以创业促进就业、扶贫解困、最低生活保障等“惠民”措施。

双拥工作。坚持双拥活动经常，维护军民共建常态。“春节”期间，对辖区重点优抚对象进行慰问。七一组织部分退役人员去武乡参观学习。“八一”期间，桥东街道办事处联合驻地单位、社区与武警总队，开展军民联谊惠民专场演出，组织街办社区干部和志愿兵、两参人员开展红歌比赛，对地区三个干休所的老干部、战士进行节日慰问，进行座谈。

残联工作。桥东地区共有残疾人 1408

人。其中，一、二级残疾人近600人，三、四级精神残疾人近20人。为了提高残疾人生活质量，为一、二级残疾人和三、四级精神残疾人发放每人每月60元的生活补贴；为50名肢体残疾人发放辅助器具，并建档立卡；为一、二级残疾人上免费医保；为有需求的残疾人进行家庭医生签约服务；为考上高中、大学的残疾人及其子女进行经济救助。

社区两委换届选举。在第六届社区两委换届选举工作中，结合全街办社区实际，坚持统一推动的原则，做到依法执行、程序规范、纪律束缚“三到位”，实现社区班子结构优化，社区干部年轻化，干部素质提高，推动社区经济社会发展、构建和谐新社区提供坚强的组织保证。该次选举产生新一届社区居民委员会委员成员76人，居委会主任19人，副主任19人，委员38人，新当选社区委员成员38人。选举成功率达100%。

劳保工作。2017年全年，新增就业3046人，失业人员再就业1320人，其中就业困难人员再就业360人，创业就业人数590人，新办就业失业证57人，年检人数217人，就业困难人员认证85人，社保补贴审核30人。居民养老保险缴费1399人，享受居民养老保险待遇1227人。2017年有17432人参加了居民医疗保险。对辖区内28675人进行全民参保摸底并完善了居民参保信息。

低保工作。街道现有低保户236户、316人（其中：女性127人，重度残疾人137人，60岁以上老人52人，未成年人35人，无条件就业205人），低保标准为560元/人、月。2017年1—12月，街道低保新申请31户、44人，情况变动的28户、60人，停保的34户、50人，累计发放低保金257.2517万元，按时足额发放率100%。2017年，街道申报困难群众大病医疗救助52人次，发放救助金707838元；临时救助16人次，发放救助金135563元，年终综合性临时救助11户，发放救助金35000元；“救急难”应急救助1人、救助金额500元，有效保障了街办困难居民基本生活，促进社会和谐与稳定。2017年全街道低保对象参加居民医保共313人，其中民政资助179人，残联资助134人。发放门诊卡248户、334人，共计资金66800元。发放供暖补贴共245户，其中集中供暖37户，区域供暖3户，自行供暖198户。全年受理困难残疾人补贴申请累计654人次，发放资金11.742万元。通过入户调查、邻里访问、张榜公示等方式，协助城建部门做好公租房收入审核，2017年6月集中受理公租房申请32户，全年审核通过31户、69人，其中含低保户11户，新申请户11户。

【计划生育】 2017年，桥东街道落实全面二孩政策，开展“美丽桥东　幸福家庭”创建活动，加强对流动人口管理和服务，推进流动人口健康教育和促进工作，提高基层基础工作，全地区计划生育工作稳步向前发展。截至2017年9月，辖区总人口136933人，已婚育龄妇女23317人，出生

1644人（男869人，女775人）。流动人口16992人。

加强对人口和计划生育工作的领导，坚持计划生育目标管理责任制考核。严格落实“一票否决”制，加强政策宣传，搞好优质服务，提高计划生育服务管理水平。与19个社区、45个单位签订目标责任书。在评先、评优中，严格进行计划生育审查，对7个单位、4个社区、39名个人进行计划生育审核。2017年9月至12月，计划生育审核240人（其中社区党支部、居委会换届审核219人），省级文明单位6个。定期召开党政联席会、主任办公会研究计划生育工作，解决工作中的困难和问题。加大计划生育特殊家庭关怀关爱力度，开展走访慰问，进行健康体检、购买家政服务卡、米、面、油、保温桶、夏季饮品等，全年共计投入经费147705元。

加强国策宣传，落实全面两孩政策。社区开展“一站式”服务，全程为群众代办证件。办理“生育服务证”1203个。“独生子女父母光荣证”243个。办理“再生育服务证”9个。

对68户失独、伤残家庭入户。及时了解失独家庭所需所想，为每户发放500元家政服务卡，为他们提供清洗、维修、陪护、跑腿等服务。

开展计划生育基层基础工作落实年活动，提高计划生育服务管理能力。加强计划生育协会组织建设，强化队伍建设，推进计划生育群众自治，加强卫生、计生政策、知识宣传，开展“生育关怀行动”，更好地服务群众。全年累计帮扶计生家庭420户，累计投入金额10.26万元。全年比对防疫信息911条，妇幼出生信息4293条，民政信息1591条。人口信息化统计指标完成情况：省考核指标要求全员人口个案重复录入率小于0.15%，2017年完成指标为0.09%；身份证号码准确率达99.6%以上，2017年达到99.8%；数据审核差错率小于0.15%，2017年为0.05%。

推进流动人口基本公共卫生计生服务均等化，强化流动人口服务管理。与省内、省外16个地区签订《流动人口计划生育管理和服务双向协作协议书》，开展流动人口健康教育和促进活动，举办政策法规、生殖健康讲座8次，为2820名流入已婚育龄妇女开展健康服务，在社区、集贸市场等地设立药具免费发放点22个。

【调解与社区矫正】 2017年，桥东街道在全区开展了17场法律专题讲座，各社区共出板报20期。除发放各种宣传资料700余份外，还利用新媒体等平台进行“七五普法”系列宣传，在桥东办事处开通的微信公众号博宇广众智慧社区定期发送与居民实际生活、工作联系紧密的法律法规知识及普法工作动态信息。桥东司法所在街道领导班子成员会议上为大家发放普法书籍宪法，并组织大家对书中的宪法知识进行学习。3月21日，为有效预防校园欺凌事件，维护和确保学校稳定和发展，桥东司法所为山西省贸易学校600余名学生开展以“强化自我保护意识，防范校园欺凌暴力”为主题法治教育讲座。6月23日，为让学生们度过一个安全、健康、快乐的暑期，桥东司法所为双南小学四年级学生开展一堂生动的《中华人民共和国网络安全法》知识讲座。6月27日，为帮助辖区群众认清毒品危害，提高全民“珍惜生命，远离毒品”意识，桥东司法所与办事处人大、综治、妇联还有桥东派出所在迎泽大街长途汽车站开展系列禁毒宣传活动。9月20日，桥东司法所邀请太原市委党校法学教研室主任、副教授宋百成为山西省贸易学校600余名新生开展以“强化自我保护意识，防范校园欺凌暴力”为主题的法治教育讲座。11月30日，桥东司法所组织各社区人民调解员在桥东司法所办公室通过远程视频收看任红梅的十九大精神报告。“12·4”国家宪法日当天，桥东司法所在南官坊社区开展法治宣传活动。活动中，利用电子大屏滚动播放法治宣传标语，现场免费发放《中华人民共和国民法总则》与《中华人民共和国婚姻法》等法律书籍300余份，发放桥东司法所编印的《中华人民共和国未成年人保护法》与《中华人民共和国老年人权益保障法》等图文并茂的宣传页。

街居两级调委会共调解395件，成功率为99%，为19个社区定做上墙制度，并印制《人民调解须知》发放到各社区，以便居民对人民调解工作有更多的了解。还为社区工作者发放人民调解徽章与标牌。

2017年集中开展法规学习6次，集中心理辅导2次，组织社区服刑人员参加司法局组织的集中学习教育4次，同时各社区也组织开展不同类型的学习教育，街居两级2017年共开展服刑人员学习教育34次。定期开展普法教育宣传，每月至少发送法律知识1到2次，依托社区开展服刑人员社区公益劳动及服务198次。

2017年，社区矫正在册管理人员共43人。其中，缓刑42人，暂予监外执行1人；职务犯罪1人，于2017年6月23日接收，金融犯罪5人，主要是信用卡诈骗罪，无黑社会犯罪人员，无一人脱管、漏管，无一人重新犯罪。全年在册管理刑释人员146人，全部一人一档，建立帮教措施。2017年年初，桥东司法所对4户生活困难的社区矫正与安置帮教人员进行走访慰问，在7月1日到来之际，对曾经参加过核试验安置帮教人员进行慰问。

2017年，法律顾问在19个社区举办41次法律讲座，开展法治宣传活动154次，接受居民法律咨询89次，代写法律文书2份，受到辖区居民好评。

【安全生产】 2017年，桥东街道加强组织领导，严格责任落实。街道班子成员树立“以人为本、安全发展”的安全发展理念，提高“底线思维”和“红线意识”，推进“党政同责、一岗双责、失职追责”安全机制，突出党政领导责任和企业主体责任，健全完善安全监管责任体系，每次安全会议班子成员专题听取研究解决当前地区安全工作中存在的各种问题。

坚持问题导向，提高安全基础，提高安全保障。做好宣传培训，提高安全素质。年初认真制定年度宣传培训计划，对本地区高危行业企业主要负责人、安全管理人员和特种作业人员以及街道系统安全工作人员进行培训，培训率达100%。职业病宣传周活动和6月份“安全生产月”活动，共在辖区20多条主要街巷、重点地段组织300多个生产经营企业和商铺进行全方位宣传活动，使安全意识深入人心，达到全民共知、全民共行的目的。利用各种宣传载体进行宣传，发放宣传资料10000余份，悬挂宣传条幅350多条，张贴安全用电、气宣传资料2000多份、制作展板100余块，有效提高地区居民安全意识。认真开展安全演练活动。根据上级要求，本着针对性和实效性原则，结合地区实际，于3月22日在山西昆烟公司晋华里小区举行以“灭火逃生”为主题的消防安全“进社区”应急疏散演练。12月17日在山西龙城国际饭店举行冬季消防安全应急疏散灭火演练，该次演练形象逼真，贴近实际，受到市安监局和市领导的表扬，起到演练为应急的效果。

准确定位，突出重点，精准发力。按照“全覆盖、零容忍、严执法、重实效”的要求，分别在“春节”“元旦”“五一”“六一”“七一”“十一”等节假日和中央、省、市、区各种大型会议前后，联合区消防、公安、公商、消管中心等部门重点对烟花爆竹商场市场危化场所建筑工地等重点部位和重点行业领域，开展安全隐患大检查和“打非治违”“反三违”“今冬明春火灾防控”等专项整治行动。期间共累计检查各类场所2084余处，发现消防安全隐患1449多个，全部整顿完毕，检查率和整改率均达100%。

【创新社区管理模式】 2017年，桥东街道提高社区基础建设，完成500平方米以上社区8个，1000平米以上社区2个。完成6个社区老年人日间照料中心和2个社区养老服务中心建设。完成4个社区的学习型社区创建验收工作。

【廉政建设】 2017年，桥东街道加强组织领导，严格落实党风廉政建设责任制廉政建设是凝聚党心民心的巨大力量，抓落实的重要保障。加强廉政建设既是对干部的要求，是人民群众对党和政府的要求。落实和遵守党风廉政建设责任制，明确党风廉政建设责任主体并进行责任分工，对责任内容进行细化，按照每个班子成员分管工作的不同，划分每个人的责任范围，把责任细化并落实到个人，每个班子成员对自己责任范围的党风廉政建设负责，并在年终向党工委书面汇报落实情况。定期不定期检查、抽查各责任部门和责任人党风廉政建设工作开展情况，落实责任追究制度。

开展警示教育活动，使警示教育常态化。2017年，开展一系列的警示教育活动，针对领导干部中存在的群众意识淡薄、法纪观念弱化、思想道德滑坡等问题开展“树立公仆意识，强化从政道德”警示教育活动。通过学党课、学资料、写心得、座谈会以及参观廉政教育基地等一系列活动，强化宗旨意识，廉洁意识和从政道德素质。领导干部把教育活动内容做到入耳、入脑、入心，领导干部在人民群众中真正起到表率作用，启发党员干部主动接受廉政教育自觉性。

开展“贴近群众 服务群众”作风建设专项活动。改进窗口单位作风，在政务大厅、行政、民政、劳动和社会保障、低保、人口计生、各社区等主要窗口单位开展“三亮”“四严”活动，严格桥东窗口工作人员服务行为标准规范和桥东街道窗口单位工作人员文明用语规范。纪工委加大监督检查力度，改变窗口工作作风，人民群众满意度有所提高。 （王 佳）

文庙街道

【概述】 文庙街道办事处驻文庙巷21号，因界内驻有文庙而得名。辖区位于迎泽区东北部，地势东高西低呈长方形。东至东中环与东华苑住宅小区为邻，西至五一路，与柳巷街道办事处辖区接壤，南起迎泽大街、郝家沟街与桥东街道办事处、郝庄镇辖区相连，北以五龙口街、府东街与杏花岭区为界；面积2.7平方公里。

文庙街道办事处辖区为历史悠久的老城区，有文庙巷、文津巷、侯家巷、上官巷、万寿宫、狄梁公街、上马街等老街道和文庙、皇庙、崇善寺等文物古迹多处，系山西大学堂、太原女师、进山中学等历史名校的诞生地。如今学校仍十分集中，素有文化地区之称。同蒲铁路横穿辖区中部，设有太原火车站，为太原交通枢纽和门户之地。辖区经济和各项社会事业全面发展，特别是以万邦国际为代表的楼宇经济，带动周边经济迅猛发展。

文庙街道辖41条街巷，设13个社区，常住居民总人口7.6万余人。办事处内设有党委办公室、行政办公室、综治办公室、民政科、城建城管科、计生办、经济科、工会、团委、武装部、低保所、社保所、统计站、纪检办公室、人大办公室、政协联络组办公室、文化站、交安委等机构；在编人员52名。

2017年，文庙街道在区委、区政府正确领导下，以开展“两学一做”常态化制度化和“维护核心见诸行动”主题教育活动为契机，围绕“强班子、带队伍、促发展”，团结带领文庙地区广大党员干部群众，真抓实干，开拓进取，完成年初制定的各项工作任务，推动街道各项事业发展。

【经济指标】 2017年，文庙街道办全年社会消费品零售额限额以上完成44611万元；固定资产投资额完成57496万元；建筑业总产值累计完成103777万元。

【三基建设】 2017年，文庙街道办打造担当有为基层组织。提高党建工作责任制，坚持“书记抓、抓书记”的理念，开展街道“双学双创”大讨论，班子成员带着问题定期下基层开展调查研究，指导和督促党建工作落实；实施“四个一批”工程，对新进入的非公企业和社会组织，符合条件的派驻党建指导员指导建立党组织，扩大基层组织覆盖面；对基层党组织实行动态评定管理，坚持问题导向，进行分类施治，对末位排序的2个软弱涣散党组织，进行整顿转化；对区委巡察组移交的问题线索，认真分析研判，开展专项整改。做实基础工作，凝心聚力向前。打造双塔寺二社区市级党建工作示范点，其“七彩社区”党建品牌、“媛媛”工作室和加减乘除工作法，为居民带来贴心服务。上马街一社区以老年大学女性新起点学堂为依托，开展社区教育，受到居民好评。执行入党积极分子“群众推优制”、发展党员“公示制”“票决制”等制度，全年发展党员8名，按期转正13名。开展走访慰问活动，利用重要节假日，走访慰问建国前老党员名和困难党员、群众共70余人次；开展在职党员到社区报到服务群众活动，通过“在职党员认领服务、结合实际开展活动”的模式，开展各类党员志愿服务活动420余次；采取一对一联系社区方式，拓宽党代表联系群众渠道，开展党代表接待日活动4次，接待群众110余人次；开展“党员先锋行”主题实践活动及“支部主题党日”活动，全年共开展各类活动85次，参与党员、干部群众达到2000余人次。增强基本能力，提升服务水平。开设党建微课堂，每日一讲，回顾十八大喜迎十九大专题辅导。落实“三会一课”制度，采取多种形式，开展党的理论学习，增强“四个自信”“四个意识”。举办“领头雁”培训，提高社区干部政治素质、职责意识和把握政策、处理复杂问题的能力。打造“社区发言人”“十九大宣讲员”“文体骨干”等三支队伍，提升社区服务群众最后一公里能力。从开展主题讲座、大讨论等方面提出“十个一”宣讲学习十九大精神，把街道、社区党员群众的思想和行动统一到十九大精神上来。

【文化宣传】 2017年，文庙街道办强化意识形态工作，落实党委意识形态工作责任制，履行主体责任，把握正确政治舆论导向，组建舆情信息员、互联网信息员、网络评论员三支队伍，对外宣传文庙街道经济、政治、文化、社会、生态文明建设成果，累计在各级媒体发稿225篇，为街道经济社会发展营造了良好的舆论氛围。以重大节日纪念日为契机，开展“经典诵读及传统服饰展示”“建党96周年合唱比赛”“喜迎十九大图片展”等活动，丰富群众的文化生活。组织开展百姓道德讲堂39期，通过“道德讲堂”“社区大讲堂”“我身边的好人好事”等活动，在辖区营造学习争当道德模范的良好氛围。开展文明城市创建工作。坚持一把手亲自抓、负总责，党政群齐抓共管的领导机制，发挥“领头雁”作用，拧紧创建工作关键点上的每一个“螺丝钉”。向辖区居民、单位发放并张贴核心价值观图片、“讲文明树新风”图片、市民公约等相关宣传画一万余份、展板750多块；举办“传承家庭美德，树立良好家风”优秀家风家训征集评选活动，从300余条优秀家风家训中优选出120条在微信平台进行投票评选，对获得前30名的最具影响力的优秀家风家训进行表彰，由书法家志愿者现场撰写送给观众，营造了浓厚的创建氛围；各社区从强化基础设施、活跃社区文化、保障社区治安、美化社区环境、拓展社区服务等方面着手，开展文明社区创建活动，带动社区整体工作的开展。

【区域经济】 2017年，文庙街道办推动地区经济发展，实施“三步走”战略。树立“走出去、请进来”思路。走访沟通驻地楼宇企业和驻地商业企业，新增各类统计单位7家。提高万邦国际总部经济基地示范效应，推动地区经济发展。推动地区批发零售行业上新台阶。引导扩建省并唐公司互联网销售平台及冰鲜仓储基地、使地区批发零售行业在“互联网+”模式上迈进。

【重点工程】 2017年，文庙街道办抓好环保工作，按照市委市政府全面禁煤要求，率先启动燃煤棚户区改造，清理明火百余处，拆除锅炉5台，清运存煤25吨。对中央、省环保督查交办的案件，加强管理，责任到人，建立环保监督工作网络管理体系，加大环境保护宣传治理力度，拒绝污染源，科学施策，标本兼治，改善区域空气质量。开展燃煤棚户区改造工作，启动五龙口南巷等9个片区，共涉及1982户、14.27万平方米，完成任务的90%。在全市第一个打响铁路沿线综合整治攻坚战，拆除违建28处45656.5平方米、棚户区1个33000平方米、无序广告491处2975平方米、废品收购站3个，清理清运各类垃圾32325吨，使铁路沿线环境达到干净整洁。

【重点项目】 2017年，文庙街道办启动五龙口街38号院安居工程。完成文庙巷、皇庙东西巷等5条小街巷剩余近5000平方米征收拆迁工作，为市政部门完成上述小街巷建设奠定良好基础。小游园绿化、建设工作稳步推进。在全市率先启动并完成山右巷、幸福巷两个项目回迁安置工作，近1700户居民顺利入住新家。

【社区建设】 2017年，文庙街道办推进社区养老服务中心、日间照料中心建设，政府购买养老服务推进，截至2017年底惠及老人145人次。完成2家1000平方米以上、5家500平米以上社区建设工作，剩余社区进行选址工作。稳步推进社区“两委”换届工作，严格程序，认真把关，原有社区干部全员下岗通过竞聘考试重新上岗，组织新报名人员考试选拔，依法有序推进社区“两委”换届选举。

【社会保障】 2017年，文庙街道办做好社会救助保障工作。全年为187户261人办理城市最低生活保障、为43户困难群众发放大病救助补贴、为148人次残疾人发放困难、为29户无房困难家庭申报廉租房补贴。落实促进就业各项政策。新增就业人员1121人，安排就业困难人员134人，创业带动就业264人，下岗人员再就业558人。开展弱势群体帮扶工作。对辖区24名重点优抚对象和64名伤残军人、65名残疾人家庭进行慰问，为30名残疾人办理燃油补贴，为568名重度残疾人办理护理补贴；开展敬老助老活动，开办社区老年餐厅，服务老人600余人次；组织开展“慈善一日捐”活动，共募集善款5万余元。

【计生工作】 2017年，文庙街道办开展“幸福一家人”幸福家庭创建工作，宣传全面放开两孩生育政策为重点，开展“助您好孕”“人文关怀”“个性化服务”等活动；坚持依法行政、方便群众登记办证，全年共办理一孩生育服务证287本、二孩生育服务证241本、“独生子女父母光荣证”189本；开展优质服务，免费孕前优生检查已查89人，落实计生家庭奖励扶助工作，为79户特殊计生家庭发放慰问品近160份。

【安全生产】　2017年，文庙街道办按照“一岗双责、党政同责”要求落实安全责任，做到责任到人，措施到位。开展专项整改，对辖区1541家各类门面经营户进行复查、对118处各类危房进行排查，对存在安全隐患单位下达隐患整改通知书。加强火灾隐患专项治理，从源头上消除“火车站源中心F座”“中横马路占压燃气管线”和“五龙口南巷危旧房”重大安全隐患，做到全年安全零事故、零死亡。开展安全生产月宣传活动，举办“消防安全知识”培训、“火灾自救”逃生演练，广大居民逃生自救、自我防范和自救自护能力提高。加强食品安全专项整治，通过现场审核，帮扶提档升级，不断提高药械质量安全监管基础，推进保健食品和化妆品安全监管水平。

【依法行政】　2017年，文庙街道办健全依法科学民主决策制度，履行公众参与、专家论证、风险评估、合法性审查、集体讨论决定等重大决策法定程序；规范权力运行，把依法行政纳入法治政府建设和考核体系；开展行政审批制度改革，规范和改进行政审批行为，开展行政审批违规及滥用审批权问题专项整治活动，发现并整改问题8项；档案工作规范化；政务信息发布100多条，做到及时、公开、有效。

【司法维权】　2017年，文庙街道办开展“七五”普法工作，全年共组织宣传22场次，受教育人数4500余人，加强中小学生法制宣传教育工作，开展5次未成年人专题讲座。依法做好人民调解工作，共排查调处各类矛盾纠纷204起，成功200起，调处成功率98%。加强社区矫正管理、落实帮教措施，在册管理社区矫正对象28人、安置帮教对象144人，期满解除社区矫正对象18人，重新犯罪率为零。社区与律师事务所签订“一社区一法律顾问”协议，充分利用法律优势资源，推动社区各项工作依法进行，为创建法制社区、和谐社区奠定基础。

【综治信访】　2017年，文庙街道办以推进平安建设为重心，实行网格化管理，发展社区平安志愿队伍、建立楼院长负责制，调动居民群众积极性，建立志愿者队伍13支共182人，排查涉及社会政治稳定、国家安全、社会治理、平安建设等方面的信息，化解预警。开展社会治安重点地区整治工作，对55家出租房、37家九小场所、24所学校、1处重点地区进行整治。开展信访维稳工作，网上信访案件受理率、答复率、满意率均达到100%；通过项目化管理，5件疑难信访案件得到化解。通过全街道干部职工一致努力，完成“两会”“一带一路”及十九大期间信访维稳任务。

【城乡清洁工程】 2017年，文庙街道办加强门前责任制巡视检查，补签门前责任书600余份。强化卫生监督员队伍管理巡视，加强环卫所工作人员日、周、月巡视检查制度，发动驻地单位、商家、居民、志愿者义务劳动，清雪除冰、清洗各类小广告、清除卫生死角，共清理生活垃圾260余车，1000余吨。整治占道经营，取缔摊点1025处，规范伸舌头经营600余处，对辖区内店铺户外广告，霓虹灯广告下达整改通知书215家，拆除户外广告252块，取缔广告条幅500处，涂覆、铲除户外小广告65800余张。数字化管理平台运行良好，全年共受理区数字中心交办案3228件（其中受理“12319”案件1270件、数字城管1958件），按期结案率99.99%。

【周边整治】 2017年，文庙街道办开展露天烧烤专项整治行动，取缔烧烤摊点42处。组织开展城乡清洁工程反弹考核，对出现反弹现象120处院落和单位督促其及时整改，核实并拆除改线占压燃气管道42处。加强爱国卫生工作，健全爱卫及健康教育领导机构，利用版面及宣传条幅开展宣传活动，发放宣传资料，撰写活动简报60余期，并对80多家场所进行检查。

【防汛防震】 2017年，文庙街道办在汛期执行24小时值班制度，掌握雨情、水情和灾情，做好应急处置。制定《防汛应急预案》及操作手册，组建300余人抢险队伍，对文庙地区56余处600余间危、旧、漏房进行排查，并在汛期前下达“危房紧急通知书”；落实河长制工作，对38号院6#缓洪池进行彻底整治，消除安全隐患。开展地震应急演练，制定《2017年地震应急实施细则》，各社区和驻地单位制定预案50余份，发放各种宣传资料6000多份，开展大型防震减灾知识科普宣传2次，为社区配置防震应急物资。

【人大工作】 2017年，文庙街道办组织人大代表进选区开展“察民情、听民意、聚民智、解民忧”接访活动，面对面倾听群众心声；围绕商文旅融合开展，组织第二代表小组视察辖区历史风貌区及山西梅花文化有限公司；组织人大代表开展“创新工作，魅力担当，做时代新人”大讨论；组织人大代表，到社区空巢老人家中走访慰问。在走访中，代表们与老人亲切交谈，了解他们在生活及就医等方面的困难，倾听意见，并为他们送去慰问物资。

【群团工作】 2017年，文庙街道办工会推进“工会组建月”和“农民工集中入会行动”，单独建会1家，发展会员87名，其中农民工36名。帮助弱势职工群体解决困难，为1名困难职工送去慰问金500元；为217名职工办理大病互助医疗保险，为患病职工报销7305.12元。开展职工维权活动，发放维权材料和书籍1400余册，开展讲座15次，提高职工的维权意识。

共青团紧扣时代主题，增强导入功能，加强横向联系，转变务实理念，明晰服务路径，加强资源对接整合。以“整合各领域资源　服务各领域青年”为导向，在服务助推各类青年成长成才成功上悉心作为。

围绕构建复合型组织体系，拓展社会化服务职能，创新全媒体引导方式，提高团建科学化水平等方面，努力增强团组织凝聚力和感染力。成功举办“弘扬中华优秀传统文化　争做复兴大任时代新人”签名及书法绘画展示活动。

妇联坚持党建带妇建，妇建服务党建。开办“女性文化学堂”，邀请资深教师开展国乐鉴赏、合唱培训、国粹赏析讲座；开展寻找最美家庭、平安家庭、故事分享会活动，传承家庭美德。加大对弱势群体关心力度，开展关爱贫困妇女、儿童、学生、高龄老人、两癌妇女等系列慰问活动。组建巾帼志愿者服务队，开展形式多样的志愿活动，推动巾帼志愿服务发展。

【统战工作】　2017年，文庙街道办编制街道和社区统战工作日志手册；建立健全服务、慰问等15项统战工作制度；对全地区的党外干部、台胞、侨胞等21种人员进行重新登记造册。开展第31次统战宣传月活动，举办培训班3期，召开座谈会6次，撰写统战论文28篇，走访统战人士61人次；举办黑板报大赛、在微信平台开展统战知识每日一讲、举办“两岸一家亲”少儿手绘报展览、组织266名青少年参加中国侨联举办的世界华人学生作文大赛。举办以“发挥统战优势　提高服务效益”为主题的社区邻里节活动，整合调动社区内各种资源，进行文化展演、加强邻里沟通。

【武装工作】　2017年，文庙街道办坚持党管武装原则，强化党管武装责任。建设完成55人预备役高机连、30人民兵应急排、58人退役士兵应急分队，发展4名民兵哨所信息员，并在各社区建立15人民兵队伍；落实2017年度征兵工作，对辖区适龄青年进行兵役登记和报名参军工作；出动应急队员150人次，参加国防教育宣传活动、平安夜巡逻执勤、防震减灾拉动演练及各类军事训练任务，提高民兵应急应战能力。

【老干工作】　2017年，文庙街道办坚持政治理论学习制度，举办形势报告会，组织学习，统一为老同志订阅《太原日报》《老友报》及健康杂志，发放十九大系列丛书。为老同志办实事、解难事、做好事，开展走访慰问、沟通聊天活动，送达组织关怀和温暖。发挥离退休干部党支部战斗堡垒作用，做到与在职干部党支部建设工作同重视、同部署、同推进，充分利用各种阵地，创新活动形式，丰富活动内容，使老干部离岗不离单位。成立迎泽区老年大学文庙分校，使老同志老有所学、老有所乐。

【群众服务】　2017年，文庙街道办加强群工组织领导，党政齐抓共管，确立专人分管、专人负责、专人办理，建立上下一条龙工作机制，确保群工工作落到实处。加强引导宣传，提高群众知晓率。通过网格长入户、张贴通知、电子显示屏轮播、微信公众号推送等方式宣传群工系统，发放宣传单3000份。建立健全规章制度，制定完善群工系统《手持终端使用承诺书》，建立健全专人盯网提醒制度、管理制度、负面清单台账管理等8项制度，确保效能充分发挥。2017年受理群众诉求11956件，办结率达100%，编发上报群工信息简报34期116条；组织党员开展认领“微心愿”活动，认领微心愿7条，帮扶困难群众16人；群工系统在线学习时间累计62334分钟。

【档案室建设】 2017年，文庙街道办档案室由原20平方米扩大为70余平方米，聘请专家现场指导，专业人士设计规划，投入3万余元购置标准密集架，满足档案收集、整理、保管、检索、查阅，达到功能齐全、设施完备，实现档案室建设的标准化、规范化。指定专人负责，改善档案保管条件。 （冯利兵）

庙前街道

【概述】 庙前街道办事处驻都司街8号，因辖庙前街而得名。辖区位于迎泽区西北部，地处省会中心区域，东临解放路，西到滨河东路，南至迎泽大街，北接桃园三巷，总面积3.83平方千米。

庙前街道办事处内设机构20个：党工委办、行政办、人大办、纪工委办、人武办、司法所、计生办、综治办、妇联、团委、财务科、社区办、民政科、社会保障事务所、最低生活保障所、经济科、文化站、安监站、城建科、环卫所。下辖14个社区：庙前街社区、海边街社区、新建路一社区、新建路二社区、南海街一社区、南海街二社区、桃园路一社区、桃园路二社区、桃园路三社区、桃园路四社区、水西关街一社区、水西关街二社区、水西关街三社区、水西关街四社区。

2017年，在区委、区政府领导下，庙前街道以服务群众为宗旨，以创新社会治理加强基层建设为要求，努力补好短板，做强功能，提升品质，优化区域形态功能和环境，增强群众的获得感和满意度。

【党的建设】 2017年，庙前街道推进“两学一做”学习教育常态化制度化和维护核心见诸行动主题教育，整顿软弱涣散党支部2个，撤销6个党员流动性大、班子不健全的非公党支部组织设置；走出去请进来、开设“领头雁”培训、“两学一做”两委骨干培训及专家授课等形式，培训两委骨干325人次，提高干部队伍思想政治水平，增强“四个意识”。

【廉政建设】 2017年，庙前街道办制定《庙前街道党风廉政建设和反腐败工作任务分解》，落实党风廉政建设责任制；推进巡察整改工作，交办各类巡察问题55人次，约谈14人，责令作出书面检查2人，诫勉谈话2人；推进监察全覆盖工作，建立完善监察对象廉政档案，对14个社区260余名社区干部的基本情况、工资收入情况、廉洁从政情况等13项信息备案，实现监察对象廉政档案管理信息化、系统化和规范化；注重日常监督执纪，开展作风纪律督查，保持良好的工作状态和精神风貌。

【城市建设】 2017年，庙前街道办拆除违建33处，拆除各类违规广告牌、横幅、条幅等355块，清理各类广告30392处，取缔占道经营195处，规范“伸舌头”经营508处，下达责令改正通知书205份；清理各类垃圾2035吨。努力打造桃园示范区，对示范区内四纵五横主要道路（新建路、桃园路、迎泽大街、水西关街等9条街道）全貌及两侧建筑物、第五立面进行全景拍摄，制作八百米高空实景图和规划地形图。抓好绿化美化工作，累计种植绿篱24184株、草坪1300平方米、乔木920株、草花5500株，清理花池3800平方米，清理垃圾30吨，清理树枝15吨。成立庙前街道河长制工作领导小组，制定六项工作制度。数字管理平台共受理数字化派单22230余件，受理“12319”派单2190余件，受理“解忧愁”派单744余件，接件及时率100%，处理率95%。

【环境保护】 2017年，庙前街道办收到中央环保督察组交办的9宗环保案件及省委、省政府交办的环保督察件20件。对交办的环保问题，组织进行核查，协调相关部门立行立改，确保环保问题落实，整改到位。打好燃煤治理攻坚战，提升辖区燃煤综合管控水平，改善空气质量为目标，提出“目标化、精细化、动态化、长效化”工作理念，采用“全天候、全覆盖、全动员”方式，推开散煤治理工作，共拆除燃煤平房451户，清理存煤106.63吨，拆除小煤炉123台；协调热力公司、显通公司、省商业设计院解决了水西门28号院176户居民集中供热问题；组织开展水西关南街果品批发公司宿舍等3栋楼集中供热二次管网建设工程，为80户居民解决供暖问题；与天然气公司沟通，对水西关南二巷12号回迁楼79户进行煤改气；完成7户太阳能改造；对74户燃煤平房进行煤改电，辖区环境质量得到改善。拉网开展桃园片区专项整治，联合规划、绿化、环保、工商、食药、执法等各个部门共同推进工作，对片区内165家餐饮门店摸排，督促安装油烟净化器177台，保证整治效果落实到位。

【社区建设】 2017年，庙前街道办重点打造水西关街四社区服务中心，建成总建筑面积达到2264.92平方米，集社区综合服务大厅、社区养老服务中心、社区图书阅览室、社区多功能室等为一体，发挥社区服务功能。加强社区图书室建设，与省、市、区图书馆实现联网，图书通借通还。打造特色图书室，对南海街二社区、桃园路三社区图书室进行提档升级，配备电子阅览设备，建立标准统一互联的数字化公共文化服务平台。开展第六届社区居民委员会换届选举工作，选举产生两委99人。

【平安庙前】 2017年，庙前街道办落实安全生产监管责任，与驻地单位签订安全生产责任书163份、特种设备安全工作目标责任书86份，与辖区内小经营户签订安全生产责任书780余份，下发安全生产文件700余份。对全地区1800余家单位、200多处院落进行多轮次安全隐患检查，督促驻地单位整改隐患300余处。做好综治信访维稳工作，组建33支平安志愿者服务队413人，单位保卫组织49支305人，加强综治平台建设，推进“雪亮工程”，认真筹划综治中心。推进“七五”普法工作，印制法律宣传资料15000余份，举办法律大讲堂20余场，举办“一社区一法律顾问”现场法律咨询活动60场，为居民起草法律文书12次；调处各类民间纠纷306起，调解成功率达98%；全年共管理社区矫正人员31人，无一人重新违法犯罪，无脱管漏管虚管。在册登记安置帮教人员76人，核实衔接率达到100%。

【民生保障】　2017年，庙前街道办推进民生事务，完成居民养老指纹静脉采集和认证596人，居民医保参保人数4000多人。开展计生服务，落实两孩政策，全年办理生育服务证592个，独生子女证187个，再生育服务证3个；开展全员人口数据库清查补漏工作和流动人口计划生育双向管理，完成全国流动人口动态监测工作。打造“阳光”低保，2017年享受低保户共计161户，享受保障人数216人，累计发放救助金额170.2894万元。抓社会救助，全年开展临时救助、医疗救助、爱心超市救助等各类救助惠及64户居民家庭，救助金额累计27.0190万元；开展公租房救助，为18户城镇低收入困难家庭申报公租房救助，为5户在乡两参人员分配公租房实物；开展残疾人救助，为115名困难残疾人累计申请生活补贴8.28万元，为109名在保残疾人发放一次性生活补贴10.9万元。认真做好残疾人燃油补贴、护理补贴、托养服务、助学、慰问等工作，确保精准救助，提高民生保障水平。

柳巷街道

【概述】　柳巷街道位于太原市迎泽区，以辖区内有古老繁华的街巷——柳巷而名，柳巷街道办事处（简称柳巷街办）驻钟楼街东段北侧二市场31号。辖区地处迎泽区北部，呈正方形，东至五一路，与文庙街道办事处为邻；西至解放路，与庙前街道办事处相连；南至迎泽大街，与迎泽街道办事处毗邻；北以鼓楼街、南肖墙为界，与杏花岭区相邻，面积为1.45平方千米，有60余条街、巷。街道下设起凤街、铁匠巷、开化寺南街、柴市巷、校尉营、海子边东街、海子边西街、宁化府、察院后9个社区居民委员会。

2017年，街道办事处内设有党工委办公室、行政办公室、人大办公室、纪检办公室、综治办公室、社区办（民政科）、城建办、计生办、经济办、总工会、团工委、武装部、低保所、社保所等机构；在编人员54名。

2017年，柳巷街党工委、办事处围绕“靓丽柳巷、诚信柳巷、和谐柳巷。智慧柳巷”目标，团结带领广大党员干部群众，转变工作作风，打造美丽和谐柳巷，街道各项事业得到发展，获“太原市文明单位”“太原市双拥标兵单位”等称号。

【经济建设】　2017年，柳巷街道党工委、办事处研究，扩思路想办法，采取政府推动、服务助动、企业主动、各方联动的办法，到企业了解企业发展状况，挖掘经济潜力，扩大招商引资领域。2017年，地区限额以上社会消费品零售额完成88.39069亿元，完成全年计划的100.1%；固定资产投资完成27.4366亿元，完成全年计划的100.1%；规模以上工业总产值完成3815万元，完成年计划的100.48%，各项经济考核指标任务完成。

【党建工作】 落实五城联创工作要求，按期组织"道德讲堂"活动要求，利用电子屏、文明宣传展板及"智慧柳巷"和社区微信公众平台大力宣传社会主义核心价值观，营造五城联创良好氛围。在"两代表一委员工作室"共接待群众45人，解决问题56个；695名在职党员到社区报到，为居民群众办实事101次；开展"五帮一推"工程，慰问困难党员群众70余人次，慰问金额达4万余元；组织112支志愿者队伍开展活动1200余次，为居民提供零距离服务；为民办实事拉近党和群众的距离，树立党和政府的良好形象，增强党组织凝聚力、向心力，提升党组织的服务水平。

【社区建设】 2017年，柳巷街道办开南社区、起凤街社区"双提档"工程、2个日间照料中心完工并正式开始运行。按照上级要求积极搭建群工服务平台，现已将街道4台、每个社区2台电脑安装调试完毕，确定操作人员，加强对工作人员的业务培训。搭建社区为老服务新平台，建成老年餐桌5个，月均接待老人930余人次。联系辖区省商业职工医院到社区为190余名党员群众进行义诊，为大家送去方便和实惠。老年日托中心共接收半失能老人全托12位，日间照料30余位，280余人次参与康复训练，130余人次参加社区、社会组织共同举办的活动，受到省市区领导的高度重视和群众的好评。

【社会保障】 2017年，柳巷街办关注弱势群体，落实惠民政策，城镇新增就业人数2280人，完成年计划的98%，创业带动就业人数950人，完成年计划的98%；6198位居民参保城镇居民医疗保险；每月为171户居民发放最低生活保障金12.9575万元，未参保企业退休职工享受困难补助37人；享受临时救助、救助大病人员34人次，救助金额21.3986万元；发放廉租房补贴42户84人14.2820万元。落实人口和计划生育工作责任制，为外来务工人员提供职业推介、证件办理等系列服务，流动人口计生服务管理水平提升。为有康复需求的68名残疾人，建立基本状况康复需求、资源档案，实行动态管理。

【民主政治建设】 2017年，柳巷街道办人大工委圆满完成换届选举工作，制定街道人大工委8项规章制度和代表小组5项规章制度。以制度管理、依法办事，增强人大代表依法履职责任感，促进街道人大工作顺利开展。开展统战宣传月活动，整合优势资源，推进"同心工作站"建设，邀请专业律师、医生团队走进社区为居民免费开展咨询服务。工会、妇联、团委、关工委通过组织趣味运动会、"好妈妈课堂""创意欢乐变"等活动，丰富职工业余生活，提高青少年创新意识。

【党风廉政建设】 2017年，柳巷街道办加强街道、社区党风廉政建设和反腐败工作自查力度，组织全体机关干部进行党风廉政建设专题学习26次，党工委研究党风廉政建设工作7次，召开纪律作风专项会议14次；开展明察暗访24次，组织处理12人，诫勉谈话5人，党内严重警告1人，开除党籍1人，形成狠刹“四风”高压态势。在柴市巷等社区设立廉政文化室、廉政文化墙、廉政文化楼院等，以社区党组织为依托开展多种形式廉政文化活动20余次。

【和谐柳巷】 2017年，柳巷街道办坚持安全稳定工作党政同责，将地区安全、稳定作为党工委第一要务抓在手上。强化网格信息报送，完善社会风险预警机制，尽力将不稳定因素纳入可控范围内。主动上手，早期处置，进行各类综合整治排查900余次，全年化解、平稳处理3起群体、个体信访事件，较好地完成信访维稳任务。安全生产大检查工作中，共检查单位2940余家，整改一般隐患84条，未发现重大隐患，提高辖区的小餐饮饭店的安全基础，提高经营户安全意识。累计接收社区矫正人员99人，解矫85人，无一人脱管漏管或重新违法犯罪，帮教安置率达到100%。推进“三进一巡、四问四看”社区网格巡查，发现问题4136起，解决问题4083起，调解纠纷390起，排查消除安全隐患532起，为和谐柳巷建设奠定坚实基础。

【宜居宜商环境】 2017年，柳巷街道办按照五城联创标准要求，开展城乡清洁工程星级创建活动。对环境卫生进行全面整治，清理辖区内的死角垃圾、天井垃圾和积存垃圾32车，约100余吨，排除安全隐患30余起。加大对物业保洁公司的管理力度，完善对无物业院落清扫公司的工作要求及考核制度，对社区反映的问题及时反馈、及时解决，确保无物业院落干净整洁；与清运队、清扫公司及社区人员全面配合，取消了6个站点，实行定时定点上门收集垃圾；提高环境卫生网络化管理工作力度，提高网络化数字平台工作人员的业务能力及各项技能，提高工作效率，确保工作任务能及时处理。成立应急工作中心，全天24小时有人值班，对辖区内各种突发事件及时上报和处理，处理“12319”居民投诉1300多份，“为民解忧愁”投诉件30多份。

【拆迁工作】 2017年，柳巷街道办为保障五一路及周边棚户区拆迁改造工作顺利进行，街道党工委、办事处抽调包点领导、党员志愿者组成强有力的拆迁工作指挥部，到一线排查摸底做好宣传工作，党员干部身先士卒带头工作在拆迁现场，为居民户答疑解难、细致耐心地讲解政策，做好准备工作。拆迁过程中严格把握政策、按规定办事，党员干部的主观能动性、先锋模范作用得到充分体现。通过近3个月的艰苦工作，共安置居民32户、单位7个，拆迁面积近9600平方米，完成拆迁工作任务。 （巩　锋）

老军营街道

【概述】 2017年，老军营街道按照迎泽区“各项工作走在前列”和“建设省城首善之区”要求，以“老军营——咱的街道·咱的家”为主题，以“建家爱家在行动”系列活动为载体，规范和推进地区建设，较好地实现经济社会各项工作的全面发展。

【经济指标】 2017年，老军营街道办固定资产投资全年计划200000万元，1—10月完成86881万元，完成全年计划的43.4%；社会消费品零售总额（限上）全年计划完成58182万元，1—10月完成47996.4万元，完成全年计划82.5%；工业总产值全年计划完成193750万元，1—10月完成117942.6万元，完成全年计划的60.8%；建筑业（季报）全年计划完成108000元，1—10月完成42730万元，完成全年计划的39.6%。

【党建工作】 2017年，老军营街道办编印下发《跟着精神学讲话》《跟着人物学讲话》等学习资料。开展清廉“管”家、服务“到”家、文明“当”家、效能“兴”家系列党建主题活动。开展向“全国优秀党务工作者”李建芳同志学习活动，推行“建芳工作法”，提升社区“领头雁”政治素质和服务能力，打造“高效、快捷、勤为、能为”干部队伍，练足“家长功夫”。

在原有“街道党工委+社区党总支+楼院党支部+网格党小组”纵向党组织体系基础上，推动横向覆盖，构建立体框架。实行街道“大工委”、社区“大支部”机制，将驻地医院、学校、非公经济组织和社会组织等行业单位吸纳到街道党工委的统一管理中，吸收社区民警、物业公司、业委会等党员负责人作为社区党总支兼职委员。探索成立街巷党组织和楼院党小组，构建以“大”联“小”，以“公”联“私”，以“政”联“企”的横向联动体系，形成“一纵三横”的互联互动模式，让群众时时感受到党组织就在身边。

推行“大工委联席会议”“大支部联系会议”等区域化党建制度，建立区域协调议事机制、共驻共建评议机制、双向沟通服务等工作机制，推动社区党建、驻地单位党建、非公经济组织党建有机衔接、良性互动。修改完善规章制度40余项，出台《街道干部管理考核暂行办法》和《老军营街道社区工作者绩效考核办法》，定期开展“领头雁”培训，增强社区干部服务群众能力，提升执行力，提高办事效率。编印《咱的街道咱的家》季刊，反映单位行业、商家居民共治共管、共建共享的好做法、好成效。

【服务群众】 2017年，老军营街道办建立党建微帮站，实现服务便捷化。在街道成立了10个党建微帮服务站，组织驻地商家店铺为居民提供便利服务。每个站下设若干个微帮互助队，队长由党员担任，在互助服务中发挥先锋模范作用、传递党建温度。新南二社区理发店党支部坚持每月开展一次为辖区60岁以上老人义务理发活动，现已服务老人400多人次；滨河一社区爱心企业人士自发开展“定心丸”活动，每天为辖区高龄老人、残疾人、低保户等困难人群发放五个馒头和一个水果。2017年，微帮站里有商家店铺50多个，共吸纳在职党员600余名，开展微帮互助活动2000余人次。

做实群工系统，实现服务网络化。迎泽区在太原市率先推出服务群众工作系统，2017年街道群工系统平台受理群众反映诉求3025件，解决3019件。将全街道500多名注册党员志愿者、600多名在职党员全部录入群工系统，实现信息化管理。依托群工系统开展微心愿征集活动，征集微心愿50余条，通过平台筛选上传6条，全部认领解决。群工系统为基层城市党建插上科技的翅膀，打破传统党建“限时、限地、限人”的束缚，实现“互联网+党建”实践。

完善网格党小组，实现服务精细化。老军营街道在10个社区设立管理网格94个，网格党支部68个，网格党小组94个，把党组织服务阵地建到网格楼院，形成以社区党总支为核心，以网格支部为主体、以网格党小组为支撑的三级管理服务体系，实现社区党的工作覆盖无缝对接。健全社区网格党小组集中学习、定期交流、信息汇总、联系群众、志愿服务等制度，提高网格化管理服务工作科学化水平。推行“1+X”党员管理模式，每个网格长与3—6名直管党员结成对子，定期联系服务群众，倾听呼声、掌握需求，人手一本党情日记及时记录，协调解决问题。

实施院落互助工程，打造服务崭新平台。在居民院落开展居民互助志愿服务基本技能摸底登记，建立“建家爱家——院落互助”服务新模式。如桃园南路二社区的建设银行宿舍组建15人的院落服务队，志愿开展公益服务活动，是院落的维修工、安全员、调解员，也成党政策宣传员、引导员。2017年，10个社区均启动试点院落并受到居民好评，获市区领导“点赞”。

整合辖区资源，创新党建服务新功能。印发编制《咱的街道咱的家》季刊，记载上级领导的关怀和期望、基层干部的忙碌和担当、社区居民的热情和向往、驻地单位的友好和互帮。办好街道微信公众号，辖区及时上传街道社区服务居民各类活动，记载基层党建各项工作与成就。

【精神文明建设】 2017年，老军营街道组建10支由辖区“五老”组成的公民道德教育宣传队伍。组织各类培训和开展志愿者服务活动，设立5个学雷锋志愿者服务站。组织“善行义举好人榜”“道德模范”“身边好人”人物评选，在10个社区制作20块“善行义举好人榜”。开办“市民道德讲堂”9次，在辖区公共场所制作社会主义核心价值观宣传版面2000余块、遵德守礼温馨提示牌13块，街道机关注册志愿者达到100%以上。向居民发放《第十五个“公民道德宣传日”致市民的一封信》《致驻地单位的一封信》《致商户朋友们的一封信》《文明交通倡议书》、社会主义核心价值观、居民道德规范、居民“七要、七不要”等宣传折页3000份。

以文明引领和谐，以文化凝聚民心。街道、社区培育20多支文艺文化活动队伍，不定期开展“庆七一”“迎八一”等有党建色彩的活动。组织街道机关、社区干部、驻地单位、各类志愿者开展净化市容、美化环境、植绿护绿、经营治乱、交通治违、爱护公物为内容的“建家爱家”大行动，得到媒体关注，唱响共建文明和谐之家主旋律。

联合驻地单位和各行各业志愿者发动300人开展“建家爱家　文明当家”大行动，清理辖区破损公益广告栏，清理楼道内堆积杂物，集中整治不干净不达标的楼院等活动。全街道上下打造市民学校、党院活动室、司法活动室等为居民提供服务。

【安全生产】　2017年截至10月底，老军营街道办共检查单位1888家次，整改隐患219处，张贴安全通知5550份，发放责任制挂牌1000家单位。核查康乐片区、西里片区内所有经营单位，摸底勘察压站燃气管线的建筑物19处，疏通消防通道，清理楼道、地下室堆放乱堆乱放杂物77车次。2017年，各类安全事故控制指标为“零”，确保老军营地区安全生产形势保持相对稳定态势。

【综治维稳】　2017年，老军营街道办对矛盾纠纷实行“归口办理”，对矛盾纠纷排查、接访、调解、回访实行“一张车票乘到底”。排查调处各类民间纠纷112件，调处成功110件，成功率达98%。成立巡逻队伍、矛盾调解队伍、信息报送队伍等5类17支队伍，保证“小事不出居，大事不出办，矛盾不上交”。接待群众来访125人次，处置了辖区13起群众集体上访事件。

开展反“三违”安全隐患排查整治活动，共排查、检查单位2466家次，居民楼院390栋次，整改各类隐患348项，处理堆积杂物40处，张贴安全提示1756条，对辖区1所大中专院校、3所中学，3所小学，5所幼儿园进行联合检查，聘用保安率100%，确保学生在校安全。辖区平安家庭创建率达93%，扩大综治工作社会影响力。

【城乡环境】　2017年，老军营街道办把建家爱家在行动与迎接文明城市创建工作结合起来，出动1000余人，悬挂条幅30余条，粉刷树木3000余株，清运垃圾1000余吨，清理小广告3万余条。完成区政府下达的绿化任务指标，义务植树900株，楼体粉刷46000平方米，粉刷围墙300平方米，更换铁艺护栏1235.4平方米，粉刷幼儿园内墙230平米。完成新南三社区文源一条5号回迁楼1900平米清洁能源供暖改造，让30多户居民告别自己燃煤过冬的日子。滨河一社区协调多个部门，为六户困难居民申请并完成煤改电。街道加大环境整治力度，确保“一清二拆三禁”，取缔各种炭火炉19个，回收燃料煤18.5吨。

【拆迁工作】　2017年8月25日，老军营街道办启动新建南路45号院拆迁改造工程。10月30日，启动燃煤棚户区（康乐村）拆迁改造工程，进行详细摸底，宣传发动，部分居民主动与拆迁工作组人员接洽，了解征收及补偿方案。创造开工条件，保证施工环境。坚持依法依规办事，做好居民工作，承担责任，协调、配合、管理的任务。

【社会保障】　2017年，老军营街道办累计保障城市低保对象1225户次，1589人次，发放城市低保金99.4411万元；发放电费补助8763.84元；为低保残疾人发放一次性生活补贴共计81000元。为18名患病群众申请大病医疗救助，救助金额达113935元；为11名患病群众申请临时救助，救助金额达78852元；为11名群众申请应急救助10000元；为6人申请爱心超市救助4000元。

【劳动保障】 2017年，老军营街道办新增就业人员完成1987人，下岗失业人员再就业完成850人，就业困难对象再就业完成200人，创业带动就业人数完成500人，以上均完成全年计划的100%。按照上级要求，城镇登记失业率严格目标控制在1.2%。开展就业援助月活动，将真情送到就业困难对象家中，有效地促进了就业工作。推进城镇居民基本医疗保险工作，辖区内参加城镇基本医疗保险的居民共计4214余人。

【双拥优抚】 2017年，老军营街道办设立军队退役人员服务站，大走访退役人员778余人；截至10月13日，发放待安置期间生活补贴210.07万元；“八一”建军节期间，为107名伤残军人和22名重点优抚对象发放米面油；为13名参战人员、烈属和在乡复员军人发放医疗补助证；与14名两参人员签订公益岗位合同。

【社区换届】 2017年，老军营街道办社区“两委”换届工作10月下旬启动，街道派专人参加市区两级培训会，制定换届选举工作实施方案、干部包点安排表和公告安排表。召开动员会、座谈会、推进会、培训会，不定期对工作人员进行培训和指导，确保第六届社会“两委”换届选举工作顺利有序进行。

【扶困助学】 2017年9月是新慈善法颁布的第一个慈善捐款期，老军营街道及驻地单位共捐款27496.6元。春节慰问40名贫困残疾人合计8000元，区委、区政府2017年春节慰问齐军萍、杨绪原和杨绪晋，合计6000元。中秋慰问21名贫困残疾人合计4200元；对368名重度残疾人发放重残护理补贴207360元，给残疾人联络员和协管员发放粮油9份；办理助残公交卡17张。慈善助学入户走访摸底，为老军营地区符合条件的困难家庭学生发放助学款共计12500元；“金秋助学”活动中给9名残疾人发放34000元。

【社区建设】 2017年，老军营街道办加强社区干部管理，执行请销假制度。每周例会点名，将出勤结果公示，增强社区干部、社工、综合服务人员的组织性纪律性，提高社区服务意识和业务能力，形成工作制度化、规范化、实效化。桃南一社区购买位于康乐街31号鸿富商务大厦四层东面半层房屋，作为社区新办公场所，建筑面积为673.53平方米。新建南路第二社区新社区完成施工并进驻开始工作。新南三社区进行消防可研及招投标工作。劲松社区引进太原市福寿和养老服务中心，设立日间照料中心。老军营小区第三社区引进今鲜惠慈善超市，于2017年5月15日开业。

【计生工作】 2017年，老军营街道办推进“多证合一”“多网合一”，取消二孩生育审批，实行一孩、二孩生育登记服务制度，推行网上办理、一站式服务和承诺制；生育登记577人，办理一孩生育服务证255本。孩生育服务证226本，再生育服务证2本，新制独生子女证68本，补发独生子女证138本。做好计划生育特殊困难家庭的经济扶助、医疗保障、社会关怀等工作。为伤残、失独家庭发放了血压计49台；为失亲计生家庭王鸿瑜等两户家庭发放慰问金共2000元，为计生伤残困难家庭张明超等8户发放米面油8份，为大病计生家庭7户发放每户3000元，共计2100元；为辖区计生伤残家庭患癌成员赵建平送去4000元慰问金；为失独困难家庭韩凤英送去2000元慰问金，确保计生家庭奖励扶助政策落实。

郝庄镇

【概述】 迎泽区郝庄镇人民政府成立于2002年，位于朝阳街58号。镇政府内设：党委办、政府办、总工会、妇联、团委、综治办、计生办、纪检办、农业办、林业站、社会事务办、国资办、安全办、财务科、统计办、城管中心、审计办、文化站、村财办、新农合、新农办、交管站。

郝庄镇公务员编制34人，实有33人（正科级编制3人，实有3人；副科级编制6人，实有6人；其他22人）；机关工勤编制4人，实有2人；事业编制45人，实有21人；镇财政自收自支编制22人。

郝庄镇共有28个村，6个社区。东与寿阳接壤，西至建设路，南与榆次交界，北至杏花岭。全镇人口48495人，其中农业人口10823人。主要从事农业、商业、服务业、运输业。辖区总面积89平方公里，耕地面积10420亩，退耕还林8000亩，果园1371亩。主要粮食品种为玉米、谷子、高粱、土豆和莜荞麦、豆类等小杂粮。辖区内有煤炭，铝矾土，石料，石灰、石膏等矿产资源，境内有慈云寺，芳林寺，永祚寺、白云寺等古迹。东中环、东峰路、东山过境高速公路横穿南北，长风街东延、南内环东延、南沙河快速路、307国道直通东西，交通四通八达，道路便利。

2017年，郝庄镇坚持以新理念引领发展新实践，着眼郝庄镇长远发展，制定镇域长远规划。按照区里科学规划建成区、城乡结合部和东部山区“三个板块”的功能定位和产业布局，推进传统服务业提质改造，推进产业升级、城市管理、便民服务的融合互通；扩大招商引资范围和领域，承接产业和项目转移。

【经济指标】 2017年，郝庄镇固定资产投资实际完成36.2亿元，同比增长33.2%；建筑业实际完成21.4亿元，同比增长3.8%；限上社会消费品零售额完成50.6亿元；批发零售额完成限上55.6亿元；住宿餐饮业完成355.8万元。

【基层党建】 2017年，郝庄镇33个基层党组织阵地建设全部完成。9月开通郝庄镇人民政府公众号，设立党建专栏、十九大专栏丰富拓宽基层党组织学习渠道。成立了软弱涣散集中整顿工作组，制订整顿方案。为3个村派驻第一书记，完成3个村和1个非公党组织整顿工作。发展壮大农村集体经济，全镇28个村经济收入全部达到3万元以上，其中5万元以上的占到96%以上，圆满完成破零工作任务。成立非公和社会组织党建办公室，在服装城集团建立非公和社会组织党群服务中心。11月28日，完成全省城市基层党建工作经验交流座谈会服装城集团非公党建工作现场观摩，得到省、市、区领导的充分肯定。改善食堂环境卫生，提高镇食堂补助，下拨省级补助资金7万元，由每人每天补助10元提升到每人每天14.16元。2017年镇里厕所、楼道、地面修缮完成，为广大职工提供方便卫生的工作环境。

【村（社区）换届】 2017年，郝庄镇党组织换届工作从10月中旬筹备到11月20日结束，执行换届纪律，完成村（社区）两委换届选举工作。28个行政村，6个社区居委会，28个行政村有选民21015人，参选人数19432人，参选率92.47%，选出村委会成员99人。6个社区，选出两委居委会成员46人。郝庄镇33个党组织有党员1441名，参加选举的党员1206名，党员参选率达83.6%。完成党组织换届后共产生党组织成员119名，其中书记33名，副书记15名，委员72名。郝庄镇完成村（社区）换届选举任务，为推动农村、社区经济社会发展注入新鲜活力。

【民主政治建设】 2017年，郝庄镇为推进双塔景区拆迁改造及双塔南路南延改造，加快双塔景区建设及城市路网建设，强化对小、散、乱、污企业的治理，镇人大开展调研，提出合理化建议，监督镇政府对工作的落实，提升代表履职综合能力和履职意识；镇工会开展金秋助学送温暖等活动，服务基层职工；镇妇联扩大妇女的组织覆盖，将系列活动常态化。武装部落实兵役登记，发放兵役登记证950本，2017年新登人数达704人，其中大学生446人，登记率达90%，严把征兵质量关，输送22名合格军人，完成任务；发挥统一战线优势，为全镇的转型跨越发展，凝聚各方力量。

【土地确权】 2017年，郝庄镇开展土地改革。为10个村进行土地确权，其中应确权的户数为477户，实际确权465户，完成率达97.5%。按照《山西省保障低收入农户冬季取暖用煤管理办法》规定，对低收入农户16个村2018户每户补贴200元，全镇共计发放补贴款40.42万元。发放2016年种粮补贴，涉及农户532户，种粮面积2133.4亩，发放137176.2元，2017年全镇种粮面积达2052.8亩，通过“一卡通”存折兑现。

【社会保障“全覆盖”】 2017年，郝庄镇审核、审批6个社区22个村城乡低保户368户，560人，全年累计发放低保金316万余元，为低保户中残疾人发放救助金7万余元，为城乡低保户、困难户大病医疗救助67人34万余元。为129名优抚对象发放优抚金共计49万余元，30名两参人员公益性岗位补助58万余元。郝庄镇推进农村、城镇养老保险的收缴和领取工作，发放649万余元。农村养老保险缴费人数10152人，缴费金额525万余元，城镇养老保险缴费人数527人，缴费金额72万余元，办理6个社区2018年度城镇居民医疗保险共7123人，缴费121万余元。

【整村拆迁】 2017年，郝庄镇完成城中村改造整村拆迁工作。松庄、水峪和新沟被列为城中村重点改造村。共有1979户、5069人，应拆除各类建筑总面积54.07万平方米，其中宅基地711处、31.17万平方米，公建49处、22.9万平方米。经过一个多月时间签订协议682个，拆除614处，剩余68处。有证宅基地已基本签完。

【城乡生态环境】 2017年，郝庄镇对山区12个村以及3个棚户区1200余户进行煤改电，并投入使用。为配合煤改电、煤改气工作，进行一清二拆工作，全镇拆除大型锅炉20余台，小型锅炉、煤炉等1500余台，清理散煤2000余吨。完成中央环保督查组和省督导组下派的40余处环境卫生举报件，取缔“散乱污”企业75家，对拒不停产个别企业进行强制取缔和拆除。

【美丽乡村】 2017年，郝庄镇启动董家庄村“市级美丽乡村示范村”创建工作，山西省爱国卫生运动委员会命名小山岩村、董家庄村为2016年度山西省卫生村。

【安全生产】 2017年，郝庄镇落实安全生产“党政同责、一岗双责、齐抓共管”要求，与34个村（社区）签订安全目标责任书，开展“反三违”专项整治，开展彩钢板建筑消防安全隐患集中整治活动。截至12月底，自拆或拆除43处，整改完成18处，拆除面积23324平方米，整改面积2457平方米。

【信访工作】 2017年，郝庄镇高度重视6个村的重信重访化解工作，化解一批重大不稳定因素，镇主要领导、包村干部根据《信访条例》第一时间到场接访积极化解各类矛盾，全年共结案21件，结案率为100%，全镇全年上访次数同比下降8%。圆满完成全国“两会”、十九大等重大活动期间信访维稳任务。

附　录

FULU

2017 年迎泽区公办初中入学划片范围

序号	中学片	片内中学招生计划	片内对应小学	毕业生数
1	孟家井九年一贯寄宿制学校初中	孟家井 1 郝　中 6	孟家井寄宿制学校小学	354
	郝庄中学		马庄小学、王家峰小学、港道小学、松庄小学	
	进山中学		服装城小学	
	39 中学		金太阳小学	
2	五中	五　中 2	青年路小学、双西小学、区第三实验小学、迎泽街小学、东岗小学	1130
3	师院附中	师院附 3	校尉营小学、小五台小学、建设路小学、起凤街小学、市第二实验小学	708
4	36 中、市实验、45 中、52 中	成成 6 进山 6 15 中 6 30 中 8 36 中 12 37 中 12 39 中 9 45 中 8 52 中 4 市实验 6	并东小学、流沙坡小学、狄村小学、双南小学、起凤街小学、双北小学、东岗小学、区第二实验小学	1064
5	15 中、30 中、37 中、45 中		校尉营小学、新西小学、三晋小学、海边街小学、回民小学、桃园小学、双语实验小学	782
6	成成中学、进山中学、36 中		小五台小学、建设路小学、区第一实验小学、朝阳街小学、市第二实验小学	865
7	成成中学、36 中、39 中、45 中		迎泽街小学、并州路小学、区第三实验小学、三好小学	302
8	15 中、30 中、36 中、37 中、39 中、45 中		双西小学、青年路小学、滨河小学、桃南小学、大南关小学、市第三实验小学	1798

2017 年迎泽区公办小学学区范围

序号	学校名称	学校地址	学区范围
1	校尉营小学	太原市迎泽区西校尉营 21 号	大剪子巷、靴巷、南仓巷、西夹道以东，五一路以西，鼓楼街、南肖墙以南，开化寺、袁家巷、海子边西街、海子边东街、皇华馆以北。
2	桃园小学	太原市迎泽区桃园北路 90 号	滨河东路以东，新建路以西，桃园三巷以南，水西关街以北。
3	海边街小学	太原市迎泽区海边街 9 号	新建路以东，都司街、南海街以西，西羊市街以南，迎泽大街以北。
4	三晋小学	太原市迎泽区庙前街 19 号	都司街、南海街以东，解放路以西，西羊市街以南，迎泽大街以北。
5	新西小学	太原市迎泽区水西关南街南一巷 9 号	滨河东路以东，新建路以西，水西关街以南，迎泽大街以北。
6	回民小学	太原市迎泽区云路街 33 号	解放路以东，柳巷南路以西，云路街南北两侧（柳巷南路以西），前所街南段，袁家巷以南（柳南小区六号），迎泽大街以北。
7	双语实验小学	太原市迎泽区解放路晋府店 4 号	解放路以东，大剪子巷、靴巷、南仓巷、西夹道、柳南以西，鼓楼街以南，开化寺街南北两侧。
8	双西学校	太原市迎泽区双塔西街 52 号	新建南路以东，解放南路以西，南沙河南沿岸以南，菜园街以北。
9	滨河小学	太原市迎泽区桃园南路西一巷 7 号	滨河东路以东，新建路以西，迎泽大街以南，康乐街、康乐西街以北。
10	大南关小学	太原市迎泽区文源巷 53 号	新建南路以东，迎泽公园以西，迎泽大街以南，南沙河北沿岸以北。
11	桃南小学	太原市迎泽区桃园南路西里街 3 号	滨河东路以东，新建南路以西，康乐街、康乐西街以南，沙河桥东侧双塔西街以北，沙河桥西侧南沙河北沿岸以北。
12	青年路小学	太原市迎泽区邮电后街 3 号	以并州西街为界以南的青年路南段两侧，并州北路以西，并州西街以南，南沙河以北。
13	迎泽街小学	太原市迎泽区新南四条 12 号	以并州西街为界以北的青年路北段两侧，并州北路以西，迎泽大街以南，并州西街以北。
14	东岗小学	太原市迎泽区并州东街 75 号	并州北路以东及原东岗小学围墙外侧，东岗路以西，并州东街以南，南沙河以北。
15	并州路小学	太原市迎泽区并州路西一里 51 号	并州北路以东，南官坊、新生里、北联干休所以西，迎泽南街以南，并州东街以北。

续表

序号	学校名称	学校地址	学区范围
16	并东小学	太原市迎泽区并州东街东岗路南三巷 20 号	东岗路以东，建设南路以西(南沙河北沿岸以北的铁路以西沿线)，并州东街以南，南内环街以北。
17	流沙坡小学	太原市迎泽区新生里 66 号	北联干休所、东岗巷东二里、二六四医院、南官坊以东，建设南路东侧铁路线以西，迎泽南街以南，并州东街以北，
18	朝阳街小学	太原市迎泽区朝阳街北二巷 19 号	火车站铁路线以东，太行路以西，郝家沟街以南，南沙河以北。
19	小五台小学	太原市迎泽区新城南街 2 号	文庙派出所：崇善寺、文庙巷、五一东街南一巷以东，建设北路、东安路(不含东安路)以西，新城街以南，五一东街、迎泽大街以北。桥东派出所：广场以东，建设北路以西，迎泽大街以南，迎泽南街以北。
20	建设路小学	太原市迎泽区新城街 3 号	五一路以东，建设北路以西，杏花岭街、府东街以南，上马街、崇善寺、新城街、五一东街以北。
21	双南小学	太原市迎泽区双塔南巷 31 号	建设南路以东，太行路以西，白云寺街、永祚寺西街以南，南十方街以北。
22	狄村小学	太原市迎泽区双塔南路 8 号	建设南路以东，东中环以西，白云小区(不含白云小区)以南，龙堡街以北。
23	第三实验小学	太原市迎泽区菜园街 6 号	新建南路、解放南路以东，并州北路以西，南沙河南沿岸以南，南内环街以北。
24	太师一附小	太原市迎泽区侯家巷 2 号	五一路、广场以东，崇善寺、文庙巷、五一东街南一巷以西。上马街、崇善寺以南，迎泽大街以北。
25	太师二附小	太原市迎泽区老军营小区小环路 2 号	滨河东路以东，新建南路以西，沙河桥东侧双塔西街以南，沙河桥西侧南沙河南沿岸以南。南内环街以北，
26	三好小学	太原市迎泽区双塔寺街葡萄园 7 号	并州北路以东、东岗路以西、南沙河南沿岸以南，南内环街以北范围，山西日报社宿舍院及山西日报职工子弟。
27	第一实验小学	太原市迎泽区经园路汇隆花园北门	东华苑小区、汇隆花园 A、B 区、戒毒所小区、五龙花园小区 1——4 号楼、华北广电小区。
28	起凤街小学	太原市迎泽区起凤街 2 号	柳巷南路、儿童公园西门以东，五一路以西，儿童公园、皇华馆以南，迎泽大街以北。
29	第二实验小学	太原市迎泽区双塔北路 9 号	建设北路以东，太行路以西，五龙口街以南、五龙口南巷以北。

续表

序号	学校名称	学校地址	学区范围
30	双塔北路小学	太原市迎泽区双塔北路一马路608号	火车站铁道以东，太行路以西，五龙口南巷以南，郝家沟街以北。
31	港道小学	太原市迎泽区郝庄镇港道村	按照行政村划分接收学生，包括五个自然村：港道村、前水峪村、后水峪村、观门前村、观家峪村。
32	松庄小学	太原市迎泽区郝庄镇松庄村	按照行政村划分接收学生，包括的自然村：松庄村，景泰花苑小区
33	王家峰小学	太原市迎泽区郝庄镇王家峰村	按照行政村划分接收学生，包括的自然村：王家峰村。
34	马庄小学	太原市迎泽区郝庄镇马庄村	按照行政村划分接收学生，包括五个自然村：马庄村、店坡村、新沟村、枣园村、赵北峰村。
35	孟家井小学	太原市迎泽区孟家井村	按照行政村划分接收学生，包括九个自然村：孟家井，柳沟，捐子，沟北，东祁家山，西祁家山，占道，前头河，张家河。

2017年迎泽区民政局优抚对象生活补助

人员类别	人　数	金额(万元)
伤残人员抚恤金	722	1307.6
三属	25	43.8
在乡复员军人	32	39.2
两参人员	135	82
老烈子	14	5.88
60岁农村籍退役军人	95	16.6
合计	1023	1495.08

2017 年迎泽区行政审批服务事项汇总表

序号	单 位	审批事项名称
1	工商分局	公司登记
2	工商分局	个人独资企业设立
3	工商分局	合伙企业登记(普通合伙企业)
4	工商分局	农民专业合作社登记
5	工商分局	企业名称预先核准
6	工商分局	非公司营业单位注销
7	工商分局	有限责任公司注销
8	工商分局	非公司企业法人登记
9	工商分局	有限责任公司变更登记
10	工商分局	有限责任公司分公司变更登记
11	工商分局	农民专业合作社及分支机构变更登记
12	工商分局	个人独资企业及分支机构变更登记
13	国税分局	个体工商户税务登记
14	国税分局	企业及其他非个体户税务登记(分公司)
15	国税分局	企业及其他非个体户税务登记(有限公司)
16	地税分局	企业及其他非个体户税务登记(新办)
17	地税分局	企业及其他非个体户税务登记(变更)
18	地税分局	企业及其他非个体户税务登记(补办)
19	地税分局	个体工商户税务登记
20	质监分局	气瓶使用登记证
21	质监分局	特种设备注册登记(电梯)
22	质监分局	特种设备注册登记(锅炉)
23	质监分局	特种设备注册登记(起重机械)
24	质监分局	车用气瓶使用登记证
25	质监分局	特种设备注册登记(压力容器)
26	质监分局	特种设备注册登记(厂内机动车辆)
27	质监分局	特种设备注册登记(游乐设施)
28	环保分局	大气、水体排放污染许可证核发
29	环保分局	建设项目环境影响评价文件审批(报告表)
30	环保分局	建设项目环境影响评价文件审批(报告书)
31	环保分局	建筑施工夜间作业证明

续表

序号	单　位	审批事项名称
32	国土分局	土地复垦设计方案审批及复垦后土地验收
33	国土分局	建设项目用地预审（初审）
34	国土分局	国家基础测绘成果资料提供使用的审批
35	国土分局	建设项目地质灾害危险性评估报告备案
36	国土分局	矿山地质环境恢复治理方案的审批或审查
37	国土分局	临时用地审批
38	园林绿化	非正常修剪树木的许可
39	园林绿化	古树名木采摘果实种子的审批
40	园林绿化	城市古树名木的鉴定的审批
41	园林绿化	公园内举办活动的批准
42	园林绿化	公园内拍摄影视作品的批准
43	园林绿化	在城市的公共绿地内从事商业、服务经营活动的审批
44	城管局	临时占用城市道路审批
45	城管局	建筑物、构筑物等设施悬挂宣传条幅的审批
46	城管局	接纳城市建筑垃圾和生活垃圾的审批
47	城管局	新建、拆除或者改造城市环境卫生设施审核
48	城管局	“建筑物、构筑物或者设施的外观造型、装饰及色彩设计方案报市容环境卫生行政主管部门备案”
49	城管局	燃气经营许可证的核发
50	城管局	设置自行车存车处的审核
51	城管局	在街道两侧和公共场地堆放物料和搭建建筑物、构筑物及其他设施的同意
52	城管局	市容环卫配套设施项目设置和建设项目的竣工验收
53	人防办	警报器拆除（迁移）审核
54	人防办	人防工程利用审核
55	人防办	已建人防工程拆除批准
56	人防办	已建人防工程的报废、改造
57	住建局	物业服务企业三级资质核定
58	住建局	物业服务企业资质证书变更
59	住建局	新设立物业服务企业资质核定
60	住建局	房屋租赁登记备案

续表

序号	单 位	审批事项名称
61	发改局	县区政府出资的不使用上级政府资金的投资项目审批
62	发改局	固定资产投资项目节能评估审查(含企业)
63	发改局	企业投资项目核准
64	发改局	招标方案核准
65	发改局	区政府投资项目竣工验收
66	发改局	上级发展和改革部门审批和核准项目的初审
67	发改局	企业投资不涉及跨县(市、区)水资源配置调整的水事工程项目(水库除外)核准(省属、市属企业、外商投资企业除外)
68	发改局	“企业投资其他城建项目(不含城市快速轨道交通、供水、垃圾焚烧发电、危险废弃物处理,污水处理.生活垃圾处理、房地产)核准(省属、市属企业、外商投资企业除外)”
69	发改局	“企业投资教育、卫生、文化、体育、广播电影电视项目核准(省属、市属企业、外商投资企业除外)”
70	发改局	“企业在县(区)主管河流上投资建设径流式水电项目核准(省属、市属企业、外商投资企业除外)”
71	发改局	“企业投资压缩天然气(CNG)加气子站项目核准(省属、市属企业、外商投资企业除外)”
72	发改局	工业固定资产投资项目节能评估与审查
73	发改局	技术改造项目达产达效验收(按照立项层级分别验收)
74	发改局	“企业、事业单位、社会团体等投资建设的固定资产投资建设项目的核准”
75	发改局	企业投资 1 亿元以下项目备案(转经信)
76	发改局	企业投资 1 亿元以下项目核准(转经信)
77	发改局	企业投资 5 亿元以下项目备案
78	发改局	企业投资县乡公路项目核准
79	婚姻登记	结婚证登记
80	婚姻登记	离婚证登记
81	婚姻登记	补发结婚证登记
82	婚姻登记	补发离婚证登记
83	民政局	民办非企业单位成立登记
84	民政局	民办非企业单位法人变更登记
85	民政局	民办非企业单位住所变更登记

续表

序号	单　位	审批事项名称
86	民政局	民办非企业单位注销登记
87	民政局	社会团体成立登记
88	民政局	社会团体法人变更登记
89	民政局	社会团体住所变更登记
90	民政局	社会团体注销登记
91	民政局	社会团体分支机构、代表机构的设立登记
92	人社局	民办职业培训学校办学许可
93	人社局	职业介绍机构资格许可
94	人社局	工伤认定
95	人社局	企业综合计算工时和不定时工作制审批
96	人社局	连续工龄审批
97	人社局	企业职工退休审批(病退)
98	人社局	企业职工退休审批(特殊工种退休)
99	人社局	调整工伤人员工伤保险待遇审批
100	人社局	遗属生活困难补助费审批
101	人社局	补办退休证
102	教育局	中华人民共和国民办幼儿园办学许可证
103	教育局	中华人民共和国民办学校办学许可证
104	农业委员会	草种经营许可审批
105	农业委员会	动物防疫条件合格证核发
106	农业委员会	动物检疫合格证核发
107	农业委员会	动物诊疗许可证核发
108	农业委员会	“临时占用草原、开展经营性旅游活动、征用使用草原等的审核审批”
109	农业委员会	农药经营许可证核发
110	农业委员会	农业机械维修技术合格证核发
111	农业委员会	农作物种子经营备案证核发
112	农业委员会	生鲜乳收购许可证审批
113	农业委员会	食用菌母种和原种生产经营许可证审批
114	农业委员会	兽药经营许可证核发
115	农业委员会	退耕还草草原权属证书核发

续表

序号	单 位	审批事项名称
116	农业委员会	拖拉机、联合收割机驾驶证核发
117	农业委员会	在草原上修建直接为草原保护和畜牧业生产服务的工程设施使用七十公顷以上草原审批
118	农业委员会	10 份)征收草原植被恢复费
119	卫生局	公共场所及新、改、扩建公共场所选址和设计卫生许可
120	卫生局	饮用水供水单位卫生许可
121	卫生局	医疗机构设置审批
122	卫生局	医师执业(助理)注册
123	卫生局	护士执业注册(初审)
124	卫生局	“从事助产技术服务、结扎手术和终止妊娠手术的医疗、保健机构设置许可”
125	卫生局	放射诊疗许可
126	卫生局	护士延续注册
127	卫生局	护士变更注册
128	文化局	互联网上网服务营业场所(非直营店)设立及变更的审批
129	文化局	娱乐场所设立及变更的审批
130	文化局	文艺表演团体设立及变更的审批
131	文化局	国内营业性演出备案
132	文化局	演出场所经营单位备案
133	文化局	个体演员、个体演出经纪人备案
134	文化局	出版物批发、零售企业设立及变更的审批
135	文化局	一次性内部资料性出版物出版审批
136	文化局	设立报刊记者站初审
137	文化局	“乡镇设立广播电视站和机关、部队、团体、企事业单位设立有线广播电视站审核”
138	文化局	印刷企业(不含出版物印刷)设立及变更审批,印刷经营者申请兼营、兼并、合并、分立(不含出版物印刷)审批
139	文化局	专业性强危险性大社会影响大的体育项目经营许可
140	文化局	经营性体育活动场所设立及变更许可(备案)
141	文化局	体育类社会团体登记审核
142	文化局	体育经营专业人员资格证核发

续表

序号	单　位	审批事项名称
143	文化局	举办健身气功活动及设立站点审批及监督检查
144	文化局	体育类民办非企业登记审核
145	文化局	对县区文物单位必须做出迁移或者拆除方案的审核
146	文化局	“在县(市、区)级文物保护单位的保护范围和建设控制地带内进行建设工程和作业的审批”
147	文化局	学校体育设施改变性质和用途批准
148	文化局	三级运动员、社会体育指导员技术等级批准
149	国税分局(2楼)	车辆购置税优惠办理
150	国税分局(2楼)	车辆购置税退税
151	国税分局(2楼)	车辆购置税征收
152	商粮局	酒类批发许可证核发
153	商粮局	酒类批发许可证年检
154	商粮局	再生资源备案初审
155	商粮局	外商独资项目备案
156	司法局	基层法律服务工作者执业核准
157	财政局	会计代理记账职业资格审核(初审)
158	财政局	会计从业资格审批(初审)
159	安监局	危险化学品经营许可及变更许可
160	安监局	地勘工程备案
161	安监局	重大危险源备案
162	安监局	砖瓦黏土开采建设项目、县级国土资源部门颁发采矿许可证的其他非金属矿山建设项目安全设施设计审查
163	安监局	第三类非药品类易制毒化学品经营备案证明
164	水务局	取水许可(50米以下)
165	水务局	采砂许可证〔县(市、区)水务局负责县管河道采砂许可证审批〕
166	水务局	河道排污口设置和扩大审批〔县(市、区)水务局负责县管河道排污口设置和扩大审批〕
167	水务局	蓄滞洪区避洪设施建设审批
168	水务局	水利建设项目的审批
169	水务局	开发建设项目水土保持方案的审批
170	水务局	水域滩涂渔业养殖、捕捞及水产苗种生产许可

续表

序号	单　位	审批事项名称
171	水务局	核发水域滩涂养殖证（初审）〔县（市、区）水务局负责水库、池塘及水库滩涂内所有网箱养殖证的初审〕
172	水务局	捕捞业许可
173	水务局	河道管理范围内有关事项的审批
174	水务局	实施地下水动态监测
175	水务局	水域滩涂养殖证核发
176	水务局	民间规模性水生生物增殖放流活动审批
177	水务局	水产苗种产地检验
178	水务局	内陆渔业捕捞许可证审批
179	水务局	专项（特许）渔业捕捞许可证审批
180	水务局	临时渔业捕捞许可证审批
181	水务局	农村集体经济组织修建水库批准
182	水务局	责令限期安装计量设施
183	水务局	对用水单位取得水资源使用权的调整
184	水务局	防洪影响评价及防洪规划审批
185	水务局	占用农业灌溉水源和水利设施用于非农业用水的审批
186	防震减灾局	建设工程抗震设防要求及地震监测设施和观测环境保护范围内建设工程的审核事项
187	交通运输局	道路货物运输、站场经营许可及变更许可
188	交通运输局	道路运输（货物）经营许可
189	交通运输局	道路运输相关业务维修许可
190	交通运输局	货运车辆退出市场审核
191	交通运输局	经营性道路货运车辆年度审验
192	交通运输局	经营性普通道路货物运输车辆经营者过户变更
193	交通运输局	“跨越穿越公路、修建桥梁、渡槽或者架设、埋设管道、电缆等设施的许可”
194	交通运输局	在辖区公路内申请办理超限运输许可
195	交通运输局	“占用、挖掘公路、公路用地或者使公路改线、公路用地范围内和跨越公路的设置、悬挂非公路标志的许可”
196	交通运输局	机动车驾驶员培训业务许可
197	民族宗教局	清真许可证及清真标志牌事项审批（清真食品生产经营许可和清真标志牌审批）
198	民族宗教局	筹备设立、扩建、重建、改建宗教活动场所的初审

续表

序号	单　位	审批事项名称
199	民族宗教局	民族成分变更
200	民族宗教局	宗教教职人员备案
201	民族宗教局	宗教场所负责人备案
202	民族宗教局	清真食品专用包装、标识备案
203	林业局	林木种子生产及经营许可
204	林业局	省内运输、携带陆生野生动物及其产品审批
205	林业局	非重点保护陆生野生动物驯养繁殖及经营利用许可
206	林业局	林木采伐、木材经营加工及运输许可
207	林业局	临时占用、征用林地审批
208	林业局	森林、林木、林地权属登记及证书核发
209	林业局	“天然林保护范围内利用森林资源从事旅游、种植、养殖等经营活动的许可”
210	林业局	县级森林公园总体规划的批准
211	林业局	在森林公园设置商业网店同意
212	林业局	市级义务植树基地的审核
213	林业局	义务植树尽责形式、组织登记、检查验收工作的审核
214	林业局	林业工程绩效评价
215	林业局	森林防火期野外用火审批
216	林业局	使用新型药剂进行生产性森林病虫害防治审定
217	林业局	《植物检疫证书》核发
218	食药监分局	《食品经营许可证》审批
219	食药监分局	《食品生产加工小作坊许可证》审批一次性告知单
220	食药监分局	麻醉药品、第一类精神药品运输证明核发
221	食药监分局	麻醉药品、精神药品邮寄证明核发
222	公安治安	烟花爆竹道路运输、燃放许可
223	公安治安	旅馆业特种行业许可证核发
224	公安治安	养犬年检
225	公安治安	集会、游行、示威及大型群众文化体育活动安全许可
226	公安治安	金融机构营业场所、金库安全防范设施设计审核
227	公安治安	金融机构营业场所、金库安全防范设施竣工验收

续表

序号	单 位	审批事项名称
228	消防大队	建设工程消防设计审核
229	消防大队	建设工程消防验收
230	消防大队	建设工程消防设计备案
231	消防大队	建设工程消防竣工验收备案
232	消防大队	公众聚集场所投入使用、营业前消防安全检查
233	公安户政	毕业生分配落户
234	公安户政	学校录取新生落户
235	公安户政	军人身份证
236	公安户政	边境通行证
237	公安出入境	大陆居民往来台湾通行证
238	公安出入境	港澳通行证
239	公安出入境	护照申请受理
240	公安出入境	港澳二次签注
241	机关事业保险	机关社保参保登记
242	机关事业保险	机关社保变更登记
243	机关事业保险	机关社保注销登记
244	机关事业保险	机关事业单位养老保险年度审核
245	机关事业保险	机关事业养老保险基金征缴
246	机关事业保险	死亡待遇及遗属待遇审核
247	机关事业保险	养老保险待遇领取资格认证
248	机关事业保险	养老保险关系的转移、接续
249	机关事业保险	办理退(离)休人员待遇审核业务
250	机关事业保险	参保单位发生人员增减变动
251	机关事业保险	养老保险关系的终止
252	失业保险中心	企业和事业单位新参保
253	失业保险中心	失业保险缴费基数核定
254	失业保险中心	缴费证明的出具
255	失业保险中心	失业保险变更登记
256	失业保险中心	失业保险申报缴费
257	失业保险中心	失业保险注销登记

续表

序号	单　位	审批事项名称
258	失业保险中心	失业人员按月申领发放
259	失业保险中心	失业人员申领登记
260	失业保险中心	办理失业人员失业保险金申领认定
261	医保中心	居民医保参保单位缴费登记
262	医保中心	居民医保多号合一
263	医保中心	居民医保停保
264	医保中心	急诊住院报销手续
265	医保中心	急诊门诊死亡报销手续
266	医保中心	生育报销手续
267	医保中心	新生儿住院报销手续
268	医保中心	未成年人门诊意外报销手续
269	医保中心	大学生住院报销手续
270	医保中心	医疗保险异地备案及报销手续
271	医保中心	社区居民参保缴费手续
272	医保中心	低保中心特殊人群参保缴费手续
273	医保中心	残联重残人员参保登记手续
274	医保中心	学校参保缴费手续
275	医保中心	参保人员信息变更手续
276	医保中心	居民医保参保单位社保卡领取
277	医保中心	居民转职工参保登记手续
278	医保中心	城乡居民养老保险参保登记
279	医保中心	城乡居民养老保险转移,接续
280	医保中心	城乡居民养老保待遇发放
281	医保中心	城乡居民养老保险继承
282	低保中心	城乡困难群众临时救助
283	低保中心	城乡困难群众医疗救助
284	低保中心	城乡最低生活保障
285	社会救助	城乡困难群众临时救助
286	社会救助	城乡困难群众医疗救助

续表

序号	单 位	审批事项名称
287	职介中心	人事档案代理
288	职介中心	人事档案退休
289	职介中心	人事档案转递、借阅
290	职介中心	已退休、未退休人员死亡
291	职介中心	灵活就业困难人员社会保险补贴
292	职介中心	下岗失业人员及灵活就业人员就业失业登记证
293	职介中心	灵活就业人员医疗保险新增手续
294	职介中心	灵活就业人员医疗保险转入手续
295	职介中心	灵活就业人员医疗保险转出手续
296	职介中心	灵活就业人员医疗保险退休办事流程
297	职介中心	灵活就业人员医疗保险拿票手续
298	社保中心	企业职工基本养老保险单位参保登记
299	社保中心	企业职工基本养老保险新增人员参保登记
300	社保中心	企业职工基本养老保险变更登记
301	社保中心	企业职工基本养老保险注销登记
302	社保中心	企业职工基本养老保险缴费基数核定
303	社保中心	企业职工养老保险费征收
304	社保中心	企业职工养老保险参保人员因病或因工死亡待遇审核
305	社保中心	企业养老保险养老金待遇核定
306	社保中心	工伤保险待遇核定
307	社保中心	退役军人养老保险接续

索　引

说　明：一、本索引以人名、地名、机构名称为主题词进行索引。二、本索引按主题词汉语拼音字母顺序排列（数字开头的主题词另行排序），主题词后面的数字表示所在页码。三、本索引主题词主要选自年鉴正文部分，特载、大事记、附录、照片不在索引范围内。

M

N

P

Q

T

W

X

Y